KB049619

메타형이상학 입문

메타형이상학 입문

투마스 타코 지음
박준호 옮김

서광사

이 책은 Tuomas E. Tahko의 *An Introduction to Metametaphysics* (Cambridge University Press, 2015)를 완역한 것이다.

메타형이상학 입문

투마스 타코 지음
박준호 옮김

펴낸이 | 김신혁, 이숙
펴낸곳 | 도서출판 서광사
출판등록일 | 1977. 6. 30.
출판등록번호 | 제 406-2006-000010호

(10881) 경기도 파주시 회동길 77-12
대표전화 (031) 955-4331　팩시밀리 (031) 955-4336
E-mail: phil6161@chol.com
http://www.seokwangsa.co.kr | http://www.seokwangsa.kr

제1판 제1쇄 펴낸날 ― 2020년 3월 30일

ISBN 978-89-306-2331-5　　93110

메타형이상학 또는 상위형이상학

이 책은 제목이 잘 말해주듯이 형이상학에 관한 책이다. 이 책에서는
형이상학의 본성에 대해 질문한다. 형이상학이 자신의 주제에 접근하
는 특별한 방법론이 있는지, 있다면 그것이 무엇인지 질문한다. 탐구
의 결과가 선천적인지, 필연적인지 여부에도 관심을 갖는다. 더불어,
형이상학이 다루는 개념의 의미를 묻기도 한다. 실체가 있는지 탐구하
는 일과 실체 개념을 탐구하는 일은 다르다. 이 책의 주된 업무가 바로
이것이다. 형이상학의 기초 개념, 방법, 과학과의 차이에 주목한다.

 이렇듯 간단한 목적을 가진 책의 제목에 쓰인 낱말 "metameta-
physics"가 내게 어려움을 준다. 무지보다는 망설임이 발목을 잡는다.
"metaphysics"가 "형이상학"으로 확정되어 있는 마당에 접두어 "meta-"
가 앞에 하나 더 붙었으니 쉬운 음역 "메타형이상학"으로 옮기면 간단
한데도 "상위(上位)형이상학"이라는 용어에 미련을 버리지 못했다.[1]

---

1 "상위형이상학"은 박준호(2005), "상위철학"은 박준호(2002)에서 사용됨. "meta-"
라는 접두어를 "상위"로 번역한 예로는, 『표준국어대사전』(국립국어연구원 편(1999)),
『철학의 의미』(곽강제 역(1982))를 들 수 있다. 이 각각에서 "meta-language"를 "상
위 언어"로 옮겼다. 『표준국어대사전』에서는 "상위 언어"를 외래어 "메타언어"와 동의

이런 미련스러워 보이는 결정에 어느 정도의 변명이 필요해서 몇 마디 적어 둔다.

모두 알고 있듯이 이 영어 접두어의 의미는 "-의 뒤에", "-의 너머"이다.[2] 모두 장소나 공간적인 의미이다. 두 번 겹쳐진 이 접두어 중 첫 번째는 "-에 관한"의 의미이다. 이 의미는 아마도 원래의 뜻에서 파생되었을 것이다. 무엇인가에 관해서 말하고 생각하거나 행하려면 그것이 성립하고 난 뒤라야 가능하며, 또한 그것의 경계 너머에서 이루어지기 때문이다. 두 번째 "meta-"는 잘 알려져 있듯이 "-의 뒤에"라는 뜻에서 유래했다. 아리스토텔레스 서적 편찬자였던 안드로니쿠스의 편집 방식에 따라 자연학 뒤에 현재의 형이상학에 해당하는 내용이 배치된 데서 비롯되었다. 동양에서 이 낱말 즉 "metaphysics"의 번역용어가 채택된 과정은 근대 일본에서 벌어졌다. "純正哲學"(순정철학), "性理學"(성리학), "超理學"(초리학) 등의 여러 대안이 제시되었으며, 나중에 경쟁에 뛰어든 중국의 "玄學"(현학)이라는 용어도 있었으나 최종적으로 "形而上學"이 낙점되었다.[3]

이 용어 선택이 정확한 것이었는지 여부는 논쟁거리이다.[4] 근대 일

어로 명기한다. 그리고 "메타언어"를 다시 "고계 언어, 고차 언어, 상위 언어" 등과 비슷한 말로 소개하고 있다. 이 밖에 『브리태니커 세계 대백과사전』(한국브리태니커회사(1993), 제11권)에서 "metatheory"를 "상위 이론"으로 옮긴 예도 있다.

2   이 밖에도 "-의 가운데", "-와 함께"로 옮길 수 있거나, 변화의 의미를 부여하는 접두어 역할을 한다.

3   1991년에 간행된 『시사영어사/랜덤하우스 英韓大事典』(서울: 시사영어사), 2003년에 간행된 『동아프라임 英韓辭典』 제4판(서울: 두산동아)에도 "純正哲學"이라는 번역용어가 등재되어 있다. 이 사전의 저본이 영어-일본어 사전이라는 점을 짐작할 수 있다. 지금도 영어-일본어 사전에서는 이 낱말을 번역어로 등재하고 있다.(https://ja.dict.naver.com/#/search?query=metaphysics) 또한 중국어 사전에서도 "玄學"을 여전히 기재하고 있다.(https://zh.dict.naver.com/#/search?query=metaphysics)

4   박준호(2018).

본인들은 "形而上"을 "abstract"의 번역어로 채택하면서 "metaphysics"를 "形而上學"으로 번역했다. 이런 번역의 배경에는 형이상학에 대한 논란의 여지가 다분한 견해가 있다. 당시 번역자는 형이상학의 탐구 대상이 추상물이라고 생각한 것이다. 즉 형이상학이 감각 경험의 세계를 초월한 추상적 대상을 다룬다고 보았다.[5] 형이상학의 주제를 이렇게 볼 것인지는 다분히 논란거리이다. 인간의 자유의지에 대한 관심이 인간에 대한 관심이라면 이런 견해를 틀린 견해로 쳐야 한다. 자유의지라는 개념이 추상적이기 때문에 좋은 번역이라고 역설한다면, 지식 개념이 추상적이므로 인식론도 형이상학이라고 강변해야 한다.

언어 일반과 관련해서 일물일어(一物一語)가 신화이듯이, 번역과 관련해서 일어일어(一語一語) 역시 지극한 오해이다. 원초적 번역불확정성을 들먹이지 않더라도, 현실에서 피번역어 역시 늘 의미의 변경을 겪기 때문이다. "meta-"를 "메타"로 음역하는 것이 자칫 외국어 낱말에 대응하는 단 하나의 낱말을 찾아야 한다는 강박에서 비롯되지 않았을까 하는 우려를 낳는다. "meta-"를 한자어 "상위"(上位, 높은 자리)로 대응시키자는 제안은 언어나 번역의 이런 본성을 인정하자는 취지를 반영하고 있다. 물론 "상위형이상학"은 높지 않으며, 하위형이상학이 있는 것도 아니다. 혹시 이런 것이 있다면 이 책의 저자가 쓰고 있는 표현대로 "1차 형이상학"이라 할만하다. "상위"란 "-에 관한"을 시각화한 용어 선택이다. 전주 한옥마을에 관해 알기 위해서는 한옥마을을 오목대와 같이 높은 곳 즉 상위에서 조망하면 될 일이다. 이런 점에서 용어 선택을 두고 생기는 미련을 정당화할 만하다.

이렇듯 번역의 정황이 어쩔 수 없이 논란의 여지가 다분한 배경 견해와 얽힐 수밖에 없는 제한적인 상황이라면, 새로이 붙은 "meta-"를

---

5 같은 글.

"상위"로 옮기고 "-에 관한"을 의미하도록 하자는 나의 제안이 무리한 것은 아니라 할만하다. 더구나 "형이상학"과 "상위"는 한자어로서 근연성을 갖고 있다. 그리고 대안이 될 만한 "고차"(高次), "초"(超), "초월"(超越) 등의 다른 한자어에 비해서 정서적 함의가 적어 더 미지근하다는 장점을 갖는다.[6] 나아가 이러한 고민 자체가 번역 대상이 되는 언어와 사상에 대한 고민을 반영하는 듯하다.

그런데 한복을 걸치고 한옥마을 여기저기를 거닐다보면 한옥마을을 알게 되듯 높은 위치의 조망이 없더라도 앎에 도달한다. 이런 친숙(親熟, acquaintance)은 "…에 관한" 앎이 아니라 체험 자체에 가깝기 때문이다. 하지만 친숙에 의한 지식을 배제하고도 어쩔 수 없이 인정할 수밖에 없는 사실이 있다. 한옥마을에 관해 알려면 높은 곳에서 조망하는 것이 도움이 되나 꼭 상위에 있어야만 하는 것은 아니다. 그러니 "…에 관한"을 "상위"로 옮길 이유가 충분하지 않아 보인다. "고차", "초", "초월" 등도 마찬가지 처지일 것이다.

언중의 입장에서 보면, 단순한 음역이 불성실하거나 천박한 번역의 반영은 아닌지 우려할 수도 있으나 경제성 면에서 탁월하다. 시간과 지면을 절약한다. 한자끼리의 근연성을 들먹인 것도 현실을 무시한 짓이다. 중국 중심이나 한자 중심으로 언어생활이 전개되다가 이제 그 중심이 서구로 바뀌었기 때문이다. 더구나 근대 일본에서 조합된 한자어에 그리 큰 미련을 둘 일도 아니다. 그러다보니 "메타" 이외의 용어 선택이 언중의 지지를 받지 못한 것이 지난 수십 년의 현실이다. 한자에 기반을 둔 외래어 의존도나 충성도가 현저하게 낮아지고 있다.

---

6 "상위"보다 더 중립적인 용어로는 "후단"(後段)이 있다. 단지 뒤에 오는 단계라는 뜻으로 높고 낮음에 결부되는 평가적 요소가 덜하다. 많은 국내 영한사전에서는 "meta language"를 "메타언어"나 "고차언어"로 옮기고, "metalinguistics"의 번역어를 "후단언어학"으로 제안하고 있다.

"computer"와 "digital"의 번역어로 "전산기"나 "계수형"이 "컴퓨터"
나 "디지털"과 각각 경쟁 관계에 있던 기간이 있었지만 이제 역사의
뒤안길로 거의 사라졌다. 더구나 한자에서 유래한 우리말이 부지기수
이듯이, 서구어에서 유래한 낱말이 우리말에서 배제되어야 할 이유가
박약하다.

이렇듯 언중은 "메타형이상학"이라는 이종결합의 외래어를 아무런
저항 없이 수용할 준비가 되어 있다. 이를 반영하여 "메타이론"을 비
롯해서 "메타"라는 접두어를 붙인 여러 낱말이 국어사전에 일찍이 등
재되어 있다.[7] 이 용어를 통해서 이런저런 외래어 채택 기준이나 번역
어 선택 기준을 들이대봐야 바꿀 수 없는 대세를 확인하게 된다. 이를
반영하여 이 책의 제목을 "메타형이상학 입문"으로 확정했다. 본문에
서 사용되는 "상위형이상학"과 동일한 의미로 사용하겠다. 유사하게
"metaontology"를 "상위존재론"으로 옮겼으나 "메타존재론"과 같은
낱말로 취급하겠다. "metasemantics"도 마찬가지로 "상위의미론"으로
옮겼으나 역시 "메타의미론"도 같은 낱말로 본다.

책의 제목만이 고민의 대상은 아니었다. 본문과 각주 부분에서 "*역
주"를 약간씩 추가해서 부분적으로 밝히기는 했지만 여기에서 몇 가지
중요한 번역 관련 사항을 더 밝히고자 한다. 우선 형이상학 가운데서

---

7 예를 들어, "메타비평", "메타심리학", "메타사이콜로지", "메타수학" 등이 출현
하며, 심지어 "메타피직회화"도 등재되어 있다. 마지막 낱말은 "시간과 공간의 도착
(倒錯)이나 사물의 부동성을 환상적으로 그리는 회화 양식. 1915년 무렵에 이탈리아
의 화가 키리코를 중심으로 발전하였다."로 뜻풀이가 되어 있다.(https://opendic.
korean.go.kr/dictionary/view?sense_no=494549) 형이상학과 거리가 멀거나 형이상
학에 대해 매우 의심스러운 견해에 바탕을 둔 용어 사용이다. 이를 의식해서였는지,
이 낱말과 비슷한 말로 "피투라 메타피지카"(pittura metafisica), "형이상 회화"(形而上
繪畫)를 제시한다.(https://opendic.korean.go.kr/dictionary/view?sense_no=
1167539)

도 가장 근본적인 논란을 다루다 보니 기본 개념을 비교적 정확하게 전달하면서도 중복되지 않는 방식으로 용어 선택이 이루어져야 바람직할 것 같다. 철학에서 확정되거나 대강의 합의에 도달한 용어조차도 (아래에서 예로 들 예정인) 철학 이외의 분야에서는 철학 내부의 관례를 존중하지 않는 데 따른 압박을 느낀다. 예를 들어, "존재", "실존", "실체", "실재", "현실" 등의 용어는 너무 근본적이고 중요한 용어들이어서 이들의 사용에 대해 분명하게 밝히는 것만으로도 이 책의 가독성을 증진하게 될 것이다.

"있다"(there is/are)와 "존재한다"(be)는 동의어로 사용하였다. "실존"(實存, exist)은 시공 속에 있음을 의미한다. 마이농이 주장한 "subsist"는 "존속"(存續)으로 옮겼다. 마이농에 따르면 존속하는 것은 실존하지 않으나 존재하는 것이다. 페가수스와 같은 것이 바로 존속하는 것의 예이다. "존재양화사"와 같은 표현은 실존과 존속을 모두 존재로 여기는 마이농과 같은 사람이 존재하지 않는 상황에서는 충분히 정당화될 표현이었다. 마이농과 그의 추종자들을 의식하다 보니, "existential quantifier"를 "존재양화사"로 번역하지 않고 "실존양화사"로 모두 옮겼다. 철학계의 표준적인 용법에서 벗어나는 결정을 하게 된 배경은 이렇듯 "존재"(存在, being)와 "실존"의 의미 차이를 반영하려는 목적이 자리한다.

이와 근연관계에 있는 다른 용어도 주의해야 한다. 인간의 언어, 사고 등에 의존하지 않고 "진정으로 존재하는 (것)"을 의미하는 "실재"(實在)는 "reality"에 대응한다.[8] 시공 속이 존재하지 않더라도 실재일

---

8   이 낱말의 어원은 라틴어 "reális"인데, 이는 "물건에 관한, 물적인, 현실적, 실제적, 사실상"뿐 아니라 "실제적"을 뜻한다.(https://dict.naver.com/lakodict/latin/#/search?query=realis). 따라서 "real definition"과 같은 표현을 "대상 정의"로 바꾸자는 제안(예를 들어, 한성일(2015))만큼이나 "실재 정의" 역시 원어의 의미에 부합한

수 있다. 플라톤의 이데아가 대표적인 예일 것이다. "현실(의)"(現實)
은 "actual"의 번역이다. "현실 세계"는 "actual world"의 번역어이다.
현실 세계는 가능 세계(possible world), 실재는 겉보기를 의미하는 현
상(現象, appearance), 실존은 실존하지 않는다는 비실존, 존재는 존재
하지 않는다는 의미의 비존재와 대비된다. "be present"라는 낱말을
"현전"(現前)으로 옮겼으며, "persistence"라는 낱말을 계속해서 존재
한다는 뜻을 담아 "지속"(持續)으로 옮겼다. 그리고 "endurance"와
"perdurance"를 각각 "e-지속"과 "p-지속"으로 옮겼다.[9]

한자어 "존재"라는 낱말에는 주의가 필요하다. "있음"과 동의어로
사용하겠다고 했지만, 이 밖의 표준적인 용례도 있으며 여기서도 혼용
했다. 우선 이 낱말은 있는 것을 의미하기도 한다. 이 경우 "존재자"와
같은 낱말이다. "유신론" 등의 용어에서 보듯이, 대개 있는 것과 있음
을 의미할 때는 "유"(有)라는 한자어가 사용되기도 하지만 여기서는
채택하지 않았다.[10] 그리고 "존재론"이라는 낱말은 "ontology"의 번역

다. 실재 정의는 진정한 대상을 정의하는 데 비해 명목 정의(名目 定義, nominal defi-
nition)는 낱말을 정의한다. 더불어 "정의"(定義)라는 한자말이 언어를 대상으로 적합
한 데 비해서 "definition"은 사물과 낱말 모두의 한계를 확정한다는 뜻을 갖고 있다는
점에도 주의가 필요하다. 따라서 한자말 "정의"가 사물에 관한 일인지 여부는 논쟁거
리가 되기 어려워보이는 데 비해, "definition"이 사물에 관한 일인지 여부는 논쟁거리
로서 더 자연스럽다. 박준호(2008); 박준호(2009) 참고.

9 이 용어의 번역은 임시방편이기는 하지만 비슷한 선례("p-존속"과 "e-존속", 손병
홍(2004))는 있다. 어떤 번역자는 이들을 각각 "이동지속"과 "확장지속"(박제철 역
(2010))으로 옮겼다. 지속의 취지는 비슷하나 전자를 주장하는 이론가는 어떤 것이 각
시각마다 온전히 구별되는 개별자로 존재한다는 주장과 한 개별자가 시간 연장을 갖
는다는 취지를 살린 번역 용어이다.

10 우리말 "있다"의 의미 역시 애매하다. "…을(를) 갖고 있다" 역시 중요한 용례이
기 때문이다. "그는 아무것도 없으면서 있는 체한다."와 같은 문장을 보건대, "유"가
우리말의 "있다"에 더 부합하는 면이 있으나, 여기서는 "존재"의 측면만을 도드라지게
하려는 목적에 부합한다. 일견 "…을(를) 하고 있다"처럼 현재의 진행 상황을 나타내

어이다. 물론 "ontology" 역시 애매하게 사용될 수 있지만[11] 여기서는 별로 문제되지 않는다. "존재론적"이라는 낱말은 "ontological"에 대응한다.[12]

나아가 영어의 "be" 동사와 관련된 애매성에 주의할 필요가 있다. 앞에서 말했듯이, 이는 우선 "있다"를 의미한다. 또한 어떤 맥락에서는 당연히도 "…(이)다"로 옮겨야 한다. 이 낱말은 서술하는 일과 동일성의 표현에 사용된다.[13] 그러니 "being"이라는 낱말을 대하면 "존재" 즉 "있음", "존재자" 즉 "있는 것"인지, 또는 서술이나 동일성을 표현하는 "…임"인지 생각해야 한다. "being red"는 "붉음"으로 옮기면 되지만, 무엇인가의 "being"에 대해서 말할 때는 그것의 정체성(identity as whatness) 즉 본성(本性, nature)을 의미한다. 동일성(identity as sameness)을 말하고자 할 때 "being"과 같은 표현은 단독으로 사용되지 않는다. 그러니 아리스토텔레스가 형이상학을 정의할 때 등장하는 "being qua being"은 정확하게 어떤 의미인지 생각이 복잡해질 노릇이다.[14]

"실물"(實物)은 (임의의 어떤) 것을 의미하는 "entity"를 옮긴 말이다. 이미 사물, 물건, 물체, 대상 등 비슷한 의미를 갖는 낱말이 대응한

주는 보조사나 "-ㄹ 수 있다"와 같은 용례와 다르기 때문이다.

11   "ontology"는 애매한 표현이다. 존재자, 존재론, 메타 존재론을 모두 의미할 수 있다. 이에 대해서는 박준호(2017), pp. 51-53을 참고하시오.

12   제9장에서 "ontic"이라는 낱말이 등장하는데, 이는 '존재적', '존재의', '존재와 관련된 사안' 등의 의미로 사용되며, "존재의"라고 옮겨야 할 낱말을 맥락상으로 의미가 통하기에 "…의"를 생략했다.

13   "이 장미는 붉다"라는 서술문에서 "…(이)다"는 해당 장미에 붉음 속성을 귀속시키거나, 이 속성을 해당 장미에 예화하거나, 해당 장미를 붉은 것들의 집합이나 종에 소속시키고 있다. 이 문장에서 서술이 하는 일에 대한 정확한 묘사가 무엇인지는 논쟁거리이다.

14   박준호(2017), pp. 26-27. 이 책의 제1장과 제9장 각각의 첫 절도 참고하시오.

번역어들이 확정되어 있다. 역주에서도 밝혔듯이, 낱말 선택이 쉽지 않아 음역해서 "엔터티"로 쓰고 외래어로 편입시키기도 한다. 이전에 "실재물"이라는 낱말을 사용하기도 했지만 "실재"와 구별하기 위해서 이를 버렸다.[15] 이 책의 저자는 실존하는 어떤 것만을 뜻한다고 말했지만, 실은 더 일반적인 뜻 즉 우리말의 "것"이 가장 잘 어울리는 말이다. 하지만 "것"이 불완전 명사라 독립적으로 대응시키기 어렵다. "어떤 것"으로 옮길 수도 있으나 "some"이나 "something"을 그렇게 옮기기에 선택하기 어려웠다.

"실체"는 "substance"의 번역어이다.[16] 화학의 맥락에서는 "순물질"로 옮기지만, 여기서는 더 일반적인 맥락을 감안하여 모두 "실체"로 옮겼다. 철학자들의 용법에 따르면 물이나 금과 같은 순물질뿐 아니라 일상적인 크기의 사물이나 사람도 실체의 사례이기 때문이다. 전통적으로 실체는 독립 자존하는 것, 어떤 사물의 배후나 근저에 있는 것을 의미한다.[17] 후자를 따로 기체(基體)라고 한다. "기체"는 "substratum"의 번역어이다. 실체가 갖고 있는 성질이나 관계를 속성(屬性, proper-

---

15 이 낱말의 라틴어 어원을 따지면 "실재물"이라는 번역이 오역이라고 여겨지지는 않는다. "éntǐtas"는 존재, 실재, 실재물 등의 의미를 갖고 있기 때문이다.(https://dict.naver.com/lakodict/latin/#/search?query=entitas) "실물"이 현재 사용되는 현실의 용례, 예를 들어, "실물경제"는 "real economy"의 번역어이다.

16 철학 이외의 분야에서 어떤 번역자는 "reality"를 "실체"로 옮기기도 하는데 주의가 필요하다. 원어의 용법이 물질이나 물체가 아닌 것을 의미할 수 있기 때문이다. 앞에서 들었던 플라톤을 생각해보라. 그는 물질이나 물체가 아닌 것 즉 이데아를 진정으로 존재하는 것이라 여겼다. "실체"나 "실재" 등의 낱말은 철학의 가장 기초적인 개념을 전달하는 중요한 역할을 맡고 있기 때문에 한층 주의가 필요하다. 또한 철학 이외의 분야에서 이를 "현실"로 옮기기도 한다. 이 역시 주의가 필요하다.

17 그렇다면 화학은 실체에 대한 특정 견해를 지지하면서 분기한 학문이라고 생각된다. 다시 말해서 화학이 탄생할 무렵의 과학자들은 과거의 철학자들이 실체를 일상적 대상이라고 보는 데 반대하고 분자 단위의 물질이 실은 실체라고 주장한 셈이다.

ty)이라고 한다. 실체나 기체는 속성을 소유하지만, 속성은 실체나 기체에 귀속된다. 이런 점을 강조한다면 속성을 귀속성(歸屬性, attribute)이라고 할만하다.[18]

"object"는 "대상"(對象)으로 옮겼다. 철학 이외의 분야 특히 컴퓨터 관련 분야에서 "객체"(客體)라는 표현이 대세를 이루어가고 있으나, 이 표현의 의미가 결국 생각이나 행위가 미치는 대상 또는 작용의 대상을 뜻하므로 군이 더 낯설고 뜻이 닿지 않는 표현보다는 철학의 일반적인 관례대로 "대상"을 택했다. 이에 대비되는 원어는 "subject"인데 "주체"(主體), "주관"(主觀), "주어"(主語)로 옮길 수 있다. 주어는 술어(述語)와 대비되며, 주관은 객관(客觀)과 대비되고, 주체는 객체 즉 주체가 마주하고 있는 대상과 대비된다. 객관이라는 표현은 독립적으로 사용되기보다는 "객관적"이라는 수식어로 주로 사용되며, 이때 이 표현은 "주관적"이라는 표현의 대조어이기도 하지만, "대상과 관련된" 즉 "객체적"이라는 뜻으로도 사용될 수 있다. 사물이나 대상 등과 관련된 뜻으로 "body"가 사용된다면 이는 "물체"로 옮겼다.[19]

두 개 이상의 항 사이에 성립하는 관계를 나타내는 용어들도 몇 가지 정리해보자. "constitution", "composition"을 각각 "조성"(組成)과 "합성"(合成)으로 옮겼는데, 후자는 단순히 모여서 전체를 이룬다는

---

[18] "귀속성"이라는 표현은 일반화되지 않았다. 실제로 "property"와 "attribute"가 동의어로 사용되기 때문에 둘 다 "속성"으로 옮기지만 여기서는 구별을 위해서, 그리고 강조점의 차이를 드러내기 위해서 구별하였다. 이밖에도 "quality"(성질), "feature"(특징), "characteristics"(특성) 등의 낱말이 비슷하게 사용된다. 이 가운데 특히 "quality"는 "quantity"(양)와 대비해서 사용되며 맥락에 따라 뜻이 크게 변하기도 한다. 예를 들어, 논리학에서는 양화 명제의 긍정/부정(의 성질)을 의미하기도 한다.

[19] "body"가 "정신"과 대조될 때는 관례대로 "신체"로 옮긴다. 우리의 신체는 매우 특별한 종류의 물체이다. 그리고 "정신"과 대조되는 표현으로는 "물질"(物質, matter)도 있다. 때로 이들은 독립 자존하는 실체를 가리키거나, 각각 정신적 속성과 물질적 속성을 의미하기도 한다. 이런 논점이 심리철학의 주된 논란거리들이다.

뜻이며, 전자는 여기에 덧붙여 다른 짜임새 등이 개입된다. 합성은 부분성과 짝을 이룬다.[20] 부분전체론자는 합성이면 충분하다고 하겠지만, 부분전체론을 거부하면서도 조성주의(constitutionalism)를 택할수 있다. 이를테면, 아리스토텔레스처럼, 소크라테스가 감각가능한 속성의 다발이나 원자끼리 합하여 이루어진 전체가 아니라, 여러 속성과더불어 인간이라는 종적 속성으로 조성되었다고 주장할 수 있다.[21] "ground"는 무엇이 다른 무엇에 "근거를 부여한다"는 말로 옮긴다. "근거짓는다"는 표현 역시 뜻이 통하지만 어감이 어색하여 택하지 않았다. 또한 수동이나 피동형으로 사용될 때 "근거부여"의 조어가 더 용이하다는 장점도 있다. "necessitate"는 "필반한다"로 옮겼다. "환원" (reduction), "인과"(causation), "수반"(supervenience) 등의 용어에대해서는 큰 논란 없이 사용되고 있어서 관례대로 옮겼다.

이 밖에도 주의해야 할 사항이 있다. 주어 자리에 "우리"는 생략된경우가 많다. 조사 "-(에)서"가 사용된 경우나 전후 맥락으로 주어가비교적 명백한 경우는 생략하였다. 또한 원저자의 문장이 복문뿐 아니라 복문의 복문, 부정의 부정 등으로 구성된 경우가 많아 내용 파악에지장이 없는 여러 경우에 무시했다. 혹시 맥락이 흩어져서 의미 파악이 안 되는 곳이 있다면 이를 감안해서 검토하기 바란다.

이제 분명해졌듯이 형이상학자의 업무는 다면적이다. 예를 들어, 외부 세계에 관한 실재론 논쟁, 보편자 실재론 논쟁, 자유의지 논쟁 등에종사할 때, 형이상학자는 일차형이상학(first-order metaphysics) 또는실질형이상학(substantive metaphysics)에 종사한다. 이들은 형이상학

20　"constitution"은 "구성"(構成)으로 번역하는 것이 일반적이지만, 이 한자어를 "construction"의 번역어로 사용했기에 "조성"이라는 한자어를 사용했다.

21　예를 들어, 마이클 루의 견해가 이에 해당한다. Loux(2002).

적 주장이나 이론을 옹호하거나 반박하는 논증을 펼치는 일을 한다.
더불어 이 책이 길게 말하고 있는 바대로 상위형이상학에도 종사한다.
브래들리(Francis Herbert Bradley, 1846-1924)가 형이상학의 불가능
성을 역설하는 반대자 역시 형이상학의 형제라고 말한 대목은 바로 이
점을 잘 짚었다. 어떤 철학자의 실질형이상학이나 상위형이상학을 단
순히 보고하거나 기술할 수도 있는데 이런 업무를 별도로 기술형이상
학(descriptive metaphysics)으로 부를 수도 있다. 형이상학의 역사를
서술하는 일은 상당 부분 기술과 서술이 중심을 이룬다.

그렇지만 인간은 무엇을 보든 단순하게 이해하고 싶어 한다. 일원주
의, 일신론, 대통일이론 등은 매우 적은 예 가운데 하나이다. 때로 본
래부터 내장된 습관이 눈을 가린다. 다양성이나 다면성을 보기 어렵게
만든다. 형이상학을 비롯한 철학을 바라볼 때도 예외가 아니었다. 한
마디로 철학을 압축요약하고 싶어 한다. 불가능한 일은 아니다. 그렇
지만 형이상학의 경우와 마찬가지로 철학도 어떤 의미로는 단일한 학
문이 아니다.[22] 철학의 다면성에 대한 의식적 자각과 논의는 이십세기
초에 이루어졌다. 영국 철학자 무어(George Edward Moore, 1873-
1958)는 윤리학에서 실질적인 부분을 탐구하는 규범 윤리학과 구별되
는 상위윤리학적(meta-ethical) 주제를 윤리 논쟁의 중심으로 부각시
켰다. 이런 구분을 형이상학 분야와 철학 일반에 확장한 사람은 라제
로비츠(Morris Lazerowitz, 1907-1987)다.[23] 그리고 2000년대에 들어
서서 "metametaphysics"라는 용어가 공식화되어 사용되었다.[24] 아마
도 표지글에 실린 원출판사의 주장대로 상위형이상학 분야에서 교재
수준의 단일 저작으로는 이 책이 최초일 것이다.

---

22 박준호(2011); 박준호(2018).
23 박준호(2011).
24 같은 글.

이 책의 구체적인 내용을 제1장에서 명확하게 개괄하고 있으므로 별도의 요약이나 해설은 불필요할 것 같다. 하지만 근거나 근본성을 다룬 부분은 1차 형이상학에 속하는 주제인 듯 보여 섞갈린다. 1차 형이상학의 문제를 해결하는 데 상위형이상학적 문제의 해결이 반드시 필요한 경우가 많기 때문에 다른 층위의 문제가 뒤섞여 등장한다. 문제의 논리적 층위가 구별된다는 사실이 이 문제들이 따로 취급되어야 한다는 뜻은 아니다. 또한 여기서 다루고 있는 몇 가지 문제들의 배경과 내용에 대해서 옮긴이가 지은 『형이상학과 존재론』과 『철학과 형이상학』을 참고하면 도움이 될 것이다. 더불어 이 책의 대상이 되는 형이상학 특히 분석 형이상학을 다룬 책으로는 마이클 루의 『형이상학 강의』를 비롯해서, 브루스 오운의 『형이상학』과 햄린의 『형이상학』이 번역되어 있으니 참고하기 바란다. 자신의 얼굴을 보려는 형이상학자들의 노력이 독자들에게 다소 황당하고 지루하며 난삽하게 느껴질 것이다. "이렇게까지…"라고 중얼거리면서. 하지만 소크라테스가 인용한 "너 자신을 알라"는 가르침의 울림과 떨림을 잊지 않았다면 자신의 맨 얼굴을 보려는 시도에 동참하기를 부탁드린다.

2018년도 대학원 강좌에서 이 책의 내용을 파악하기 위해서 함께 씨름했던 학생들에게 이 자리를 빌려 감사의 말을 전한다. 또한 국내외의 어려운 출판 여건은 물론이고 난삽한 내용으로 시장성을 담보하기 힘든 상황에서 이 책의 출간을 결정하고 실행한 서광사의 용기와 노고에 감사의 말을 전한다.

■ 옮긴이의 말 참고문헌

박준호(2002), 「기술철학, 규범 철학, 상위 철학」, 범한철학회, 『범한철학』 제25집, pp. 43-61. 박준호(2011)에 재수록.

_____(2005), 「철학의 그물 모형과 형이상학」, 대한철학회, 『철학연구』 제96집,

　　　pp. 291-316. 박준호(2011)에 재수록.

_____(2008), 「규정주의 정의이론」, 대한철학회, 『철학연구』 제108호, pp. 91-
　　　114.

_____(2009), 「정의 이론과 정의 분류」, 범한철학회, 『범한철학』 제52호, pp.
　　　203-229.

_____(2011), 『철학과 형이상학』, 서광사.

_____(2017), 『형이상학과 존재론』, 전북대학교출판문화원.

_____(2018), 「철학의 단일성 가정 비판: 근대 일본의 "哲學"과 "形而上學"의 용
　　　어 확정을 중심으로」, 韓國日本語文學會, 『日本語文學』 제79집, pp. 353-
　　　373.

손병홍(2004), 『가능세계의 철학』, 소피아.

한성일(2015), 「본질과 정체성」, 한국철학회, 『철학』 제124집, pp. 73-96.

Aune, Bruce(1985), *Metaphysics: The Elements*, University of Minnesota
　　　Press, 김한라 옮김(1994), 『형이상학』, 서광사.

Brennan, J. G.(1953), *The Meaning of Philosophy: A Survey of the Problems
　　　of Philosophy and the Opinions of Philosophers*, 곽강제 옮김(1987),
　　　『철학의 의미』, 서울: 박영사.

Hamlyn, D. W.(1984), *Metaphysics*, Cambridge University Press, 장영란 옮
　　　김(2000), 『형이상학』, 서광사.

Loux, Michael J.(2006), *Metaphysics: A Contemporary Introduction*, 3rd. ed.,
　　　박제철 옮김(2010), 『형이상학 강의: 전통 형이상학에 대한 분석적 탐구』,
　　　아카넷.

『시사영어사/랜덤하우스 英韓大事典』, 서울: 시사영어사 1991.

『동아프라임 英韓辭典』 제4판, 서울: 두산동아 2003.

『브리태니커 세계 대백과사전 제11권』, 서울: 한국브리태니커회사 1993.

『표준국어대사전』, 국립국어연구원 편, 서울: ㈜두산동아 1999. 또한 다음 사이트에서도 찾음. https://stdict.korean.go.kr/

국립국어원 "우리말샘" https://opendic.korean.go.kr/

네이버 일본어사전 https://ja.dict.naver.com/

네이버 중국어사전 https://zh.dict.naver.com/

네이버 라틴어사전 https://dict.naver.com/lakodict/latin/

서문

형이상학에 포함되어 있는 상위형이상학의 논란거리 즉 방법론적 논란거리는 십여 년 동안 나의 주된 관심사였다. 박사학위논문으로 『형이상학의 필요성』[1]을 작성한 이후 나는 줄곧 형이상학적 탐구의 방법론적 난관을 극복할 수 있다고 낙관해왔다. 여러 해를 두고 많은 문제에 관한 견해를 바꾸기는 했지만 형이상학에 관한 한 나는 전반적인 태도를 크게 바꾸지 않았다. 실재론이 여전히 지지할만한 입장이며, 특히 방법론의 측면을 볼 때 형이상학에서 양상적 인식론이 중요하고, 선천성과 후천성의 관계에 관한 정확한 해명이 무엇이든 간에 약간이라도 선천적 추론에 의존해야 형이상학에 종사할 수 있다는 것이 내 생각이다.

---

1   역주: Tahko, Tuomas, E.(2008), *The Necessity of Metaphysics*, Ph. D. Thesis in Durham University. http://www.ttahko.net/papers/Tahko_PhD.pdf. 철학자들은 "necessity"라는 단어를 보면 반사적으로 "필연성"으로 새긴다. 하지만 많은 맥락에서 이 낱말은 "필요"나 "필수" 등으로 옮겨야 한다. 실제로 저자는 자신의 논문에서 형이상학이 "모든 이성적 활동에 필수적인 선행조건"이라고 주장하고자 한다. (논문의 4쪽 참고.)

나는 최근 몇 년간 헬싱키에서 이 책의 내용을 주제로 강좌를 진행했다. 이 강좌를 준비하고 강의 중에 학생들과 토론하면서 상위형이상학적 핵심 문제 가운데 많은 부분이 훨씬 명확해졌다. 새로운 분야에서 모두가 바라는 정도의 개념적 명료성을 얻기까지는 아직도 갈 길이 멀지만, 이 책에서 먼 목표에 조금이라도 더 다가갔기를 희망한다.

이 책을 읽고 논평해주신 여러분에게 감사를 표하고 싶다. 벤야미(Hanoch Ben-Yami), 베르토(Francesco Berto), 에클룬드(Matti Eklund), 페이스(Guglielmo Feis), 피오코(Marcello Oreste Fiocco), 호르파트(Joachim Horvath), 케이내넨(Markku Keinänen), 밀러(James Miller), 모르간티(Matteo Morganti), 오코네일(Donnchadh O'Conaill), 피어슨(Olley Pearson), 퓔케넨(Paavo Pylkkänen), 바이디아(Anand Vaidya). 이들의 소중한 피드백 덕분에 많은 오류와 탈자 등을 찾아 고쳤으나 남아 있는 오류가 있다면 온전히 내 탓이다. 여러 세미나와 학회에서 이 책과 관련된 논문을 발표했을 뿐 아니라, 일일이 열거하기 어려운 많은 사람과 더불어 여기서 다루는 내용을 토의해왔다. 이때 받았던 논평과 조언에 감사드린다. 또한 유익한 논평과 조언을 해준 익명의 독자뿐 아니라, 저술 과정 전체에 걸쳐 도와준 케임브리지대학교 출판사의 개스킨(Hilary Gaskin)에게도 감사를 드린다. 하지만 정신적 스승이자 박사학위 지도교수였던 로우(E. J. Lowe) 교수께 가장 큰 신세를 졌다. 이 책의 근간을 이루고 있는 상위형이상학적 태도를 그의 책에서 처음 접했다. 마지막으로, 이 책의 많은 부분은 핀란드학술원(the Academy of Finland)에서 지원한 다양한 연구비 때문에 가능했음을 밝혀둔다.

이 책의 많은 부분이 용도에 맞춰 전면적으로 개작되기는 했지만 이미 출판되었거나 출판을 앞둔 내용에 토대를 두고 있다. 이를 아래에 열거했다. 덧붙여 제9장의 일부 내용은 모르간티와 공동작업 중인 글에서 따왔다.[2] 이 책에 사용할 수 있도록 허락해준 그에게 감사드린다.

'A New Definition of A Priori Knowledge: In Search of a Modal Basis,'
　　Metaphysica 9.2 (2008), pp. 57-68.

'A Priori and A Posteriori: A Bootstrapping Relationship,' *Metaphysica* 12.2
　　(2011), pp. 151-164.

'In Defence of Aristotelian Metaphysics,' in T. E. Tahko (ed.), *Contempo-
　　rary Aristotelian Metaphysics* (Cambridge University Press, 2012), pp.
　　26-43.

'Counterfactuals and Modal Epistemology,' *Grazer Philosophische Studien*
　　86(2012), pp. 93-115.

'Boundaries in Reality,' *Ratio* 25.4 (2012), pp. 405-424.

'Truth-Grounding and Transitivity,' *Thought: A Journal of Philosophy* 2.4
　　(2013), pp. 332-340.

'Boring Infinite Descent,' *Metaphilosophy* 45.2 (2014), pp. 257-269.

'Natural Kind Essentialism Revisited,' *Mind* 124.495 (2015), pp. 795-822.

'Ontological Dependence,' in E. N. Zalta (ed.), *The Stanford Encyclopedia of
　　Philosophy* (Spring 2015 edn); see http://plato.stanford.edu/ar-
　　chives/spr2015/entries/dependence-ontological/ (with E. J. Lowe).

'Empirically Informed Modal Rationalism,' in R. W. Fischer and F. Leon
　　(eds.), *Modal Epistemology After Rationalism*, Synthese Library (Dor-
　　drecht: Springer, 2017).

'The Modal Status of Laws: In Defence of a Hybrid View,' *The Philosophical*

2　역주: 아마도 다음 논문인 듯. Matteo Morganti & Tuomas E. Tahko(2017),
'Moderately Naturalistic Metaphysics', *Synthese*, vol. 194 (7), pp. 2557-2580.

Quarterly 65(2015), doi:10.1093/pq/pqv006.

'Minimal Truthmakers,' *Pacific Philosophical Quarterly* 97(2016), doi:10.1111/papq.12064 (with Donnchadh O' Conaill.)

1

상위형이상학의 필요성

도입부에 해당하는 제1장에서는 상위형이상학(metametaphysics)을 연구해야 할 동기를 다루고, 더 일반적으로 상위형이상학이 형이상학과 연관해서 어떤 의의를 갖는지 논의하겠다. 또한 **상위형이상학**과 **상위존재론**(metaontology) 사이의 관계를 명료화하며, 이 책을 어떻게 읽을지 안내하고 각 장의 개요를 제시할 것이다. 덧붙여 이 주제에 관심을 갖고 있는 입문자와 상급자가 읽어야 할 책을 제안할 것이다.

이 책을 읽기 시작했으니 당연히 독자는 이미 형이상학에 흥미를 갖고 있을 것이다. 형이상학이 철학에서 흥미로운 분야라고 생각할 것이고 형이상학을 더 알고 싶을 것이다. 또는 형이상학을 전공하는 학생이거나 전문 철학자일 것이다. 아니면 형이상학을 의심쩍어하거나 형이상학이 철학 안에서 (그리고 바깥에서) 가치를 갖거나 하는지 의심하고 있을 것이다. 아마도 독자는 형이상학이 사이비 문제를 다루거나, 단순히 개념적이며 언어적인 불일치에 집중하고 있기에 실질적인 철학의 영역이 아니라고 생각할 수도 있다. 또한 독자가 자연과학을 비롯한 철학 이외의 다른 탐구 분야에서 출발하여 철학을 전공하다 보니 철학의 방법에 의심을 갖게 되었을 수도 있다. 특히 자연과학에서 사용되는 엄밀한 방법과 비교할 때 이런 의심은 커지게 된다. 또는 독자가 철학의 다른 분야를 전공하면서 형이상학자들이 실재의 구조에 관한 자신의 기이한 주장을 도대체 어떻게 정당화할 수 있는지 궁금하게 생각할 수도 있다.

앞에서 열거한 태도는 모두 **상위**형이상학적 태도이다. 다른 태도와 마찬가지로 어떤 상위형이상학적 태도를 견지한다면 **왜** 그런지 정당화할 수 있어야만 한다. 그 이유는 단순히 독자가 형이상학자의 진정한 책무, 또는 다양한 형이상학적 입장에 도달하는 방법을 논의해본 적이 없다는 것일 수 있다. 그렇다면 책을 제대로 골랐다. 독자가 위대한 형이상학의 책을 모두 읽었고 부족하다고 생각했기에 형이상학에 가치를 부여하지 않으려 하거나, 형이상학의 방법이 가짜라고 생각한다고 해도, 역시 적절한 책을 골랐다. 이와 달리 독자가 형이상학을 철학의 핵심이라 여기면서도 그 본성을 제대로 파악할 수 없었다면, 그리고 서로 다른 이론을 비교하고 상대적 장단점을 판단하는 일을 즐긴다면, 이미 짐작하듯이 이 책이 적절하다.

저자는 **분석** 형이상학 전통에 속해 있다. 나는 철학에서 분석 대 대륙의 구분을 특별히 유용한 구분이라고 생각하지 않는다. 하지만 상황을 제대로 기술하는 표현이 부족하기에 이 책이 분석적 전통에 초점을 맞추고 있다고 말한다면 분명히 도움이 될 것이다. 또한 나는 특정한 상위형이상학적 태도를 갖고 있다. 일종의 **존재론적 실재론**이 그 태도인데, 이에 대해서는 이 책의 다음 절에서 상세히 살펴보겠다. 독자는 내가 어떤 유형의 실재론적 형이상학에 편향되어 있으며, 또한 형이상학이 내재적 가치를 갖고 있다는 견해와 철학과 과학에 심대한 영향을 준다는 견해를 지지하고 있다는 점도 의식해야 한다. 형이상학자 사이에서는 흔한 태도이지만 이에 대해서도 정당화가 필요하다. 하지만 이 책이 특정 입장을 옹호하려는 연구서가 아니기에 다양한 입장을 소개 하겠다. 형이상학자도 자신의 입장을 방어하려 한다. 형이상학자 역시 자신의 형이상학적 견해를 소중하게 여기며 자신의 **상위**형이상학적 입장을 더 소중하게 생각한다. 후자를 항상 명시적으로 표현하지는 않 겠지만 이는 사실이다. 그래서 독자는 내가 때로 방어적인 태도를 취 한다는 점을 눈치 채게 될 것이다. 따라서 이런 상위형이상학 입문서 는 중립적이기보다는 '저자 자신의 의견을 내세우면서' 저술되게 마련 이다. 형이상학에 대해서 더 경멸적인 태도를 갖는 사람은 틀림없이 매우 다른 방식으로 책을 쓰게 될 것이다. 어떤 경우가 되었든 일군의 상위형이상학적 견해가 어느 정도 유형화되어 있는 데 그치고 있을 뿐 이므로, 확립된 견해가 있다는 식으로 말하게 되면 섣부른 주장이 되 고 만다. 따라서 상위형이상학에 관한 책을 쓰는 사람이라면 누구라도 다양한 입장을 어떻게 배치하고 심지어 각 입장에 어떤 명칭을 부여할 지 어려운 선택을 해야만 한다. 마찬가지로 상위형이상학에 관한 (입 문이나 그 이상 수준의) 책이 다루어야만 하는 영역의 경계 역시 논란 거리이다. 이 책에서는 지나치다 싶을 정도로 많은 내용을 다룬다. 독 자가 보기에 이 책의 논의가 형이상학에 관한 확립된 상위 분석 대신 에 **일차** 형이상학의 주제라고 생각되는 것도 때로 다루기 때문이다. 다 양한 일차 형이상학적 논쟁 사례를 언급하지 않으면서 상위형이상학적 논란거리를 다루기는 불가능하므로, 이런 서술 방식은 불가피하다.

이 책을 읽어가면서 독자는 상위형이상학에 포함되지 않으면서도 지속적으로 논의될 두 가지 화제를 자연스럽게 인지하게 될 것이다. 인식론과 과학(철학)이 그것이다. 그 자체로 상위형이상학의 영역에 속하는지 불분명하지만 상위형이상학 논의에서 이들을 모조리 피하기 어렵다. 이유는 간단하다. 상위형이상학의 핵심 질문, 아니 유일한 핵

심 질문 때문이다. 우리는 어떻게 형이상학적 지식을 획득하는가? 본
질적으로 똑같은 질문을 달리 던질 수 있다. 형이상학적 탐구는 어떻
게 작동하는가? 이는 매우 분명하게 **인식적** 질문, 물론 형이상학적 지
식에 관한 질문이다. 과학과 과학 철학은 이런 초기 질문 뒤에 곧이어
등장한다. **과학적** 지식이나 탐구에 연관지어 형이상학에 관한 인식적
질문에 답하는 전략이 흔히 사용되기 때문이다. 물론, 이런 답에 모두
가 수긍하지는 않을 것이고, 누군가 이를 수용한다고 해도, 형이상학
적 지식과 과학적 지식 사이의 정확한 관계를 묻는 난문은 여전히 남
는다. 어쨌든 현재 활동하고 있는 대부분의 형이상학자는 형이상학과
과학 사이에 중요한 평행 관계나 연속성을 기꺼이 인정할 것이다. 동
시에 형이상학은 철학의 최종 경계 지역에 속하며, 그래서 실험 방법
과 연관 없는, 순수 '안락의자 추론' 방법이 완벽하게 통하는 것처럼
보인다. 하지만 이 부분에 긴장, 격한 의견차가 존재한다. 따라서 여러
사정을 감안할 때 어떠한 상위형이상학 책이라도 인식적이거나 과학
적인 사안에 대해서 완전히 침묵할 방도는 없어 보이며, 물론 이 책에
서도 침묵하지 않는다.

1.1 상위형이상학 또는 상위존재론?

상위형이상학에 관심을 갖는 대다수의 독자는, 틀림없이, 밀접하게 연
관된 용어 **'상위존재론'**에 친숙할 것이다. 나는 이 책의 제목을 의식적
으로 정했다. 우리는 상위형이상학과 상위존재론을 구분할 수 있다.
이들의 용법이 완전히 표준화되지는 않았지만, 대략 상위형이상학이
더 광범한 용어라고 할 수 있겠다. 더 정확히 말해서 상위형이상학은
상위존재론을 포함하지만 다른 논란거리도 포괄한다. 이런 유형의 구

분은 형이상학과 존재론 사이에도 가능하다. '형이상학'(metaphysics)
은 아리스토텔레스주의 전통에서 비롯되었다. 통상의 이야기에 따르
면 '메타'(meta, '-의 너머', 또는 '-의 뒤에')라는 용어는 아리스토
텔레스(Aristotle, 384~322 B.C.E.) 전집을 구성할 때 자연현상에 관
한 작품(physics) 뒤에 등장하던 저작을 언급했을 뿐이었다. 그래서
'형이상학'은 실은 이런 저작의 내용이 아니라 원래의 상대적인 위치
를 가리켰다. '존재론'(ontology)이라는 용어 역시 아리스토텔레스주
의적 기원을 갖지만 내용에 중점을 둔 용어이다. 이 낱말의 어원인 그
리스어 ουτα(요즈음 알파벳으로 onta)가 '존재'(存在, being, 있음)를
가리키기 때문이다. 그래서 존재론은 존재(또는, 아리스토텔레스가 덧
붙였을 법한 방식으로 말해서, 존재로서의 존재, 그 자체로서의 존재)
에 관한 연구(the study of being)이다. 하지만 아리스토텔레스는 이런
용어를 사용하지 않았다. 이런 용어는 모두 나중에 채택되었다. 존재
론은 비록 극단적으로 일반적이기는 하지만 어느 정도 잘 잘 정의된
연구 영역으로 등장한 데 비해, 형이상학은 더 일반적인 뜻에서 실재
(實在, reality)나 실재의 구조에 관여한다고 간주된다. 하지만 형이상
학과 존재론 사이의 구분은 기껏해야 모호한데 많은 저작자가 이 두
용어를 상호교환가능한 방식으로 사용하고 있기 때문이다. 따라서 비
슷한 모호성이 상위존재론과 상위형이상학 사이에 영향을 준다.

   그렇다면 상위존재론은 무엇인가? 이 낱말을 체계적으로 사용하기
시작한 첫 사례는 밴 인와겐(Peter van Inwagen)의 1998년 동명 논문
이다.[1] 밴 인와겐의 용법에서 '상위존재론'은 콰인(Willard Van Or-
man Quine, 1908~2000)식의 내포를 담고 있다. 콰인은 존재론의 핵
심 질문을 '무엇이 존재하는가?'라고 간주했고, 이에 대해서 제2장에

---

1 Peter van Inwagen, 'Metaontology,' *Erkenntnis* 48 (1998), pp. 233-250.

서 논의할 예정이다. 그러나 밴 인와겐의 지적에 따르면, 우리가 '무엇이 존재하는가?'라고 말할 때 묻는 바를 고려한다면, 이는 존재론적 질문의 범위를 넘어서게 되고 그래서 **상위**존재론에 종사하게 된다. 밴 인와겐은 이 용어를 상당히 엄밀한 뜻을 갖도록 정의한다. 콰인식 의미의 상위존재론은 양화(量化, quantification)와 존재론적 개입(ontological commitment)에 관여한다. (이들에 대해서는 제3장에서 자세히 논의할 예정이다.) 이는 다시 상위존재론에 대해 상당히 좁은 이해가 되고 마는데, 이 정의에 따를 경우 상위존재론의 질문이 사뭇 달라질 수 있다는 데 주의해야 한다. 이를테면, 밴 인와겐의 용법이 **존재론**의 책무를 달리 생각하는 콰인과 같은 사람의 용법과 달라질 수 있다. 어떠한 경우가 되었든 이 용어의 원래 용법 때문에 상위존재론은 대개 이런 좁은 뜻으로 이해된다. 더불어, 존재론의 책무에 관한 또 다른 이해 방식 즉 아리스토텔레스의 노선에 따르면 이른바 '형식 존재론'이 존재론의 핵심 과제일 것이다. 이런 조어는 형식적 방법(이 연관되어 있기는 하지만, 이런 방법) 내에서 수행되는 존재론을 가리키지는 않으며 **존재론적 형식**(ontological form)에 대한 연구를 가리킨다. 여기서 말하는 존재론적 형식이란 (대상과 같은) 존재론적 요소가 견지하고 있는 구조와 관계를 포함한다.[2] 더 일반적으로 말해서, 이런 방식으로 이해된 존재론은 실재의 범주(範疇, category) 구조를 검토하는데, 아리스토텔레스의 『범주론』으로 거슬러갈 수 있다. 존재론적 범주를 체계적으로 연구하려는 최근의 예는 로우의 **네 범주 존재론**이다.[3]

---

2   이런 용어법은 후설의 영향을 받았다. 이를 보려면 다음을 참고하시오. Barry Smith and Kevin Mulligan, 'Framework for Formal Ontology,' *Topoi* 3 (1983), pp. 73-85.

3   E. J. Lowe, *The Four-Category Ontology: A Metaphysical Foundation for Natural Science* (Oxford: Clarendon Press, 2006).

따라서 이런 관점에서 본 '상위존재론'은 콰인식 관점의 존재론과 매우 다를 것이다. 부분적으로 이런 이유 때문에 이 책의 제목을 더 일반적인 용어 즉 '상위형이상학'으로 정했다. 이런 두 견해를 **모두** 포괄하고자 했기 때문이다.

　'상위형이상학'이라는 용어에 관한 혼동의 한 가지 원천은 차머스 등이 2009년에 편찬한 동명의 논문집이다.[4] 이 논문집은 (몇 가지 예외를 제외하고는) 주로 밴 인와겐이 정의한 상위존재론의 과업에 초점을 두고 있었다. 물론, 이 논문집의 부제는 '존재론의 토대에 관한 새로운 논문'이었다. 사실상 '상위존재론'과 '상위형이상학'이라는 용어는 상호교환가능하게 사용되곤 한다. 하지만 이 책에서는 '상위형이상학'을 다음과 같이 정의하고자 한다.

　　상위형이상학 $=_{df}$ 형이상학의 토대와 방법론에 관한 연구

　여기서 '형이상학'은 존재론을 포함하도록 사용되며, 그래서 상위형이상학은 존재론의 토대와 방법론에 관한 연구도 포함할 것이다. 따라서 상위존재론은 상위형이상학의 하위 분과로 이해될 것이다. 제2장과 제3장, 그리고 제4장의 일부는 큰 틀에서 밴 인와겐이 말한 뜻으로 상위존재론에 속하는 논의이다. 후속 장(제5장에서 제9장)에서 더 넓은 뜻의 형이상학 방법론을 논의할 것이다. 또한 형이상학의 인식론을 주로 다룰 것이다. 하지만 독자가 이 구분을 너무 심각하게 받아들일 필요는 없다. 이 구분 자체가 앞에서 말한 대로 여전히 모호하기 때문이다. 이 책에서는 기본적으로 포괄성을 지향하고 있으며, 앞의 상위

4　D. Chalmers, D. Manley, and R. Wasserman (eds.), *Metametaphysics: New Essays on the Foundations of Ontology* (Oxford University Press, 2009).

형이상학에 대한 정의 역시 이런 점을 허용하고 있다. 이 책에서 '상위
존재론'과 '상위형이상학'이라는 용어를 모두 이 장에서 제시하는 뜻
으로 사용할 것이다. 다시 말해서 상위존재론은 주로 실존(實存, exis-
tence), 양화, 존재론적 개입에 대한 연구를 가리키고, 그에 비해서 상
위형이상학은 이런 영역을 포함하면서도 형이상학의 방법론 영역의
광범한 논쟁거리를 다룰 것이다.

1.2 이 책을 읽는 방법

이 책은 형이상학을 비롯하여 관련된 분야의 지식을 갖춘 학부 고학년
과 대학원생을 주된 대상으로 삼았다. 하지만 이런 종류의 첫 시도이
니만큼, 형이상학, 인식론, 또는 과학철학에 종사하고 있는 전문가에
게도 일정한 도움을 줄 수 있을 것이다. 형이상학에 관한 약간의 선행
지식을 가정하기는 하지만, **상위**형이상학 분야의 선행지식은 필요하
지 않다. 형이상학 입문 과정을 밟았다면 이 책의 논의를 쫓아가는 데
아무런 문제가 없다. 독자가 이 책에서 소개하는 참고도서를 통해서
필요한 일부분을 보충하면 그만이다. 하지만 고급 과정의 형이상학,
(형식적 기호표현에 최소한의 지식을 갖춘) 철학적 논리학의 배경 지
식을 갖추고 있다면 이 책을 읽는 데 더 수월할 것이다. 나아가 독자가
여기서 다루고 있는 모든 화제를 제대로 이해하고자 한다면 이 책의
주된 참고도서 가운데 일부를 반드시 읽어야 할 것이다. 그러지 않을
경우 모두를 제대로 이해하는 일이 불가능할 것이기 때문이다. 부분적
으로 이런 이유 때문에 꽤 넓은 범위의 입문 서적을 참고문헌에 포함
시켰다. 또한 상위형이상학 분야에서 최신 저작 역시 포함시켰는데 해
당 분야의 전문가에게도 도움이 되기를 바라기 때문이다. 가장 중요한

전문 용어에 짧은 정의를 제공하려고 용어집을 마련하였다. 용어집이 모든 낱말을 담지는 않고 있기에 독자는 각 용어의 전체 맥락을 알아보려면 색인을 참조하여 이용하기 바란다. 물론 용어집을 간단하고 신속한 기억장치로 사용해도 무방하다.

이 책을 읽는 데 특별히 중요한 지침이 있는 것은 아니다. 대다수의 독자가 처음부터 끝까지 읽어낼 수 있으리라고 본다. 이 책이 다루는 화제에 익숙하지 않을수록 차례대로 읽어가는 것이 낫지만 각 장을 따로 읽어도 무방하다. 대개, 관련 개념, 견해, 도구에 관한 약간의 선행 지식이 가정될 때, 그 개념/견해/도구가 처음 소개되는 장에서 제시될 것이다. 상급 독자라면 자신이 흥미를 느끼는 화제로 미리 건너뛰어서 읽어도 좋다. 이 책을 상위형이상학을 다루는 교과에서 사용한다면, 교사는 개개의 장을 선택해서 다른 자료를 보충할 수 있다. 통상의 형이상학 교과에서도 교사가 똑같은 결정을 할 수 있을 텐데, 요즘의 많은 형이상학 교과가 형이상학의 방법론과 토대에 관한 논의를 포함하기 때문이다.

더불어 이 책에서 독자가 접하게 될 여러 사례를 과학에서 빌려왔다는 점도 따로 밝혀둔다. 많은 경우 우리가 일정한 형이상학적 입장에 대한 해명을 할 때 자연과학, 특히 물리학과 화학에서 가져온 예를 사용할 것이다. 대다수의 독자가 이전에 접한 형이상학이나 과학철학에서 이 예에 친숙해져 있을 것으로 기대하지만, 일반적으로, 선행 지식이 따로 필요하지 않은 정도로 이 예를 사용하겠다. 물론 약간의 예외는 있다. 비록 수식으로 제시되지 않았어도, 선행 지식이 없다면 근본 물리학에서 가져온 일부 예를 이해하기 어렵다. 하지만 이 경우에 세부 사항을 건너뛰어도 독자가 결정적인 대목을 놓치지는 않을 것이다.

마지막으로 참조 체계에 관한 주의사항이 있다. 상세한 서지 사항이 각주와 참고문헌 목록에 제시되어 있다. 각 장별로 서적의 첫 서지 사항은 완전하고 상세하게 제시되었다. 이후에는 더 짤막한 서지를 제시했으니 주의하기 바란다.

1.3 각 장의 개요

여기서는 각 장의 간단한 개요를 제시하겠다. 이 개요의 목적은 각 장에서 논의할 화제에 관한 일반적 사항을 제공하는 것이다. 하지만 전문 용어와 다양한 '주의주장'을 이 개요에서 정의하지는 않겠다. 그러니 독자는 관련된 견해를 이해할 수 있을지 너무 걱정하지 않아도 된다. 독자의 이해 도모를 목적으로 각각의 장을 배치했기 때문이다. 비록 각 장을 독립적으로 읽어도 된다고 하지만 그 가운데 일부는 주제면에서 서로 얽혀 있다. 특히 제2장과 제3장, 그리고 부분적으로 제4장이 연결되어 있다. 이 세 장은 앞에서 정의한 상위존재론에 집중하고 있는데, 그래도 상위존재론에만 머무르려 하지 않았다. 제5장과 제6장은 다소 전문적인 내용인데, 형이상학자의 '연장통' 즉 형이상학과 상위형이상학에서 사용되고 있는 형식적 존재론의 개념과 도구를 소개하고 있기 때문이다. 제7장과 제8장은 인식적 사안에 관심을 돌리고 있는데 형이상학 탐구의 방법을 논의한다. 제9장은 이전 장에서 논의된 내용을 충분히 활용하여 형이상학과 과학의 관계를 논의하면서 결론을 맺고 있다.

제2장: 콰인 대 카르납―존재하는 것과 존재하지 않는 것

상위형이상학은 콰인과 카르납(Rudolf Carnap, 1891~1970)이 1940년대와 1950년대에 벌인 논쟁에서 비롯되었다. 제2장에서 이 논쟁을 개관할 것이며, 역사적 세부 사항이나 논쟁의 원래 맥락을 주로

다루지는 않겠다. 핵심 화제는 '수는 실존하는가?'와 같은 실존 질문
의 격위이다. 이런 질문은 실질적인 내용을 갖는가, 아니면 진정한 형
이상학적 고려 없이 언어만 고려해서 해결될 개념적인 것일 뿐인가?
널리 알려져 있듯이, 카르납은 이런 질문의 형이상학적 의의에 대해
회의적이었으며, 그래서 이런 질문을 할 때 아무런 실질적 내용이 없
다고 논했다. 그의 견해는 일종의 **언어 다원주의**로 귀결되었는데, 이에
따르면 우리 자신의 존재론적 틀(ontological framework) 즉 선호하는
언어를 자유롭게 선택할 수 있다. 이 사안뿐 아니라 '플라톤의 수염'
문제 즉 비실존 문제에 대한 마이농(Alexius Meinong, 1853~1920)의
견해도 논의한다. 카르납의 내적 질문과 외적 질문의 구분과 이 구분을
응용하고 있는 최근의 시도 역시 논의하겠다.

제3장: 양화와 존재론적 개입

이 장에서도 실존 질문을 계속 논의하지만 양화로 초점을 이동한다.
실존 양화사의 역사와 명칭을 포함하여 그 격위와 의미가 논의된다.
특히 콰인의 존재론적 개입 기준을 비판적으로 검토할 텐데, 이 기준
은 우리가 어떤 실물(實物, entity)에 존재론적으로 개입하는지 여부를
그 실물에 양화하는지에 따라 가린다고 말한다. 또한 이에 대해 최근
에 제시된 여러 대안도 살필 것이다. 나아가 이른바 '양화사 변이'
(variance)의 가능성 역시 논의대상인데 허쉬(Eli Hirsch)가 이를 주장
하고, 여러 사람 중에 사이더(Ted Sider)가 이에 반대하고 있다. 양화
사 변이 논제에 따르면 단일한 (최선의) 양화사 의미는 없다. 이 논제
는 허쉬의 다른 견해 즉 물리적 대상에 관한 존재론적 논쟁이 '단지 언
어적일 뿐'이라는 견해와 밀접한 관계를 갖는다. 마지막으로 파인(Kit
Fine)의 또 다른 상위존재론적 입장 즉 실존 질문이 중요하지 않다는
입장이 논의될 것이다.

제4장: 대안 확인하기—존재론적 실재론, 수축주의, 약정주의

이 장에서는 다양한 상위형이상학적 입장을 개관할 텐데, 그 가운데 일부를 앞 장에서 이미 논의했다. 경쟁하는 주요 입장은 존재론적 실재론, 존재론적 반실재론, 수축주의, 약정주의이다. 이런 견해에 속하는 여러 주장을 정확하게 확인하려면 용어상의 명료화가 필요하다. 허쉬와 사이더 사이에서 벌어지는 양화사 변이에 관한 논쟁을 다루되 약간 다른 관점에서 다룬다. 사이더식의 존재론적 실재론에 더 상세하게 관심을 두며, 물리학에서 빌려온 예에 비추어 그의 견해를 일종의 사례연구로 취급할 것이다.

제5장: 근거와 존재론적 의존

이 장에서는 근거부여(grounding)와 존재론적 의존이라는 새로운 형이상학적 도구를 추가한다. '근거' 관념은 이십일 세기 초반에 분석 형이상학에 물밀듯이 들이닥쳤으나 실은 아리스토텔레스까지 거슬러 간다. 가장 단순한 형태로, 근거부여는 '형이상학적 설명'으로 이해될 수 있다. 더 정확하게 말해서 어떤 x가 어떤 y에 근거할 때, y가 x를 설명한다고 생각해도 무방하다. 표면적으로 근거부여는 존재론적 의존 관계를 표현한다. 존재론적 의존은 일군의 관계이며, 여러 종류의 의존이 꽤 자세히 논의될 것이다. 근거부여가 일종의 존재론적 의존 관계인지 여부 역시 검토한다. 근거부여, 그리고 이와 연관된 관념의 적용뿐 아니라 형식적 특징도 개관할 예정이다. 인과, 환원, 양상성(modality), 진리제조(truthmaking) 등도 논의 대상이다.

제6장: 근본성과 실재의 여러 수준

이 장에서는 실재가 '여러 수준'(levels)으로 이루어진 위계 구조로 되어 있다는 견해를 다룬다. 이 견해 역시 긴 역사를 갖고 있으며 여전한 인기를 누리고 있다. 과학 현장에서뿐 아니라 일상적 경험이 이런 견해를 강하게 지지하는 듯이 보이는데, 이 두 영역 모두에서 **규모의 차이로 인한 등급**(scale)이 주된 요인이기 때문이다. 보통은 등급에 의존하는 일은 부분과 전체를 말할 때 명백해진다. 부분과 전체는 부분 전체론(mereology)의 연구 주제이다. 우리는 원자를 이루고 있는 아원자 입자를 말하고, 분자를 이루는 원자를 말하며, 우리 주변의 모든 것을 이루고 있는 분자에 대해서 말한다. 이런 생각을 제5장에서 도입한 존재론적 의존 개념을 사용해서 표현할 수도 있다. 전체는 그 실존을 자신의 부분에 의존한다. 이런 위계 구조에 끝이나 시작이 있는지, 아니면 동등하게 연관된 의존의 사슬이 있는지를 묻게 될 때 근본성 개념이 등장한다. 이 장의 많은 부분을 '형이상학적 근본주의'와 '형이상학적 무한주의'를 분석하는 데 할애할 것이다. 전자에 따르면, 의존 사슬의 종단이 존재하고, 후자에 따르면, 의존의 사슬이 무한히 계속된다. 이런 견해들을 논의할 때 역시 물리학에서 가져온 예를 참조할 것이다.

제7장: 형이상학의 인식론—선천성 또는 후천성?

이 장에서는 광범한 영역에 걸쳐 있는 형이상학의 인식론을 화제로 삼아 논의한다. 선천성과 후천성의 구분에서 논의를 시작할 텐데, 이 구분에 대해서 예상보다 논란의 여지가 훨씬 많다는 점이 드러난다. 또한 이 구분을 명료화할 여러 방도를 검토한다. 이 장의 대부분을 양상 인식론에 할애하며 가능성과 필연성에 관한 지식을 다룬다. 이는 형이상학의 인식론에서 사례연구 구실을 할 것이다. 많은 형이상학적 지식은 양상적 요소를 포함하는 듯하며, 그래서 양상적 지식을 어떻게 획득하는지 설명할 필요가 있다. 이 대목에서 경쟁하는 두 입장은 주로 '양상 이성주의'와 '양상 경험주의'이다. 언뜻 보기에 양상적 지식

의 원천에 관해서 이들이 각각 선천성과 후천성의 구분을 반영하는 듯
이 보인다. 그러나 상황은 훨씬 복잡하다. '순수한' 선천적 지식 또는
후천적 지식이 드물기 때문이다. 그래서 두 유형의 지식이 모두 필요
하다는 견해가 어느 정도 매력적인 대안으로 떠오르게 된다. 이런 견
해와 그 대안을 논의할 것이다.

제8장: 형이상학에서 직관과 사고실험

제8장에서도 인식적 주제를 이어서 다루겠다. 직관과 사고실험은
형이상학적 지식의 중요한 원천으로 간주되면서도 여러 논란에 휩싸
여 있다. 증거의 원천으로서 이들을 얼마나 신뢰할만한가? '직관'이라
는 말이 어떤 뜻인지조차도 명확하지 않다는 것이 문제이다. 이 장에
서 형이상학적 직관과 형이상학적 탐구에서 이 직관의 역할을 이해하
는 다양한 방도를 검토할 것이다. 대개 선천적 능력과 연관되어 등장
하는 '이성적 직관'과 경험 기반의 직관 역시 검토 대상에 포함할 것이
다. 또한 이 장에서 철학적 사고실험과 과학적 사고실험의 유사성과
차이점뿐 아니라 사고실험과 직관 사이의 관계 역시 논의할 것이다.

제9장: 형이상학과 과학의 구분 — 형이상학은 자연화가능한가?

제9장에서는 과학과 형이상학의 관계를 살펴본다. 이 문제에 관해
서는 다양한 선택지가 있다. 그 가운데 하나에 따르면 형이상학은 자
율적이며 과학과는 별개로 세계에 관해서 무엇인가를 말해 줄 바가 있
다. 현대 물리학으로 인해 고려해야 할 사항이 복잡다단하지만 형이상
학이 나름대로 할 일이 있는 셈이다. 이 견해에 따르면 실재의 근본 구
조에 관한 형이상학적 탐구는 과학적 실재론을 밑받침할 수 있다. 또
다른 대안은 다른 극단에 자리하는데 이를 전면적인 '자연주의' 형이
상학이라고 한다. 이 견해에 따르면 형이상학이란 과학과 별개로 실재

에 관해서 어떤 것도 말할 수 없다. 물론 덜 극단적인 견해도 있다. 레디먼(James Ladyman)과 로스(Don Ross)의 견해가 여기에 해당한다. 이들의 견해는 두 원리로 요약될 수 있다. 하나는 **자연주의적 폐쇄성 원리**, 또 하나는 **물리학의 우선성** 원리이다. 이 원리의 요점은 형이상학의 역할이 있으나 몹시 제한적인 역할, 주로 통합의 역할을 한다는 데 있다. 과학과 형이상학의 방법론적 가교를 만들 가능성 역시 검토된다. 두 분야의 **연구 주제**가 상이한 데 비해 **방법** 면에서 유사성이 존재하지 않을까? 마지막으로 과학과 형이상학 사이의 관계에 관해서 더 온건하고 타협적인 견해 즉 '온건하게 자연주의적인 형이상학'이 제안될 것이다.

1.4 더 읽어야 할 책

쓰고 있을 당시에 상위형이상학 교재로는 이 책이 유일했지만 여러 교재나 논문집에 상위형이상학, 상위존재론, 형이상학 방법론을 다루는 중요한 논의가 많아졌다. 상위형이상학에 연관된 주제는 더 일반적으로 철학 방법론이나 상위철학을 다루는 저작에서도 광범하게 논의되었다. 다음에 제시하는 목록은 이런 저작물을 열거하고 있는데, 완벽에는 거리가 있지만 독자에게는 유용할 것이다. 입문자와 상급자를 위한 목록을 구분하여 제시했다. 여기서는 오직 책만을 소개했으나 독자가 이 밖의 여러 필요한 저작을 보려면 이 책의 말미에 제시하는 참고문헌 목록을 참고하기 바란다.

입문자용

Francesco Berto and Matteo Plebani, *Ontology and Metaontology: A Contem-*

porary Guide (London: Bloomsbury, 2015).

Chris Daly, *Introduction to Philosophical Methods* (Peterborough, ON: Broadview Press, 2010).

Alyssa Ney, *Metaphysics: An Introduction* (Abingdon: Routledge, 2014).

S. Overgaard, P. Gilbert, and S. Burwood, *An Introduction to Metaphilosophy* (Cambridge University Press, 2013) 김랜시 역, 『메타철학이란 무엇인가?』(생각과사람들, 2014).

David Papineau, *Philosophical Devices: Proofs, Probabilities, Possibilities, and Sets* (Oxford University Press, 2012).

상급자용

A. R. Booth and D. P. Rowbottom (eds.), *Intuitions* (Oxford University Press, 2014).

Albert Casullo and J. C. Thurow (eds.), *The A Priori in Philosophy* (Oxford University Press, 2013).

D. Chalmers, D. Manley, and R. Wasserman (eds.), *Metametaphysics* (Oxford University Press, 2009).

Fabrice Correia and Benjamin Schnieder (eds.), *Metaphysical Grounding: Understanding the Structure of Reality* (Cambridge University Press, 2012).

R. W. Fischer and Felipe Leon (eds.), *Modal Epistemology After Rationalism*, Synthese Library (Dordrecht: Springer, forthcoming).

Matthew C. Haug (ed.), *Philosophical Methodology: The Armchair or the Laboratory?* (Abingdon: Routledge, 2014).

Matteo Morganti, *Combining Science and Metaphysics* (New York: Palgrave Macmillan, 2013).

T. E. Tahko (ed.), *Contemporary Aristotelian Metaphysics* (Cambridge University Press, 2012).

Timothy Williamson, *The Philosophy of Philosophy* (Oxford: Blackwell Publishing, 2007).

2

콰인 대 카르납:
존재하는 것과 존재하지 않는 것

콰인과 카르납이 1940년대와 1950년대에 걸쳐 벌인 논쟁이 실은 상위형이상학의 기원이다. 이 장에서는 논쟁에 동원된 원저작이나 역사적인 세부 사항에 관심을 두지 않고 그 윤곽에 집중하겠다.[1] 상위형이상학자의 핵심 문제는 바로 실존 질문 즉 '수가 실존하는가?'와 같은 질문이 정말로 심오한지 여부이다. 달리 말해서 상위형이상학 종사자는 이 질문이 진정한 형이상학에 속하기보다는 언어를 고려하기만 하면 해결될 개념적인 질문인지 답하려 한다. 이런 질문의 형이상학적 의의에 대해서 카르납은 회의적인 태도를 갖고 있었으며, 이런 질문을 제기할 때 아무런 실질적인 내용을 묻지 않는다고 논했다. 카르납의 견해를 일종의 언어 다원주의(language pluralism)라 할 수 있겠다. 이에

---

1   논쟁의 역사에 초점을 둔 글을 보려면 다음을 참고하시오. Matti Eklund, 'Carnap's Metaontology,' *Noûs* 47.2 (2013), pp. 229–249. 에클룬드가 명백히 밝히고 있듯이, 콰인-카르납 논쟁의 내용은 논란의 여지가 매우 많다. 그러나 단순화를 위해서 우리는 해당 논쟁이 최근의 저작에서 등장하는 방식에 집중할 것이다.

따르면 우리는 자신의 존재론적 틀 즉 자신이 선호하는 언어를 자유롭게 선택할 수 있다.[2] 어쨌든 (신)카르납주의자라고 자처하는 철학자들은 이 견해에 동조한다.[3] 형이상학 거부를 카르납과 연계시키자, 콰인이 형이상학의 가능성을 옹호하는 대단한 영웅처럼 부상했다. 콰인의 유명한 논문 「존재하는 것에 대하여」('On What There Is', 이어지는 절에서 다룰 것이다)는 존재론적 질문을 (언어적) 선호의 문제라고 보는 카르납주의자에 대항하는 결정적인 업적으로 간주된다.[4] 많은 사람이 생각하기에 카르납이 지지했던 논리실증주의가 일으킨 파괴적인 결과를 딛고 존재론은 콰인의 논문 덕분에 존경받는 지위를 회복했다. 하지만 콰인과 카르납 사이의 논쟁에 대한 통상의 줄거리와 달리 존재론에 관한 콰인의 견해는 **수축주의**에 매우 가깝다. 내가 보기에 콰인의 견해는 존재론적 질문의 실질성을 부정하는 쪽으로 기울어진 견해이다. 이와 관련된 여러 대안에 대해서는 제4장에서 더 논의할 것이다.

---

2 여기서 '언어 다원주의'라는 관념은 다음에서 따왔다. Eklund, 'Carnap's Meta-ontology.' 때로는 이를 '존재론적 다원주의'라고 쓰기도 한다. 그리고 다음과 비교해 보라. Matti Eklund, 'Carnap and Ontological Pluralism.' 이 글은 다음에 실려 있다. D. Chalmers, D. Manley, and R. Wasserman (eds.), *Metametaphysics* (Oxford University Press, 2009), pp. 130-156. 에클룬드는 '존재론적 다원주의'라고 불리는 다른 견해들과 카르납의 견해를 구분하려는 시도를 하고 있다. 비교적 최근에는 이 용어가 많은 '존재의 방식'이 있다는 주장을 가리키도록 사용되고 있다. 이런 논란거리에 대해서는 이 책의 제6장에서 간략하게 살펴보겠다. 이와 관련해서는 다음도 참고하시오. Kris McDaniel, 'Ways of Being.' 이 글도 다음에 실려 있다. Chalmers, Manley, and Wasserman (eds.), *Metametaphysics*, pp. 290-319.

3 현저한 사례로 다음을 들 수 있다. Eli Hirsch, 'Physical-Object Ontology, Verbal Disputes, and Common Sense,' *Philosophy and Phenomenological Research* 70 (2005), pp. 67-97. 하지만 허쉬가 자신의 입장을 합성적인 물리적 대상에 관한 논의에 제한하고 있다는 점에 주의하라.

4 W. V. Quine, 'On What There Is,' The Review of Metaphysics 2 (1948), pp. 21-38. 이 글은 콰인 자신의 다음 책에 재수록되었다. *From a Logical Point of View* (Cambridge, MA: Harvard University Press, 1980), pp. 1-19.

어떤 경우든, 존재론에 관한 이 두 인물 사이의 의견차가 알려진 바에
비해서 그리 크지 않다고 볼 합당한 이유가 있다. 이를테면 카르납은
존재론에 관해서 콰인과 자신의 의견차가 심각하다고 생각하지 **않았
다.**[5] 그렇다고 해도 이들 간의 논쟁이 현대 상위형이상학에 미친 영향
을 부정하기는 어렵다. 차머스, 맨리, 와서만 등이 편집한 결정적인 논
문집인 『상위형이상학』은 최근의 고전적인 논문들을 많이 포함시켰는
데, 몇 편을 제외하고 집중적으로 콰인과 카르납의 논쟁을 다루고 있
다.[6]

　콰인-카르납 논쟁에 관한 최근 저작에는 흥미로운 점이 많다. 이들
전부를 논의하지는 않겠지만, 방금 말했듯이 그 가운데 가장 핵심은
존재론에서 실존 질문의 역할에 관한 것이다. 실존 양화사의 역할과
해석 문제는 또 다른 중요 논란거리이다. 관련된 논의 가운데 일부를
존재론적 개입에 관한 다음 장까지 미루겠다. 이를 다루기 전에 관련
된 배경 정보가 있어야 하기 때문이다. 이 장에서 이 배경 정보를 다루
겠지만, 콰인-카르납 논쟁에서 논란이 가열되고 있는 측면, 또한 이들
각각을 지지해서 확대되고 있는 논쟁에 대해서도 다루겠다. 이 장의
첫 절에서 콰인의 유명한 논문을 소개하고, 둘째 절에서 이 논문의 핵
심 주제 가운데 하나인 '플라톤의 수염' 문제를 이어서 논의하겠다. 그
런 후에 셋째 절에서 약간의 우회를 시도하여 마이농의 견해를 살피겠
다. 상위형이상학 논쟁에서 그의 중요성이 종종 무시되고 있다. 이 책
을 통해서 마이농의 저작이 콰인-카르납 논쟁뿐 아니라 다수의 최근
견해와 밀접하게 연관된다는 것을 알게 될 것이다. 넷째 절에서, 카르
납의 외적 질문과 내적 질문의 구별을 소개하겠다. 이 구분은 이런저

5　다시 다음을 참고하시오. Eklund, 'Carnap's Metaontology.'
6　Chalmers, Manley, and Wasserman (eds.), *Metametaphysics*.

런 형태로 최근의 상위형이상학적 견해에 반영되어 있다. 이로부터
(신)카르납주의의 언어 다원주의가 등장하는데 제5절에서 이를 논의
하겠다.

2.1 존재하는 것에 관하여

존재론이 실존하는 것에 관한 연구라면 존재론적 질문에 대한 답은 어
렵지 않아 보인다. 모든 것이 실존한다! 이는 콰인의 논문 「존재하는
것에 대하여」 서두에 등장하는 다소 김빠지는 대답이다. 보자마자 이
대답은 불만족스럽다. 먼저, 홈즈(Sherlock Holmes)를 비롯해서 표면
적으로 실존하지 않는데 **존재하는** 어떤 것처럼 보이는 실물에 대해서
우리는 뭐라고 해야 할 것인가? 곧이어 이를 더 다루어보겠지만 그전
에 이런 질문을 던진 콰인의 동기를 논의해보자. 특히 존재론의 목적
이 진정으로 존재하는 모든 것의 목록을 작성하는 일인가? 확실히 그
렇지 않다. 예를 들어, 실존하는 사물들 사이의 관계에 관심을 가질 수
도 있다. 그래서 과도하게 인용된 그의 말에 그의 진짜 의중이 남김없
이 표현되어 있다고 보기는 어렵다. 콰인식의 입장에서 중요한 상위형
이상학적 측면은 존재(being)가 실존(existing)과 **똑같다**는 논제, 즉
실존하지 않는 사물은 존재하지 않는다는 논제이다. 정식 콰인주의자
로 분류된 밴 인와겐은 이런 논제를 다음과 같이 요약한다.

> 이 논제에 대한 옹호 논증을 어떻게 펴야 할지 난처할 정도로 내게는 이
> 논제가 명백해 보인다. 나는 이렇게 말할 수 있을 뿐이다. 만일 당신이 실
> 존하지 않는 사물이 있다고 생각한다면, 내게 예를 하나 들어보시오. 당신
> 의 예에 대한 올바른 반응은 둘 중 하나일 것이다. "그것도 실존하네." 또

는 "그런 것은 존재하지 않아."[7]

이런 견해에 따르면 '수가 존재한다'는 '수가 실존한다'에 해당한다. 밴 인와겐의 진술은 콰인이 초점을 두고 있는 문제 즉 실존하지 않으나 언급이나 지시의 대상이 되는 사물의 격위 문제를 잘 보여주고 있다. 이와 관련해서 다음 절에서 이 '비존재'(nonbeing)의 문제가 상위형이상학자들에게 난제를 일으킨다는 것을 살피겠다.

밴 인와겐이 열거하고 있는 콰인 견해의 다른 중요한 측면이 있다. 실존하는 모든 사물은 똑같은 방식으로 즉 **일의적으로**(univocally) 실존한다! 그래서 실존을 책상이나 의자와 같은 물리적 대상에 귀속시킬 때와 수나 집합과 같은 추상적 대상에 귀속시킬 때 우리는 '실존'을 똑같은 의미로 사용한다. 이런 견해를 지지하는 논증은 단순하다. 유니콘이 실존하지 않는다고 말하는 것이나 유니콘의 수가 영이라고 말하는 것은 똑같다. 밴 인와겐에 따르면 실존과 수 사이에 이런 연관은 실존에 관한 일의주의에 유리하다. 반대로 조심할 필요도 있다. 문제의 일의주의는 수보다는 수를 세기(counting)에 관련되어 있다. 바구니 안의 사과의 수가 다섯이라고 말하고 사과 하나를 먹는 일은 '하루에 다섯' 중에 하나(인 식물이나 과일의 부분이)라고 말한다면, 우리가 수를 똑같은 방식으로 사용하고 있는가?

실존 양화사(existential quantifier, 보통 '존재 양화사'로 옮기지만 여기서는 모두 '실존 양화사'로 옮긴다-*역주)는 여기서 간단히 살필 '실존'에 관한 셋째 요점이다. 콰인은 실존 양화사 'ヨ'가 실존의 일의적인 뜻을 잡아낸다고 간주한다. 양화와 실존 양화사의 해석에 관련된 논란에 대해서는 다음 장에서 다시 살피겠지만 여기서도 콰인주의를

---

7   Peter van Inwagen, 'Meta-ontology,' *Erkenntnis* 48 (1998), p. 235.

간단히 묘사해보겠다. 요점은 콰인식의 방법인데, 이에 따르면 존재론의 핵심 질문이 단순한 공식처럼 대답될 수 있다.

(1) 당신의 최선인 과학 이론을 택하고 그 이론이 말하는 바가 옳다고 가정하라.

(2) 그 이론의 문장을 형식 언어, 전형적으로, 일차 술어논리의 언어로 번역하라.

(3) 번역된 이론에서 (실존) 양화사의 범위가 그 이론의 존재론적 개입을 너에게 제공할 것이다.

여기서 말한 **과학 이론**에 주의해야 한다. 콰인에게 철학의 핵심 임무는 과학 이론 선택을 사정평가하고 도와서, 과학 이론의 존재론적 개입을 결정하는 일이다. 물론 이 삼 단계 정식이 이 주제에 관한 콰인의 전체 요지이기보다는 거친 단순화일 뿐이다.

「존재하는 것에 관하여」의 화제를 따라가다보면 이 유명한 논문에서 관심을 끄는 주제가 부각된다. 콰인은 특정한 방법론적 논점이나 상위존재론적 논점을 방어하려는 대신에 자신의 유명론을 옹호하는 데 관심을 둔다. 콰인에 따르면 붉은 집이 있고, 붉은 장미가 있고, 붉은 석양이 있다고 말할 때, 어떠한 붉음 **보편자** 즉 모든 붉은 사물이 예화하고 있다고 간주되는 것의 실존에 개입할 필요가 없다. 이는 위에서 말한 방법을 다음과 같이 적용하는 일일 뿐이다. 우리가 '소크라테스는 죽었다.'를 형식언어로 번역하여, '∃x M(x)'를 얻는데, 여기서 'M'은 '죽는'이라는 술어를 나타내고, 변항 'x'의 값은 '소크라테스'이다. 여기서 실존 양화사의 범위(domain, "정의역"이라고도 한다-*역주)는 소크라테스를 포함하는데, 이를 양화의 대상이라고 말한다. (즉 이 형식문에서 '소크라테스'는 **속박**변항이다.) 그러나 '죽는'

이라는 술어에 대해서는 양화하지 않는다. 보편자 '죽는'에 개입을 표현하려면 2차 논리학에 의존해야만 한다.[8] 하지만 콰인 자신은 술어를 양화하는 데 강하게 저항한다. 술어는 속성과 보편자 같은 사물을 치역으로 삼기 때문이다. 앞으로 보겠지만 콰인은 가능하면 성긴 (sparse) 존재론을 얻고자 분투했다. 예를 들어, 보편자와 같이 의심적은 실물에 대한 양화를 어떤 대가를 치르고서라도 피하고자 했다. 게다가 콰인은 이차 논리학으로 상승하지 않으려는 독자적인 이유도 갖고 있었다. 그의 유명한 말에 따르면 이차 논리학은 위장된 집합론이며, 이를 시적으로 표현해서 '양의 탈을 쓴 집합론'이 이차 논리학이다.[9] 이렇게 말하는 콰인의 의도는 이차 논리학은 제대로 말하자면 **논리학**이 아니며 수학의 한 분야(이른바, 집합론의 일부)라는 것이다. 콰인에 따르면 일차 양화와 이차 양화는 매우 다른 격위를 갖는다. 일차 양화는 **대상**을 양화하는데, 이렇게 양화된 대상의 실존에 전혀 의심이 가해지지 않는다. 그러나 이차 양화는 더 강력한데, 이것은 보편자, 속성, 개념 등등의 영역을 양화하기 때문이다. 더 추상적인 이런 사물의 실존은 의심의 대상이며, 그래서 특히 콰인 자신이 이런 대상의 실존을 의심스럽게 보았다. 그래도 추상 실물에 대한 양화를 거부하려는 콰인의 이유는 양화사 자체의 역할에 관한 그의 견해에서 도출되는데, 양화란 존재론적 개입과 밀접하게 연결되어 있다는 것이 콰인의 입장이다. 더 정확하게 말해서 어떤 이론의 양화 문장은 그 이론의 존재론적 개

---

8   이차 논리학에 대해서 더 살펴보려면, 다음을 참고하시오. Herbert B. Enderton, 'Second-order and Higher-order Logic,' in E. N. Zalta (ed.), *The Stanford Encyclopedia of Philosophy*(앞으로 *SEP*로 줄임) (Fall2012 edn). http://plato.stanford. edu/archives/fall2012/entries/logic-higher-order/

9   W. V. Quine, *Philosophy of Logic*, 2nd ed. (Cambridge, MA: Harvard University Press, 1986), Ch. 5.

입을 표현한다.

비로소 콰인의 가장 유명한 구호에 도달했다. '실물이라고 간주됨은 순전히 [속박] 변항의 값인 셈이다.'[10] 이 구호는 콰인의 존재론적 개입을 요약하고 있다. 다음 장에서는 주로 콰인의 존재론적 개입 기준을 평가하겠다. 이제 상위존재론에서 여전히 중심적인 역할을 하고 있는 비존재의 문제로 관심을 돌려보자.[11]

2.2 플라톤의 수염

보편자에 원치 않게 개입하는 일 이외에도 콰인은 비존재에 관한 문제 즉 플라톤의 수수께끼에 관심을 둔다.

비존재는 어떤 의미로 존재인데, 그렇지 않으면 존재하지 않는 그것은 무엇이겠는가? 이는 플라톤의 수염이라는 별명을 가진 얽히고설킨 신조이다. 긴 역사를 두고 이 문제가 해결되기 어렵다는 것이 잘 알려져 있는데, 자주 오캄의 면도날을 무디게 만들었다.[12]

---

10 Quine, 'On What There Is,' p. 13.

11 존재론적 개입과 콰인의 기준에 대한 논의를 더 보려면 다음을 참고하시오. Philip Bricker, 'Ontological Commitment,' in E. N. Zalta (ed.), *SEP* (Winter 2014 edn). http://plato.stanford.edu/archives/win2014/entries/ontological-commitment/.

12 Quine, 'On What There Is,' p. 2. [*역주: 잘 알려져 있다시피 영어 'be'(와 이에 해당하는 인도 유럽어)는 우리말에서 서술과 동일성의 '-이다'를 의미하기도 하고, '있다'를 의미하기도 한다. 콰인은 이 대목에서 말장난을 시도하고 있는데 우리말로 풀고 보니 말장난의 힘이 사라졌다. 하지만 이는 말장난에 그치는 문제가 아니라, 콰인의 말대로 서양철학의 역사에서 장기간 철학자들을 괴롭힌 문제였다. 우리말처럼 '이다'와 '있다'가 분리되어 있는 언어에서는 불필요했거나, 알아보지 못한 문제로 서

이 난제의 기원은 플라톤이 쓴 『소피스트』인데, 이 책에서 플라톤은 파르메니데스의 견해를 논의한다. 이에 따르면 무엇인가를 말하거나 무엇인가를 생각하는 일은 그것에 **관해서** 말하거나 생각하는 일이다. 플라톤이 페가수스가 실존하지 않는다고 생각하거나 말할 때 그는 **페가수스에 관해서** 생각해야만 한다. 따라서 플라톤이 생각하는 무엇 즉 페가수스가 실존한다! 토마스(Christie Thomas)가 적절히 요약한 대로, '비존재 문제는 부정실존 주장이 일반적으로 자신이 주장하는 바로 그 대상의 존재를 요구하는 것처럼 보인다는 난처한 결과를 갖는다.'[13] 오캄의 면도날은 원하지 않는 실물의 실존을 부정함으로써 우리로 하여금 성긴 존재론을 갖도록 해주는 것처럼 보이는데, 어떤 신조를 부정함으로써 우리로 하여금 원하지 않는 그 실물의 실존에 개입하도록 한다면, 그런 신조는 곤란한 처지에 빠지게 된다. 콰인이 선호하는 성긴 존재론은 그가 사용한 비유, '사막 풍경'으로 적절히 표현될 수 있다. 그는 오캄이 휘두른 면도날의 착상을 충실히 실행하여 이렇게 생각해야 한다. 우리는 불필요한 것에 존재론적 개입을 삼가야만 한다. 사막 풍경을 이상적이라고 보는 콰인은 또 다른 기획의도를 갖고 있다. 이 둘은 밀접히 연결되어 있는데, 이 새로운 기획에 따르면 **풀어쓰기**(paraphrasing)로 일상 언어의 겉보기 존재론적 개입을 피할 수 있다. 이렇듯 새로운 기획이란 다름 아니라 문제 문장을 적절한 경우에 존재론적 비개입 문장으로 표현하는 일이다.

양철학자는 길게 고생해왔다.]

13   Christie Thomas, 'Speaking of Something: Plato's Sophist and Plato's Beard,' *Canadian Journal of Philosophy* 38.4 (2008), p. 633. 또한 토마스는 이 사례를 역사를 참조하여 상세히 분석하는데, 플라톤 자신이 페가수스와 같은 사물의 실존에 개입할 필요가 없었다고 논한다. 따라서 '플라톤의 수염은 콰인을 비롯한 여러 사람이 우리로 하여금 믿게 한 바와 같은 정도로 오캄의 면도날을 무디게 만들 만큼 거칠지 않았다.' 같은 글, p. 667.

비존재 수수께끼를 풀어쓰기 전략으로 해결하려는 콰인의 시도는 러셀(Bertrand Rusell, 1872~1970)의 기술이론에서 착상을 빌려왔다. 콰인은 현실화되지 않은 가능성(unactualized possibilities)과 불가능한 실물 등에 의존하는 다양한 대안을 논파하고자 했다. 이런 해결책은 그가 선호하는 사막화된 존재론 대신에 부풀려진 존재론으로 우리를 이끌기 때문이다. 러셀의 이론을 차용하여 콰인은 비실존 사물에 개입할 필요가 없는 방식으로, 문제 진술을 문제없는 진술로 풀어쓸 수 있었다. 예를 들어, '현재의 프랑스 그 왕은 대머리이다.'는 '무엇인가가 프랑스 그 왕이면서 대머리이며, 그것 이외에는 프랑스의 그 왕이 아니다.'로 풀어쓸 수 있다. 이런 해결책은 러셀의 **한정기술론**(theory of definite description)에 의존하고 있다. 여기서 한정기술은 '현재의 프랑스 그 왕'(the present king of France, *역주-유일성의 'the'를 한정 기술이라고 한다)인데, 이 기술이 '소크라테스는 대머리이다'라는 진술에서 '소크라테스'와 다르게 작용한다는 데 주의하라. 그래서 이 두 문장의 논리적 형식은 서로 다르며 이런 차이에 의존해서 러셀은 여러 난제를 풀어낼 수 있었다.[14] 콰인은 플라톤의 비존재 수수께끼도 이 도구를 이용해서 해결할 수 있다고 믿었다. 콰인에 따르면, 이름, 기술, 심지어 술어도 존재론적 개입을 함의하지 않는다. 무엇인가에 양화하는 일이 존재론적 개입을 실행한다. 그래서 바람직하지 않은 것, 이를테면, 유니콘이나 보편자에 대한 양화를 피해서 어떤 이론을 풀어쓸 수 있다면, 그 이론은 그런 문젯거리인 실물의 실존에 개입하지 않은 채 성립될 수 있다. 게다가 콰인은 이런 실물에 개입하고자 하는 사람도 쉽게 뜻을 이룰 수 있다고 말한다. 소크라테스와

---

14 다음을 보시오. Bertrand Russell, 'On Denoting,' *Mind* 14 (1905), pp. 479-493.

아리스토텔레스가 공통으로 갖는 **무엇인가가 있다** 즉 그들이 죽는다는 것이 있다고 말함으로써, '죽음'이라는 보편자에 개입을 표현할 수 있다. 마찬가지로 1만보다 큰 소수인 어떤 것이 있다고 말함으로써 우리는 수의 실존에 스스로 개입할 수 있다. 콰인이 역설하고자 하는 바는 양화와 속박변항을 사용하지 않고서 존재론적 개입을 표현할 다른 방도가 없다는 점이다.

2.3 마이농의 등장

카르납을 주제로 삼기 전에 오스트리아 철학자 마이농을 살피고자 한다. 그가 철학에 기여한 바는 대체로 무시되었지만 현재 우리가 검토하고 있는 주제에 중대한 기여를 했다. 마이농은 카르납과 콰인 이전에 활동했었고 러셀의 비판적인 주석으로 인해서 널리 알려졌지만, 사실 그의 영향은 콰인의 「존재하는 것에 대하여」에서 확연해졌다. 콰인의 논문은 두 '가상' 인물, 맥엑스(McX)와 와이만(Wyman)의 견해를 논의하는데, 이들은 실존했던 철학자인 맥타가르트(John McTaggart, 1866~1925)와 마이농에 각각 유사하다. 와이만은 둘 중에 더 급진적인 견해를 피력한다. 콰인은 이렇게 말한다. "와이만은 좋았던 낱말 '실존한다'를 망치는 데 가담하는 철학자 가운데 하나이다."[15] 마이농은 '있다'(영어 단수 표현인 'there is' 또는 복수 표현인 'there are')가 '실존한다'(exist)와 하나의 뜻이라고 말하는 콰인에 반대한다. 마이농에게는 페가수스처럼 실존하지 않는 무엇인가가 **있다**. 물론 콰인은 실존하지 않는 것이 있다는 말을 하지 않는다. 그 대신 콰인은 페가

---

15   Quine, 'On What There Is,' p. 3.

수스와 **같은 것은 없다**고 주장한다. 그래서 논쟁은 정확하게 비존재에 관한 플라톤의 수수께끼에 관한 것이다. 마이농에 따르면 어떤 것이 단지 현실화되지 않았을 뿐, 즉 실존이라는 **속성**을 갖지 못하지만 우리는 여전히 페가수스와 같은 것이 어떤 의미로는 **있다**고 말할 수 있다. 콰인과 마이농의 이 견해차를 표현하는 한 방법은 실존이 진정한 속성인지, 즉 한 대상이 소유하거나 상실할 수 있는 어떤 것인지 묻는 것이다. 이 구분은 마이농의 *Sein/Sosein*(있다/이다) 즉 실재물의 실존 격위/그 실재물이 갖는 속성(또는 '본성')을 구분하면 심층적으로 분석될 수 있다. 이 구분은 마이농의 **독립원리**의 뿌리인데, 이 원리는 대강 말해서 다음과 같은 내용이다.

하나의 실물은 그 실존과 무관하게 어떠한 속성이든 가질 수 있다.

이 원리에 따라 비실존 대상은 우리가 그들에 귀속(歸屬, attribute)시키는 모든 속성을 가질 수 있다. 다시 말해서, 비실존 황금산은 금으로 만들어졌으며, 둥근 사각형은 둥글다고 진정으로 말할 수 있다. 콰인주의자에게는 **모든 것이** 실존하지만, 마이농주의자에게 모든 것이 실존하지는 **않는다.**

마이농 자신은 아마도 실존 자체를 '여러 방식으로 언급'된다고 본 것 같다. 다시 말해 그는 실존을 일의적이기보다는 **다의적**이라고 간주한 듯하다. 하지만 이후의 여러 마이농주의자들은 실존의 한 가지 뜻밖에 없다는 데 콰인의 의견을 같이한 것으로 보인다. 그래서 한편으로는 콰인과 마이농 사이의 논쟁과, 다른 한편으로는 현재의 콰인주의자와 마이농주의자 사이의 논쟁은 복잡한 양상으로 전개된다. 이와 비슷하게, 콰인이 '있다'와 '실존한다' 사이의 구분을 거부한 대목에서, 마이농 자신은 이 구분을 인정했고 이를 비존재 문제를 말할 때 사용했지만, 현재의 모든 마이농주의자가 이에 동조하지는 않는다. 예를 들어, 다음에 더 자세히 보게 될 프리스트(Graham Priest)의 견해는 일종의 마이농주의라고 할 수 있겠지만, '존재'와 '실존'의 구분에 대해서는 콰인의 노선에 가깝다.[16] 따라서 우리는 마이농의 원래 입장이 다른 해석의 여지를 갖지만, '마이농주의자'로 분류되는 일부 현대 철학자의 입장과 다를 수 있다는 점을 염두에 두어야 한다. 콰인과 '콰인주의자' 사이에도 똑같은 얘기가 성립한다. 하지만 여러 부류의 콰인주의와 마이농주의 사이의 논쟁에서 핵심은 실존이 대상 자체와 구별될 수 있는 속성의 격위를 갖느냐는 데 대한 의견 불일치에 놓여 있다. 바로 이 점이 프리스트가 명백하게 마이농주의 진영에 속하게 되는 쟁점이다.

상세한 역사는 제쳐두고, 실존과 양화에 관한 입장에 착안하여 마이농주의자들을 분류할 수 있다. 예를 들어, 일부는 콰인에 동조해서 실존이 일의적이라고 하며, 다른 일부는 이를 부정할 것이다. 일부는 실존물과 비실존물을 두고 '존재'의 여러 뜻을 구분하고자 하는 데 비해, 다른 사람들은 이 구분을 부정하면서 비실존자는 아무런 존재를 갖지 않는다고 역설할 것이다. 이렇게 다양해지는 견해를 루이스(David Lewis, 1941~2001)의 구절을 빌려서 해명해보자. 어떤 사람은 실존한다고 하고 다른 사람은 그렇지 않다고 할만한 '논란거리인 실물'에 관한 루이스의 견해는 다음과 같다.

논란의 대상인 실물은 과거와 미래의 사물을 포함하는데, 이를테면, 존재하기를 멈춘 고인과 아직 잉태되지도 않은 자, 또한 현실화되지 않은 가능

---

16 Graham Priest, *Towards Non-being: The Logic and Metaphysics of Intentionality* (Oxford University Press, 2005).

자, 보편자, 수, 집합, 그리고 마이농의 대상들, 불완전하거나 비일관적이
거나, 둘 다이거나. 이 모든 실물을 실존한다고 말하는 확장주의자를 "**전존
주의자**"(全存主義, allist)로 부를 수 있다. 반면에 이 가운데 어떤 것도 실
존하지 않는다고 주장할 사막 거주자를 "**전무주의자**"(全無主義, noneist)
로 부를 수 있다.[17]

언뜻 보기에, 마이농은 루이스가 말한 **전존주의자**처럼 보일 것이다.
그가 온갖 논란거리인 실물을 **존재**한다고 말했기 때문이다. 그러나 주
의하라. 마이농은 이런 실물이 **실존한다**고 주장하지 않았다. 사실, 마
이농의 핵심 주장은 이렇다. 서로 다른 종류의 실물이 존재하는 서로
다른 방식이 존재한다. 일부 실물은 실존하지만, 다른 일부는 '존속한
다(subsist)'. 이 '존속'은 실존하지 않는 어떤 것에 귀속되는데, 이것
은 아마도 존재의 영역 바깥에 놓인다. 그러나 마이농에게, 어떤 실물
의 존재와 비존재는 그것의 본성 일부가 아니다. 마이농이 주장한 다
른 원리가 이런 생각을 말해준다. 그는 이 원리를 **무차별 원리**라고 했
다. 이 원리에 따르면,

> 한 실물이 비록 존재 또는 비존재 상태에 처해 있는 경우라도, 그것은 그
> 자체의 본성상 존재와 차이가 없다.

하지만 실물의 본성이 그 자체의 비존재를 강요할 **수 있다**. 둥근 사
각형은 본성(nature, Sosein)을 가질 수 있지만, 이 본성은 둥근 사각
형이 결코 실존할 수 없다고 못박는다. 그러나 무차별 원리는 그 실물
의 본성이 그 존재나 비존재를 포함하지 않는다고 말한다. 이 모든 사

---

17   David Lewis, 'Noneism or Allism?', *Mind* 99.393 (1990), p. 23.

항이 여러 난제를 일으킨다. 이 가운데 일부는 여기서 다루는 것에 비해 훨씬 본격적으로 마이농을 논의하고 해석해야만 해결될 수 있다. 따라서 마이농의 저작에서 영향을 받은 주목할만한 이차 문헌에 의존하는 편이 더 나을 것 같다.

이차 문헌에서 때로 마이농은 루이스가 말한 일종의 전무주의자로 묘사된다. 이런 서술은 적어도 반은 맞다. 우드워드(Richard Woodward)는 이렇게 말한다. "전무주의자는 마이농이 반을 맞혔다는 입장을 취한다. 비실존자와 실존자를 구분하는 데 올바른 길을 갔으나, 존재를 갖는 비실존자(즉 존속자)를 비존속자와 구분한 데서는 그릇되었다."[18] 한편, 전존주의자는 적어도 '실존'이 일의적이라고 보는 한에는 콰인과 같은 의견이다. 그에 비해 앞에서 보았듯이 콰인은 존재론적 사막을 선호하는데, 반면에 전존주의자는 논란인 실물의 어떠한 것이든 전부를 인정한다. 이와 대조해서 전무주의자는 실존 문제에는 사막 거주자이겠지만, 양화를 강조하는 콰인의 존재론적 개입을 수용하지 않는다. 그 대신에 전무주의자는 별 무리없이 비실존자를 양화할 수 있다는 입장에 서 있다.[19] 따라서 존재 대 실존의 문제는 비존재 수수께끼와 분리될 수 있어 보인다. 크레인(Tim Crane)은 이와 관련해서 이렇게 말했다. "존재와 실존 사이가 구분되는지 여부는 실존하지 않는 사물이 존재한다는 주장의 진리성과 무관하다."[20]

18 Richard Woodward, 'Towards Being,' *Philosophy and Phenomenological Research* 86.1 (2013), p. 183. 또한 Tatjana von Solodkoff and Richard Woodward, 'Noneism, Ontology, and Fundamentality,' *Philosophy and Phenomenological Research* 87.3 (2013), pp. 558–583.
19 Richard Routley, 'On What There Is Not,' *Philosophical and Phenomenological Research* 43 (1982), pp. 151–578과 Priest, *Towards Non-Being*을 보시오. 또한 'Noneism or Allism?'에서 루이스가 루틀리의 입장에 대해 해설한 부분을 보시오.
20 Tim Crane, *The Objects of Thought* (Oxford University Press, 2013), p. 24.

마이농주의자는 루이스가 언급한 실물 가운데 많은 것이 논란거리일 수 있으나, 이런 사실이 이 실물이 **속성**을 가질 수 없다는 것을 의미하지 않는다고 말할 것이다. 예를 들어, 페가수스는 일련의 속성 즉 말 모양임, 특히 날개를 가짐 등의 속성을 갖지만 실존 속성은 결여한다. 이런 생각에 대한 콰인주의자의 반대는 이중이다. 먼저, 마이농주의자가 실존 개념을 전적으로 오해했거나, 또는 진정한 존재론적 의견 불일치가 있다면 마이농주의가 거의 자체모순이어서 콰인주의 입장이 정확하다. 그래서 콰인주의자의 반응은 더 격하다. 콰인은 비현실화 가능자에 관한 마이농주의의 신조를 거의 가망 없는 견해라고 생각한다. 특히 버클리 대학의 둥근 사각 지붕이나 **논리적으로 불가능한** 다른 실물을 예로 인용하는 것을 보라. 마이농주의자는 이런 실물이 불가능하다고 인정하겠지만, 그렇다고 해도 이는 그런 것들이 실존할 수 없다는 의미일 뿐이며, 그런 (불가능한!) 실물이 존재하지 않는다는 뜻은 아니다. 불가능한 실물이—또는 전체 불가능한 세계가—전적으로 낯설지 않을 수 있겠지만, 마이농주의는 심대한 대가를 치러야 하는 주장이다.[21] 게다가 상황이 이렇다면 마이농주의 노선은 어떤 것이라도 실존한다는 것을 증명할 수 있도록 해준다. 임의의 속성 집합 X를 택하고 마이농의 독립원리에 따르게 되면, 그런 속성을 가진 대상이 존재할 수 있는 것처럼 보인다. '황금임', '산임' 그리고 '실존'이라는 속성을 택했을 때, 이런 속성을 가진 실물이 존재한다면 우리는 황금산이 실존한다고 결론지을 수 있다!

마이농주의의 입장은 콰인주의에 비해서 지지를 얻지 못했다. 러셀과 콰인이 마이농주의에 대해서 가한 비판이 치명적인 것처럼 비쳤기

---

21   더 많은 논의를 살펴보려면, 예를 들어, Daniel Nolan, 'Impossible Worlds: A Modest Approach,' *Notre Dame Journal of Formal Logic* 38.4 (1997), pp. 535-572 를 보시오.

때문이다. 하지만 이는 일종의 편견인데, 현대의 마이농주의는 현대의
콰인주의만큼이나 정치하다.[22] 마이농주의 상위존재론과 관련된 입장,
이를테면 **전무주의**는 받아 마땅한 주목을 최근에야 받고 있다. 앞에서
언급한 마이농주의에 대해 제기되는 문제를 둘 다 이미 러셀이 제기했
고, 마이농주의자에게 진정한 문제인 이들을 표현하는 다른 흥미로운
시도 역시 있었다.[23] 그 가운데 하나는 파슨스(Terence Parsons)의 저
작에 토대를 두고 있는데, 소위 '중핵 속성' 즉 한 실물이 만족시키는
속성들의 집합 X에 속하도록 용인된, 속성들의 특권적 집합 개념을 이
용한다. '실존'이 이런 중핵 속성에 속하지 않는다는 점이 중요하다.
'실존'은 '중핵외'(extranuclear) 속성이다. 이런 착상에 뒤따르는 명
백한 문제는 중핵/중핵외 구분의 명세 방도이다. 그래서 마이농주의는
아직 안정된 상태가 아니다. 루틀리(Richard Routley)의 '특성화 공
준'(characterization postulate) 역시 비슷한 시도인데, 대상이 자신을
특성화하는 데 사용되는 특성화 속성을 갖는다고 주장한다. 그러나 루
틀리의 접근법 역시 자의성 비판에 취약하다. 누가 이런 특성화 속성
을 결정할지 명확하지 않기 때문이다.

　하지만 마이농주의의 활로가 여기서 막히는 것만은 아니다. 예를 들
어, 프리스트는 중핵 즉 특성화 속성에 기댄 접근법을 개선하려 했다.
그는 비실존 대상은 그들이 실존하는 가능(또는 불가능) 세계에서 이
런 속성을 갖는다고 제안했다.[24] 게다가 일부 속성, 이를테면 황금산임

22　최근의 논쟁을 개관하려면 *SEP* (E. N. Zalta, ed)에 실린 Maria Reicher, 'Non-existent Objects,'를 참고하시오.

23　예를 들어, Francesco Berto, 'Modal Meinongianism and Fiction: The Best of Three Worlds,' *Philosophical Studies* 152 (2011), pp. 313-334와 Terence Parsons, *Nonexistent Objects* (New Haven, CO: Yale University Press, 1980), 그리고 이미 인용한 루틀리와 프리스트의 저작을 참고하시오.

24　Priest, *Towards Non-Being*, p. 86.

은 '실존-함축'(existence-entailing) 속성이다. 다시 말해 황금산은 현실로 실존하지 않지만 '황금산임' 속성은 실존-함축 속성이므로, 이 실물은 이런 속성을 소유한 실물을 포함하는 세계에서는 실존한다. 이런 의미로 실존-함축적인 속성을 결정하는 일이 전적으로 직관적이지는 않다. 예를 들어, 프리스트 자신은 '둥글거나 네모남'은 실존-함축적이지만 '둥긂'은 그렇지 않다고 주장한다.[25] 따라서 이런 해결책은 중핵/중핵외 구분과 마찬가지 문제에 부딪친다. 게다가 이 해결책은 마이농의 독립원리를 명백하게 어기게 된다. 이 해결책은 명시적으로 한 대상이 가진 속성들이 실존 함축을 가질 수 있다고 주장하기 때문이다. 프리스트의 해결책이 마이농과 루틀리의 해결책에 비해서 개선되었을 수 있으나, 속성을 실존-함축적인 것으로 간주해야만 한다는 점에서 문제의 소지를 갖게 된다. 크레인은 이런 논란을 직접 다루면서 오히려 프리스트에 비해서 이런 속성이 더 많다고 주장한다. 또한 크레인은 우리가 가능 세계 장치를 제거할 수 있다고 생각한다. 이 장치 때문에 여러 해결책이 곤란을 겪고 있는 것으로 보이기 때문이다.[26]

크레인의 견해에 따르면 속성의 실존-함축성은 사물의 **본성**에 의해 결정된다. 어떤 사물에 대한 서술이 옳으려면 어떤 조건이 충족되어야 하는지 결정하는 것이 이 본성이기 때문이다. 이와 달리 비실존 대상은 이런 속성, 예를 들어, 황금임을 가질 수 없다. 실존하는 것이야말로 황금으로 이루어진 사물의 본성이기 때문이다. 앞에서 제시된 대로 이런 사실은 다음을 함축한다. 소위 비실존 황금산이 비록 현실세계에서는 실존하지 않지만 어떤 세계에서인가 실존한다. 하지만 셜록 홈즈

25   Reicher, 'Nonexistent Objects'를 보시오.
26   Crane, *The Objects of Thought*, p. 60.

같은 비실존자는 실존-함축적이지 않은 일부 속성을 가질 수 있는데, 이를테면, 허구적임이 그런 예이다. 이는 비실존자인 셜록 홈즈가 현실 세계에서도 가질 수 있는 속성이다. 또한 크레인의 제안을 이해하려면 더 많은 사항이 추가되어야 한다. 이를테면, 하나의 속성을 갖는다는 것은 무엇이고, 사물의 본성이 어떤 속성의 실존-함축성을 어떻게 결정하는지 설명해야 한다. 그러나 우리는 이런 논란을 다루지 않겠다. 이 문제를 처리하려면 현재 갖춘 것보다 훨씬 많은 상위존재론적 도구가 필요하기 때문이다. (물론 이 가운데 일부는 후속 논의에서 제공될 것이다.)

러셀의 도전을 극복할 수 있는지 여부와 무관하게, 크레인의 견해가 콰인주의에 반대하는 주목할만한 예인 점은 명확하다. 그의 견해는 마이농주의자나 전무주의자의 노선과 다소 다르다. 크레인은 비실존자에 관한 주장이 옳은 것으로 밝혀지기를 원한다는 데서 출발하는데 이는 실존과 양화에 관한 표준적 접근법과 정합하지 않는다. 그가 제시한 예를 하나 보자.

(S) 성서의 어떤 등장인물은 실존했고 어떤 인물은 실존하지 않았다.[27]

(S)는 모순처럼 보이는데, 양화사 '어떤'의 범위가 실존자와 비실존자를 모두 포함하기 때문이다. 그래서 이 문장은 '어떤'과 같은 양화사에 대한 표준적 이해 방식으로는 옳을 수 없다. 그러나 크레인은 기초 양화논리학에 의존한 추론에 기대지 않고 (S)가 옳다고 밝혀지기를 바란다. 그래서 표준적 양화논리학과 달리 양화의 범위를 재해석할 것을

---

27   같은 책, p. 30. 이 예에 관련된 고전적 논의를 보려면, Saul Kripke, *Reference and Existence* (Oxford University Press, 2013)을 참고.

제안한다. 그는 비실존자를 포함할 수 있도록 양화의 범위를 확장한
다. 그러나 양화의 범위가 처음부터 비실존자를 포함할 수 없다고 생
각하는가? 크레인은 집합으로 간주되는 양화의 범위 개념에 토대를
두고 자신의 이론을 전개한다.

> 비실존 대상을 '포함' 하는 범위에 저항하는 경향은 범위와 연관된 일종의
> 형이상학적 그림이 일정한 역할을 하는 것 같다. 이 형이상학적 그림에 따
> 르면, 집합은 사물의 모임이고, 만일 언어의 실재 낚시법을 이해한다면,
> 이 사물은 실재적이어야 한다. 집합에 의존한 생각의 호소력은 그 집합이
> 정밀하게 정의된 실물이고, 명료한 실존 기준과 동일성 기준을 갖고 있다
> 는데 있다. 이런 그림에 따르면 집합의 모든 원소는 존재해야만 하고, 그
> 래서 만일 범위가 집합으로 이해된다면, 비실존자를 포함하는 범위는 성립
> 하지 않게 된다.[28]

양화 범위를 집합으로 여기는 대신, 크레인은 이렇게 제안한다. 사
물에 관해 양화하는 일은 사물에 관해 말하는 한 방식일 뿐이다. 다시
말해 사물의 양화는 우리의 담화 내에 그 사물을 갖게 되는 일일 뿐이
다. 크레인의 (S)에 대한 해석에 따르면 '실존하지 않는 성서의 등장
인물이 존재한다' 는 이런 비실존 성서 등장인물의 실존을 주장하는
것으로 이해되어서는 안 된다. 어떤 성서 등장인물은 실존하지 않는
다고 말하는 것이다. 양화사 'there are' 가 우리를 오도해서는 안 된
다. (맥널리(Louise McNally)의 견해가 반영된) 크레인의 견해에 따
르면, 실존문장은 임의의 것의 실존을 주장하기 위해서 사용되지 않
고, 담화 내로 새로운 지시대상을 도입하기 위해서 사용된다. 결과적

---

28   같은 책, p. 37.

으로 'G인 F가 존재한다'는 실존 주장은 'G인 F가 실존한다'는 주장과 명백히 동치인 것은 아니며, '어떤 F는 G이다'와 동치라고 보이는데, 이 문장에서 자연언어 양화사인 '어떤'은 존재론적 개입을 할 필요가 없다.[29]

많은 내용을 밀도 높게 소개하고 나니, 우리가 마이농주의의 접근 방식이나 그와 유사한 접근 방식을 심각하게 다루어야 한다는 점이 명확해졌다. 마이농주의는 최근에 일종의 부흥을 맞고 있으며 이런 흐름이 얼마간 이어질 것으로 기대된다. 이제 콰인과 카르납의 논쟁에서 핵심 부분으로 되돌아가보자.

2.4 외적 질문과 내적 질문

「존재하는 것에 관하여」는 부분적으로 카르납을 겨냥하고 있다. 이는 콰인이 카르납이 속성, 명제, 의미에 개입한다고 의심했기 때문이다. 카르납이 보기에 수와 마찬가지로 속성, 명제, 의미는 아무런 문젯거리가 아니었다. 이런 실물에 개입하는 데 아무런 잘못된 점이 없다. 그의 입장은 **내적** 질문과 **외적** 질문의 구분에 의존하고 있다.

　두 종류의 질문을 구분해야 한다. 첫째, 해당 **틀 내에서** 새로운 종류의 일정한 실물의 실존에 관한 물음이 있는데, 우리는 이를 **내적 질문**이라고 하겠다. 둘째는 **전체로서 실물의 체계**의 실존이나 실재성에 관한 질문으로서, **외적 질문**이라 하겠다. 내적 질문과 이에 대한 가능한 대답은 새로운

29　같은 책, p. 46 이후 여러 쪽. '어떤'과 같은 양화사에 대해 심도 높은 논의를 보려면, Hanoch Ben-Yami, *Logic and Natural Language* (Surrey: Ashgate, 2004).

형식의 표현의 도움으로 정식화될 수 있다. 이에 대한 대답은 해당 틀이 논리적 틀인지 사실적 틀인지 여부에 따라서 순전히 논리적 방법이나 경험적 방법에 의해서 발견될 수 있을 것이다.[30]

내적 질문은 카르납에게 절대적인 우선성을 갖는데, **오직** 내적 질문만이 사실적인 질문으로 이해되기 때문이다. 이런 질문의 예를 들자면 다음과 같다. 'C_{60}보다 큰 탄소 분자가 있는가?' 이런 질문에 대해 과학 틀 내에서 동원가능한 경험적 방법에 의존해서 옳거나 그른 대답을 쉽게 제공할 수 있다. '가장 작은 소수는 무엇인가?' 라는 질문도 내적 질문의 자격을 갖지만 답은 **분석적으로** 옳거나 그르다. 예를 들어, 카르납은 모든 수학적 진리를 '모든 총각은 미혼이다.' 와 마찬가지로 분석적으로 즉 의미 덕분에 옳다고 간주한다. 이에 비해서 외적 물음은 틀 자체에 관여한다. 이들은 전체 틀의 본성이나 정당화에 관한 철학적이거나 존재론적 물음이다. 새로운 틀, 이를테면 특정 과학 이론을 도입할 때 외적 질문을 제기해야 한다. 따라서 우리는 '양자 역학은 파동방정식의 객관적 실존에 개입하는가?' 라고 질문하게 된다. 또는 '수는 존재하는가?' 라고 물을 수도 있다. 철학자는 이런 질문을 진심으로 제기하지만 카르납은 이를 실수라고 간주한다. '새로운 말하기 방식의 도입은 아무런 이론적 정당화를 필요로 하지 않는다. 왜냐하면 이는 실재에 관한 아무런 주장도 함의하지 않기 때문이다.'[31] 카르납이 이 대목에서 취하는 태도는 개방적이면서 다소 경멸적이다. 개방적이라

30 Rudolf Carnap, 'Empiricism, Semantics, and Ontology.' *Reveue Internationale de Philosophie* 4 (1950). 이 글은 카르납의 다음 책에 재수록되었다. *Meaning and Necessity: A Study in Semantics and Modal Logic* (University of Chicago Press, 1956), p. 206.
31 같은 책, p. 214.

하는 이유는 우리가 새로운 틀의 도입에 대한 **이론적** 정당화를 길게 평가하지 않고서도 이 틀을 자유롭게 채택한다는 뜻이다. (하지만 **실용적**(pragmatic, 또는 **화용적**-*역주) 정당화는 여전히 필요하다는 것은 주의해야 한다.) 이런 뜻으로 외적 질문은 옳고 그른 대답과 무관한 실용적 선호의 문제로 간주될 수 있다. 그러나 카르납의 접근방법은 상이한 여러 틀에 대한 철학적 분석의 가치와 이들의 이론적 개입 사이의 **객관적** 비교가능성이 침해된다는 뜻으로 경멸적이다.

카르납의 접근방법을 온전히 이해하기 위해 여기서 '틀'(framework)의 의미에 대해서 한마디 해야만 한다. 이는 매우 세심한 주의가 필요한 논란거리이다. 과학 이론이 이와 연관해서 언급되지만, 카르납의 논점은 더 일반적이다. 수의 체계와 시공간 점의 체계 역시 틀로 간주될 수 있다.[32] 명백히 틀 관념이 추상적 사물이나 구체적 사물을 포함하여, 매우 다양한 사물에 적용될 수 있기 때문에, 우리는 틀 관념을 새로운 종류의 실물에 관해서 말할 목적으로 구성된 임의의 **언어적**(linguistic) 체계(또는 언어 단편, a language fragments)라고 이해할 수 있다. 이런 방식으로 틀은 수 체계뿐 아니라 구체적 사물의 체계에도 적용될 수 있다. (과학자가 새로운 실물에 부여하는 이름과 그들이 도입하는 개념을 생각해보면) 새로운 실물을 취급하는 과학 이론의 언어는 이런 언어적 틀의 좋은 예이지만, 어떠한 새로운 '언어'라도 그 기능과 상관없이 적격일 것이다. 내적/외적 구분과 틀 관념을 갖추고 나면, 카르납의 견해가 일정 유형의 **상대주의**로 귀결될 수 있다는 우려는 자연스럽다. 이 상대주의에 의거할 경우 실존 주장의 사실성(factivity)이 해당 언어 틀에 **상대적으로** 사정평가될 수 있을 뿐이며, 철학

---

32 '틀'에 대한 논의를 더 보려면 다음을 참고하시오. Eklund, 'Carnap's Metaontology,' pp. 231 ff.

자들이 관심을 보이게 마련인 보편적 유형의 실존 주장은 대부분의 가
치를 상실하게 될 것이다. 물론 이 견해에 관한 가장 급진적 해석에 따
르면, 철학자들이 때로 제기하는 바 있는 외적 의미의 사실적 질문은
완전히 잘못된 것이며, 그래서 인지적 내용을 결여하게 된다.[33] 이 대
목에서 긴장해야 할 바가 있다. 이런 유형의 틀 상대성은 틀을 언어적
체계로 해석하는 데서 필연적으로 귀결되지는 않는다. 이때 **드러나는**
상대주의는 일종의 언어적 상대주의보다 더 심각하지 않다. 이 상대주
의에 따르면 서로 다른 가능한 언어가 있고 각 언어에서 어떤 문장의
진리조건은 그 언어에 상대적이다. 그래서 이런 상대주의가 존재론에
관한 일종의 회의주의를 조장하는지 여부는 논란의 여지를 갖는다. 카
르납의 견해가 이런 회의주의를 낳는다고 의심받는데, 정말 그런지 논
란거리라는 말이다. 물론 에클룬드(Matti Eklund)가 정확하다면 카르
납과 연관되는 부류의 존재론에 관한 회의적인 귀결은 '틀'에 대한 더
급진적인 해석과 더불어 갈 뿐이다.

상대주의자에 관한 둘째 이해에 의거하면, 카르납의 '틀'은 언어 단편만은
아니다. 오히려 틀이란 전망이나 사고방식과 비슷하다. 상대주의에 따르
면, 틀-상대성은 언어에 대한 의미의 사소한 의존관계가 아니라, 존재론
자들이 다루는 문장이 더 급진적인 뜻으로 틀-의존적이다. 문장이 표현하
는 **명제**는 절대적으로 옳거나 그르지 않고, 틀에 상대적이다. 내적 질문은
'틀'의 이런 제한적인 뜻에서 틀에 상대적으로 옳은 것에 관한 질문이다.
외적 질문은 어떤 틀이 정확한 것인지에 관한 질문이다.[34]

---

33 이에 관한 논의를 보려면 다음을 참고하시오. Eklund, 'Carnap and Ontologi-
cal Pluralism,' p. 132.
34 Eklund, 'Carnap's Metaontology,' p. 233.

에클룬드는 카르납을 이런 뜻의 상대주의자가 아니라 단지 **언어 다원주의자**로 본다. 이 다원주의는 틀을 언어적 체계나 언어 단편으로 해석하는 데서 등장한다. 다음 절에서 최근의 언어 다원주의 논의를 더 자세히 다루겠다.

카르납에 대한 주석을 떠나서, 내적/외적 구분은 단지 역사적 연관성만 갖는 것은 아니다. 이 구분은 다양한 현대적 논의에서 적용되고 채택되었다. 특히 자칭 '신카르납주의'(또는 다른 사람에 의해서 이렇게 인정된) 철학자가 앞장섰다. 상위형이상학에서 최근의 여러 견해가 내적/외적 구분으로 촉발되었다. 호프웨버(Thomas Hofweber)도 이런 류의 견해를 개진했다.[35] 그의 카르납 구분에 대한 해석이 논란의 여지를 갖지만 그의 견해는 카르납과 흥미로운 대조를 이룬다. 호프웨버는 **양화**의 내적 해석과 외적 해석을 구분한다. 외적 해석은 양화에 대한 표준적인 범위-관련 이해이며, 그래서 양화사를 이런 뜻으로 읽으면 우리의 초점은 양화되고 있는 대상의 범위에 모아진다. 이런 해석에 의거한 진리조건은 양화의 표준적 의미론에 따르는데, 이것이 바로 양화사가 정상적으로 사용되는 방식이다. 그러나 호프웨버는 양화사가 다의적(polysemous)이라고, 즉 의미론적으로 부족하게 명세된다(semantically underspecified)고 생각한다. 이 때문에 양화사는 범위-관련 해석에 덧붙여, 내적 해석 즉 양화사의 **추론적 역할**에 관련된 해석을 갖는다. 이런 착상의 단초는 (일상적 영어의 경우) 때로 양화사가 외적 해석의 취지와 다른 뜻으로 사용된다는 사실이다. 호프웨버는 이것이 늘 일어나는 평범한 현상이라고 주장하는 것이 아니라, 양화사가 다른 뜻을 갖는다고 읽어야 할, 명백하게 특별한 사례가 있다고 생각

한다. 그런 사례 가운데 하나는 우리가 부분적 무지 상태에서 의사소통을 시도할 때, 즉 무엇에 관해서 말하고 있는지 약간 알고 있으나 자세한 사항은 모를 때 발견된다. 이런 경우에 양화사의 범위-관련 이해는 부적절한데, 우리가 그 범위에 무지할 수 있기 때문이다.

호프웨버의 외적/내적 구분을 예시하기 위해서, (콰인이 발언했음직한) '모든 것이 실존한다'는 진술에 대한 이해 방식을 살펴보자. 언뜻 보기에 이 문장에서 '모든 것'이 실존하는 모든 사물을 포함한다면 이 진술은 사소하게 옳다. 그러나 우리는 비실존자에 관한 문제를 명심해야 한다. 셜록 홈즈와 같이 **실존하지 않는** 어떤 사물이 있을 것이다. 그래서 '모든 것'이 셜록 홈즈를 포함한다면 이 진술은 그르다. 이런 두 뜻은 각각 양화의 외적 해석과 내적 해석에 대응한다. 내적 해석은 비실존자의 가능성을 감안할 때 더 적절하다. 비실존자라고 상정된 것이 양화의 범위 내에 있는지 여부가 불명확하다. 호프웨버는 또 다른 예를 제시하면서 구분을 명확히 한다. '누군가 나를 찼다'는 진술을 보라. 여기서 양화사의 해석은 명확히 외적이다. 나를 찬 특정한 누군가가 있으며, 그 사람이 누군인지 내가 몰라도 반드시 문제가 되지는 않는다. 하지만 다음을 보자. '우리 둘 모두 존경하는 누군가가 있다' 지만 우리 둘이 존경하는 그 사람이 누군지 내가 잊었다. 이 경우에 우리 둘 모두가 존경하는 사람이 아무나 될 수 있기는 하지만, 양화사는 전체 세계를 치역으로 삼지 않는다. 왜 이렇게 불충분한가? 우리 둘다 홈즈를 존경하게 되었다고 한다면, 양화사는 이 세계 속에 포함되지도 않은 어떤 것을 치역으로 삼을 것처럼 보인다. 그래서 우리 둘다 존경하는 사람에 대해 부분적인 무지의 상황에서 의사소통을 하는 동안 양화사는 외적 의미로 이해될 수 없다.

호프웨버는 내적/외적 구분을 익숙한 질문에 적용해 나간다. '수는 있는가?' 내적 해석에 의거하면 답은 사소한 '예'이다. 그러나 호프웨버는 형이상학을 사소한 것으로 만들고자 하는 사람은 아니다. 그래서 그는 외적 해석을 할 경우 이 질문은 사소하지 않다고 말하며, 나아가 수학은 외적 해석에 대답을 제공하지 않는다고 생각한다. 따라서 형이 상학이 관여하는 것은 바로 실존 질문에 관한 외적 해석이다. 형이상 학의 실존 질문은 (전적으로) 사소하지는 않으며, 특수 과학은 이 질문 에 답하지 않는다. 표면적으로 이런 입장은 카르납의 견해와 대조된 다. 어쨌든 호프웨버는 자신을 '온건한' 의미에서 형이상학의 가능성 을 옹호하는 사람으로 간주한다. 그러나 카르납의 견해가 무엇인지 정 확하게 묘사하기 어렵다는 점을 보았기 때문에 이런 대조가 성립하는 지 더 탐구할 일이다. 호프웨버에게 외적 해석과 내적 해석은 똑같은 지위를 갖고 있으나, 양화 진술의 내적 해석이 매우 빈번하게 사소하 다고 보는 한 그의 해석은 카르납의 견해와 일치한다. 물론 '수는 있는 가?' 라는 질문에 직면하게 되면 호프웨버는 이 질문을 내적 해석 하에 서 볼 때 사소하다고 간주하지만, 형이상학자가 이런 질문을 할 때 생 각하는 바는 호프웨버의 생각과 다르다. 이에 대한 카르납의 판단은 형이상학자들이 무의미한 질문을 제기한다는 것이지만, 호프웨버는 덧붙여 말할 바가 있다. 특히, 그는 수 낱말이 비지시적이라고 간주한 다. 호프웨버는 수-담화가 지시를 목표로 삼지도 않는다고 상정한다. 이런 입장이 정확하다면 숫자가 집어내는 것이 세계에는 없으며, 따라 서 '수' 와 같은 것은 없다.

　수 낱말은, 다른 어떤 낱말과 마찬가지로, 특정 화자에 의해서 지시하려 는 의도로 사용될 수 있고, 이 화자는 무엇인가를 지시하는 데 성공할 수 있다. 나는 '둘' 을 내가 가꾸는 가장 큰 토마토 모종을 지시하는 데 사용 할 수 있고 성공할 수 있다. 그러나 나는 이 낱말뿐 아니라 다른 어떤 낱 말도 (통상 이 구절이 사용되는 방식에 따라서) 수 둘을 지시하는 데 사

용할 수 없다.[36]

더 일반적으로, 형이상학에 맡겨진 모든 임무는 해당 실존 질문에 관해서 내재주의나 외재주의 가운데 어떤 것이 옳은지 결정하는 일이라고 호프웨버는 결론짓는다. 내재주의가 옳다면 문제가 되고 있는 유형의 실물은 존재하지 않는다. 외재주의가 옳다면 형이상학은 대답할 일이 없다. 이런 견해에 따르면 형이상학의 역할은, 카르납에 따를 경우 보다 더 야심만만하기는 하겠지만, 대단하지 않은 온건한 일에 그칠 것이다.[37]

그런데 호프웨버의 내적/외적 구분은 카르납과 먼 연관만 있을 뿐이지만 여러 사람이 이 구분을 사용해왔다. 예를 들어, 차머스(David Chalmers)는 이 구분을 채택해서 새롭게 관련된 구분 즉 **일상의** 실존 주장 대 **존재론적** 실존 주장을 제시했다.[38] 전자는 이름이 암시하듯이 '이 방에 세 개의 의자가 있다'와 같은 일상적 주장이다. 후자는 대개 '이 붉은 의자와 저 붉은 탁자가 공유하는 "붉음" 보편자가 있다'와 같은 철학적 주장이다. 차머스는 이 구분을 '존재론 방'(ontology room) 즉 존재론적 실존 주장을 제시하는 일이 허용되고 존재론적인 사안을 논쟁하는 것이 가능한 특별한 공간이라는 관념과 함께 내놓는다. 존재론 방 바깥에서는 오직 일상적 실존 주장이 적절하게 평가될 수 있다. 존재론 방은 카르납의 원래 견해와 느슨한 연결고리만을 갖고 있

---

36 Hofweber, 'Ambitious, Yet Modest, Metaphysics,' p. 268.

37 T. E. Tahko, 'In Defence of Aristotelian Metaphysics,' in T. E. Tahko (ed.), *Contemporary Aristotelian Metaphysics* (Cambridge University Press, 2012), pp. 26-43.

38 David Chalmers, 'Ontological Anti-Realism' (p. 81), in Chalmers, Manley, and Wasserman (Eds.), *Metametaphysics*, pp. 77-129.

는 것 같기는 하지만 상위형이상학에서 표준적인 도구로 자리잡아가고 있다. 어떠한 경우든 이 도구를 이후에도 만나게 되므로 약간 더 자세히 살펴보아야 한다.

차머스 이전에 도어(Cian Dorr)는 존재론의 질문이 존재론의 특별한 언어 즉 **존재론어**(Ontologese)로 논의된다고 제안한 바 있다. 이 언어는 존재론 논쟁을 할 때 일상의 자연언어보다 더 적합하다고 간주된다.[39] 도어는 (격리된) 언어 공동체들로서 결정적인 점에서 서로 다른 자연언어를 각자 사용한다는 각본을 제시한다. 이 가운데 두 곳 즉 **보편주의자** 마을과 **허무주의자** 마을에 초점을 맞춰보자. 이 명칭은 상위형이상학 저술에서 기본적인 시험사례로 등장하는 '특별한 합성문제'(special composition question, 이하 SCQ)에 대한 각 공동체의 태도를 반영하고 있다.[40]

특별한 합성문제
다수의 대상이 모여 어떤 조건 하에서 다른 대상을 성립시키는가?

이 질문에 대해 보편주의자는 다수의 대상이 서로 얼마나 동떨어졌거나 얼마나 상이하든지 상관없이 **항상** 다른 그 이상의 대상을 합성한

---

39 다음을 보시오. Cian Dorr, 'What we Disagree about when we Disagree about Ontology,' in M. E. Kalderon (ed.), *Fictionalism in Metaphysics* (Oxford University Press, 2005), pp. 234-286. '존재론어'(Ontologese)는 사이더에서 유래했다. 한 예로 다음을 참고하시오. Ted Sider, 'Ontological Realism,' in Chalmers, Manley, and Wasserman (eds.), *Metametaphysics*, pp. 384-423.
40 특별한 합성에 관한 질문을 최근에 정식화한 것은 다음에서 유래한다. Peter van Inwagen, *Material Beings* (Ithaca, NY: Cornell University Press, 1990). [*역주: 여기서 '합성'은 '모여서 이룬다'는 뜻으로 사용한다. 화학적 합성도 이 가운데 하나일 수 있다. 이런 고려 때문에 SCQ에서 '모여 … 성립'을 의도적으로 사용했다.]

다고 답한다. 당신의 코와 에펠탑이 모여 다른 대상을 이룬다. 그래서 은하수와 안드로메다 은하가 모여 다른 대상을 이루며 이 넷이 또 다른 대상을 합성한다. 허무주의자는 다른 극단적 입장을 택하는데 일군의 대상이 모여 결코 다른 대상을 이루지 **않는다**고 말할 것이기 때문이다. 존재하는 것은 오로지 단순한 대상, 이른바 '부분전체론적 원자'(merelogical atoms)일 뿐이다. SCQ는 **부분전체론**(merelogy) 즉 부분과 전체의 관계에 관한 연구와 연관된 질문이다. 방금 말한 두 극단 사이에 우리는 다수의 대상이 모여 다른 대상을 이루는 일련의 다른 조건을 제시할 수 있다. 이 가운데 밴 인와겐의 답이 유명한데, 이 견해에 따르면 오직 생물 즉 생명체만이 이 질문과 연관된 뜻에서 합성적 대상을 이룬다.[41] 하지만 현재 우리의 관심은 SCQ 자체가 아니라 이런 유형의 논쟁 일반을 이해하는 데 있다. 상이한 언어 공동체가 질문에 서로 다른 태도를 취하기 때문에 이렇게 물어야 한다. 두 공동체 사이의 의견 불일치는 언어에서 차이일 뿐인가, 아니면 실재의 구조에 관한 이들 견해 사이의 실질적 차이가 존재하는가? 달리 말해서 진정한 형이상학적 논란이 개입되어 있기나 하는가?

이미 이런 논의가 카르납의 주제와 어떻게 연관되어 있는지 보았다. 도어의 예에서 상이한 언어 공동체는 카르납의 '틀'로 해석될 수 있다. 그렇다면 카르납은 이 예에 관해서 어떤 말을 했을까? 그는 아마도 각 언어 공동체가 진정으로 자신의 언어를 갖고 있으며, 보편주의자나 허무주의자가 각자의 언어로 내놓은 주장은 **각자의 언어 내에서** 옳다고 역설했을 것이다. 도어는 이런 유형의 견해를 '회유적'이라고 했는데, 합성에 관한 각자의 견해를 번역함으로써 공동체 사이의 논쟁을 무마했기 때문이다. 이런 일이 어떻게 실행될 수 있었는지는 물론

---

41   같은 책.

다른 문제이지만, 도어는 이에 대해서도 답해보려고 했다. 사이더 같은 철학자는 이런 번역의 가능성에 관해서 카르납주의자와 의견을 달리할 것이다.[42] 가능한 번역 도식의 상세한 내용을 여기서 모두 살필 필요는 없지만, 이른바 언어 간에 일어나는 양화사 의미의 가능한 변이에 대해서는 더 자세히 살펴야 한다.[43]

화제를 바꾸기 전에 이 논쟁을 이용해서 존재론 방의 관념을 더 해명해보자. 현재의 맥락에서 이 도구를 이해하려면, 우리 즉 형이상학자가 하나의 언어 공동체를 이루고 '일상인' 즉 거리를 활보하는 남녀가 하나의 언어 공동체를 형성한다고 생각할 수 있다. 사실상 SCQ에 대해 '일상인'은 강한 의견을 갖지 않을 것이다. '일상 언어'에서 보편주의(universalism)나 허무주의(nihilism)는 다소 이상스러운 주장처럼 보일 것이다. 일상인은 다수의 대상이 모여 다른 대상을 이루는 것**처럼 보이는** 그 경우에는 언제나 다수의 대상이 다른 대상을 합성한다고 생각할 것 같다. 탁자와 의자, 자동차와 집이 존재한다. 이런 합성 대상이 실존한다는 것을 부정하면 대단한 바보짓이다. 마찬가지로 당신의 코와 에펠탑이 조합된 것은 뻔히 실존하지 않는 것처럼 보인다. 그러나 많은 형이상학자들은 이런 유형의 논쟁을 매우 심각하게 대한다. 그래서 질문할 수 있다. 일상인과 형이상학자 사이의 의견차는 실질적인 차이인가? 도어가 제안한 호의적 해석은 다음과 같다.

형이상학 방에서 우리는 **엄밀하게 말해서** 존재하는 것을 묻고 논쟁한다. 다시 말해서 **실재로서 궁극적으로 존재하는 것, 가장 근본적인 뜻에서** 존재하는 것을 묻는다. "어떤 것"과 같은 양화사가 가질 수 있는 여러 의미 가

42   Ted Sider, 'Hirsch's Attack on Ontologese,' *Noûs* 48.3 (2014), pp. 565–572.
43   Eli Hirsch, 'Quantifier Variance and Realism,' *Philosophical Issues* 12 (2002), pp. 51–73.

운데 하나가 **특별하다**. 이를 바탕으로 나머지 다른 것이 분석될 수 있다. 이런 뜻으로 존재하는 것을 찾아내는 것은 실재를 그 자체로 파악하려는 전통 형이상학의 목적을 달성하는 것이라 할만하다. 존재론에 종사할 때 우리의 양화사는 이런 특별한 의미를 띠게 된다.[44]

앞의 인용문에서 강조한 낱말 즉 '실재로서,' '궁극적으로,' '근본 적' 등은 별 도움이 안 된다. 물론 실재의 위계적 구조와 근본적인 즉 가장 '실재적인' 사물의 중요성에 관한 설명과 결합하지 않는다면, 이 낱말들은 형이상학자의 임무를 제대로 묘사하지 못한다. 이런 담화의 배후에 있는 관념을 주로 제5장과 제6장에서 다시 살펴볼 것이며, 이 책 전반을 통해서 반복적으로 접하게 될 것이다. 우리는 이미 이런 유 형의 생각에 대해서 쉬운 대답에 주목했다. 이를 도어도 언급했는데, 이 대답에 따르면, 양화의 '특별한' 뜻이 있다는 생각에 의문을 제기할 수 있고, 실재가 다수의 언어로 동등하게 제대로 기술될 수 있다고 역 설할 수 있다. 이런 반응은 카르납의 접근 방법에서 힘을 얻을 수 있 다. 카르납주의자에게 존재론 방이라는 착상은 사실적인 외적 질문을 던질 때 살아남지 못할 것이기 때문이다. 카르납주의자는 양화사에 부 여하는 의미가 실용적 선택이라고 주장할 것이다. 따라서 SCQ로 논쟁 을 벌인다면 실용적 목적에 가장 적합한 답을 선택해야만 한다. 그 결 과 **보편주의**와 **허무주의** 사이의 일종의 온건한 입장이 귀결될 것이다.

도어의 인용문에 등장하는 **존재론적 실재론자**에게 이 결과는 불만 족스러울 것이다. 이후에 이런 입장을 더 논의하겠지만 이 장의 나머 지 부분에서 카르납의 접근방법에 집중할 것이다. 카르납주의자는 실 용적 결과에 실망하기보다는 이를 적극적으로 수용할 것이다. 결국 카

---

44   Dorr, 'What we Disagree about when we Disagree about Ontology,' p. 250.

르납의 접근방법은 언어 다원주의를 함의하며, 또한 이 다원주의와 일
관된 상위존재론적 이론으로 귀결된다.

2.5 언어 다원주의

최근에 유행하는 단어로 카르납을 기술하자면, 그는 **언어 다원주의자**
(language pluralism)다. 여기에 그의 견해에 대한 가장 호의적인 해석
이 반영되는 듯하다. 이 해석에 따르면 그의 주장은 다음과 같다. 언어
나 언어 단편을 언어 틀이라고 했을 때 우리가 채택할 수 있는 서로 다
른 다양한 틀이 있다. 그리고 각 언어마다 자체적인 '실존'의 뜻을 갖
기에 각 틀 내에서 옳게 되는 서로 다른 실존 주장이 있다. 이런 주장
은 실존을 일의적이라고 보는 콰인식의 접근법과 노골적으로 상충된
다. 물론 카르납과 콰인 사이의 논쟁, 또는 신카르납주의자와 신콰인
주의자 사이의 논쟁을 이해하는 한 가지 방도는 실존 주장의 해석에
대해 그들이 의견일치를 보지 못한다는 데 착안하는 것이다. 더 정확
하게 말하자면 그들 사이의 의견불일치는 실존 양화사의 해석에 관한
차이에서 비롯된다. 두 진영은 이 양화사가 콰인식으로 일의적인지 여
부 즉 맥락에 따라 변이를 겪는지 여부에 대해 의견이 다르다. 이 논쟁
은 **양화사 변이**(quantifier variance)라는 제목 아래 진행되고 있다. 이
에 대해서는 다음 장에서 더 살펴볼 것이다.[45] 여기서는 현재 벌어지고
있는 논쟁의 복잡한 면을 모두 다루는 대신에 언어 다원주의의 역사적
배경과 기본적인 착상에 초점을 두겠다.

---

45   일종의 신카르납주의자인 허쉬는 양화사 변이를 옹호하는 가장 유명한 사람일
것이다. 이에 대해서는 Eli Hirsch, 'Quantifier Variance and Realism'을 보시오.

이미 앞에서 사용하기 시작했던 수의 존재론적 격위를 예로 들어 언어 다원주의를 살펴보자. **플라톤주의자**는 '수가 실존하는가?' 라는 질문에 긍정적으로 답할 것이다. 그는 수를 추상적 대상이라고 간주한다. 많은 수학자가 암암리에라도 이런 견해에 호감을 갖는다. **유명론자**는 다른 의견을 갖는다. 그들은 수가 실존하지 않는다고 논한다. (더나아가 추상적 대상은 전혀 없다고 생각할 수도 있다.) 이 대목에서 언어 다원주의자가 등장한다. 그는 플라톤주의자와 유명론자가 각자의언어에 상대적으로 둘 다 정확하다고 생각한다. 플라톤주의자의 언어에서 수의 실존에 관한 주장은 옳게 되지만 유명론자 언어 내에서는그르게 된다. 그래서 언어 다원주의자의 관점에서 진정한 의견 불일치는 없다. 이미 앞 절에서 살펴본 특별한 합성 물음에 대해서 이와 유사한 태도를 보았다. 이런 입장은 쉽게 일반화되는 것처럼 보인다. 그 결과로 존재론에 관한 의견차는 실질적인 존재론적 의견차라기보다는단지 언어적 의견차라는 견해가 자연스럽게 따라 나온다. 이를 일종의존재론에 관한 **수축주의**라고 명명할 수 있다. 그러나 이 견해를 어떻게 이해해야 할지 명확하지 않다. 이 견해가 완벽하게 사소한 뜻으로성립될 수도 있기 때문이다. '수는 실존한다' 는 발언이 어떤 언어(즉플라톤주의 언어)로는 옳게 되지만 다른 언어(즉 유명론자의 언어)로는 그르게 된다. 이는 호프웨버의 분석에서 이미 살펴본 바이다. 그러나 이렇게 사소하게 성립하는 경우에서도, '실존한다' (또는 이 문제와관련해서는 '수')가 서로 다른 언어에서 **똑같은 것을 의미한다**는 점을이해하지 않고 있는 한은, 우리가 쓸만한 말을 하고 있지 않다. 확실히언어 다원주의자는 이보다 더한 말을 하고 싶을 것이다. 그러나 그가**말하고자 하는** 바는 무엇인가?

먼저, 역사를 고려해 주의할 점이 있다. 언어 다원주의는 카르납의내적 질문과 외적 질문의 구분에서 직접 귀결되지 않았다. 우리는 카르납의 구분을 언어 다원주의에 개입하지 않으면서도 수용할 수 있다. 그래도 언어 다원주의를 수용하려는 사람은 이 구분을 매력적이라고 생각한다. 대다수 존재론이 다루고 있는 외적 질문 전부가 실용적 성격을 갖는다고 동의한다면 존재론적 의견차는 일소될 것처럼 보인다. 하지만 추론이 이런 식으로만 진행되지는 않는다. 에클룬드가 지적했듯이 내적/외적 구분을 유지하려면 우리가 택할 수 있는 '동등하게 좋은' 언어가 있다는 가정이 보충되어야 한다.[46] 달리 말해 어떤 언어를 택하든지 진정으로 상관없다고 생각할 경우에만 언어 다원주의가 도출된다. 이런 상황은 언어 다원주의에 대한 흥미를 떨어뜨린다. 카르납의 분석에 둔감해질만한 의문이 많이 생기기 때문이다. 예를 들어, '호주에 호랑이가 있는가?' 라는 과학적 질문은 수의 실존에 관한 질문과 똑같은 유형의 언어 변이를 겪지 않는다. 그래도 계속해서 호주의 호랑이가 존재하는지 여부를 결정지을 목적으로 언어 선택 문제에 매달린다면 다소 이상할 것이다. 그래서 호주에 호랑이가 실존하는 상황의 언어와 실존하지 않는 상황의 언어가 어떤 점에서 어떻게 '동등하게 좋을' 수 있는지 알기 어렵다. 그렇다면 이렇게 결론지을 수 있다. 존재론에서 우리가 언어 선택의 문제로 **비치게 될** 질문을 한다 해도, 과학이나 일상의 담화에서도 이런 질문만 성립한다고 일반화하기 어렵다. 이렇듯 적어도 일부 언어 다원주의는 '동등하게 좋은' 언어에 관한 추가 가정을 필요로 한다.

　언어 다원주의를 철저하게 옹호하는 일은 처음 보기와는 달리 더 어려운 일이다. 한편으로 이 입장은 사소하게 될 위험에 처한다. 다른 편으로 일반화되지 않는 한 원래의 위력과 매력이 사라질 수 있다. 언어 다원주의에 대해서 논의할 사항은 더 있지만, 이후의 여러 장, 특히 제

46　Matti Eklund, 'Carnap and Ontological Pluralism,' p. 140.

4장에서 다양한 상위형이상학적 입장이 자세히 논의될 때 일부를 더 살펴보겠다. 다음 장에서 우리는 콰인 대 카르납 논쟁의 배경 즉 양화와 특히 존재론적 개입을 더 깊이 논의하겠다.

양화와 존재론적 개입

앞장에서 양화와 존재론적 개입이 상위형이상학 역사에서 중심 주제라는 점을 알았다. 이때 '어떤 실물을 양화하면 반드시 그 실물의 실존에 존재론적으로 개입하게 되는가?' 라는 물음이 핵심이었다. 이런 콰인식의 담화는 이제 익숙해졌다. (한 실물의) 존재는 속박변항의 값이다. 이때 변항은 실존 양화사의 범위 내에 있다. 이 장에서 우리는 무엇보다도 콰인의 이런 착상을 명확하게 보이고, 이미 살펴본 다른 이론이 함축하는 바를 검토할 것이다.

먼저 실존 양화사의 의미 즉 해석을 분석하면서 논의를 시작하겠다. 우리는 이미 콰인과 마이농이 '있다' (There is)와 '실존한다' (exists)가 차이를 갖는지 여부에 대해서 의견이 다르다는 것을 보았다. 콰인에게 이 둘은 똑같은 의미이다. 실존 양화사는 **일의적**이며 의미 변이를 허용하지 않는다. 하지만 콰인과 마이농의 의견차가 실존 양화사의 해석차로 간단히 설명될 수 있지 않을까? 이는 솔깃한 설명 방식이며, 사실 '콰인식의 양화' 에 대조한 '마이농식의 양화' 를 언급하는 일은 드물지 않다. 확실히, 양화, 특히 실존 양화에 대한 서로 다른 견해가 존재한다. 이 가운데 한 견해에 따르면 이 양화사의 **이름**조차도 오해의 소지를 안고 있다. 제대로 말하려면 '특수 양화'(particular quantification)라고 해야만 한다. 이 견해에 따르면 특수 양화사는 실존과 관련한 부담을 전혀 지지 **않는다**. (그래서 '실존' 양화사라 부르지 말아야 한다.) 이런 유형의 견해는 (제2장에서 배운) 일부 **전무주의자**가 옹호했다. 하지만 이런 점을 생각해보자. 최근의 콰인주의자와 마이농주의자에게 중요한 차이는 실존이 속성으로 간주될 수 있는지 여부이다. 모든 마이농주의자가 콰인의 일의성 논제에 저항하는 것은 아니다. 게다가 일부는 '실존한다'를 어떤 종류가 되었든 양화사로 간주하면 그 자체가 실수라고 할 것이다. (앞에서 들었던 예: '성서 속의 어떤 등장인물은 실존했으나 어떤 등장인물은 실존하지 않았다.') 이런 견해에 따르면 우리는 '있다'와 그 일족에 초점을 두어야만 할 것이다. 일의주의 논쟁은 '실존한다'와 다른 것을 의미하는 '있다'에 관여한다.[1] 이런 논란거리 가운데 일부는 '실존한다'가 양화사와 대조되는 **술어**로 취급되어야만 하는지 여부와 밀접하게 연관되어 있다. 제2장에서 이와 관련된 사항을 상당히 자세히 살펴보았고, 양쪽을 지지하는 논증이 각각 존재한다. 이후의 논의에서 이 논란거리를 더 깊이 살펴보겠지만, 최근의 열띤 공방에도 불구하고 실존 양화 진영이 대세이며, 실존을 술어로 취급하는 입장은 여전히 소수라는 점을 주의해야 한다.[2] 또한 문장의

---

1   이와 연관된 논의를 보려면, Hanoch Ben-Yami, *Logic and Natural Language* (Surrey: Ashgate, 2004)와 같은 저자의 'Plural Quantification Logic: A Critical Appraisal,' *Review of Symbolic Logic* 2.1 (2009), pp. 208-232을 보시오.

2   '실존'에 관한 더 이상의 논의 특히 이를 술어로 취급해야 하는지에 여부에 관해서 더 살펴보려면, E. N. Zalta가 편집하고 있는 *SEP*에 실린 Michael Nelson, 'Existence' (2012)와 그 참고 문헌을 보시오. 인터넷 주소는 https://plato.stanford.edu/entries/existence/

존재론적 개입과 이 문장의 진리조건을 부여하는 의미론적 장치를 구분하여 존재론적 개입을 구분하는 더욱 중립적인 방법을 살펴겠다.

그런 다음, 제3절에서 현대적 형태의 양화사 변이를 화제로 삼겠다. 허쉬와 사이더가 이 주제에 대해서 벌이고 있는 논쟁을 개관하겠다. 물론 둘만 논쟁에 뛰어든 것은 아니다. 마지막으로, 여러 각도에서 양화와 존재론적 개입을 살펴본 뒤에는, 상위존재론에서 양화를 강조하게 되면 길을 잘못 들게 된다는 파인의 주장을 보면서 일부 독자는 기분이 좋아지거나 가슴이 답답해질 것이다. 그래서 제4절에서 파인의 견해를 다루겠다. 지금까지의 논의에서 여러 다른 의견이 제기되는 했지만 존재론의 임무에 관한 콰인의 이해가 큰 틀에서는 정확하다는 가정이 관통하고 있다. 이런 이해에 따르면 존재론적 질문은 주로 양화 질문이다. 그러나 이 가정 자체가 의문의 대상이 되었다. 우리는 가장 중요한 존재론적 질문이 실은 양화적인 것이 아니라고 생각하는 이유를 살펴겠다. 그렇다면 존재론적 질문 가운데 중요한 것은 무엇인가? 이런 의문은 이후의 여러 장과 절에서 다루는 주제이겠지만, 인기를 얻는 제안 가운데 하나에 따르면 존재론의 중요한 질문은 근본적인 것 즉 실재의 가장 기초적인 벽돌에 관한 질문이다. 콰인식의 설명은 이런 유형의 질문을 제기하지 않으나 다른 사람들은 제기할 수 있다. 물론 논쟁은 계속되고 있는데, 이런 중요한 존재론적 질문에 대해서 (신)카르납주의적 태도를 취하는 철학자들이 있기 때문이다. 결국에 무엇이 근본적인 것이냐는 질문은 앞 장에서 논의한 바 있는 카르납의 의미로 외적 질문처럼 보인다. 근본적인 것이 실재의 객관적이고 틀-독립적인 구조와 관련된다면, 카르납의 틀-의존성을 어기는 것처럼 보인다. 그래도 이는 필연적으로 성립하지는 않는 것처럼 보이는데, 카르납주의자가 근본성에 관한 질문을 다른 방식 즉 특정 (철학적) 틀에 내적인 질문으로 이해할 수 있기 때문이다. 이 장의 목적 가운데 하나(이면서 이 책의 일반적인 목적 가운데 하나)가 이처럼 제자리를 맴도는 듯이 보이는 논쟁에 평가 도구를 제공하는 것이다.

3.1 실존 양화사의 의미

앞 장에서 논의한 바에 따르면 우리는 실존 양화사의 의미 즉 단순히 '실존한다'의 의미에 관해서 경쟁하는 두 견해를 이렇게 요약할 수 있다. 콰인주의 견해에 따를 경우 '실존한다'는 하나의 의미만을 갖는 일의어이다. 수가 실존한다거나 양배추가 실존한다 말할 때 우리는 똑같은 실존 양화사를 사용하며, 그래서 두 경우에 의미는 똑같다. 어떤 형태의 마이농주의에 따르면 '실존하지 않는 사물이 있다'와 같은 진술은 다른 무언가를 표현한다. 이런 경우를 '마이농식 양화'라고 부를 수 있다. 그래서 탐구대상인 실물이 정상적으로 '실존하는' 경우와 그것이 실존 속성을 결여하고 있으나 어떤 류의 **있음**을 갖는 경우를 구별할 수 있다. 이미 앞 장에서 비실존문제를 살폈으므로 이 장에서는 주된 관심사로 삼지는 않겠다. 하지만 콰인주의자가 내세우는 '실존한다' 일의성 신조를 의심할 다른 이유가 있을까? 우선 이 논쟁이 두 수준에서 진행된다는 데 주의해야 한다. 한편으로 '실존한다'는 현행의 실제 언어 내에서 사용되는 용어를 가리킬 수 있다. 다른 한편으로 이는 우리의 이론적 목적이나 실용적 목적에 '최선'인 언어를 가리킬 수도 있다. 그래서 '실존한다'가 첫째 의미로 일의적인지, 둘째 의미로 일의적인지 여부는 분리된 문제이다. 우리는 주로 첫째 수준에 초점을 두겠지만, 양화사 변이를 논의할 때 둘째 논점을 더 부각시키겠다.

언뜻 보기에는 맥락에 따라 다른 의미를 '실존한다'에 귀속시키는 것이 나아 보인다. 예를 들어, 수가 실존한다고 말하거나 어떤 부류의 물질적 대상이 실존한다고 말할 때 우리는 '실존한다'를 똑같은 뜻으로 사용하지 않는 듯하다. 따라서 실존 양화사의 의미는 아마도 우리가 양화하려는 실물의 유형에 의존적이라 할 수 있지 않을까? 게다가 수는 **추상적** 대상이며, 그래서 그것의 '실존'은 무엇이 되었든 물질적 대상의 실존과 전혀 비슷해 보이지 않는다. 이로부터 자연스럽게 이런 결론을 이끌어낼 수 있다. '실존'은 각 경우마다 다른 무언가를 의미한다. '실존한다'는 일의성이 아니라 **다의성**을 띤다. 그러나 이런 사고방식의 호소력에도 불구하고, 콰인주의자는 설득력 없는 주장이라고 말할 것이다. 이들에 따르면 다의성 주장은 실존을 일종의 **활동** 즉 어떤 사물이 행하는 바라고 생각하는 실수를 범했다. 콰인주의자인 밴 인와겐은 실존이 다의적이라는 라일(Gilbert Ryle, 1900~1976)의 논증에 대한 해설에서 실존의 일의성에 대해 다음과 같이 말한다.

> 실존의 일의성 논제는 [⋯] 실존이 종적 특성을 띤다는 주장 즉 '실존'이 '유색'(colored)이나 '유성'(sexed) 같은 낱말처럼 하나의 '일반어'라는 주장을 함축하지 않는다. 이 논제를 따른다고 해서 '유색'이 '빨강'과 '초록'에, '유성'이 '남성'과 '여성'에 맺고 있는 관계를 일반어 '실존'이 다른 '종들'에 맺고 있거나 맺을 수 있다고 말할 필요는 없다.[3]

이제, 처음에 생각한 것보다 논란이 더 복잡하다는 사실이 분명해진다. 물론 콰인주의 입장이 무엇인지 명확히 하려면 양화사의 일의성 논제에 덧붙여 양화가 **우리에게 존재론적으로 개입하도록 한다**는 논제를 살펴야 한다.

---

3 Peter van Inwagen, 'Being, Existence, and Ontological Commitment,' in D. Chalmers, D. Manley, and R. Wasserman (eds.), *Metametaphysics* (Oxford University Press, 2009), p. 486.

존재론적 개입이라는 착상을 이해하는 한 가지 방도는 문장의 **진리조건**을 생각하는 것이다.[4] 어떤 문장의 존재론적 개입을 드러내려면 그 문장의 진리치가 세계에 어떤 종류의 제약을 부과하는지 결정해야 한다. 이 대목에서 명심할 바가 있다. 한 문장의 존재론적 개입은 그 문장에 진리-조건을 할당하는 일과 구별될 수 있다. 이는 라요(Augustin Rayo)의 착상이다. 그에 따르면, 의미론적 이론이 진리조건을 명세할 때 사용하는 장치(예를 들어, 집합)는 그 자체로 세계에 부과하는 제약이 아니다. 달리 말해서 집합이 진리조건을 명세할 때 사용된다 해도, 이는 그 자체로 세계에 관한 요구를 구성하지 않는다. 게다가 '수가 실존한다' 즉 '∃x(Number(x))'와 같은 친숙한 양화 주장을 채택할 때, 그 문장이 개입하고 있는 바로 그것에 관한 우리의 의미론적 이론에 의존하게 된다. 라요는 자신의 상위존재론적 입장도 함께 전개했으나 여기서는 현재 논점에 집중하겠다.[5] 라요는 방금 언급한 유형의 실수를 범하는 사람들, 즉 **형이상학주의자**(metaphysicalist)를 비판한다. 이들은 옳은 문장의 논리적 형식과 실재의 형이상학적 구조 사이에 대응 유형이 실존해야만 한다고 주장한다. 이를 예를 들어 설명할 수 있다. '엘리자베스가 낭독한다'는 문장이 옳으려면, 이 문장의 구성성분에 실재의 이른바 '형이상학적으로 특권적인' 구조화가 있어야만 한다. 먼저, 우리가 이 문장으로 지시하는 바를 엘리자베스가 낭독한다

---

4 존재론적 개입을 이런 방도와 다른 방도를 이해하려는 시도를 보려면 다음을 보시오. Augustin Rayo, 'Ontological Commitment,' *Philosophy Compass* 2/3 (2007), pp. 428–444. 또한 Philip Bricker, 'Ontological Commitment,' in *SEP* (2014 edn), https://plato.stanford.edu/archives/win2014/entries/ontological-commitment/

5 Augustin Rayo, *Construction of Logical Space* (Oxford University Press, 2013)을 보시오. 라요의 입장에 대한 논의를 보려면 Matti Eklund, 'Rayo's Metametaphysics,' *Inquiry: An Interdisciplinary Journal of Philosophy* 57.4 (2014), pp. 483–497를 참고하시오.

는 **사실**이라고 하자. 이 경우에 사실의 구성성분은 엘리자베스와 낭독
함 속성이다. (물론 이것이 구성성분을 이렇게 나누어 보는 유일한 방
법은 아닐 수도 있다!) 여기서 중요한 점은 실재를 구조화하는 **정확한**
방도 즉 사실을 그 구성성분으로 해체하는 형이상학적으로 특권적인
방도가 있다는 것이다. 사실을 해체하는 방도가 여럿이라면 형이상학
주의자들은 대개 그 가운데 하나를 **근본적**이라고 덧붙일 것이다.[6] 근
본성이나 실재의 구조에 대한 논의는 앞으로 더 살펴볼 것이다. 논의
의 주제를 바꾸기 전에 주의사항이 있다. 형이상학주의자는 문장 '엘
리자베스가 낭독한다'의 진리조건이 형이상학적으로 특권적인 구조화
를 통해서 세계에 직접적인 제약을 부과한다고 말하지만 라요는 이에
저항한다. 이런 논지에 대해서 라요는 형이상학주의자들이 문제의 소
지를 갖고 있는 언어철학을 채용하고 있다고 말한다. 그가 보기에 한
문장의 진리치가 실은 형이상학주의자들이 상정하는 제약을 세계에
부과할 필요가 없기 때문이다.

　이제 '수는 실존한다'는 양화 주장으로 되돌아가보자. 라요와 대조
적으로 콰인의 견해는 이런 일차 양화 문장이 양화되는 그 대상에 **항상**
개입하게 되어 있다. 그러나 이것이 자동적으로 그리고 필연적으로 따
라 나오는 것이 아니다. 다음 두 문장을 보자.[7]

　(1) 있다, 한 돼지가 소파 위에. (There is a pig on the sofa.)

6　이는 사안을 어느 정도 단순하게 해준다. 이를 Rayo, *Construction of Logical Space*, pp. 6-7과 비교하시오.

7　이 예는 Tim Crane, *The Objects of Thought* (Oxford University Press, 2013), p. 43 ff.에서 논의되고 있다. [*역주: 이 두 문장은 '돼지 한 마리가 소파 위에 있다.'로 똑같이 옮겨야 한다. 이 책에서 논의하고 있는 바에 맞추어 어떤 점이 도드라지는지 보이고자 이렇게 옮긴다. 문장 중간의 쉼표는 이를 반영하기 위한 임시 방편이다.]

(2) 한 돼지가 있다, 소파 위에. (A pig is on the sofa.)

(1)과 (2)는 똑같은 사실을 표현하는 것처럼 보인다. 그러나 (1)은 (2)에 비해서 실존 중량이 더 큰 것처럼 보이는데, 실존 양화사를 표현하는 문장으로 자연스럽게 해석되지만, (2)는 실존 주장을 포함한다고 보이지 않기 때문이다. 크레인이 지적하듯이 (2)는 한 돼지의 실존을 논리적으로 함의하며, 특정한 돼지 즉 그 소파 위의 그 한 마리 돼지가 실존한다고 믿는 사람에 의해서 발언될 것이다.[8] 그러나 라요의 사고 노선을 반영하여 크레인은 문장의 **내용**과 그 문장의 내용이 **논리적으로 함의하는** 바를 구별해야 한다고 지적한다. 우리는 (1)과 (2)를 모두 양화가 포함되어 있다고 해석할 수 있는데, '한 돼지'가 양화사의 기능으로 간주될 수 있기 때문이다. 그러나 이는 실존과 양화 사이에 의미론적 연결이 **없는 한** (1)이 실존 주장을 한다는 의미는 아니다. 물론 (2)는 돼지 한 마리가 실존한다는 것을 논리적으로 함의하며, 통상 (2)를 발언하는 사람은 확실히 돼지의 실존에 개입을 부정하지 않을 것이다. 하지만 (1)이 실존 주장을 하고 있다는 말의 취지는 (1)과 (2)가 똑같은 **명제**를 표현한다는 생각에 의존한다. 크레인은 (1)과 (2)가 똑같은 것을 말한다는 것을 인정하며, 심지어 이 둘이 모두 양화에 얽혀든다는 점을 인정하면서도, 양화 주장이면 자동으로 실존 주장이 되지 않는다고 강조한다. 라요의 제안과 다르지 않게, 의미론적 이론은 이런 연결을 확립하는데 필요하고, 그래서 크레인과 라요는 이런 연결의 실존 여부에 회의적이다.

 게다가 비록 콰인이 일차 양화의 실존 개입에 관해서 정확했다 하더

---

8 같은 책, p. 44. [*역주: 영어의 "be" 동사는 "있다"와 "이다"를 뜻하도록 사용될 수 있는데, (1)의 경우에는 "있다"의 뜻으로만 사용되므로 추론의 여지가 없으나, (2)의 경우 be 동사의 사용 맥락을 감안해야만 하므로 추론의 여지가 더 있는 듯하다.]

라도, 그의 주장이 모든 양화 문장, 이를테면, 양상을 포함하는 문장에 확대 적용되지 않는다는 것을 명심해야 한다. '용이 존재하는 것은 가능하다'라고 말할 수 있고, 이런 문장의 진리조건을 명세하는 표준적 방도가 가능한 용을 변항 값으로 포함시키는 것이라고 말할 수 있다. 그러나 이로부터 **세계**가 가능한 용을 포함해야 한다는 것이 귀결되지 않는다. 그보다는, 라요가 역설하듯이, 이렇게 사용된 의미론적 이론이 이런 **가능자**(possibilia)에 개입한다고 결론지을 수 있을 뿐이다. 그래서 라요에게 배울 점은 이것이다. **문장**의 존재론적 개입과 **의미론적 이론**의 존재론적 개입에 관해서 말할 수 있으나, 이 둘은 서로 구별되어야만 한다. 이런 논점이 콰인식의 존재론적 개입 기준에 대해서 갖게 될 온갖 함축을 찾아낼 필요는 없겠다. 그러나 콰인식의 기준에 대안이 명백하게 존재하는 만큼, 그의 기준이 처음에 어떻게 기본적인 것으로 자리를 잡게 되었을까 궁금해진다.

3.2 실존 양화와 존재론적 개입

실존 양화사가 양화 대상의 실존에 우리를 존재론적으로 개입시키는 이유를 쉽게 알 수 있다. 그러나 이것이 단지 양화사의 명칭 덕분이라고 생각한다면 실수이다. 확실히 콰인식의 분석에 따르면 일차 실존 양화사가 존재론적으로 개입하는데, 이런 식으로 양화사에 실존의 의미를 실어 해석하는 일은 콰인과 러셀 직전에 벌어진 일이며 전혀 당연하지 않았다.[9] 실존 양화사가 명백하게 실존을 싣지 않았다는 점을

---

9 이 역사를 더 알려면, Graham Priest, 'The Closing of the Mind: How the Particular Quantifier Became Existentially Loaded Behind Our Backs,' *The Review of Symbolic Logic*, 1.1 (2008), pp. 42-55를 보시오.

알려면 프리스트의 다음 예를 살펴보자. '내가 크리스마스 선물로 너
에게 줄 어떤 것을 생각했지만 그것은 실존하지 않기에 그것을 네게
가지고 올 수 없었다.'[10] 이는 양화의 완벽하게 적법한 사례처럼 보이
는데 실존을 적재하지 않은 것처럼 보인다. 오히려 양화되고 있는 것
이 실존하지 **않는다**고 명시적으로 말하고 있다. 게다가 이 진술은 특
별히 이상해 보이지도 않는다. 예를 들어, 나는 에셔(M. C. Escher,
1898~1972)가 그린 불가능한 계단을 생각할 수 있고, 당신에게 줄 크
리스마스 선물로 그 계단의 소형 모형을 장난삼아 고려해볼 수도 있
다. 이 경우에 문제의 실물이 실존하지 않을 뿐만 아니라 실존할 **수도
없다**. 그래서 우리는 실존 **비적재** 양화를 자연스럽게 사용하고 있다.
그래도 실존 적재 양화를 선호하는 이론적인 이유가 있는가?

현대 논리학이 출현하기 전에는 양화에 실존이 적재되어 사용될 이
유가 거의 없었다. 물론 아리스토텔레스와 중세 논리학자들은 '양화'
에 관해서 언급하지 않았지만, 그 원리는 이미 사용되고 있었다. 어떤
것을 양화한다는 착상은 **논의의 범위**를 결정할 때 형성된다. 이런 접
근 방식에 따르면 '실존' 양화는 실존과 어떠한 특별한 연관도 맺지 않
았다. 오히려 '실존'은 존재론적으로 적재된 것으로 간주되지 않아야
할 전문 용어가 되었다. 또한 일부 19세기 논리학자, 이를테면, 케인스
(Keynes)나 벤(J. Venn)은 이렇게 지적했다. 논리학의 맥락에서, '실
존'은 탐구 중인 것이 무엇이었든 그것을 위한 일종의 빈 칸(place-
holder)으로만 이해되어야 한다.[11] 러셀이 의도적으로 실존 적재 양화
사를 사용하기 시작한 시기가 20세기 초반이었다. 이미 앞 장에서 러
셀이 마이농의 저작에 관심을 두었으며 몹시 비판적인 태도를 보였다

---

10   Graham Priest, *Towards Non-Being: The Logic and Metaphysics of Intention-
ality* (Oxford University Press, 2005), p. 148.

11   자세한 사항을 알려면, Priest, 'The Closing of the Mind,' p. 46을 보시오.

고 말했다. 사실, 프리스트의 해석이 신뢰할만하다면, 러셀이 실존 적재 양화를 사용하기로 **결정**했었고 그 결과에 맞추기 위해서 여타의 논증을 전개했던 것처럼 보인다.[12] 콰인은 마이농에 반대하는 러셀에 동조하게 된다. 어쨌든 '존재하는 것에 관하여'에서 콰인의 마이농 반대가 큰 영향을 끼치게 되고, 또한 러셀의 위세가 부분적으로 가세하면서, 별 논란 없이 실존 적재 양화가 수용되었다. 그러나 우리가 보았듯이 실존 양화사에 존재론적 부담을 지우는 데 회의적인 사람들이 여전히 남아 있다.

그렇다면 어떤 대안이 있는가? 실존 양화가 실존을 적재하지 않는다고 간주되면, 이미 사용되고 있기는 하지만 '특수 양화'라는 용어를 사용하는 게 더 나을 것이다. 이럴 경우 양화사를 '**어떤** 것에 관하여'(for some)로 읽어야 하며, 양화되는 실물의 실존 여부는 결정되지 않은 채로 남게 된다. 결국 크레인은 바로 이런 유형의 견해를 고려한다.

자연언어를 형식적으로 즉 논리적으로 표상할 때, 우리는 '어떤'과 '실존한다'를 어떻게 표현해야만 하는가? 만일 우리가 초기 자료(예를 들어, [기독교 성서 속의 어떤 등장인물은 실존했으나, 어떤 등장인물은 그렇지 않았다])를 설명하고자 한다면, 우리는 선택지를 갖게 된다. '어떤'을 평소대로 'ㅋ'로 번역할 수 있다. 그러나 이 경우에, 우리는 'ㅋ'를 '실존한다'로 이해해서는 안 된다. 실존을 다른 방식으로 표현해야만 한다. 또는 우리는 '실존이란 실존 양화사가 표현하는 바이다'는 콰인의 주장에 따라서 '실존한다'를 'ㅋ'를 사용하여 번역할 수 있다.[13] 그러나 이 경우, 우리

---

12   같은 책, p. 51.
13   W. V. Quine, 'Existence and Quantification,'를 보시오. 이 논문은 그의 *Ontological Relativity and Other Essays* (New York, Columbia University Press,

는 'ㅋ'를 '어떤'으로 이해하지 않아야 한다. 그렇다면 우리는 '어떤'을 번역하기 위해 다른 양화 기호를 가져야 한다.[14]

선택은 우리에게 달려 있다. 프리스트는 '어떤'을 나타내는 새로운 기호를 도입해서 콰인식의 실존 개입의 의미를 갖지 않도록 사용한다. 그러나 우리가 콰인의 존재론적 개입 기준을 거부하고 유사한 양화 방식을 거부했을 때에만 이런 선택에 직면하게 된다. 또한 존재론적 개입을 (과학) 이론과 연계하는 콰인식의 기준이 거부되면 존재론적 개입에 대해 어떻게 생각해야 할지 불분명해진다는 점도 주의해야 한다. 라요의 분석은 남은 선택지가 무엇인지 단서를 제공하지만 갈 수 있는 길은 아주 많다.

크레인 자신은 서보(Zoltán Gendler Szabó)의 제안에 부분적으로 기울어 있는데, 이에 따르면, '존재론적 개입'이란 사유자(thinker)의 태도로 설명된다.[15] 서보의 제안에 따르면 사유자가 존재론적으로 개입하는 장치는 그(또는 그녀)가 '믿는다'(believe in)이다. 이는 '믿음'의 일상적 용법에 부분적으로 부합한다. 다시 말해서, 우리가 폭력을 믿지(believe in violence) 않는다고 말할 때 의미하고자 하는 바가 아니라, 믿음의 대상이 한 사람의 존재론이라 말할 때 사용하는 데 부합한다. 누군가 '나는 폭력을 믿지 않는다'고 말할 수 있는데, 이는 그 사람이 폭력이 **존재**하지 않는다고 믿는다는 말이 아니다! 다시 말해서 이 사람이 더 추상적인 다른 어떤 의미로 폭력에 대해서 믿지 않을 수 있으나, 이와는 상관없이 앞의 말을 중얼거릴 때 폭력은 여전히 그 사

1969)에 수록되어 있다.

14   Crane, *The Objects of Thought*, p. 47.

15   Zoltán Gendler Szabó, 'Believing in Things,' *Philosophy and Phenomenological Research* 66 (2003), pp. 584-611.

람의 존재론의 일부일 수 있다. 믿음이 세계를 정확하게 표상하려면, 우리가 무엇을 믿건 그것에 관한 옳은 개념을 가져야만 한다. 누군가 서보의 의미로 화성인을 믿는다면 우리는 용어 [화성인]과 모종의 관계를 맺는다. (여기서 '[ ]'는 관련된 용어가 지시하는 것을 가리킨다.) 이를 더 명확히 말해보자. 화성인이 녹색이라고 생각하는 것은 명제 〈화성인은 녹색이다〉와 모종의 관계를 맺는 것이다. 이제 사유자의 [화성인] 표상이 정확하다면, 화성은 실존해야만 하고 적어도 그 사람의 화성인에 관한 개념의 일부(이를테면, 화성인의 녹색임)는 옳아야 한다. 게다가 화성인이 실존하지 않더라도 우리는 그들을 생각할 수 있는데, 그들을 사유함은 그들에 관한 명제와 모종의 관계에 놓이는 일이기 때문이다. 그러나 명제 〈화성인은 녹색이다〉가 표상하기는 하는데 여기서 더 나아가 정확한지 여부, 즉 이 명제가 옳은지 여부는 또 다른 문제이다. 이런 견해를 서보는 다음과 같이 요약한다.

> F인 것들 즉 Fs에 관한 생각의 내용은 [Fs]이며, [Fs]는 Fs가 실존하고 Fs의 개념이 옳은 바로 그 경우에 표상적으로 정확하다. 이런 여러 고려 사항이 더불어 다음 결과를 낳는다. 만일 Fs가 실존하지만 [Fs]의 개념이 그르다면, Fs가 실존한다고 믿는 어떤 사람은 올바르지만, Fs를 믿는 어떤 사람은 그를 것이다.[16]

이런 방식으로 우리는 F(인 것)들(Fs, 여기서는, 이를테면, 화성인)에 관한 믿음은 부정하면서도 이에 대한 옳은 명제가 있다고 말할 수 있다. 그 용어가 표상적으로 부정확하다면, 즉 만일 F들에 관한 일상적 개념에 들어맞는 것이 없다면 이런 일이 가능하다. 하지만 F들에

---

16 같은 글, pp. 606-607.

관한 옳은 명제가 있다는 데에 동의가 이루어지기만 하면, 이는 F들이 있다고 믿어야 한다는 것을 말할 것이다. 이렇듯 모순인 (그리고 다소 섞갈리는!) 상황은 서보의 이론 내에서 해소되는데, 우리가 F들에 관한 일상적 개념이 F들에 적용되지 않는다고 가정할 수 있기 때문이다. 예를 들어, 우리가 화성인 있다고 믿을 수 있지만, 이들이 녹색 소인에 관한 전형적인 이야기가 말하고 있는 것과 비슷한 어떤 것이라는 점은 부정할 수 있다. 서보의 논점은 존재론적 개입이 이론 수용에 관한 콰인식 착상처럼 단순할 수 없다는 것이다. 우리가 옳은 이론조차도 그것의 결정적인 용어 가운데 일부를 잘못 표상한다고 생각할 수 있기 때문이다. 서보의 용어법으로 보면 이는 이론이 콰인의 기준에 따라 실존 개입하는 실물 가운데 어떤 것은 믿지 않아야 한다는 뜻이다. 물론 콰인은 '믿는다'에 관해서 적어도 이런 방식으로는 말한 바 없으므로, 엄밀히 말해서 서보의 이론은 존재론적 개입을 이해하는 대안이다. 물론 콰인주의자라면 이를 기각할 것이다. 달리 말해서 콰인주의자가 진술하기를 '나는 페가수스가 난다고 믿는다'라고 한다면, 이는 그녀가 페가수스를 '믿는다'를 함축하지 않는다. 그 대신에 우리는 한정 기술에 대한 러셀식의 설명에 따라서 이 문장을 풀어쓰게 될 것이다. 하지만 어쨌든 '실존 양화사'라는 용어 자체가 오해를 낳는다고 생각할 이유가 있을 뿐 아니라, 양화에 관한, 그리고 양화와 존재론적 개입 사이의 연계 또는 단절에 관한 다양한 대안이 존재하는 것으로 보인다. 여하튼 이 책에서 '실존 양화사'이라는 용어를 계속 사용하겠다. 이 용어와 이 용어의 함축하는 바가 문제의 소지를 띠지만 아직까지는 확실하게 표준적인 용어이기 때문이다.

3.3 양화사 변이와 언어상 논쟁

비록 (실존) 양화사가 일의적인지 여부에 초점을 두고 있으나 여기서
아직 적절하게 논의하지 못한 양화 관련 논쟁이 있다. 다름 아닌 양화
사 변이 논쟁이다. 양화사 변이는 상위존재론의 중심 화제에 속하므
로, 카르납과 콰인 사이의 논쟁을 상위존재론의 핵심으로 간주하는 중
요한 이유가 있는 셈이다. 그러나 카르납과 콰인 앞에서 더 이상 머물
필요가 없다. 특히 이들의 논쟁에 대한 최근의 재구성이 문젯거리이기
때문이다. 그래도 많은 사람은 양화에 대한 일의주의와 다의주의 쟁점
을 상위존재론의 핵심 화제로 간주한다. 예를 들어, 사이더의 견해에
따르면, '상위존재론의 중심 의문은 동등하게 좋은 양화사 의미가 많
이 존재하는지 여부, 또는 단 하나의 최고인 양화사 의미가 있는지 여
부이다.'[17] 사이더 자신은 강한 입장 즉 단일한 최상의 양화사 의미가
있다는 의견을 갖고 있다. 반드시 주의해야 할 대목이 있다. 단 하나의
최선인 양화사 의미가 있다는 논제는 양화가 일의적이라는 논제와 구
별된다. 그의 입장은 이렇게 요약할 수 있다. 존재론의 맥락, 즉 우리
가 존재론어(앞 장을 참고하시오)를 말할 때 양화는 일의적이다. 그래
서 양화의 의미가 맥락 의존적이고 그래서 다의성을 띠는 경우가 있을
수 있지만, 이런 경우가 존재론적 질문에 관해서 양화가 일의적이라는
사실을 훼손하지 않는다.

　사이더의 용어로, 양화는 실재를 '접합부에 따라 절단한다'(carves
at the joints). 양화는 신뢰할만한 수법으로 실재의 구조를 파악한다.
양화는 사물이 진정으로 실재 속에 어떻게 있는지 말해준다.[18] 사이더

17　Ted Sider, 'Ontological Realism,' in Chalmers, Manley, Wasserman (eds.),
Metametaphysics, p. 397.

18　이런 견해를 보려면, Ted Sider, *Writing the Book of the World* (Oxford Uni-

가 보기에 양화사에 관한 이런 견해는 **존재론적 실재론**(ontological re-
alism)이 되고 만다. 그는 결국에는 양화사 일의주의를 존재론적 실재
론과 동일시한다. 그러나 '존재론적 실재론'을 이렇게 사용하면 문젯
거리가 될 수 있다. 양화가 일의적이거나 양화가 상위존재론에서 핵심
위치를 차지한다는 점을 부정하면서도, 여전히 실재는 객관적이고 정
신-독립적인 구조를 갖고 있다고 인정할 수 있기 때문이다. 후자의 입
장이 전통적인 의미의 그리고 광의의 실재론이며, 때로 **형이상학적 실
재론**(metaphysical realism)으로 불린다. 게다가 존재론적 실재론은
때로 존재론적 논쟁이 대체로 언어적인 성격만을 갖지 않으며 실질적
내용을 갖는다는 견해를 취하는데, 다시 말하지만, 이는 양화에 관한
문제와 독립적이다.[19] 이들 각각에 대해서는 제4장에서 더 자세히 논
의하고, 거기서 서로 다른 형이상학적 입장에 관한 용어사용을 명료화
하겠다. 따라서 현재로서는 이들 가운데 하나의 뜻으로 '실재론'을 사
용하지 않고 가능한 가장 넓은 뜻 즉 존재론적 사실이 객관적이라는
뜻으로 사용하겠다.

  현재 활동 중인 철학자 중에 사이더와 밴 인와겐이 가장 강한 양화
일의주의자라면, (물론 사이더는 '단일한 최선의 양화사 의미'라는 표
현을 선호하며, 그와 밴 인와겐 사이에 중요한 차이가 있기는 하지만),
허쉬는 의심의 여지 없이 다의주의자이다. 이 논점에 대해서 사이더와
허쉬가 벌이고 있는 논쟁이 상위존재론 분야의 저작을 점령했다고 해
도 과언이 아니다. 그러나 우리는 지금 험로에 발을 들여 놓았다. 앞장
에서 콰인과 카르납의 논쟁을 개관하면서 보았듯이 불일치의 근원을
결정하는 일이 항상 쉽지만은 않았다. 특히 이 불일치가 형이상학 분

---

versity Press, 2011).

19   실재론에 대한 이 세 가지 견해를 모두 개관하려면, C. S. Jenkins, 'What Is
Ontological Realism?', *Philosophy Compass* 5/10 (2010), pp. 880-890을 보시오.

야에서 벌어져도 어려운데, 상위형이상학 분야에서는 더욱 심각해진
다.[20] 하지만 이 논쟁에 대해서 판단하기 전에 허쉬를 무대 위로 불러
보자.

다의주의를 지지하기에 허쉬의 입장을 '대체로 카르납주의' 라고 부
른다. 물론 그는 몇 가지 논점에 대해서 카르납과 거리를 둔다.[21] 이를
테면, 그는 카르납을 반실재론자로 보면서 자신을 실재론자로 본다.
허쉬가 마음에 두고 있는 '실재론' 의 뜻은 위에서 기술한 가장 광의의
실재론인데, 주관적이며 언어적인 선택이 세계에 실존하는 것을 결정
하지 않는다고 본다. 하지만 허쉬는 언어 선택이 우리가 '실존' 으로 **의
미**하는 바를 결정한다고 주장한다. '실존' 의 의미를 실존 양화사에 대
응하기로 한다면 실존 양화사의 의미는 언어에 따라 변경될 것이다.
이것이 바로 앞에서 잠깐 논의했던 양화사 변이 현상이다. 이와 연관
해서 관심을 둘만한 사항이 또 있다. 양화사 변이에 토대를 두고 허쉬
는 라요의 형이상학주의자와도 의견을 달리할 것이다. 그가 보기에 양
화사에는 라요의 형이상학주의자가 제안하는 형이상학적으로 특권적
인 의미의 후보가 전혀 없다.

양화사 변이가 허쉬의 견해에서 제일 중요한 특징이었지만, 이 견해
와 연관되어 있으면서 둘째로 중요한 주장은 어떤 존재론적 논쟁은
'그저 언어상의' (merely verbal) 논쟁일 뿐이라는 논제이다. 더 정확
히 말하여 허쉬는 물리적 대상에 관한 존재론 논쟁이 그저 언어적일
뿐이라 논한다. 한 예로 합성에 관한 논쟁인데 제2장에서 이를 간단히

20　내가 여기서 말하려는 바를 잘 드러낸 저작으로는 다음이 있다. Gerald Marsh,
'Is the Hirsch-Sider Dispute Merely Verbal?', *Australasian Journal of Philosophy*
88.3 (2010), pp. 459-469.
21　Eli Hirsch, 'Ontology and Alternative Languages,' in Chalmers, Manley,
and Wasserman (eds.), *Metametaphysics*, p. 231.

논의했었다. 이 논쟁이 왜 그저 언어적인가?[22] 먼저 허쉬는 다음 기준을 내세운다. 논쟁 당사자 모두가 자신의 상대방이 각자의 언어로 진리를 말하고 있다고 **동의**해야 한다. 물론 전형적인 철학 논쟁에서 논쟁 당사자가 자신의 반대자가 진리를 말하고 있다고 인정할 것 같지는 않으며, 그래서 '해야 한다'고 말했다. '그저 언어상의'는 논쟁 당사자의 생각과 달리 해당 논쟁이 진정한 논쟁이 아니며, 또한 **실질적인** 논쟁이 아니라는 뜻을 담도록 사용되고 있다. 가장 단순한 형태로 예를 들면 쉽게 이해된다. 객관적 사실에 대해 의견이 일치하면서 그에 대해 서로 다른 언어를 사용한다면 두 사람 사이의 논쟁은 그저 언어적인 논쟁이다. 똑같은 낱말이 다른 언어에서 다른 것을 의미한다면 이 역시 단순한 그저 말과 관련될 뿐인 논쟁을 일으킨다. 사과가 나의 언어에서 '사과'로 나타나고, 다른 사람의 언어에서 '오렌지'가 이런 역할을 한다면 얼마간의 혼란이 야기된다. 그러나 그들의 '오렌지'를 나의 '사과'로 성공적으로 번역하기만 하면 불일치는 사라진다. 허쉬는 더 강한 주장을 하고 있다. 그는 어떤 논쟁이 일반적으로 그저 언어적일 뿐이라고 말하고 싶기 때문이다. 그에 따르면 단지 언어적 논쟁을 벌이고 있는 상황이 다른 개인 간의 문제만은 아니다. 경쟁하는 견해를 지닌 두 진영의 철학자도 이런 식의 논쟁에 얽혀들 수 있다.

허쉬의 양화사 변이 논제와 그저 언어상의 논쟁일 뿐 논제는 논리적으로 독립적이라고 봐야겠다.[23] 누군가는 많은 존재론적 논쟁이 단지

22 우리는 허쉬의 설명에 초점을 두겠다. 하지만 이를 화제로 삼는 서적은 매우 빠르게 증가하고 있다. 몇 개만 예를 들면 다음과 같다. Kathrin Koslicki, 'On the Substantive Nature of Disagreements in Ontology,' *Philosophy and Phenomenological Research* 71 (2005), pp. 85-105; David Chalmers, 'Verbal Disputes,' *Philosophical Review* 120.4 (2011), pp. 515-566; C. S. I. Jenkins, 'Merely Verbal Disputes,' *Erkenntnis* 79.1 (2014), pp. 11-30.
23 이런 제안은 다음 글에 잘 나타나 있다. Matti Eklund, 'Review of *Quantifier*

언어상의 일일 뿐이라고 생각하지 않으면서도 양화사 변이를 지지할 수 있다. 이와 마찬가지로 누군가는 양화사 변이에 반대하면서 많은 존재론적 논쟁이 그저 언어상의 논쟁일 뿐이라고 생각할 수 있다. 양화사 해석과 관련된 복잡한 논의를 어느 정도 살폈기 때문에 여기서는 허쉬의 견해 가운데 둘째 부분에 더 집중해보자. 제4장에서 양화사 변이, 그리고 그에 관련된 논란에 대해서 다시 살펴보겠다.

이제 그저 언어상의 논쟁일 뿐 논제를 더 심각하게 검토해보자. 허쉬는 이 견해에 몇 가지 중요한 제한을 가한다. 가장 중요한 것은 다음과 같다.

내 견해로는, 존재론(이나 다른 분야)의 논란거리는 다음 조건이 충족되었을 때에만 언어적 선택으로 환원된다는 뜻에서 '그저 언어상의' 논쟁일 뿐인 것이다. 각 진영은 상대방이 발언하는 문장이 옳게 되는 언어로 말하고 있다고 상대방을 그럼직하게 해석할 수 있다.[24]

허쉬에 따르면 다음 경우에만 어떤 논쟁이 그저 언어상의 논쟁에 머물지 않는다. 논쟁의 각 당사자가 진정으로 **자비로우나**, 상대방의 주장을 각자의 언어에 비추어 옳다고 해석하는 데 실패하는 경우에만 어떤 논쟁이 그저 언어적인 것이 아닐 수 있다. 이는 허쉬 판 **자비의 원리**이다. 그러나 허쉬도 실질적인 논쟁 즉 언어 선택으로 환원되지 않는 논쟁의 여지를 둔다는 것에 주의해야 한다. 이는 허쉬가 카르납과 자신을 구별하는 또 다른 측면이다. 허쉬가 보기에 카르납은 **모든** 존재론

Variance and Realism: Essays in Metaontology,' Notre Dame Philosophical Reviews (2011), https://ndpr.nd.edu/news/quantifier-variance-and-realism-essays-in-metaontology/

24 Hirsch, 'Ontology and Alternative Languages,' p. 231.

적 논쟁이 단지 언어상의 논쟁일 뿐이라고 주장했기 때문이다. 흥미롭게도 허쉬는 플라톤주의자와 유명론자 사이의 논쟁이 단지 언어상의 논쟁일 뿐인 것은 **아니라**고 언급한다. 제2장에서 살펴본 언어 다원주의자에 따르면 이 두 진영의 논쟁은 단지 언어적인 논쟁일 뿐이다. 그렇다면 허쉬의 입장은 더 제한적인 즉 온건한 언어 다원주의에 해당할 수 있다. 이제 이런 견해를 더 살펴보자.

주목해야 할 첫째 논점은 그저 언어상의 일일 뿐인 논쟁이 논쟁 참여자가 각자의 언어로 옳은 주장을 하는 논쟁이 아닐 수 있다는 점이다. 허쉬가 말한 대로 양측이 **옳은** 주장을 하지 않는데도 단순한 언어상의 논쟁이 벌어질 수 있기 때문이다. "실은 해리는 집안 침대에서 뒹굴고 있지만 해리를 닮은 사람이 달리고 있는 상황에서, 해리가 다람쥐 주위를 달리고 있는지 또는 단순히 다람쥐를 포함하고 있는 나무 주위를 달리고 있는지 여부를 두고 우리가 논쟁을 한다면 이런 논쟁 역시 그저 언어상의 논쟁일 수 있다."[25] 따라서 상대방이 각자의 언어로 진리를 말하고 있다고, 논쟁의 양측이 **동의한다**면 그런 논쟁은 그저 언어상의 일이라고 충분히 간주될 수 있다. 그렇다면 해당 논쟁이 진정으로 언어상의 논쟁일 뿐인지 여부를 결정하는 일은 언어적 해석의 사안이 된다. 우리는 이로부터 상위존재론의 여러 논란거리가 언어 해석을 통해서 해결될 것이라는 견해를 갖게 된다. 허쉬는 정확히 이런 입장인 것은 아니지만, 이 화제에 관심을 갖고 활동하는 일부 철학자는 이렇게 생각한다.

허쉬는 오직 언어상의 논쟁일 뿐인 예로 p-지속이론가(perdurantists)와 e-지속이론가(endurantists) 사이의 논쟁을 든다. 이는 물리적 대상의 시공부분에 관한 고전적 논쟁이다. 모든 사람이 물리적 대상의

---

25   같은 글, p. 238.

공간적 부분은 인정한다. 이와 비슷하게 물리적 대상이 **시간적** 부분을 갖는가? 달리 말해서 어떻게 물리적 대상이 시간을 통해 지속하는가? p-지속이론가는 물리적 대상이 공간 부분에 덧붙여 시간부분을 갖고 있으며 그래서 대상은 'p-지속한다'고 주장한다. e-지속이론가는 물리적 대상이 시간 부분을 갖지 않으며, 대상이 실존하는 어떤 시각에 든 전적으로 현전(現前, present)한다고 생각한다. 물리적 대상은 'e-지속한다.' 공간과 시간에 관련된 논점들로 인해서 이들의 견해는 사차원주의와 삼차원주의로 각각 불린다. p-지속이론가에 따르면 물리적 대상은 일종의 '시공 벌레'로 간주될 수 있다. 모든 서로 다른 시간 부분이 어떤 뜻으로는 그 대상의 부분이기 때문이다. 이에 비해서 e-지속론은 대상의 과거 부분이나 미래 부분을 특별히 중요하게 생각하지 않는다. 대상은 해당 시각에 그곳에 존재하며 그것이 전부이다. 이는 물리학과 어떤 연관을 맺고 있으면서 완벽하게 정상적인 존재론적인 논쟁처럼 보일 수 있다. 그러나 이 논쟁은 상위존재론에서 시험 사례처럼 간주되고 있다. 허쉬와 같은 철학자가 순전히 언어적인 논쟁일 뿐이라고 보는 것과 달리 사이더와 같은 일부 철학자는 실질적인 논쟁으로 보기 때문이다.

이 사안을 해결하기 위해서 벌써 많은 잉크가 소모되었으니 다소 다른 접근 방도를 취해보자. 먼저, 지속이론 간의 논쟁은 실질적인 존재론적 논쟁의 좋은 예가 아닐 수도 있기 때문이다. 왜? 이 이론들이 실은 **형이상학적으로 동등하다**는 논증이 설득력을 얻고 있기 때문이다. 밀러(Kristie Miller)는 형이상학적 동등성을 다음과 같이 정의한다.

두 이론에 대해서, 한 이론의 문장에서 다른 이론의 문장으로 사상(寫像)했을 때, 이것이 임의적이지도 않고 진리치를 변경시키지도 않는데, 두 이

론이 경험적으로 동등하다면, 두 이론은 형이상학적으로 동등할 것이다.[26]

밀러는 p-지속이론과 e-지속이론이 적어도 합성과 다른 보조적인 논점에 관한 비슷한 가정과 결합했을 때 바로 이런 뜻으로 정확하게 동등하다고 논한다. 여기서 그녀가 말하고 있는 어떤 견해끼리의 경험적 동등성에 관해서는 살펴보지 않겠다. 이 주제는 주로 과학(철학)과 연관이 크기 때문이다. 현재 목적상 더 중요한 점은, 밀러가 경쟁하는 두 이론이 가정하는 **존재론적 요소**에 진정한 차이가 전혀 없다는 논증을 펴는 것이다. (비록 두 이론이 이 요소에 관해서 **말하는** 방식에서 차이는 존재할 수 있다고 해도 그렇다.) 단순한 예만 들어도 이 착상을 이해할 수 있다.[27] 우리가 텔레비전을 볼 때 움직임을 보고 동작을 지각하고 있다고 생각한다. 그러나 이는 동작이라는 **착시**일 뿐이다. 텔레비전 위의 움직임은 정지 화면의 빠른 연쇄 장면일 뿐이기 때문이다. 요점은 사차원 시간 부분이 이어지는 것을 시공간에 대한 옳은 존재론을 드러낸다기보다는 동작의 착시를 만들어내는 것으로 생각할 수 있다는 것이다. 이와 마찬가지로 한 대상이 움직이는 시간 동안 e-지속한다고 주장하는 삼차원주의를 똑같은 존재론적 요소에 대해서 다른 관점이라고 볼 수 있다.

각 지속이론의 확고한 지지자들은 이런 진단을 달갑게 생각하지 않겠지만, 이에 대해 고려하지는 않을 것이다. 여기서는 이 예가 어떻게 논란이 되는지 보여주는 것으로 충분하다. 그러나 우리가 이 두 지속이론의 형이상학적 동등성을 수용한다면 허쉬의 견해를 지지하게 되

26 Kristie Miller, 'The Metaphysical Equivalence of Three and Four Dimensionalism,' *Erkenntnis* (2005) 62.1, p. 92.
27 상세한 사항을 확인하려면, E. J. Lowe and Storrs McCall, '3D/4D Controversy: A Storm in a Teacup,' *Noûs* (2006) 40, pp. 570-578.

지 않을까? 그렇지만은 않다. 모두는 아니지만 대다수 존재론적 실재
론자가 일부 존재론적 논증이 그저 언어적이라는 점을 수용하지는 않
겠지만, 허쉬는 일상적인 물리적 대상에 관한 다른 많은 논쟁으로 확
장하여 주장을 펼 것이다. 예를 들어, 허쉬는 물리적 대상의 집적(集
積, collection)이 그 이상의 다른 물리적 대상을 합성하는지 여부에 관
한 논쟁이 바로 그런 논쟁의 대명사라고 생각한다. 우리는 앞 장에서
이미 부분전체론과 합성에 관한 이 논쟁을 밴 인와겐의 '특별한 합성
문제'(SCQ)를 다루면서 간단히 소개했다. 보편주의(universalism)와
허무주의(nihilism)를 논의했는데, 전자에 따르면 물질적 대상의 집적
은 항상 그 이상의 대상을 합성하는 데 비해서, 후자는 이런 합성은 결
코 벌어지지 않는다고 주장한다.[28] 허쉬에 따르면 '내가 언어적일 뿐이
라고 보는 허무주의 논쟁은 양측이 단순자가 존재하는 데 동의하면서
합성물의 존재에 동의하지 않을 때 발생한다.'[29] 이 경우는 두 지속이
론 간의 논쟁에 비해서 더 크게 상식에서 벗어나게 된다. **허무주의자**
는, 이를테면, ('탁자처럼 정렬된 단순자'만 있을 뿐) 탁자라는 사물은
없다고 말을 맺으며, 그에 비해서 **보편주의자**는 나의 코와 에펠탑의 조
합이 제삼의 다른 대상을 합성한다고 주장하기 때문이다. 허쉬 자신은
자비로운 해석에 의거해서 **허무주의자**와 **보편주의자**가 동의에 도달할
수 있다고 생각한다. 그들은 이미 다음과 같은 사항에 동의하고 있기
때문이다. 일상인인 우리는 일상적 언어로 탁자나 의자와 같은 사물이
존재하는 듯이 말하고 있으나, 다른 한편으로 물리적 대상의 기묘한
조합이 제삼의 다른 대상으로 간주되어야 한다고 생각하지는 않는다.

---

28   SCQ는 Peter van Inwagen, *Material Beings* (Ithaca, NY: Cornell University Press, 1990)에서 처음 제기되었다.
29   Eli Hirsch, 'Physical-Object Ontology, Verbal Disputes, and Common Sense,' *Philosophy and Phenomenological Research* (2005) 70.1, p.68, fn. 2

물론 양 진영은 앞 장에서 논의한 방법론에 기대어 자신의 논점을 유지하려고 할 수 있다. 다시 말해서 '존재론의 방'에서 **허무주의자**와 **보편주의자** 사이의 논쟁은 심각하다고 역설할 수 있다. 하지만 더 나은 수도 있겠는데, 허쉬의 반대자는 이론 간 경쟁 발생의 시점에 대한 일종의 그럼직한 기준을 제공하기만 하면 되며, 그렇다면 논쟁은 모두가 이 기준을 수용하는지 여부 또는 경쟁하는 다른 기준이 존재하는지 여부로 바뀌게 되기 때문이다. 예를 들어, 여러 후보 대상의 조합이 여러 후보 대상 자체로 갖는 인과력 이상의 인과력을 갖는 경우에만 합성이 발생한다고 제안할 수 있다.[30] 이런 기준은 시험가능하다. 각 후보 대상의 인과력을 탐구하고, 이어서 이 후보 대상들로 합성된 대상을 연구할 수 있다. 합성 대상인 것의 인과력이 각 후보 대상의 인과력의 단순한 연접이라면, 현재 고려하고 있는 기준을 적용할 경우 합성 대상은 실존한다. 여기서 두 경쟁 이론의 존재론적 요소 사이에 진정한 차이가 생기게 되는데 합성 대상이 부여받은 인과력 집합이 그것이다. 게다가 언어적 논쟁을 가리는 허쉬의 조건은 명백하게 충족되지 않는다. 제안된 이론에서 인과력의 역할은 똑같은 존재론적 요소에 관한 다른 말이나 다른 말하기 방식일 뿐이라고 쉽게 간주될 수 없기 때문이다. 하지만 공정하게 말하자면 합성 대상의 인과력에 관한 이론 역시 논란의 여지를 안고 있다. 우리가 초점을 두어야 할 인과력이 어떤 인과력인지 분명하지 않기 때문이다. (게다가 어떤 인과력은 합성이 이루어지게 되면 사소한 것이 되고 말기 때문이다.)

안타깝게도 SCQ의 해결을 꾀하거나, 이 문제가 존재론적으로 실질적인 질문인지 여부는 이 자리에서 수행하기에는 덩치가 너무 큰 문제

---

30   비록 사람에 제한해서 주장되기는 했지만, 이런 견해 가운데 하나를 보려면 Trenton Merricks, *Objects and Persons* (Oxford University Press, 2001)을 참고하시오.

이기에, 우리는 이 논쟁을 상위형이상학의 소용돌이 속에서 배울만한 것 가운데 하나 정도로 취급하겠다. 허쉬와 사이더 사이의 논쟁은 진행 중이다. 가장 최근에 이루어진 허쉬에 대한 답변에서 사이더는 '존재론어는 양화사의 의미론 이외에는 영어와 정확히 비슷하다.' 고 논한다.[31] 이 논증에 연관된 착상은 적어도 양화 맥락에서 허쉬의 자비 요건을 보류할 수 있다는 점이다. 그렇다면 우리의 **현실 언어**에서 양화가 어떤 격위를 갖는지에 초점을 두어왔다는 데 주목해야 한다. 그 대신에 철학/과학의 목적에 부합하는 최선의 가능한 언어를 고려한다면 우리는 원리적으로 사이더에 동의할 수 있다. 다시 말해서 최선의 언어에서 존재론적 논란은 단지 언어적인 것만이 아니라 그럼직하다. 하지만 허쉬(또는 다른 누군가)는 우리의 현실 언어가 이와 같지 않을 것이라 역설할 수 있다. 우리는 최상의 가능한 언어 즉 존재론어를 **사실상** 사용하지 않으며, 이에 훨씬 못 미치는 언어를 사용하고 있다. 어떠한 경우에도 사이더는 주로 조건적 주장을 앞세운다. **만일** 양화가 '접합부를 절단한다' 면 의미상의 변이를 겪지 않는다. 물론 '의자' 와 같은 다른 용어, 그리고 아마도 합성 대상 일반을 나타내는 용어는 이런 변이를 겪는다. 사이더는 다른 과학 용어, 이를테면, '전자' 에도 똑같은 상황이 성립한다고 생각한다. 하지만 사이더가 사용하고 있는 상위형이상학적 장치, 이를테면, '접합부 절단' 장치에 대해서 더 명확하게 알기 전에는 그의 긍정적 제안에 대해서는 제대로 평가할 수 없다. 하지만 이 논쟁을 비롯해서 이와 유사한 논쟁에 대해서 이 장에서 반드시 살펴야 할 견해가 있다. 이에 따르면, 실존 질문은 상위형이상학의 중심이 아니다. 이는 파인이 역설하는 바이다.

---

31 Ted Sider, 'Hirsch's Attack on Ontologese,' *Noûs* 48.3 (2014), p. 567.

3.4 실존 질문만 있는 것은 아니다

지금까지 우리는 여러 유형의 대상이 실존하는지 여부에 관한 상위존
재론적 논쟁을 보았다. 여러 대상이 모여 하나의 다른 대상을 합성하
는지 여부에 관한 논쟁이 이에 속했는데, 합성 대상의 **실존-조건**을 찾
고자 했기 때문이다. 또한 대부분의 경우 수의 실존 문제를 예로 드는
데, 이미 여러 차례 이 문제를 언급했다. '수는 실존하는가?' 라는 질문
은 전형적인 철학적 질문이며, '존재론의 방' 바깥에서는 거의 제기되
지 않기 때문이다. 상위존재론적 논점은 겉보기에 사소해 보이는 이런
질문이 실질적인 질문인지 여부이다. 이 주제에 관한 많은 논문이 확
실히 실질적이며 그래서 일부 철학자는 이 논쟁을 전적으로 다시 검토
해야 한다고 생각한다. 앞선 논의에서 존재론의 과업에 관한 콰인의
견해가 상세한 점에서는 논란거리이지만 전반적으로 정확하다고 가정
해왔다. 이에 따르면 존재론적 질문은 양화 질문이다. 그래서 철학자
들은 콰인 이후에 '수가 실존하느냐?' 는 질문의 의미를 '∃x(x is a
number)?' [*역주: 이 질문을 다음과 같이 읽을 수 있다. '수 x가 적어
도 하나 존재하는가?']라고 간주했다.

　하지만 '신아리스토텔레스주의자' 로 분류되는 파인은 수의 **실존**에
관한 양화 질문이 아니라 다른 질문에 초점을 두어야 한다고 말한다.
그에 따르면 우선 제기할 존재론적 질문은 수의 **본성**(nature)에 초점을
두어야 한다. 이런 대안적 접근법에서 핵심은 수의 실존에 관한 질문이
사소하지만, 적어도 어떤 뜻에서는, 수의 존재론적 격위에 관해 답을
들어야 할 질문이 존재한다는 점이다. 파인은 수가 **실재하는**(real)지
여부에 관한 질문이 바로 거기에 해당한다고 주장한다.

　예를 들어, 자연수에 관해 실재론자와 반실재론자는 자신들의 의견차가 대

부분 각각의 자연수 즉 0, 1, 2, …의 실재성에 관해서 벌어지고 있다고 생각할 것이다. 그런데 수 0, 1, 2, …이 존재한다고 가정하지 않는 한, 이들의 의견차는 가능하지 않다. 이들이 실재하는지 여부에 관한 논쟁이 가능하려면 오직 이런 대상들의 실존이 이미 인정되어야만 한다. (콰인의 말장난을 이용해서 말하자면, 콰인의 실수는 플라톤의 수염을 움켜쥐어 그를 파악하려 하지 않은 데서 생긴다.)[32]

논란의 여지가 있지만 파인은 이렇게 주장한다. 실존은 술어로 간주되어야 한다. 정수가 실존하는지 여부를 묻고자 한다면 우리는 '∃xIx?' [*역주: '정수 x가 적어도 하나 실존하는가?']라고 물으면 안 된다. (여기서 'I'는 정수를 가리킨다.) 그보다는 '∀x(Ix ⊃ Ex)?' [*역주: '정수에 해당하는 모든 것은 실존하는가?']라고 물어야 한다. (여기서 'E'는 실존한다는 술어이다.) 이 물음은 어떤 정수가 실존하는지 여부를 묻는 것이 아니라 **모든** 정수가 실존하는지 묻는다. 파인이 들고 있는 정수에 관한 실재론과 자연수에 관한 실재론을 대조해서 살펴보자. 파인은 정수에 관한 실재론이 직관적으로 더 강한 입장이라고 생각한다. 이 실재론은 정수와 자연수 둘의 실존에 개입하기 때문이다. 모든 정수가 실존하면 모든 자연수 역시 실존한다. 정수는 자연수를 포함하기 때문이다. 자연수 실재론은 명백히 더 약한 입장인데 오직 자연수에 대해 존재론적으로 개입하기 때문이다. 그러나 실존-양화사 해석에 따를 경우 자연수에 관한 실재론은 더 강한 입장이 되고만다. 정수 실재론은 적어도 하나의 (음이든 양이든) 정수가 있다고 주장하는데, 자연수 실재론은 적어도 하나의 **비음수** 정수, 특히 자연수

---

32 Kit Fine, "The Question of Ontology," in Chalmers, Manley, and Wasserman (eds.), *Metametaphysics*, p. 169.

가 존재해야만 한다고 주장한다. 그래서 파인은 존재론적 개입에 관한 실존-양화사 설명이 존재론적 개입의 논리를 왜곡시킨다고 주장한다. 이는 **모든** 정수나 **모든** 자연수가 실존한다는 생각을 표현하는 대신에 부자연스럽게 실존 양화사를 사용한 데서 기인한다.

이에 대한 가능한 반론으로 파인은 F라는 종류의 대상에 연관된 이론(T_F)에 의존하는 방식을 검토한다. T_F는 F의 실존 조건을 진술한다. 이제 만일 F들이 정수라면, T_F는 정수의 실존 조건을 진술할 것이고, 파인의 분석이 너무 자세하다고 생각될 것이다. 정수에 관한 실재론을 표현하고자 한다면 T_F에 대한 개입이 그런 역할을 할 것이고, 우리는 그 이론의 정확한 내용을 알 필요가 없다. 그러나 이런 것이 어떻게 도움이 될지는 전혀 명확하지 않다. 옳은 이론으로 시작했다면 실재론자나 반실재론자는 모두 T_F의 진리성을 이미 믿고 있을 것이기 때문이다.

파인의 분석에서 실존-양화 접근법이 실은 실재론과 반실재론을 따로 말할 수 없다는 점을 배우게 된다. 그 대신에 파인은 어떤 대상이 **실재**하는지에 관한 실재론/반실재론 논쟁이 관심을 두어야 한다고 보며, 그래서 이를 위해서는 탐구 중인 대상이 이미 실존한다고 가정해야만 한다고 말한다. 앞의 인용문에서 등장한 플라톤의 수염에 관한 농담은 파인의 접근법이 콰인과 얼마나 다른지 잘 보여준다. 이 농담은 콰인을 사로잡은 큰 난제가 단순한 해결책을 갖고 있다는 것을 보여주기 때문이다. 통상의 뜻으로 실재론은 출발부터 가정되어 있어야만 한다.

파인의 견해를 자세히 살펴보는 대신에 양화 질문에 대한 답이 대개 사소하다는 데 동의한다면 어떤 귀결이 올지 고려해보자. 확실히 **존재론적** 질문에 대한 답은 사소해서는 안 된다. 물론 이런 유형에 부합되면서 사소하지 않은 질문이 있다. '힉스 입자는 실존하는가?' 이는 확연히 사소하지 않으며 명백히 중요한 질문이다. 그러나 이 질문이 형

이상학과 무관하므로, 사소하지 않은 실존 질문은 특수 과학에 의해서
답을 듣게 될 것이라는 걱정이 생겨나며 그래서 철학이 기여할 바가
무엇인지 묻게 된다. 파인이 정확하다면 양화 질문을 확정한 뒤에 꺼
내야 할 비양화 질문이 아주 많다. 파인의 판단에 따르면 콰인의 존재
론에 관한 접근법은 '이중의 실수'에 기인한다. 먼저, 콰인은 철학적인
질문이 아니라 (수가 과학에 불가결한지를 묻는) 과학적 질문을 제기
했다. 다른 한편 콰인은 이 질문에 답하는 (실존-양화 도구라는) 철학
적 장치를 사용했다. 이 분석은 상위존재론 저작에서 찾을 수 있는 다
른 중심 질문에도 적용된다. 파인은 이를 다음과 같이 말한다.

> 나는 부분전체론적 합과 시간부분의 사례가 이 점에서 특히나 잘못된 길로
> 가고 있다고 생각한다. 이들의 실존에 관한 질문이 존재론적 탐구의 전형
> 으로 취급되는데, 다른 어떤 것보다 이 사례가 상위존재론의 재유행을 주
> 도하고 있기 때문이다. 그러나 이는 사실상 전형적 사례의 지위를 갖지 못
> 한다. 양화 질문은 철학적 질문이며 그래서 존재론적 질문과 훨씬 쉽게 혼
> 동되기 때문이다.[33]

파인이 정확하다면, 우리는 부분전체론적 합과 시간적 부분의 사례
를 약간이나마 논의해오면서 상위존재론에 손해를 끼쳤을 것이다. 하
지만 이들을 화제로 삼는 광범한 저술과 이들을 둘러싼 논쟁이 끝날
기미가 없다는 점을 감안하면, 이 논쟁의 기초적인 쟁점이라도 파악하
면 상위형이상학에 관심을 갖는 사람에게 도움이 될 것이다. 부분전체
론적 합과 시간적 부분의 사례에 관한 파인 자신의 분석은 다음과 같
다. 역사의 어떤 지점에서, 방정식 $x^2 = -1$은 해를 갖지 않았다. 하지

---

33 Fine, "The Question of Ontology," p. 159.

만 복소수의 도입 후에 이런 등식을 풀 수 있었다. 달리 말해서, 복소수를 포함하도록 '논의의 범위'를 확장할 수 있다. 파인에 따르면 복소수가 존재하는지 여부에 관한 실질적 물음은 없다는 것이 여기서 요점이다. 복소수를 도입하지 않겠다고 결정할 수도 있었다. 마찬가지로, 파인은 임의적인 부분전체론적 합이나 시간적 부분의 실존은 범위 확장에 관한 결정에 달려 있다고 생각한다. 우리가 원한다면 나의 코와 에펠 탑으로 이루어진 부분전체론적 합이 포함되는 방식으로 논의의 범위를 확장할 수 있다. 그러나 이처럼 이상한 대상이 진정으로 실존하는지 묻는 일은 특별히 의미 있는 질문이 아니며, 유일하게 남는 실질적인 질문은 논의의 범위가 이런 식으로 확장될 수 있는지 (그리고 그에 대한 답이 '예'인지) 여부이다. 따라서 파인의 견해에 의하면 이 질문들은 형이상학에서 흥미롭거나 중요한 질문이 아니다.[34]

이제 파인이 긍정하는 견해의 윤곽을 제시해보자. 앞에서 파인이 존재론이 주로 **실존**하는 것보다는 **실재**하는 것에 관심을 갖는다고 말했다. 파인이 지적하듯이 실존이 술어로 간주되면 통상의 뜻으로 실재론은 사소해지기 때문에 이런 관심의 전환이 필요하다. 그래서 실존 양화사를 계속 사용하면 우리는 실재론과 반실재론을 구분하기 위해서 실존의 '두터운' (thick) 의미를 도입해야 한다. 하지만 자신의 접근 방식에 따를 때 '실존'은 혼란을 야기하기에, 파인은 실존의 '두터운' 뜻 대신에 '실재하는'이라는 용어를 사용하자고 제안한다. 따라서 수의 실존에 개입하는 대신에, 파인이 말한 뜻에서 수에 관한 실재론자는 수가 '실재한다'고 개입하게 될 것이다. 따라서 'F들'의 실재성에 관한 입장의 영역은 다음과 같이 정식화될 수 있다. 여기서 'R'은 실재

---

34   하지만 형이상학에서 실존 질문의 중요성을 옹호하는 최근 논의를 보려면 Chris Daly and David Liggins, 'In Defence of Existence Questions,' *Monist* 97.7 (2014), pp. 460-478.

성 연산자이다.

철저한 실재론: $\forall x(Fx \supset Rx)$

철저한 반실재론: $\forall x(Fx \supset {\sim}Rx)$

어떤 F들은 실재하고 어떤 것은 실재하지 않는다는 중간 입장. G는 분리
선: $\forall x(Fx \supset (Rx \equiv Gx))$

반면 양화에 의존한 설명은 실재론과 반실재론을 중간 단계가 없는
모순관계로 제시한다.

실재론: $\exists xFx$

반실재론: ${\sim}\exists xFx$

파인은 이렇게 결론짓는다. 자연수에 관한 실재론자와 반실재론자
는 각 자연수의 실재성에 관해서 의견이 맞지 않으나, 이 불일치는 자
연수가 실존하지 않으면 가능하지 않을 것이다!

파인의 설명이 매력적인 만큼 '두터운' 실재성 연산자에 대한 추가
적인 해명이 필요하다. 파인 자신이 이런 착상을 더욱 명료화하려 했
다. 먼저 그는 실재성 연산자 R[⋯](여기서 '⋯'은 문장을 나타낸다)
은 '실재의 조성성분'(constitutive of reality)인 것을 표현한다고 제안
한다. 형이상학은 실재 내에 사물이 존립하는 방식에 관심이 있다. 이
렇게 말하면 어떻게 존재론이 형이상학의 일부가 되는지 설명할 수 있
다. 파인에 따르면, 우리 존재론의 대상은 '⋯'에 등장하는 대상이며,
이것이 모두 열거된다면 결국 우리에게 완전한 존재론을 제공한다. 그
래도 우리는 R을 도입해서 일상적 양화 주장을 존재론적 주장으로 강
화시킬 수 없다. 예를 들어, 'R[∃xFx]'를 보라. 이렇게 접두어를 붙

인 주장은 F들에 개입하기 위해서 필요하지도 충분하지도 않다.

이는 필요하지 않다. F인 것 하나가 실재하는 유일한 배후의 특정 사실인
경우를 생각해보면, F인 것 하나의 실재성을 긍정하는 일은 ∃xFx 형식의
실존 사실의 실재성을 부정하는 일과 양립가능하기 때문이다. 또한 이는
충분하지 않다. 일반적 사실의 실재성을 인정할 뿐인 '다발 이론'이 옳다
고 본다면, F인 것 하나의 실재성을 긍정하는 일은 Fx 형식의 어떠한 특정
사실의 실재성을 부정하는 일과 양립가능하기 때문이다. 그리고 비슷한 일
이 실재성 연산자를 추가한 다른 실존 주장에도 성립할 것이다.[35]

파인의 제안은 교묘하지만 실재론에 동조하지 않는 사람을 설득하
기에는 부족하다. 적어도 우리는 실재론 자체가 무엇인지 더 명확하게
파악할 필요가 있으며, 파인의 실재성 연산자의 해석에 대해서 더 들
어봐야 한다. 이런 점에서 파인의 근거부여에 관한 저작이 도움을 줄
수 있다. 하지만 우리는 이 개념에 대한 논의를 제5장까지 미루겠다.[36]
파인은 형이상학이 실존 질문에 초점을 두지 말아야 한다는 견해를
취한 유일한 철학자는 아니었다. 이를테면, 크레인 역시 이런 견해를
갖고 있는데, 그는 다음과 같이 말했다.

최근의 철학은 양화 개념을 통해서 존재론적이거나 상위존재론적 논쟁을
표현하곤 한다. [⋯] 만일 내가 여기서 논한 바[이 책의 2.3절과 3.2절을
보면 크레인의 논증이 있음]가 성립한다면, '어떤'과 같은 자연언어 양화

35　Fine, "The Question of Ontology," p. 173.
36　더 이상의 논의를 보려면 Kit Fine, 'What Is Metaphysics?', in T. E. Tahko
(ed.), *Contemporary Aristotelian Metaphysics* (Cambridge University Press, 2012),
pp. 8-25.

사의 의미가 쟁점인 한은, 엄밀히 말해서 양화는 중심 문제일 수 없다. 자연언어 양화사는 존재론적 개입을 수행하지 않으며, 그래서 상위존재론은 자연언어 양화사에 관한 논의가 아니다.[37]

이런 측면에서 크레인은 사이더의 제안에 강하게 반발한다. 사이더는 상위존재론의 중심 질문은 양화가 일의성을 띠는지 여부라고 주장했다. 앞에서 확인한 대로 이는 사이더와 허쉬 사이의 논쟁에서 핵심 쟁점이었다. 그렇다면 상위존재론에 관한 크레인의 긍정적 견해는 무엇인가? 그는 파인(과 셰퍼(Jonathan Schaffer) 등)이 취한 노선에 동조하는데, 이들은 존재론이 **근본적인** 것, **실재로** 실존하는 것에 관심을 가져야 한다고 생각한다. 그러나 크레인이 말하듯이 사이더의 견해 역시 이와 비슷하게 번역될 수 있다. '상위존재론의 핵심 물음은 많은 다른 종류의 존재(또는 실존)가 있는지 여부 또는 근본적인 하나의 종류가 있는지 여부이다.' 그래서 다른 사람뿐 아니라 크레인, 사이더, 셰퍼, 파인 등은 특권적 유형의 존재 즉 형이상학에서 특별한 관심을 기울일만한, 그래서 파생적 유형과 대비되는 근본적 유형의 종류가 있다는 데 넓은 공감대를 형성할 것이다. 제5장과 제6장에 가서 이 화제를 본격적으로 다루겠다. 그래도 허쉬와 같은 철학자는 이런 논쟁의 맥락에서 중대한 진보가 있었다는 데 회의적일 것이다. **실재로** 실존하는 것에 관한 논쟁이 **실존하는** 것에 관한 논쟁에 비해서 덜 언어적이라고 생각해야 하는가? 그가 제기할 수 있는 의문이다. 물론 파인과 그의 동료들이 이런 유형의 **수축주의적** 반응, 즉 많은 심지어 모든 존재론적 논쟁이 실질적이지 않다는 주장을 성공적으로 붕괴시켜왔는지 명확하지 않다. 이런 유형의 반응은 매우 다양하지만, 모든 입장이 허쉬 자신

---

37 Crane, *The Objects of Thought*, p. 51.

의 생각과 양립가능하지는 않다. 이것이 다음 장의 핵심 화제이다.

이제까지 양화와 존재론적 개입을 역사적인 각도와 현재의 관점에서 두루 살펴보았다. 이제 더 일반적인 화제인 여러 상위존재론적 입장, 이를테면 실재론, 수축주의, 약정주의를 살필 차례이다.

대안 확인:
존재론적 실재론, 수축주의, 약정주의

이 장에서 더 다양한 상위형이상학적 입장을 검토하겠다. 이 지점에서 우리는 아직도 상위형이상학의 완전한 '연상통'을 사용하지 못하고 있다. 그러나 콰인과 카르납 사이의 논쟁을 의식하면서 양화, 존재론적 개입, 실존 질문의 역할에 관한 견해를 대강 분류해보겠다. 첫 절에서 존재론적 실재론과 존재론적 반실재론을 논의할 것이다. 존재론적 실재론은 다양한 형태를 갖는데 관련 논쟁에서 확실히 지배적인 입장이다. 대다수의 형이상학자가 자신의 견해를 어떤 부류의 실재론이라고 부르고 있다. 하지만 우리가 보기에 '존재론적 실재론'이 여러 의미를 가질 수 있으나, 이들 모두가 실재론 옹호자의 견해를 정확하게 반영하지는 않는다. 대개 존재론적 실재론은 콰인에게서 유래했고 존재론적 반실재론은 카르납에게서 유래한다고 생각하는데, 앞의 두 장에서 이런 견해가 부정확하다는 것을 알게 되었다. 특히 논의가 진행되면서, 콰인과 카르납은 이런 분류에 결코 동의하지 않을 것이라는 점이 드러날 것이다. 또한 이 장에서 역사적 맥락이 아닌 용어 명료화에 초점을 두겠다.

둘째 절에서 논의할 일군의 견해는 형이상학에 대한 수축적 견해들이다. '수축'(deflation)이라는 관념은 '팽창'(inflation)과 대조되는데, 이런 대조에서 중점은 존재론적 질문에 '심각성'을 얼마나 부여할 것인지에 있다. 팽창적 견해는 존재론적 논쟁의 심각성을 '팽창'시킬 것인데, 존재론적 논쟁을 벌이고 있을 때 진정으로 실질적인 논란거리가 있다고 주장한다. 이는, 예를 들어, '신아리스토텔레스주의자'에 의해서 옹호되는 것과 같이 (유비를 확장하여) '만개한'(full-blown) 존재론적 실재론까지 팽창될 수 있다. 이와 대조해서 수축적 견해는 존재론적 논쟁의 심각성을 '수축'시킨다. 하지만 곧 보게 되겠지만 이렇게 말해서는 이 견해들의 특징을 제대로 묘사하지 못하게 되며, 결국 논쟁의 초점을 제대로 드러내기 어렵다. 일부 수축주의자의 입장에 따르면 전형적인 존재론적 질문 가운데 많은 것은 흥미롭지 못하거나 잘못된 방향으로 가고 있는데, 일반적으로 이 질문에 대한 쉬운 대답이 가능하기 때문이다. 이 견해에 따르면 존재론적 질문에 대한 대답은 단순한 개념적이거나 경험적 작업, 또는 둘 다에 의지해서 획득될 수 있기 때문이다. 이런 유형의 수축주의를 때로 존재론에 대한 '쉬운'(easy) 접근방법이라고 부른다.[1] 하지만 수축주의 자체는 직접적으로 (온갖 형태의) 실재론과 반대인 것은 아니다. 앞 장에서 본 대로, 허쉬는 (온건한 형태의) 실재론을 옹호하면서 일종의 수축주의 입장을 견지하는 예이다.

여기서 논의될 셋째 견해는 실재론과 반대이다. 이는 극단적 형태의 약정주의(conventionalism)이다. 이 견해를 명시적으로 옹호하는 철

---

[1]   특히 다음을 참고하시오. Amie Thomasson, *Ontology Made Easy* (Oxford University Press, 2015).

학자는 극소수이지만, 여러 철학자가 이에 가까운 견해를 옹호하거나, 결국 극단적인 약정주의로 귀결되는 '미끄러운 경사길' 논의를 제시하고 있다.

넷째 절에서, 존재론적 실재론 가운데 하나를 자세히 논의하겠다. 이 논의를 서로 다른 상위형이상학적 입장의 상대적 장점을 평가해보는 연습으로 간주할 수 있다. 여기서 초점은 사이더류의 존재론적 실재론에 모아질 것이다. 이 장에서 논의된 다양한 입장을 간단히 평가하면서 결말을 맺을 것이다.

4.1 존재론적 실재론과 반실재론

적어도 '존재론적 실재론'이라는 관념이 '존재론적'이라는 수식어구 없는 '실재론'과 동등하다거나 '형이상학적 실재론'으로 대체된다면, 누군가는 '존재론적 실재론'을 정의하는 일이 상대적으로 쉬워야 한다고 생각할 수 있다. 물론 '형이상학적 실재론'의 정확한 표현에 대한 논쟁이 많이 있지만, 적어도 대다수의 철학자가 동의할 수 있는 높은 수준의 일반성에 맞춰 정의된다. 가장 일반적인 수준에서 '형이상학적 실재론'은 정신 독립적이고, 객관적인 실재가 있다는 견해이다. 하지만 인식적 차원이 열리면, 다시 말해서, 우리가 객관적 실재에 관해서 어떻게 조금이라도 알 수 있는지 논의를 시작하면 의견 불일치가 드러나기 시작한다. 상위형이상학으로 논의를 옮겨갈 때 이 인식적 차원은 심지어 더 이른 시점에 의견 불일치를 일으킨다. 예를 들어, 이 장의 서두에 언급한 '쉬운' 유형의 존재론적 수축주의와 비교해서 존재론적 실재론을 이해하려고 할 수 있다. 존재론에 대한 쉬운 접근법에 따르면 많은 존재론적 물음, 또는 모든 존재론적 물음은 **인식적으로** 대답하기 쉽다. 하지만 존재론적 실재론은 항상 그렇지는 않지만 자주 다른 견해(또는 태도)와 연관된다. 이에 따르면 많은 또는 모든 존재론적 질문은 대답하기 **어렵다**. 이는 주로 인식적 논란거리처럼 보인다. 이와 달리, 일부 존재론적 수축주의자는 많은 또는 모든 존재론적 논쟁이 실질적 내용이 없거나 잘못 인도된 것이라고 주장하기 때문에, 존재론적 실재론은 많은 또는 모든 존재론적 논쟁이 실질적인 논쟁 즉 (이와 동의어 격으로) 심각한 논쟁이라는 견해로 이해된다. 하지만 다시, 논쟁의 실질성 여부를 묻는다면 명백히 인식적 차원의 질문이다. 게다가, 모든 존재론적 논쟁이 단 하나의 집단에 속한다고 생각해야 할 이유도 분명하지 않다. 하나의 예로, 어떤 사람이 수에 관한 논쟁은 실질적이지 않지만 삼차원주의 대 사차원주의 논쟁은 실질적이라고 간주할 수도 있다. 그래서 존재론적 실재론 관념이 실질 문제에 결부된다면, 어떤 사물에 대해서는 존재론적 실재론자이고 다른 것에 대해서는 존재론적 수축주의자일 수 있다.

이렇듯 존재론적 실재론은 쉽게 정의되지 않는다. 그러나 다음 절에서 이를 더 논의할 예정이므로 존재론적 수축주의와 비교하는 일을 잠시 접어두자. 어떠한 경우라도 존재론적 실재론을 부정적으로 정의할 듯 보인다. 그래도 이런 의문이 든다. 존재론적 실재론을 긍정적으로 정의할 수 있는가? 긍정적 정의의 한 방도는 앞 장에서 논의한 바 있는 양화사 의미에 관한 질문에 집중하는 것이다. 사이더의 견해에 의하면 존재론적 실재론은 '접합부를 절단하는' '단일한 최선의 양화사 의미'가 있다는 견해로 귀착된다.[2] 달리 말해서 실존 양화사의 의미는 맥락 의존적이지 않으며, **설령 맥락에 따라 달라진다고 해도** 존재론의 목적

---

2   Ted Sider, 'Ontological Realism,' in D. Chalmers, D. Manley, and R. Wasserman (eds.), *Metametaphysics* (Oxford University Press, 2009), pp. 384–423.

에 최선인 의미를 골라낼 방도가 있다. 앞 장에서 양화사 변이에 관련
된 이 쟁점에 대해 사이더와 허쉬가 벌인 논쟁을 다뤘다. 하지만 존재
론적 실재론 개념을 단일한 최선의 양화사 의미에 결부시키게 되면 부
자연스럽다. 양화사 의미와 결부된 용법은 더 엄격하기 때문이다. 예
를 들어 '신아리스토텔레스주의자'는 실존 질문을 형이상학의 핵심으
로 보지 않는다. 그래서 이들은 존재론적 실재론을 단일한 최선의 양
화사 의미로 정의하려 들지 않는다. 그러나 양화가 접합부를 절단한다
는 사이더의 착상에 영향을 받은 사람들과 '신아리토텔레스주의자'가
합의에 도달한 중요한 무엇인가가 있다. 우선 이들은 실질적인 존재론
적 질문이 있다는 데 합의할 것이며, 그래서 둘 다 (일정 형태의) 존재
론적 수축주의에 반대한다. 그러나 우리는 존재론적 실재론을 단지 존
재론적 수축주의의 반대로 정의하는 시도에 관심을 두지 않았다. 관련
된 합의를 담아내는 존재론적 실재론의 셋째 뜻도 있지 않을까?

존재론적 실재론의 뜻은 매우 넓을 수밖에 없으며 다양한 견해를 포
괄해야 한다. 왜 '해야 한다'인가? 상대적으로 소규모 철학자 집단이
매우 일반적인 관념을 '훔쳐간다'면 이는 비합리적일 것이기 때문이
다. 적어도 위에서 말한 여러 집단이 찬성할 수 있는 관념을 찾으려고
시도해야 한다. 그들은 다른 집단의 철학자가 저항할만한 **어떤 것**에
찬성하고 있기 때문이다. 하지만 합의할 영역이 너무 기본적이어서 이
자리에서 논쟁을 벌일만한 것이 거의 없다. 존재론적 실재론을 일종의
'자동반사 실재론'(knee-jerk realism)으로 볼 때 이런 생각을 하게 된
다. 사이더는 이런 유형의 실재론을 다음과 같이 묘사한다. 이 실재론
에 따르면 인간의 탐구 목표는 세계에 자신을 **맞추는** 것이지 세계를 **만
드는** 것이 아니다.[3] 사이더에게 자동반사 실재론은 따로 논증을 해야

---

3 Ted Sider, *Writing the Book of the World* (Oxford University Press, 2011),

할 입장이 아니라 탐구의 출발점이다. 더욱이 사이더의 '자동반사 실재론'은 더욱 전통적인 부류의 **형이상학적** 실재론이며, 따라서 **존재론적** 실재론의 더 특수한 용법과 달리 사용된다. 이 경우 형이상학적 실재론의 기본 가정은 앞 장에서 파인의 논의로 어느 정도 우리에게 익숙해졌다. 파인에 따르면 '통상의 뜻으로' 실재론이 다른 논의를 전개하면서 미리 가정되어야 한다.[4] 따라서 자동반사 실재론은 존재론적 실재론의 관련된 뜻을 잡아내기에는 너무 넓다.

지금까지 개관한 존재론적 실재론의 세 가지 뜻은 젠킨스(Carrie Jenkins)가 논의한 것과 큰 틀에서 대응한다. 젠킨스가 분류한 '존재론적 논쟁은 심각하다'는 주장, '하나의 최선인 양화사 의미가 있다'는 주장, '존재론적 사실은 객관적이다'는 주장이 여기서 제시한 세 가지 뜻에 각각 대응한다.[5] 더 명확하게 살펴본다는 취지에서, 셋째 견해는 어떤 존재론적 사실이 존재하**며 그리고** 이들이 객관적이라는 주장이다. (그래서 존재론적 사실이 존재하지 않는다고 주장하거나 존재론적 사실이 객관적이지 않다고 주장하여 이를 거부할 수 있다.) 젠킨스가 논하고 있듯이 이런 세 견해를 한꺼번에 주장하거나 거부해야 할 것처럼 보이지만, 이들을 여러 방식으로 조합하여 주장할 수 있다. 때로 어떤 사람이 객관적인 존재론적 사실이 존재하고 존재론적 논쟁이 일반적으로 심각하다(즉 실질적이다)고 하면서도, 단 하나의 최선인 양화사 의미가 있다는 생각은 거부할 수 있다. 이는 사이더같이 존재론적 논쟁의 심각성과 양화사 변이의 거부가 함께 간다고 보는 철학자의 생

---

p. 18.

4 Kit Fine, 'The question of ontology,' in Chalmers, Manley, and Wasserman (eds.), *Metametaphysics*, pp. 157-177.

5 C. S. Jenkins, 'What Is Ontological Realism?', *Philosophy Compass* 5/10 (2010), pp. 880-890.

각에 반하는 입장이다.[6] 허쉬는 찬성하지 않겠지만 앞 장에서 본 대로 양화사 변이 논쟁을 여기서 더 다루지는 않겠다.

그렇다면 요점은 무엇인가? 젠킨스가 베넷(Karen Bennett), 차머스 등과 동조하면서 말하듯이, ‘실재론’을 세 입장 가운데 가장 일반적인 입장 즉 ‘존재론적 사실은 객관적이다’라는 주장에 사용하는 것이 최선의 용어 선택이다.[7] ‘반실재론’은 이 견해를 거부하는 입장이며, 존재론적 사실이 없다고 주장하거나 존재론적 사실이 객관적이지 않다고 주장하는 입장이다. 젠킨스가 이런 용어법을 제안하는 동기는 ‘존재론적 실재론’이라는 용어가 사용될 수 있는 두 가지 별개 의미의 명칭이 이미 있기 때문이다. 존재론적 논쟁의 심각성 즉 실질성과 관련된 첫째 경우는 존재론적 비수축주의(또는 ‘팽창주의’)라 하겠다. 이에 대해서는 다음 절에서 자세히 논의하겠다. 둘째 경우 ‘하나의 최선인 양화사 의미’ 논의는 양화사 변이 논쟁이다. 다시 말해서 ‘양화사 불변주의자’인 사이더 측은 하나의 최선인 양화사 의미가 존재한다는 견해를 갖는다. 이에 비해서 허쉬 측은 ‘양화사 변이주의자’이다. 이미 사용되고 있는 이런 명칭을 감안하면 ‘존재론적 실재론’은 다른 두 논쟁거리와 이에 해당하는 이름과 구분될 수 있다. 젠킨스의 제안은 합리적인 듯이 보이며, 또한 애초에 앞 절에서 채택한 광의의 사용법과 정합한다. 마찬가지로 허쉬는 이런 광의에서 존재론적 실재론을 옹호하고자 하며, 그래서 사이더와 허쉬의 의견불일치는 광의로 이해된 존

---

6 사실상, 사이더의 사례가 **구조**와 ‘접합부 절단’의 중요성에 연관되어 있기 때문에 약간 더 복잡하지만, 이 장의 제4절에서 이를 자세히 살펴보겠다.

7 Jenkins, ‘What Is Ontological Realism?’, p. 888; David Chalmers, ‘Ontological Anti-Realism,’ in Chalmers, Manley, and Wasserman (eds.), *Metametaphysics*, pp. 77-129; Karen Bennett, ‘Composition, Colocation and Metaontology.’ in Chalmers, Manley, and Wasserman (eds.), *Metametaphysics*, pp. 38-76.

재론적 실재론에 관한 것이 아니다.

이런 용어법을 따르는 데 합당한 이유가 있으나 여전히 하나의 쟁점이 부각된다. 앞에서 주목했듯이 이런 용법에 따를 경우 존재론적 실재론은 우리가 쉽게 옹호 논증을 펴기 어려운 쟁점 즉 처음부터 수용하고 시작해야 할 자동반사적 견해가 되고 만다. 이와 관련해서 반실재론에 대한 베넷의 반응(즉 주어진 F에 대해서 F인 것이 있는지 여부에 관한 사실적 사안은 없다는 반실재론적 주장)을 살펴보자.

> 나는 이에 반대 논증을 어떻게 펼쳐야 할지 알지 못하며, 그것이 의미하는 바도 전적으로 확신하지 못한다. 'F인 것이 존재한다'는 어떤 방식으로 모호하거나 애매한데, 이 경우 **정밀화되지 않은** 문장은 결정적인 진리치를 갖지 못할 것이다.[8]

이 반응에 따르면 적절한 **정밀화**(precisification)의 조건 아래 F의 존재 여부에 관한 사실적 사안이 있음을 인정할 수 있다는 말이다. 다시 말해서 관련된 실존 질문이 이해될 수 있는 방식을 **정밀하게** 만들 수 있다면 존재 여부에 관한 사실적 사안이 있다고 인정할 수 있다. 그러나 또 다른 입장에 따르면 매우 어려운 작업이어서 문제의 질문을 만족한 방식으로 정밀화할 수 없을지도 모른다. 엄격하게 말하자면 이런 견해는 반실재론이 아닌 것처럼 보이는데, 이 견해에 따르면 F인 것이 존재하는지 여부에 관한 사실적 사안이 있을 **수 있다**고 말하게 되기 때문이다. 우리가 **알지** 못할 뿐이다. 베넷은 이 비슷한 견해를 **인식주의**(epistemicism)라고 부른다. F인 것이 존재하는지 여부에 관한 사실적 사안이 존재하고 그에 관한 논쟁이 언어상의 것만은 아니지만,

---

8   Bennett, 'Composition, Colocation and Metaontology,' p. 40.

둘 가운데 어떤 입장에 대한 우리의 신념을 정당화하기 매우 어렵다.[9] 이런 방식으로 제시한다면 인식주의는 존재론적 실재론 즉 존재론적 사실이 객관적이라는 생각에 개입하면서 적어도 일부 사례에서 존재론적 질문에 답하는 일이 매우 어렵다는 입장에도 개입한다. 물론 이는 과격한 입장은 아니며 대다수의 철학자가 이를 수용할 것이다. 하지만 베넷 자신은 이보다 더 약한 입장 즉 존재론적 실재론에 개입하지 **않는** 입장을 취한다. 이런 약한 인식주의의 주장에 따르면 'F인 것이 있다'는 형식의 주장이 단지 언어상의 논쟁일 뿐인 것은 아니지만, 이 주장이 옳다거나 그르다는 입장 가운데 어떤 것이든 정당화가 어렵다. 이런 유형의 인식주의는 존재론적 실재론과 존재론적 반실재론 모두와 양립가능한데 순전히 인식적 입장이기 때문이다.[10]

베넷이 말한 (둘 중 어떤 형태이든) 인식주의가 상위형이상학과 형이상학의 인식론 사이의 밀접한 연관을 보여주는 첫 사례가 확실히 아니라 해도, 여기서 둘의 연관을 뚜렷하게 보여주고 있다. 많은 상위형이상학적 입장이 암묵적인 인식론적 가정, 예를 들어, 해당 논쟁이 실질적인지 **여부**를 아는 능력과 이 논쟁이 실질적**이라면 언제** 해결될지를 아는 능력에 관한 가정을 갖고 있다. 베넷은 이 연관에 대해서 더 말하고 싶은 것 같다. 그녀는 상위존재론에서 유명한 두 시험 사례에 집중하는데 이 가운데 하나는 이미 소개했다. 하나는 물질적 조성 문제(두 대상, 예를 들어 청동 덩어리와 청동 조각상이 시공상에 일치할

9 이를 모호성에 관한 인식주의 즉 '대머리이다'와 같은 모호한 술어의 적용가능성에 관해 선명한 절단면이 있으나 우리가 그 절단면이 무엇인지 알 수 없다는 견해와 비교해보라.

10 F인 것이 존재하는지 않는지 여부에 관한 사실적 사안은 없으며, 그래서 실존 질문이 진리치를 결여한다는 견해에 대해서 보려면 다음을 참고하시오. Stephen Yabl), 'Must Existence-Questions have Answers?', in Chalmers, Manley, and Wass에-man (eds.), *Metametaphysics*, pp. 507-525.

수 있는가?)이고, 또 하나는 밴 인와겐의 '특별한 합성 질문'(언제 다수의 대상이 모여 다른 대상을 합성하는가?)이다. 베넷의 주장에 따르면 인식주의는 이런 유명한 문제에 관해서 합리적인 입장이다. 우리가 이런 화제에 대해서 할 수 있는 거의 온갖 일을 실행했기 때문이다![11] 그래서 베넷의 생각에 따르면 그렇게 많은 똑똑한 사람들이 이 주제에 관해서 그렇게 긴 시간 동안 매달려 왔는데, 여전히 확정적인 답을 갖지 못한 것처럼 보이기 때문에 해답이 도래할 것 같지 않다. 따라서 이 문제에 관해서 인식주의를 채택해야만 한다. 하지만 그녀는 어떤 사람이 우리의 인식적 상황을 변경할 수 있는 새롭고 설득력 있는 추론을 제공**할 수도 있다**는 점을 인정한다. 그러나 상당기간 동안 뛰어난 여러 형이상학자의 주목을 받아온 이 두 문제와 관련해서는 이런 일이 벌어질 것 같지 않다.

　존재론적 실재론 대 반실재론과 관련해서 베넷이 의도한 해석을 받아들인다 해도, 물질적 조성이나 특별한 합성 문제에 중립적 입장을 취할 수 있다. 이 문제에 관해서 한 방향을 택할 이유가 적기 때문에 논쟁은 **과결정상태**(寡決定狀態, underdetermined)에 있을 뿐이다. 다시 말해서 이 논쟁에서 객관적인 사실이 진정으로 존재하는지 여부에 대해서 결판이 나지 않는다. 그래도 반실재론자는 이런 상황하에 약간의 이득을 얻을 수 있다. 논쟁 해결이 난망하므로 반실재론자에게 유리하지는 않을까? 반실재론에 이 밖의 다른 증거가 있을 수 있겠는가? 객관적인 사실적 사안이 아예 존재**하지 못한다**는 증명을 내놓을 수 있어야 한다고 반실재론자에게 요구한다면 비이성적인 일이 아닌가? 이런 질문에 긍정적인 답을 내놓을 수도 있겠지만, 이 방식의 논증 노선이 존재론적 실재론자를 설득하지 못할 것이다. 실재론자는 이 문제

11　같은 책, p. 73.

해결을 약간이나마 진척시킬 수 있다고 믿기 때문이다. 적어도 이 문제들을 **추적할 수 있게 되었다**. 물론 베넷이 정확하다면 이런 논쟁은 존재론적 실재론자가 가정하는 바에 비해서는 여전히 추적하기 어렵겠지만, 이런 상황이 자동적으로 반실재론 입증으로 이어지지 못한다. 그래서 베넷을 따를 경우 적어도 더 이상의 증거가 출현하기 전까지는 이 논쟁에 대해서 불가지론적 입장을 견지해야만 할 것 같다.

4.2 존재론적 수축주의

존재론적 실재론에 대한 개입에서 중립적이지만 베넷의 인식주의는 정의에 의해서 합성과 시공간 공유에 관한 존재론적 논쟁이 단지 언어상의 논쟁일 뿐이라는 견해를 배제한다. 그러나 이 논쟁과 관련해서 아무런 인식적 진전을 볼 수 없다면 논쟁 해결이 난망하기보다는 논쟁 자체가 단순히 언어상의 논쟁이어서 아닌가? 바로 존재론적 수축주의자가 이런 입장을 취한다. 허쉬 같은 양화사 변이주의자가 내놓을만한 논증은 결국 이런 것이다. 하지만 앞 장에서 사이더와 허쉬 사이에 벌어진 논쟁, 그리고 이 논쟁과 이 비슷한 논쟁에 대한 파인의 반응을 논의했기 때문에, 이제 토마슨(Amie Thomasson)이 내놓은 다른 존재론적 수축주의에 초점을 맞춰보자. 먼저, 간단하게나마 존재론적 수축주의를 더 일반적으로 살펴보는 게 좋겠다. 이 입장을 쉽게 정의할 수 있는가?

상대적 사소함(relative triviality) 개념을 이용해서 존재론적 수축주의를 일반적으로 정의할 수 있다. 대다수의 과학적 발견이 세계에 관한 새로운 어떤 것, 경험에 순응하는 어떤 것의 발견을 포함하는데, 존재론적 발견은 이런 유형의 의미 있는 내용을 갖지 못한다. 존재론적

발견을 운운하는 것조차 부적절하다. 우리가 우연히 조각상 모양을 띠고 있는 청동 덩어리의 모든 속성을 안다면, 덩어리와 조각상이 시공간을 같이 차지하고 있는 두 가지 다른 사물인지, 단 하나의 사물인지 여부를 물을 때 별로 마음 쓰지 않아도 된다. 이에 대한 대답이 우리의 의미론적, 개념적, 또는 언어적 선호를 반영할 뿐일 수 있기 때문이다.

　앞 문단에서 존재론적 수축주의에 대한 정확한 정의가 제시되지는 않았어도 그 동기는 명확히 드러났다. 형이상학 훈련을 받지 않은 사람에게(물론 때로는 훈련을 받은 사람에게도!) 형이상학자가 실제로 **하는 일**이 무엇인지 설명하려 할 때 대부분의 형이상학 종사자가 접하는 반응이 수축주의이다. 물론 논점은 이처럼 단순하지 않다. 먼저, 수축주의자의 다소 회의적인 반응이 자동으로 존재론적 반실재론에 귀결되지 않는다는 데 주의해야 한다. 일부 존재론적 질문에 대한 대답이 사소하게 이루어지거나 순전히 의미론적 선호에 따라 제시되더라도, 다른 존재론적 질문에 대한 객관적 사실이 존재할 수도 있기 때문이다. 사소한 대답의 경우를 보면 쉽게 알 수 있다. 이 경우에 우리가 사실에 쉽게 동의할 수 있기 때문이다. 그래도 의미론적 선호의 경우 반실재론으로 귀결될 가능성이 커 보인다. 적어도 어떠한 객관적 사실도 결여되어 있다면, 예를 들어, 조각상과 덩어리의 장소 공유에 관한 의견 불일치의 이유가 설명될 것이다. 그러나 이런 유형의 의미론적 상대주의가 반실재론과 확실히 **양립가능**하지만 전자가 후자를 논리적으로 함의하지는 않는다. 이는 이미 인식주의를 논의하면서 명확해졌어야 한다. 이미 본 대로 존재론적 질문이 의미론적 선호에 따라 대답된다는 견해를 갖고 있으면서도, 존재론적 실재론 대 반실재론 논란에 관해 인식적 태도에 비추어 중립적 입장을 갖는 것이 가능하기 때문이다. 하지만 또 주의할 점이 있다. 베넷의 인식주의는 이런 유형의 의미론적 수축주의를 정의에 의해서 배제한다. 다시 말해 그녀의 인식주의는 (일부 또는 많은) 존재론적 논쟁이 순전히 언어상의 일은 아니라고 즉 의미론적 선호에 상대적인 것만은 아니라고 가정한다.

따라서 존재론적 실재론 대 반실재론 논란과 존재론적 수축주의를 분리하는 것이 가능하지만, 허쉬나 토마슨 등 많은 존재론적 수축주의자는 일종의 존재론적 실재론에 개입한다고 공언한다. 그런데 차머스처럼 실재론을 **경량급**과 **중량급**으로 나누면 수축주의자가 택할 수 있는 존재론적 실재론의 유형과 파인이나 사이더가 옹호하던 유형을 구별할 수 있다.[12] 그러나 이미 살핀 대로 존재론적 실재론을 객관적인 존재론적 사실이 있다고 보는 견해로 단순하게 정의하는 것이 최선이기에 이것이 전적으로 유용한 구분은 아니다. 차머스에 따르면 중량급 실재론은 존재론적 질문이 전혀 사소하지 않다는 견해에 추가적으로 개입한다. 하지만 그의 주장은 불필요한 복잡성을 끌어들일 뿐이다. 이미 경량급 대 중량급 구분에 대응하는 존재론적 수축주의(와 비수축주의 즉 팽창주의) 개념을 갖고 있기 때문이다. 따라서 앞으로도 경량급 대 중량급 구분이 아닌 후자의 구분을 사용할 것이다.

상식과 더 잘 어울려 보이는 장점을 갖고 있지만 존재론적 수축주의는 처음부터 도전에 직면한다. 많은 존재론적 질문, 특히 실존 질문이 사소한 대답을 갖고 있다고 믿어야 한다면 존재론적 수축주의자는 이 대답에 대해 자주 의견 불일치가 벌어지는 사실을 어떻게 설명할 것인가? 부분적 설명이겠지만, 서로 다른 사람이 아마도 문화적 규범 등의 이유로 서로 다른 의미론적 선호를 갖기 때문이라고 답할 수 있다. 그러나 철학자들은 대개 어떤 실존 질문에 대해서 긍정 또는 부정 답변 **논증**을 갖고 있다고 주장한다. 물론 누군가 실존 질문이 분석적으로 옳거나 그르다고 밝혀지지 않는 한 **결코** 사소하지 않다고 주장할 수도

---

12   Chalmers, 'Ontological Anti-Realism,' p. 78.

있다. 하지만 실존 주장이 어떻게 분석적으로 옳거나 그를 수 있는지 알기 어렵다. 이런 생각 끝에 차머스는 일종의 반실재론을 선호하지만, 똑같은 생각이 일종의 비수축주의를 택하도록 할 수 있다. 그래도 존재론적 수축주의는 쉽게 반박되지 않는다. 토마슨은 실존 주장이 분석적으로 옳거나 그르지는 않지만, '쉬운' 대답을 갖는 문제로 밝혀진다고 주장한다. 결국 그녀는 일종의 수축주의를 지지한다.[13]

토마슨의 존재론적 수축주의는 허쉬와 달리 양화사 변이에 의존하지 않는다. 이 때문에 존재론적 수축주의와 양화사 변이를 구분해야 한다. 어떤 사람이 양화사 변이주의자가 아니면서도 존재론적 수축주의자 일 수 있다. (그런데 수축주의자가 아니면서 양화사 변이주의자일 수 있는지 여부에 대해서는 더 논란이 많다.) 토마슨의 견해에 따르면 존재론적 질문은 대답을 갖지만(다시 말해서 미결인 상태로 머물러야 하는 것은 아니지만) '심각한' 논쟁의 대상거리는 아니다. 대개 존재론적 질문에 대답하기가 전혀 어렵지 않기 때문이다. 그렇다면 이 질문에 어떻게 답할까? 대개 개념적인 도구와 경험적인 도구의 조합으로 답을 얻는다. 토마슨은 이런 답변 전략이 너무 직선적이어서 철학자의 주목을 끌지 못한다고 간주한다. 물론 이런 주장이 모든 개념적 탐구와 경험적 탐구가 쉽다는 뜻은 아니지만, 토마슨에 따르면 이 책에서 길게 논의하고 있는, 전형적인 철학적 질문인 실존 질문은 '쉬운' 질문에 속한다. 이렇게 말하는 한 가지 이유, 또는 이런 이유를 대도록 자극하는 것은 상위의미론적(metasemantic) 고려사항이다. 토마슨에 따르면 실존 주장 자체가 세계에 '관한' 것인데 비해, 실존 주장의 진리치가 (지식에 관한) 의미론적 사안이다. 이런 방식으로 '실존

---

13 토마슨의 전체 주장을 보려면 다음을 참고하시오. Amie Thomasson, *Ontology Made Easy*. 이를 요약한 내용에 대해서는 동일한 저자의 다음을 보시오. 'The Easy Approach to Ontology,' Axiomathes 19 (2009), pp. 1-15.

한다'와 '지시한다' 사이가 연관된다. 그래서 진정한 작업은 의미론 수준에서 이루어지며 이때 의미론은 용어의 지시가 이루어지는 조건 에 관한 이론을 요구한다. 따라서 토마슨의 접근 방법에서 결정적인 부분은 어떤 용어가 제대로 적용될 수 있는 조건 즉 **적용 조건**을 자세 하게 밝히는 일이다.

여기서 상위의미론적 접근법의 모든 복잡한 사항을 다룰 필요는 없 으나, 예를 들어서 그녀의 접근법이 쉬운 대답을 제공하는 방식을 살 펴본다면 유용할 것이다. 토마슨은 주로 **부류어**(sortals)에 관심을 갖 는데 '캥거루'가 이런 예에 속한다. '캥거루는 실존하는가?'라는 질문 에 답할 때 '캥거루'라는 낱말의 적용 조건을 살피면서 시작해야 한 다. 예를 들어, 정상적으로 '캥거루'에 연관 짓는 조건은 우리가 호주 야생에서 잘 발달된 두 다리로 뛰어다니는 중간 크기 갈색 포유류의 큰 무리를 관찰하는 상황에서 충족된다. 경험적 탐구를 추가로 시행해 서 나안으로 관찰하고 있는 것이 왈라비가 아니라 캥거루인지 확인하 고자 할 수 있고, 더 이상의 다른 수단이 없다면 결국 DNA 분석에 의 해서 직접 결정될 수 있다. 별다른 어려움 없이 캥거루가 실존한다고 결론지을 수 있는 듯이 보인다. 유사한 전략이 대부분의 부류어, 이를 테면, '의자'나 '탁자', 나아가 추상적 대상과 사회적 구성물, 이를테 면, '교향곡'과 '주식회사' 등에도 적용될 수 있다.[14] 따라서 일상적 대 상의 실존에 대한 존재론적 논쟁은 사라질 수 있는 듯하지만, 이렇게 쉽게 답하지 못하는 경우도 틀림없이 있을 것이다.

물론 토마슨의 전략처럼 쉬운 대답이 제시되기 어려운 경우가 있다. 그녀는 이를 자신의 접근 방법이 가진 단점이라기보다 **답변불가능한** 질문의 표시로 생각한다. 이런 견해에 따르면 제대로 표현된 어떤 실

---

14   Amie Thomasson, *Ordinary Objects* (Oxford University Press, 2007).

존 질문이든 대답될 수 있지만, '제대로 표현된'은 우리가 관련된 적용 조건을 결정할 수 있다는 것을 요구한다. 토마슨의 견해에 따르면 미심쩍은 존재론적 논쟁 가운데 일부는 그 적용 조건이 결정되지 않았거나 **결정될 수 없는** 용어를 포함한다. 이런 말을 하는 이유는 종종 이런 논쟁에서 '대상'이라는 용어가 그 적용 조건이 결정될 수 없는 방식으로 사용되기 때문이다. (그러나 '대상'이 부류어인지 여부도 논란거리라는 데 주의하라.) 예를 들어, 제2장에서 다루었던 합성에 관한 **허무주의자**의 주장을 생각해보자. 탁자의 여러 부분이 모두 모여 이루어진 즉 합성된 대상은 존재하지 않으며 다만 탁자처럼 배열된 입자가 있을 뿐이라고 말할 때, 허무주의자는 '대상'이라는 용어에 대해서 **보편주의자**와는 다른 적용 조건을 마음에 두고 있었을 것이다. 더 일반적으로 말해서 존재론적 논쟁의 당사자가 서로 다른 적용 조건(비교: 양화사 변이)을 갖고 있다면 이들의 논쟁은 단지 언어상의 논쟁으로 전락하고 만다.

토마슨의 쉬운 접근 방법의 취지에 따르면 상식에서 실존하는 사물, 이를테면, 캥거루, 탁자, 의자, 교향곡 등이 실존한다는 것은 쉽게 결정될 수 있으나, 이에 비해서 용이나 유니콘 등은 충분하게 잘 정의된 적용 조건을 결여하기 때문에 실존하지 않는다. 예를 들어, 우리는 '용'이라는 용어의 적용 조건을 충족시킬만한 어떤 것이 실존하는지 여부를 결정하는 데 필요한 경험적 시험을 완결할 수 없다. 용에 대한 DNA 검사는 없기 때문이다! 하지만 허구적 '용'을 포함하여 다양한 허구적 대상에 대한 적용 조건이 있을 수도 있다. 그러나 목적에 비추어 보면 다음과 같은 가정하에 예를 들었다. '용'에 대한 비허구적 이해에 의거하면 이 용어의 적용 조건은 용이 일종의 동물이라는 것을 포함할 것이다. 그러나 토마슨에 따르면 이런 실존 주장에 관해서 철학적으로 보아 특별히 관심을 둘만큼 흥미로운 점은 전혀 없다.

토마슨의 '쉬운' 접근 방법 즉 대부분의 실존 질문에 개념적 도구와 경험적 도구의 조합으로 직접 대답할 수 있다는 생각에서 귀결되는 수축주의는 '카르납주의'에 속한다. 부분적으로 언어에 초점을 두기 때문이다. 실존 주장은 언어를 사용해서 이루어지고, 그 언어 내에서 그 용어의 적용조건이 확정되면, 실존 주장은 카르납의 의미 그대로 '내적'이다. 앞의 여러 장에서 이미 논의했기에 여기서 카르납의 입장과 '틀' 개념의 해석과 관련된 복잡한 사안을 다시 다룰 필요는 없다. 하지만 토마슨의 접근 방법은 카르납주의에 동조하는 사람들에게 매력적일 수 있다. 이 견해는 제2장과 제3장에서 논의했던 언어 다원주의와 명백한 연관을 갖고 있다. 하지만 이제 토마슨 노선의 존재론적 수축주의가 어떤 주장에 해당하는지 상당히 명확히 알게 되었다. 많은 또는 대다수의 존재론적 논쟁, 적어도 통상의 대상에 대한 실존 주장으로 이루어진 논쟁은 상대적으로 쉽게 해결된다. 어떤 경우에는 논쟁 당사자가 똑같은 용어에 대해서 서로 다른 적용 조건을 사용한다면 해당 논쟁은 실질적 내용을 갖지 못한다는 것이 밝혀지기도 한다. 그러나 토마슨의 접근 방법의 장점은 이런 경우라 해도 관련된 적용 조건이 명시적으로 진술되기만 하면 합의에 도달하는 일이 아주 어렵지만은 않은 일이라는 것이다. 물론 이 접근법은 적용 조건을 만족스러운 방식으로 명세하는 것이 불가능한 경우를 남겨둔다. 이런 경우에 대한 토마슨의 판단에 따르면 이들은 '답변불능'이며, 더 살펴보면 이 질문은 사이비 질문으로 밝혀진다.[15] 그러나 **대부분**의 존재론이 이런 방식으로 혼동에 빠져 있다면 어떤가? 고유한 존재론적 질문은 없고 다만 사이비 질문만 있다면 어떤가? 우리가 마음대로 세계를 절단할 수 있

---

15 Amie Thomasson, 'Answerable and Unanswerable Questions,' in Chalmers, Manley, and Wasserman (eds.), *Metametaphysics*, pp. 444-471.

다면 어떤가? 그렇다면 더 극단적인 유형의 존재론적 수축주의, 즉 순혈 약정주의(full-blooded conventionalism)를 마주하게 된다. 다음 절에서 이를 검토하겠다.

4.3 극단적 약정주의

극단적 약정주의는 통상 상위형이상학에서 주요 입장으로 거론되지 않으며, 존재론적 반실재론과 따로 자세히 논의되지도 않는다. 하지만 이 견해를 별도로 논의할 좋은 이유가 있다. 먼저, 반실재론이 자연스럽게 극단적 약정주의와 같은 길을 간다고 해도, 추가 가정에 결합되었을 때에만 하나가 다른 하나를 함축한다. 이를 보기 위해서 약정주의를 더 자세히 살펴보자. 우선 자연을 분류하는 방식의 겉보기 주관성에서 시작하는 약정주의에 초점을 모아보자. 실재론자에 따르면 우리의 분류 가운데 일부는 정신 의존적 이유로 실행되는 데 비해 대다수의 분류는 정신 **비**의존적 즉 독립적이다. 달리 말해서 사과, 고양이, 산, 별과 같은 사물이 진짜로 존재하며, 이들은 우리가 **자연적 경계**라고 부르는 것 즉 다른 사물과 이들을 분리하는 어떤 것을 갖고 있다. 실재론자는 이 대상의 경계와 류를 '접합부에 따라 자연을 절단한다'고 간주할 것이다. 다양한 자연적 경계의 정확한 동일성 조건을 진술하는 것이 항상 쉬운 일은 아니지만, 이에서 더 나아가 극단적 약정주의자 논제에 따르면 이런 정신 독립적인 동일성 조건은 아예 없고, 사물의 경계를 결정하려는 우리의 모든 노력은 주관적이다.[16] 이런 토대

---

16   이런 유형의 견해에 대한 흥미로운 해석을 보려면 다음을 참고하시오. Achille C. Varzi, 'Boundaries, Conventions, and Realism,' in J. K. Campbell, M. O' Rourke, and M. H. Slater (eds.), *Carving Nature at Its Joints: Natural Kinds in*

위에 반실재론이 즉각 도출되는 듯이 보이지만 이는 그릇된 인상이다. 우리가 근본적으로 약정에 의존할 수밖에 없다 해도, 그래서 무엇에 대해서든 정신 독립적인 동일성 조건을 진술할 수 없다고 해도, 단지 우리 자신의 심리적 한계 탓일 수 있기 때문이다. 따라서 누군가는 실재론 대 반실재론 판단을 유보한 채 베넷의 인식주의 노선을 채택할 수 있다. 물론 이는 별 소득 없는 승리일 것이다. 솔직한 존재론적 실재론자라면 적어도 어느 때는 실재의 구조에 관한 올바른 판단에 확실히 도달하여 실재의 진정한 접합부를 절단할 수 있다고 해야 할 것이다.

어떤 점에서 극단적 약정주의가 일차 형이상학적 입장이 아니라 **상위**형이상학적 입장인가? 극단적 약정주의의 논지 가운데 하나는 존재론적 논쟁의 많은 부분이 비실질적이라는 것이다. 예를 들어, 약정주의자의 분석에 따르면 이미 여러 차례 논의한 바 있는 합성에 관한 논쟁은 합성에 관한 다른 약정 사이의 충돌에서 비롯될 뿐이다. 게다가 이 약정 사이의 충돌을 해결할 객관적인 것이 세계 속에는 전혀 없다. 이 약정들은 정신 의존적인 이유, 이를테면, 문화적 표준 또는 실용적 선택 등의 이유 때문에 채택되었기 때문이다. 그래서 지금 살피고 있는 견해는 양화사 변이와 매우 비슷한 상위형이상학적 함축을 갖고 있으나 이론적 동기는 매우 다르다. 물론 약정주의를 허쉬나 토마슨의 주장과는 서로 다른 부류의 수축주의로 보고 논의할 수도 있으나, 두 견해의 뿌리가 다소 다르기 때문에 서로 구분하는 것이 더 나은 것 같다.

무엇이 극단적 약정주의를 유발할 수 있었을까? 하나의 대표적인 논거에 따르면 어떤 경계는 명백하게 자연적인 것이 아니라 인공적이다. 이를테면 국경이 뚜렷한 예이다. 인공적/자연적 경계의 구분을 스미스(Barry Smith)와 바르치(Achille Varzi)에 따라 규정(*fiat*) 경계와

Metaphysics and Science (Cambridge, MA: MIT Press, 2011), pp. 129-153.

진성(*bona fide*) 경계로 표현할 수도 있다.[17] 여기서 깨달아야 할 중요한 사항이 있다. 규정/진성 구분이 대상의 물리적 경계뿐 아니라 대상 자체에도 똑같이 적용된다는 점이다. 실재론자에 따르면, 예를 들어, 사과의 물리적 경계는 진성 경계이고, 개별 사과는 진성 실물이다. 하지만 바로 이 점에 대해 극단적 약정주의자들은 질문을 던진다. 사과를 충분히 가까이서 쳐다보면 사과가 가진 것처럼 보이는 부드러운 경계와 딴판인 것 즉 분자의 매우 느슨한 배열 및 한 무리의 아원자 입자를 대하게 된다. 게다가 합성에 관한 논쟁은 약정주의자의 사고 노선을 더 지지하게 된다. 고양이 티블이 어떤 물고기를 먹었을 때 정확하게 어떤 시점부터 물고기가 티블의 부분이 되는가? 극단적 약정주의자는 논하기를, 우리가 적용하는 기준은 결국 규정의 문제이다. 티블은 계속 실존하겠지만 그의 동일성 조건은 정신 독립적으로 성립하지 않는다. 바르치는 이런 사고 노선이 다음과 같은 논리적 귀결을 갖는다고 말한다.

무제한 합성에 관한 논쟁을 살펴보자. 우리가 어떤 부분전체론적 합성물을 다른 부분전체론적 합성물에 비해서 더 편하게 느낄지 여부에는 아무런 문제가 없다. 예를 들어, 우리는 티블의 부분들로 이루어진 (그것이 무엇이든) 융합물, 오리너구리의 부분들로 이루어진 융합물에 대해서는 안심한다. 하지만 앞부분은 연어, 중간 뒷부분은 칠면조로 이루어진 연어-칠면조 같은 괴상한 멋대로의 혼합물이 등장하면 우리는 마음이 불편해진다. 이런 느낌은 맥락과 문화를 통틀어 존재하는 놀랄만한 규칙성을 드러내는 것 같다. 하지만 틀림없이 이는 세계가 실제로 구조화된 방식에 아무런 의미를

---

17   Barry Smith and Achille C. Varzi, 'Fiat and Bona Fide Boundaries,' *Philosophy and Phenomenological Research* 60.2 (2000), pp. 401-420.

부여할 필요가 없는 심리적 편견과 게슈탈트적 요소에 의존하고 있을 뿐이다.[18]

바르치의 분석을 통해 우리가 다시 땅에 발을 디딜 수 있을지 모른다. 세계가 구조화된 방식과 언어-칠면조 같은 사물에 대한 우리의 평가 사이에 어떠한 연관이라도 진정으로 존재하는가? 바르치는 그런 연관이 없을 수도 있다고 논한다. 처음에는 잡종에 대해서 불편을 느꼈다 해도, 결국에는 다양한 유전자 조작 식물잡종을 기꺼이 수용했다. 오렌지귤, 페퍼민트를 보라. 물론 실재의 현실 구조를 우리가 결정하고자 한다면 직관과 불편한 느낌에 의존하지 않아야 하는데, 우리의 평가에서 편향될 수 있기 때문이다. 다시 한번 말하면 언어 다원주의에서 등장하는 수축주의로 점점 수렴된다. 하지만 여기서 우리의 판단이 심리적 편향에서 영향을 받는다는 단순한 깨우침에서 비롯되는 견해를 살피고 있다. 그런데 바르치가 극단직 약징주의 사고 노선을 수용할만한 노력을 훌륭하게 수행했지만, 일상적 사례와 합성에 관한 논쟁 등을 벗어나 과학적 사례를 살피게 될 때 약정주의의 그럴듯한 면은 사라진다.

입자물리학의 표준모형과 이것이 정밀한 예측 면에서 거둔 눈부신 성공을 생각해보라. 표준모형은 바르치 유형의 논증에 영향을 받지 않는 듯한 근본 입자의 목록을 제시한다. 다시 말해서 전자가 진정으로 근본 입자라면 우리가 원하는 만큼 가깝게 전자를 '바라볼' 수 있는 상황에 있다고 해도, 하부 구조 즉 전자의 경계 결정의 방도를 하나도 발견하지 못할 것이다. 물론 전자가 근본적인 것이 아니라는 것이 밝혀진다면 진정한 근본 입자를 찾기 위해서 전자의 하부 구조를 더 자세

18　Varzi, 'Boundaries, Conventions, and Realism,' pp. 144-145.

히 관찰하게 될 것이다. (근본성과 관련된 문제는 제6장에서 다시 살펴보겠다.) 게다가 관련된 물리학을 해석하는 다양한 방도가 있지만, 이 가운데 어떤 해석도 극단적 약정주의를 지지하지 않는 것 같다. 엄밀히 말해서 아무런 입자도 없으며 단지 어떤 구조나 관계만 존재한다는 일종의 **구조주의**에 해당하는 견해도 극단적인 약정주의에 미치지 못한다. 세계가 이 견해의 주장처럼 반죽 덩어리일 뿐이라고 밝혀져도 **무정형의**(amorphous) 덩어리는 아닐 것이다. 이 덩어리는 내적 구조를 가질 것이며, 덩어리를 구조화하게 해주는 일정한 '접합부'를 가질 것이기 때문이다.[19]

따라서 극단적 약정주의는 일관되게 유지되기 어려운 견해이다. 그러나 약간 덜 극단적인 약정주의는 더 그럴듯할까? 사이델(Alan Sidelle)의 견해가 이에 해당하는데, 그의 약정주의는 양상성에서 출발하여 모든 대상에 관한 견해로 확장된다. 그에 따르면 양상 속성이 약정적이라면 대상 역시 약정적이다.[20] 사이델의 약정주의는 바르치가 제시한 견해만큼 극단적이지는 않지만, 이 견해의 상위형이상학적 함축은 엄중하다. 여기서 사이델의 논증을 자세히 다루지는 못하지만, 그가 제시한 시험 사례를 살피고 이 견해의 상위형이상학적 함축을 결정할 수 있다. 양상성 약정주의에 따르면 가능하거나 필연적인 것은 우리가 세계에 관해서 생각하는 방식 때문에 그렇다. 양상 판단은 약정에 기초를 두고 있다. 그렇다면 양상성 약정주의자가 형이상학적으로 흥미

19 이 논의에 관해서 더 보려면 다음을 참고하시오. Tuomas E. Tahko, 'Boundaries in Reality,' *Ratio* 25.4 (2012), pp. 405-424. '비정형 덩어리' 개념에 대해서는 다음을 보시오. Michael Dummett, *Frege: Philosophy of Language*, 2nd edn (Cambridge, MA: Harvard University Press, 1981), p. 577.
20 양상성과 대상에 관한 약정주의의 연관관계를 보려면 다음을 참고하시오. Alan Sidelle, 'Modality and Objects,' *The Philosophical Quarterly* 60.238 (2010), pp. 109-125.

를 $\varPi$는 양상 진리의 전형적 사례 즉 통상 형이상학적으로 후천 필연적이라고 간주되는 '물은 H_2O이다'의 사례를 어떻게 다루는가? 사이델은 다음과 같이 말한다.

각각의 필연 후천적 진리는, 첫째, 경험적 발견으로 채워질 빈 곳을 갖고 있는 분석적인 개별화 원리와, 둘째, 그 자체로 아무런 양상성을 띠지 않는 특정한 경험적 발견의 조합에서 도출된다. 예를 들어, 물이 필연적으로 H_2O인 경우를 보자면, 분석적 원리는 '어떤 것이 우리가 부르는 물질에 대한 똑같은 심층의 설명적 특징을 갖고 있지 않는 한, 어떤 상황에서도 물로 간주되지 않는다.'는 내용이며, 이 결과에 후천적인 성격을 부여해주는 경험적 사실은 우리가 '물'이라고 부르는 물질의 심층적인 설명적 특징이 H_2O를 합성하고(이루고) 있다는 것이다.[21]

사이델의 견해에 의거하면 필연적인 후천 명제의 사례는 두 부분으로 각각 나뉜다. 첫째, 필연적인 진리를 생성하는 데 필요한 일종의 경험적 사실 즉 심층의 설명적 특징과 관련 사실, 둘째, 관련된 사실에 관한 경험적 발견. 이 가운데 후천 필연 명제의 '양상력'은 선천적 원리에서 오는데, 사이델은 이 원리가 언어 약정 덕분에 옳은 분석적 원리라고 주장한다. 여기서 복잡한 대목이 있다. 약정 자체가 달랐다면 어떤가? 예를 들어, '물은 H_2O이다.'의 필연성을 보증하는 약정이 달랐다면 어떨까? 그렇다면 물이 H_2O가 아니었을 수도 있거나 물이 필연적으로 H_2O는 아닐 수 있었다.[22] 이런 논란은 특히 약정 변경의 분

---

21   Alan Sidelle, 'On the Metaphysical Contingency of Laws of Nature,' in T. S. Gendler and J. Hawthorne (eds.), *Conceivability and Possibility* (Oxford University Press, 2002), p. 319.

22   양상성에 관한 약정주의에 대한 이런 유형의 복잡한 사정과 이를 제시하는 가능

석에 관한 홍미로운 상위형이상학적 함축을 갖는다. (양상성) 약정주의가 옳다면, 상이한 약정과 연계될 경우 양상성에 관한 형이상학적 논쟁은 아마도 다른 결과를 갖게 되었을 것이다. 다시 말해서 사이델이 정확하고 필연적 진리의 '양상력'이 약정에서 비롯된다면 약정상의 변화는 양상 진리에 영향을 주어야만 한다. 하지만 사이델이 논증하듯이 이 문제는 이렇게 단순하지 않다.[23]

문제를 예시하기 위해서 용어 '물'이 물의 거시물리학적 성질 즉 표면적 성질들, 예를 들어, 맑고 무취인 액체 등을 지시한다고 규정해보자. (이런 현상적 특성의 다양한 복잡성에 대해서는 잠시 무시하자.) 다른 미시구조, 이를테면, XYZ를 가진 또 다른 액체가 똑같은 외적 성질을 갖는 탓에 '물'의 외연이 되는 반사실적 각본을 상상할 수 있다. 이 각본은 퍼트남(Hilary Putnam, 1926~2016)의 '쌍둥이 지구' 각본에서 따왔다. 이 반사실적 각본에서 '산소를 결여한 물이 있다'는 옳게 될 것이지만, 사이델은 우리가 이 문장을 '물'의 정상 용법으로 직접 **번역**할 수 없다고 역설하는데, 여기서 결과적으로 '물'의 사용을 지배하는 다른 규칙이 있어야만 하기 때문이다. 하지만 번역 실패가 소리 '물'(또는 우리 언어에서 이와 동등한 어떤 소리)을 불어터진 스파게티와 같은 완전히 다른 어떤 것(이는 사이델이 들고 있는 예이다.)에다 사용하는 것처럼 과격하지는 않은데, 반사실적 각본에서, XYZ도 갖고 있는 표면적 성질을 가리킨다고 했던 점에서, '물'의 용법이 **우리의** '물'의 사용과 매우 닮았기 때문이다.

그렇다면 요점은 무엇인가? 우리와 쌍둥이 지구인 각각의 '물'의 사용을 지배하는 상이한 약정이 존재하는 것처럼 보인다. 그래서 '산

한 전략은 다음에 더 자세히 논의되어 있다. Alan Sidelle, 'Conventionalism and the Contingency of Conventions,' *Noûs* 43.2 (2009), pp. 224-241.
23 같은 글, pp. 233 ff.

소를 결여한 물이 있다'는 그들의 옳은 진술을 우리의 동등한 그른 진술로 번역할 수 없다. 따라서 약정의 차이는 물의 본질에 대해 아무런 함축을 갖지 않는다. 그러나 사이델에 따르면 이는 약정주의를 약화시키지 않는데, 우리가 매우 비슷한 상황에서 똑같은 용어를 똑같은 반사실적 문장과 양상 문장에 다른 진리치를 생성하도록 사용할 수도 있었다는 점을 보여주기 때문이다. 여기서 중요한 점은 사이델이 다른 진리치에도 불구하고 형이상학적 실수를 범하지 않을 수도 있다고 생각한다는 점이다. 따라서 약정주의자는 정신독립적인 양상적 사실이 존재하는지 여부와 **무관하게**, '양상력'을 생성하는 것은 약정 자체라고 논할 수 있다. 또는 양상적(또는 본질주의자의) 사실이 없을 뿐이거나, 만일 있다면 우리는 '물'을 아무런 (형이상학적인 부류의) 실수 없이 하나의 그런 사실 또는 다른 사실을 지시하는 데 사용할 수 있다. 사이델은 후자를 '형이상학적 보편주의'라고 부른다.

> 약정주의자가 주목하는 바는 다음과 같다. 우리는 반사실적 용법에 걸맞는, 이른바, 형이상학적인 특징을 선택했을 수도 있으며, 그 선택의 결과에 평행하는 새로운 옳은(또는 그른) 양상 문장을 만들었을 것이다. 이는 형이상학적 보편주의로 귀결될 텐데, 이에 따르면, 우리가 채택하는 어떠한 약정에 대해서든 이 규칙들이 결정하는 지시의 대상이 되는 '거울상', 즉 그러한-개별화된 실물 또는 속성이 있게 될 것이다.[24]

사이델에 따르면 변화하는 약정이 양상적 함축을 갖는 데 실패한다는 사실은 번역의 실패 탓이다. 당연히 이는 존재론적 사실의 수준이 아닌 언어 수준에서 실패 탓이다. 사이델이 인정하듯이 '형이상학적

---

24 같은 글, p. 235.

보편주의'가 옳다면, 양상성의 원천이 세계에 있다고 말하는 점에서 실재론자가 정확하다고 할 수 있겠다. 어쨌든 양상적 사실이 존재하기 때문이다. 그러나 사이델은 이것이 여전히 양상성에 관한 일종의 약정주의와 양립가능하다고 생각한다. 그래도 양상적 사실에 관한 어떠한 논쟁도 객관적 사실이 아니라 우리의 **약정**을 참조하여 대답될 수 있을 것이기 때문이다.

지금까지 사이델의 양상성 약정주의를 너무 간략하게 소개하여 그의 입장이 어떤 의의를 갖는지 충분히 드러내기는 어려웠지만, 여러 상위형이상학적 입장을 개관하려는 이 장의 목적에 비추어 보면 우리는 이미 이런 노선의 사고방식이 어떤 종류의 함의를 가질 것인지 명확히 볼 수 있다. 다시 말하지만 흥미롭게도 이 가운데 하나는 일종의 인식주의이다. 사이델은 망설이면서 객관적인 양상적 사실이 있을 수도 있다는 입장이 가능하다고 인정하면서 논의를 마무리한다. 비록 그가 양상성에 관한 실제 논쟁에서 무력하다고 이 입장이 역설하기는 하지만.

4.4 사례연구: 사이더의 존재론적 실재론

이 장의 앞에서 보았듯이 사이더는 존재론적 실재론을 우리가 채택한 넓은 뜻과는 다소 다르게 (즉 더 엄격하게) 이해한다. 그러나 그의 견해를 더 자세히 살피면 유용한데, 그의 작업이 매우 널리 영향을 주었고 상위형이상학에 관심을 갖는 사람이라면 누구나 그의 착상을 반복해서 접하게 되기 때문이다. 게다가 다양한 상위형이상학적 입장에 관해도 더 명확히 알게 된 시점에서 우리의 이해를 그의 이론에 적용해 볼 수 있고, 또한 경쟁관계에 있는 다른 견해와 비교하면서 그의 입장을 사정평가할 수 있다. 그의 최근 저작에서 사이더는 실재론자 형이상학의 편에 서서 야심찬 작업을 했다.[25] 사이더의 핵심 작업은 **구조**에 관한 실재론을 옹호하는 일인데, 그는 이 구조와 **근본성** 관념을 다음처럼 연결한다. '하나의 사실이 접합부 절단 용어로 진술될 때 근본적이다.'[26] 제6장에서 근본성을 본격적으로 분석하겠지만 여기서 알아두어야 할 사항도 있다. 사이더에게 근본성이란 형이상학적 관념이고, 그는 이를 '접합부 절단부'와 '실재의 구조의 부분'과 '거의 교환가능하게' 사용하고 있다. 그는 **완벽하게** 실재의 접합부를 절단하는 용어로 표현가능한, 실재에 관한 **완벽하게 근본적인 기술**이 있다는 뜻에서 근본성 관념이 성립한다고 보고자 한다. 또한 주목할 점은 사이더가 실재의 '수준차'를 인정하며, 근본성의 정도차를 인정하고, 따라서 접합부 절단의 정도차도 인정한다는 것이다. 따라서 완벽한 접합부 절단이란 근본 수준에서 이루어진다. 수준차와 근본성에 관한 논의는 제6장에서 더 명확히 다루겠으나, 이 맥락에서 종종 사용되기도 하며 이미 앞에서 접했던 '접합부 절단'이란 관념에 관해서 약간 더 살펴보자.

'접합부 절단' 관념의 기원은 플라톤의 대화편 『파이드로스』인데, 거기서 사물을 집합과 자연의 접합부에 의해서 나누는 대화가 등장한다.[27] 사이더처럼 실재에 일정한 구조가 있다고 생각하면 이 구조를 기술할 방도는 실재의 '접합부'에 의존하는 것이다. 이 구조에 관해서 말하고 싶고, 이 접합부를 골라내고 싶다면 우리는 이 접합부에 '달라붙는', 다시 말해, 이 접합부를 정확하게 기술하는 용어나 개념을 가져야만 한다. 달리 말해서, 자연 즉 실재를 그 접합부에 따라 '절단'하는

25 Sider, *Writing the Book of the World*.
26 같은 책, p. vii.
27 Plato, *Phaedrus*, translated by R. Hackforth (Cambridge University Press, 1972), 265d-266a.

개념이 존재한다. 게다가 이미 말했듯이 약간의 개념은 이런 절단을
'완벽하게' 해낼 것이다. 무엇이 이에 해당하는지는 더 어려운 물음인
데, 아직 완전한 상위형이상학적 '연장통'을 펼치지 않았기 때문이다.
그래도 어떤 관념이 실재의 가장 근본적인 구조에 관해 무엇인가를 잡
아낸다는 생각이 주된 착상이다. 사이더의 이론에서 완벽하게 접합부
를 절단하는 용어의 역할은 복잡하지만, 여기서 주로 관심을 갖는 역
할은 형이상학적 질문의 실질성 보증의 역할이다. 사이더가 보기에 실
질성을 갖추기에 '거의 충분한' 조건은 어떤 논쟁이 완벽하게 접합부
를 절단하는 용어로 이루어지는 것이다.[28] 왜 '거의 충분'할 뿐인가?
근처에 다중 접합부가 있을 수 있거나(이에 대해서는 다음 논의하겠
다.) 접합부 절단 후보가 '잘못된 부류'에 속할 수 있다.

> 우랄 산맥을 잇는 선은 물리적으로 구분되기는 하지만 지리적으로나 정
> 치적으로 구별되지 않으며, 그러므로 유럽의 경계와 무관해 보인다. 물리
> 적으로 유의미한 선은 자연의 접합부이겠지만, 우랄 산맥의 선은 '유럽'
> 에 관한 논란과 연관지어 볼 때 잘못된 부류에 속하는 자연의 접합부이
> 다.[29]

사이더는 접합부 절단 후보의 '올바른 부류' 자격을 제안했는데, 이
에 대해서 더 살펴볼 예정이다. 하지만 그가 보기에 이것이 주요 문제
는 아닌데, 이런 복잡한 문제를 대부분의 경우 무시하려고 했기 때문
이다. 사이더의 주요 관심사는 (그가 말하는) 존재론적 실재론에 유리
하고 수축주의에 불리한 경우를 찾아내는 것이었다. 앞에서 채택한

28   Sider, *Writing the Book of the World*, p. 71.
29   같은 책, p. 48.

'실재론'과 구별되는 사이더의 존재론적 실재론은 다음과 같이 말할 수 있다.

사이더의 존재론적 실재론(Siderian ontological realism, 이하 S-OR)
존재론적 실재론은 존재론적 질문에서 결정적인 용어가 완벽하게 접합부를 절단한다고 말한다.

무엇이 결정적인 용어인가? 앞의 논의에 비추어보면 사이더는 이들을 **양화적인 것**으로 간주한다. 사실상 그는 '양화사가 접합부를 절단한다는 논제야말로 존재론적 질문의 실질성을 옹호하는 최선의 방도이다.'라고 진술한다.[30] 존재론적 단언은 종종 '∃xFx' 즉 'F인 것이 있다'는 형식을 취한다. 따라서 일차 실존 양화사는 결정적 용어이며 접합부를 절단한다. F가 접합부를 절단한다면 F인 것이 존재하는지 여부에 관한 질문은 실질적 질문이라고 '보증된다.' 그래서 S-OR과 양화는 단단히 결합되어 있다. 특히 사이더는 일차 실존 양화사가 접합부를 (완벽하게) 절단한다고 논함으로써, 수축주의에 대항하여 S-OR을 옹호한다. 하지만 사이더의 기획은 주로 방법론적인 것인데, 그가 F인 것이 무엇인지에는 관심을 기울이지 않았기 때문이다. 따라서 **근본언어**(fundamental language, 이하 FL)에 관한 사이더의 핵심 주장을 다음과 같은 조건적 주장으로 재구성할 수 있다.

근본 언어
만일 언어 L이 근본(적인 접합부 절단) 언어라면, 우리가 L 내에서 성공적으로 양화할 수 있는 완벽하게 접합부 절단하는 F인 **어떤** 것이 존재한다.

---

30   같은 책, p. 96.

사이더는 근본 존재론의 세부 사항에 대해서 오류가능주의자이지만, 우리가 가진 최선인 과학의 언어가 근본 언어의 유망한 후보자라고 역설한다. 이에 비추어 볼 때 그의 입장은 자연주의이다. 그는 과학적 탐구에 존재론의 초석(foundation)을 놓아주려는 데 흥미가 있다. 하지만 관심의 초점은 완벽하게 접합부를 절단하는 F인 것에 대해서 어떤 말을 할 수 있는가이다. 과학이 진정으로 근본 언어라면 과학은 F인 것에 관해서 신뢰할만하게 양화할 수 있어야만 한다. 이런 일이 어떻게 벌어지는지 적어도 약간이나마 알아야 한다. **어떠한** F도 접합부를 완벽하게 절단하지 **않는다**면 우리는 F인 것의 실존 논쟁의 실질성 보증 사례를 전혀 확보하지 못하게 되며, 그래서 실존 양화사의 추정상 근본성이 무엇에 해당하는지에 관해 아무 것도 모르게 된다. 다행히 사이더는 완벽하게 접합부를 절단하는 용어의 후보로 '전자'(또는 '전자임')를 제시하고 있다. 이를 증명하려면 '전자'라는 용어가 단순한 의미론적(즉 약정적) 편향 때문이 아니라, '올바른 부류'의 접합부에 달라붙어서 완벽하게 근본적인 실재의 측면을 잡아낸다는 것을 보여야 한다.

사이더는 일상 언어에서, 예를 들어, 탁자나 의자와 같은 사물을 양화할 때 완벽한 접합부 절단을 종종 다루지 않는다고 인정한다. 그러나 그는 근본 존재론을 취급할 때, 다시 말해서 전자와 같은 아원자 입자에 대해 양화할 때 완벽하게 접합부를 절단하는 용어를 입수할 수 있다고 주장한다. 물론 그는 근본 물리학에서 가져온 예에도 주의가 필요하다고 말한다.

우리가 '질량'과 같은 용어를 물리학에 도입할 때, 근본적인 물리량을 나타내도록 의도되며, 그래서 만일 근처에 접합부 절단 속성이 있다면, 그 속성은 '질량'에 의해서 의미되는데, 비록 물리학자의 '질량' 이론에 정확

하게 일치하지 않더라도 그렇다.[31]

그의 책에서 **지시 자성**(reference magnetism)을 다룰 때 이 착상이 등장한다. 이에 따르면 '질량'이나 '전자' 같은 고도의 접합부 절단 후보 용어의 용법, 이를테면, 물리학자의 '질량 이론'이 현실의 '질량'과 '전자'와 같은 접합부 절단 용어를 매우 잘 반영하지 않더라도, 이 용어는 실재의 접합부에 달라붙는다. 완벽한 접합부 절단 후보의 근처에 다중 접합부가 있을 수 있다는 점을 기억해보라. 또한 접합부 절단 후보에 충분히 가까운 어떤 것이라도 그 근처에 진정한 접합부 절단 속성이나 대상이 존재하는 한 제대로 일을 해낼 것이다. 그래서 사이더의 견해에 따르면 우리가 현실에서 전자를 확인하는 데 사용하는 어떠한 특징이라도 잘못된 것으로 드러날 수 있는 것처럼 보인다. 다만 현실 용법에 대략적으로 적합한 접합부 절단 범주가 존재하는 것이 필요할 뿐이다.

전자임 속성에 초점을 두고 있는 사이더의 예를 다시 살펴보자.[32] 접합부를 절단하도록 되어 있는 이론 용어 E가 있다고 해보자. 또한 구조의 단일 요소 e(개념의 특징이라기보다 실재의 특징이라고 이해된 것)를 갖고 있는데, 이는 접합부를 절단하고 있으면서 (존재론적이거나 과학적 논쟁에서) 관련 논쟁자에 의해서 E와 연합되어 있다고 해보자. 그런데 e는 대개 E와 연합된 '핵심 이론'의 충분한 부분을 만족시키기만 하면 된다. 사이더가 의미하는 '핵심 이론'이란 E의 정의특성(defining characteristics)이다. '전자'의 경우 사이더는 질량, 음전하, '원자 궤도를 도는 아원자 입자임' 등을 핵심 이론의 부분이라고 열거

---

31   같은 책, p. 32.
32   같은 책, pp. 48-49.

한다. 사이더가 비록 e를 **의미**와 연결짓기는 하지만 논란거리는 개념적인 것이 아니다. 여기서 e는 **전자임** 속성에 의해서 표현된 실재의 특징을 반영할 것이다. 사이더는 실재 속의 진정한 정신 독립적 접합부에 관심이 있고, e는 이런 접합부 가운데 하나를 잡아낸다고 상정되는 데 비해서, 핵심 이론은 E가 지시 자성에 따라서 믿을만하게 e에 달라붙도록 e의 충분한 수효의 정의특성을 포획한다. 이 모형은, 예를 들어, 일정한 시공간 영역 R에 어떠한 전자라도 존재하는지 여부에 관한 논쟁에도 적용될 수 있다. '전자'와 연합된 핵심이론의 충분한 부분은 '전자임' 속성에 의해서 만족되므로, 우리는 사이더의 의미로 실질적인 논쟁에 종사하는 셈이다. 사이더는 다음과 같이 결론을 맺는다. '전자에 관한 실질적 논쟁이 되려면 모든 논쟁자가 똑같은 사물에 관해서 말하고 있다고 간주될 수 있을 만큼, 전자가 무엇인지에 관해 충분한 공통 근거가 남아 있어야 한다.'[33]

사이더의 예를 더 자비롭게 해석하기 위해서 핵심 전자 이론의 개정을 시도할 수 있다. 핵심 이론은 반정수 스핀을 갖고 있음, **파울리 배타원리**(Pauli Exclusion Principle, 줄여서 PEP)와 페르미-디랙 통계치의 지배를 받음과 같은 속성을 포함한다.[34] 그러나 누군가는 여전히 이렇게 의문을 제기할 수 있다. 핵심 이론에 **필연적으로** 포함되는 전자의 단일 특징을 지적할 수 없다면 '전자'의 현실 용법에 근사적으로 부합하는 접합부 절단 범주가 존재한다는 것을 무엇이 보증하는가? 사이더는 이를 고려하지 않았는데 전면적인 **외재주의**에 개입하기 때문이다. 모든 논쟁 참여자가 **똑같은 사물**에 관해서 말하고 있다고 간주될

---

33 같은 책, p. 49.
34 **파울리의 배타원리**는 어떠한 페르미온도 똑같은 시간에 똑같은 양자 상태를 차지할 수 없다고 (그래서 똑같은 네 개의 양자 수를 갖지 못한다고) 진술한다. 페르미-디랙 통계는 반정수 스핀을 가진 입자 즉 페르미온(의 체계)에 적용된다.

수 있는 한, 전자의 **어떤** 특징이 핵심 이론의 일부인지는 사이더에게
문제가 되지 않는다. 이는 전자의 내적 특징에 토대를 두고 있는 제약
이 아니라 외적 제약이다. 하지만 다른 사람들의 우려에 따르면 전자
가 무엇**인지**, 즉 어떤 특징이 핵심 이론에 필연적으로 포함되는지에
관한 어떤 사전 정보를 갖지 않는 한, 논쟁참가자가 **똑같은 사물**에 관
해서 말하고 있는지 결정할 수단을 갖지 못한다.

　사이더의 이론이 더 그럴듯해 보이도록 물리학의 예를 추가해보자.
이 내용을 물리학 배경 지식이 없이도 이해할 수 있지만, 과학의 세부
사항이 불편하다면 다음 절로 건너뛰어도 무방하다.

　현대 과학에서 새로운 예를 끌어올 텐데, 여기서 보이고자 하는 바
는 간단하다. 논쟁 참여자가 진정으로 **똑같은 사물**에 관해서 말하고
있는지 결정하는 일은 때로 매우 어렵다. 사이더가 예로 들었던 실질
적 질문은 일정 시공 영역 R에 임의의 전자가 위치하는지 여부였다.
하지만 R이 이른바 '보즈-아인슈타인 응축'(Bose-Einstein conden-
sate, BEC)이라고 해보자.[35] 이때 이상한 결과가 따른다. 모든 참여 입
자가 똑같은 양자 상태에 있기 때문에, 이들은 페르미-디랙 통계치로
기술될 수 없고(그 대신에 보즈-아인슈타인 통계치를 사용해야만 한
다), 또한 이들은 파울리 배타원리의 지배를 받지도 않는다. 이 원리를
전자에 관한 '핵심 이론'의 자비로운 해석에 포함시켰다. 그래서 반정
수 스핀을 갖기보다 정수 스핀을 가진 입자를 다루고 있다. 다시 말해

35　보즈-아인슈타인 응축은 극저온에서 창발되는 물질상이다. 보즈-아인슈타인 응
축에서, 한정되지 않은 수많은 보손은 단일한 최저 양자 상태에서 서로 집단이 될 수
있다. 이런 응축의 이론적 가능성은 보즈와 아인슈타인에 의해서 1920년대에 예측되
었다. 최초의 응축은 1995년에 생산되었다. 이는, 예를 들어, 리튬 원자를 식혀서 획
득될 수 있다. 더 자세한 사항은 대중적인 글인 다음을 참고하시오. E. A. Cornell and
C. E. Wieman, 'The Bose-Einstein Condensate,' *Scientific American* 278.3
(1998), pp. 40-45.

서, 페르미온 대신에 보손을 다루고 있다. BEC는 많은 독특한 국면을 갖고 있는데, 다음이 그 가운데 하나이다. 개별적으로는 페르미온인 전자가 BEC에 참여한다면 이들은 단단히 속박된 전자쌍이 될 수밖에 없고, 그래서 필요한 정수 스핀을 생성하고 페르미온이 아니라 보손처럼 동작한다. 흥미롭게도 물리학자들끼리 이렇게 단단하게 속박된 전자쌍, 이른바 쿠퍼쌍[36]이 보손으로 간주되어야 하는지 여부에 관해 논쟁한다.

강하게 속박된 전자쌍이 진정으로 BEC를 직접 수행하는지 여부는 오래된 문제이면서, 또한 근본적인 (그리고 사소하지 않은) 문제인데, 특히 우리가 속박된 전자쌍이 정확하게 보손은 아니라는 점을 알기 때문이다.[37]

관련된 세부적인 과학 논쟁을 살필 필요는 없지만, 인용문만 보아도 이런 점은 분명해진다. R지역에 어떤 전자가 자리를 잡기나 했는지 묻는 질문이 점점 복잡해진다! 그러나 이런 질문이 사이더가 말한 뜻으로 실질적인가? 이조차도 명확하지 않다. 우리가 강하게 속박된 전자쌍을 보손으로 간주해야만 하는지 여부 역시, 아마도 물리학자의 의미론적 결정에만 토대를 둔 약정적인 사안일 수 있다. 또한 그렇지 않을 수도 있다. 의문은 우리가 처음부터 진정한 접합부 절단 자연류, 이를

---

36   이런 이름은 BCS 즉 바딘(Bardeen), 쿠퍼(Cooper), 슈리퍼(Schrieffer)의 초전도 이론에 따라서 생겼다. 사실상 우리가 여기서 말하는 바는 정확하게 말해서 **페르미온 응축**(fermionc condensates)이다. 여기서 페르미온쌍이 쿠퍼쌍에서 그러듯이 서로 속박되어 있으며, 또한 보손처럼 행동하면서 보즈-아인슈타인 응축을 형성할 수 있다.

37   Gang Su and Masuo Suzuki, 'Towards Bose-Einstein Condensation of Electron Pairs: Role of Schwinger Bosons,' *International Journal of Modern Physics B* 13.8 (1999), p. 926.

테면 보손과 페르미온을 다루고 있는지 여부, 어떤 것이 이런 자연류의 구성원을 이루는지 등이다. '보손'과 '페르미온'이 접합부를 절단한다면 이런 질문은 실질적인 듯 보인다. 보손과 페르미온 사이의 구분이 그 자체로 약정적이라면, 그래서 실재의 진정한 접합부를 골라내지 못했다면 쿠퍼쌍이 보손인지 여부에 관한 질문 역시 약정의 사안이다.

물리학자가 이 가운데 어떤 입장을 지지하여 큰소리를 내지는 않을 듯한데, 확정적인 페르미온 같은 작용이 있고 보손 같은 작용이 명백히 존재하기 때문이다. 위에서 언급한 페르미-디랙과 보즈-아인슈타인 통계치에 따라서 이런 작용을 통계적으로 기술할 수 있다. 그래서 페르미온과 보손은 일반적으로 과학의 맥락에서 구분될 수 있다. 그러나 쿠퍼쌍과 같은 사례는 이런 구분에 대해 의심을 부추긴다. 물리학자는 쿠퍼쌍의 독특한 작용에서 기꺼이 (예를 들어, 초전도체 같은) 이득을 취하지만, 페르미온-보손 구분이 사이더의 뜻으로 접합부를 절단하는지 여부는 그들에게 기껏해야 호기심의 대상일 뿐이다. 어쨌든 이 사안을 해결할만한 명확한 핵심 이론이나 공통 근거가 없는 듯이 보인다. 이런 상황에 대한 한 가지 해석은 다음과 같다. 사이더식의 존재론적 실재론(즉 S-OR)에 따르면 이 상황에서는 우리가 비실질적인 질문을 다루고 있다.

이제 물리학을 떠나서 철학적 분석으로 되돌아가보자. BEC 사례는 '전자가 존재하는가?'와 같은 더 일반적인 질문이 사이더의 용어로 비실질적이라는 점을 보여주지 못했다. 그랬다면 우려스러운 결과였을 것이다. 하지만 전자에 관해서 확정적인 핵심 이론이 없는 상태에서, 사이더의 이론을 시험하는 일은 더 어려워진다. 적절한 시험이란 이런 식으로 이루어질 것이다. 현실 용법에 근사적으로 부합하는 '전자'라는 용어의 모든 의미에 필요한 수정을 가할 경우 '전자가 존재하는가?'라는 질문에 똑같은 대답을 내놓는지 확인한다. 그러나 앞에서 예로 든 과학의 사례조차 이런 시험을 통과하는지 명확하지 않다. 베넷[38] 이 원래 도입했는데, 사이더가 재사용하여 논의한 유명한 사례와 이를 비교해 볼 수 있다. 한 잔의 애플티니를 보면서 '저것은 마티니인가?' 라고 질문하는 경우. 이 질문은 사이더가 인정하겠지만 실질적인 질문 이 아니다. 하지만 (사이더가 그러듯이) 이 질문이 마티니의 **개념**에 관 한 것이 아니라는 입장은 유지될 수 있다. 그래도 '마티니는 존재하는 가?' 라는 질문은 아마 실질적일 것인데, '마티니' 의 현실 용법에 근사 적으로 부합하는 이 용어의 모든 의미에 필요한 변경을 가할 경우, 이 질문에, 애플티니에도 불구하고, 긍정적인 답을 제공할 것이기 때문이 다. 따라서 우리는 보즈-아인슈타인 응축이 애플티니와 비슷하다고 생각할 수 있다. 물리학자끼리 바에서 한 잔 하면서 심심풀이 논쟁거 리로 삼을만한 비표준 사례지만, 실질적인 존재론적 질문거리는 아닐 것이다.

이 유비는 처음에는 호소력을 갖는 듯이 보이지만 명백한 문제도 갖 는다. '마티니' 는 확실히 완벽하게 접합부를 절단하는 용어의 후보가 처음부터 아니었다! 마티니 사례에서 모든 논쟁자가 똑같은 사물에 관 해서 말한다고 간주될 수 있을지는 전혀 중요하지 않다. 논쟁자들은 마티니의 조성성분에 관해서 매우 다른 개념을 가질 수 있다. 그래서 논쟁자들이 똑같은 사물을 화제로 삼는다고 인정하기 난감할 수조차 있다. 그러나 이는 S-OR에 관한 고려사항은 아니다. '전자' 의 경우에 상황은 다른데 완벽하게 접합부를 절단하는 용어의 좋은 사례로 간주 될 수 있기 때문이다. 요컨대 BEC와 쿠퍼쌍에 관한 논쟁은 아마도 실 질적인 질문으로 취급**되어야** 하지만, 이에 비해서 애플티니에 관한 질 문은 그러지 않아야 한다. '전자' 가 진정으로 완벽하게 접합부를 절단

---

38 Bennett, 'Composition, Colocation and Metaontology.'

하는 용어라면 우리는 전자에 관한 확정적 핵심 이론을 확립하려 분투
해야만 하는데, 이 이론의 일부에 BEC와 같은 수많은 특이 사례 속에
서 이루어지는 전자의 작용이 포함될 것이다. 이런 이론은 매우 실질
적인 일거리이다.

4.5 중간 평가

'심각한' 존재론적 실재론자는 앞에서 논의한 바를 어떻게 생각할까?
결코 실망하지 않을 것이다. 존재론은 결코 쉽지 않기 때문이다. 하지
만 (광의의) 존재론적 실재론자는 이제 다소 특이한 입장을 갖게 되었
다. 한편으로 상식은 실재론자의 편이지만 증명의 부담 역시 실재론자
의 몫일 것이기 때문이다. 왜 그런가? 최선을 다해도 우리는 형이상학
적 사안에 관한 안전하거나 확립된 지식을 많이 갖지 않았다. 달리 말
해서 수축주의자, 약정주의자, 나아가 반실재론자를 향해서 존재론적
논쟁이 실질적인 논란거리를 갖지 못했다고 지적하는 일은 상대적으
로 쉽다. 게다가 존재론적 논쟁이 해결될 수 있다는 쉬운 논증을 제시
하는 것이 가능해 보이는 경우에, 그런 일이, 심각한 존재론적 실재론
자가 보기에, 너무 쉬운 일이 되고 마는 위험 역시 존재한다.

  증명 부담이 존재론적 실재론자에게 완전히 넘어갔다는 주장이 불
합리하다고 해도, 실재론자는 형이상학적 진리에 도달하는 정확한 방
도를 말해줄 책임을 여전히 지고 있다. 대부분의 경우 형이상학자는
도구를 깊이 분석하지 않은 채로 자신이 흥미를 느끼는 질문에 성급하
게 답하려고 하지만, 이는 수축주의자의 비판에 취약해지는 결과로 이
어진다. 물론 상위형이상학의 등장 이후에 형이상학자는 이 분야의
'연장통'을 포함한 인식론적 토대를 전체적으로 탐색할 필요를 점점

더 자각하게 되었다. 이는 부분적으로 새로운 관련 연구 영역이 최근
에야 활성화되었기 때문이다. 다음 장에서 이 가운데 일부를 다루겠
다. 이를테면, 근거부여(grounding), 존재론적 의존(dependence), 근
본성 등이 다음 장에서 다룰 화제이다. 앞으로 보겠지만 이런 탐구 영
역에서 공급된 강력한 도구로 형이상학자의 연장통은 꾸준히 보강되
었다. 이 가운데 하나의 중심 논란거리는 다름 아니라 근본성에 대한
관심이다. 예를 들어, 특별한 합성 질문(제2장을 보시오)의 해결 기미
도 없이 합성된 대상의 격위가 맹렬한 논쟁에 휩싸인다면, 이 대상의
실존에 근거를 부여하는 것 즉 이 대상이 자신의 실존을 의존하는 것
에 집중해서 문제를 풀어가야 할 것이다. 다음 두 장에서 이에 대해서
논할 것이다.

　형이상학자의 도구상자를 확장하려는 노력과 더불어, 상위형이상학
의 여러 문제로 인해서 순수하게 인식적인 논란거리로 관심이 전환되
었다. 적어도 이는 해당 논쟁이 순전히 언어적인 것만은 아니라고 확
신하면 순조롭게 진행될 일이다. 달리 말해서 형이상학의 **언어**가 정확
한지 확신하려면 개념적 명료화가 반드시 필요하다. 이런 일이 실제로
가능하다면 형이상학에서 인식적 논란거리는 탐구의 중심을 차지할
것이다. 물론 인식론은 그 자체로 할 일이 있지만, 형이상학 내의 인식
론적 쟁점에 대한 탐구에 인식론자뿐 아니라 형이상학자 자신의 관심
도 최근에 점증하고 있다. '형이상학의 인식론'을 독자적인 철학의 하
위 분과라고 말하기는 성급하다. 하지만 이후에 논의될 다양한 화제
즉 양상 인식론, 철학에서 직관의 역할, 과학과 형이상학 사이의 관계
는 형이상학의 인식론을 더 엄밀하게 확립하고자 하는 절박한 상황인
식과 무관하지 않다. 특히 이런 노력은 존재론적 실재론자의 주된 관
심사이다. 많은 수축주의자와 반실재론자가 형이상학의 인식론 기획
을 가망 없고, 또한 불필요하거나 불가능하다고 간주할 것이기 때문이

다. 그러나 많은 관심을 받고 있는 기획이기에 존재론적 실재론자는 형이상학의 인식론에 대한 도전을 심각하게 여기며, 또한 자기 분야의 (인식적) 토대에 열심히 집중하고 있다. 이 책의 나머지 부분에서 바로 이런 기획을 소개하고 검토하겠다.

5

근거와 존재론적 의존

'근거'(ground) 개념은 21세기 초반에 현대 분석 형이상학으로 밀려 들어왔지만,[1] 이 개념의 근원은 멀리 아리스토텔레스로 거슬러 올라간 다. 가장 단순히 말해서, 근거부여(grounding, 또는 맥락에 따라 "근 거인", "근거임"등으로 옮김-*역주)란 '형이상학적 설명'(metaphysi- cal explanation)으로 이해된다. 더 상세하게 말하자면 어떤 x가 다른 어떤 y에 근거한다면, y는 x를 설명한다. 게다가 y의 지위는 일반적으 로 x의 지위에 비해 더 **우선한다**(prior). 근거는 사물들 사이의 우선성 을 표현한다. 예를 들어, 집합의 원소는 집합 자체보다 우선적이라고

---

[1] 이와 관련된 결정적인 저작으로는 Kit Fine, 'The Question of Realism,' *Philoso- phers Imprint* 1 (2001), pp. 1-30이 있지만, 최근의 논의를 보려면, F. Correia and B. Schnieder (eds.), *Metaphysical Grounding: Understanding the Structure of Reali- ty* (Cambridge University Press, 2012)를 참고하시오. 또한 다음도 참고하시오. :. L. Bliss and K. Trogdon, 'Metaphysical Grounding,' in E. N. Zalta (ed.), *SE.*', https://plato.stanford.edu/archives/fall2015/entries/grounding/

말할 것이다. 집합의 실존은 그 원소에 근거한다. 더 구체적인 예를 들
어 보자. 임의의 합성된 대상의 실존은 그 부분의 실존에 근거한다. 이
를테면 임의의 물 분자의 실존은 수소와 산소 원자의 실존에 근거한
다. 논란이 될만한 예도 있다. 심적 상태는 물리적 상태에 근거한다고
말할 수도 있다. 각각의 예에서 설명은 **비인과적**(non-causal) 설명이
다. 수소와 산소 원자의 실존은 물 분자의 실존을 **인과적으로 일으키지**
않는다. 따라서 '인과적 설명'과 정확하게 구분 지을 목적으로, 근거를
'형이상학적 설명'이라고 부르기도 한다.

각 예에서 무엇에 근거하는(grounded, 근거부여받는) 사물과 무엇
의 근거인(grounding, 근거부여하는, 근거 역할을 하는) 사물 사이에
어떤 부류의 의존 관계가 있는 것처럼 보인다. 일반적으로 말해서 이
는 **존재론적 의존**이며 이 장의 주된 관심사이다. 근거부여가 존재론적
의존 관계일 뿐인지 여부는 우리가 살피고자 하는 문제 가운데 하나이
다. 존재론적 의존은 여러 형식을 취하는데, 이 장의 논의를 통해서 독
자가 존재론적 의존 관계에 익숙해지기를 바란다.[2]

이 책에서 이 장이 가장 전문적인 부분이지만, 논지의 명료화에서
필요한 경우에만 기호표현을 사용할 것이다. 해당 표현의 정의를 일상
어로 먼저 제시하겠다. 근거와 존재론적 의존에 관련된 전형적인 기호
표현이 제시되겠지만, 이 모든 사항에 독자가 익숙해져야 하는 것은
아니다. 여러 철학 문제에 이 개념들을 적용할 수 있기 위해서 필요한

---

2   존재론적 의존에 관한 추천 저작은 다음과 같다. Fabrice Correia, 'Ontological
Dependence,' *Philosophy Compass* 3 (2008), pp. 1013-1032; Tuomas E. Tahko
and E. J. Lowe, 'Ontological Dependence,' in E. N. Zalta (ed.), *SEP*, https://pla-
to.stanford.edu/archives/fall2015/entries/dependence-ontological/; Kathrin
Koslicki, 'Varieties of Ontological Dependence,' in Correia and Schnieder (eds.),
Metaphysical Grounding, pp. 186-213.

기초적인 이해로 충분하다. 먼저 존재론적 의존 개념과 그 주된 활용 사례를 소개하면서 논의를 시작하겠다. 둘째 절까지 이런 내용에 할애하겠다. 이어서 셋째 절에서는 근거부여와 존재론적 의존 사이의 관계에 대해 살펴본다. 넷째 절에서는 근거의 여러 형식적 특징을 더 전문적인 수준에서 제시할 것이다. 물론 여기서도 형식적인 기호 표현을 가능하면 피하면서 소개하겠다. 끝의 두 절에서 근거를 인과(causation), 환원(reduction), 양상(modality, 또는 '양상성'), 진리제조(truthmaking) 등의 더욱 확립된 개념에 어떻게 적용할지 살펴보겠다.

5.1 존재론적 의존: 세밀한 개념

존재론적 의존 개념이 한 부류의 관계를 포괄하는 다소 성긴(coarse-grained) 방식으로 사용되는 일은 드물지 않다. 예를 들어, 다음과 같은 주장을 보자.

  (1) '집합은 자신의 원소에 존재론적으로 의존한다.'
  (2) '전기는 전자에 존재론적으로 의존한다.'
  (3) '신은 어떤 것에도 존재론적으로 의존하지 않는다.'

의심할 바 없이 이 예는 중요한 유형의 의존 관계를 표현하고 있지만 명백히 서로 다르다. (1)은 다음 의미이다. 집합 {x, y, z}는 그 원소, x, y, z가 실존하지 않았다면 실존할 수 없었다. 여기서 문제의 의존은 **고정 실존의존**(rigid existential dependence) 관계인데, 잠시 뒤에 부연하겠다. (사실 (1)에는 다른 뜻의 의존, 이른바 **정체성의존**(identity-dependence) 역시 얽혀 있다. 이 점에 대해서는 다음 절에서 살펴보겠다.) (2)에서 우리는 보다 일반적인 종류의 의존을 염두에 둔다. 전자가 없었다면 전기는 있을 수 없었다. 그래서 전기의 실존은 특수한 종류의 입자 즉 전자의 실존에 의존한다. 이 둘째 유형의 의존 역시 실존과 연관되어 있으나, (1)의 고정 의존과 구분하기 위해서, 이를 **일반 실존의존**(generic existential dependence)이라고 부를 수 있겠다. (3)에서 의존 대신에 우리는 신의 존재론적 **독립**(independence, 또는 '비의존'-*역주)에 대해서 말했다. 신은 자신의 본성상 자신의 실존을 어떤 것에도 의존하지 않을 것이다. 달리 말해서, 존재론적 자기충족성(self-sufficiency)은 신의 본질이다. **본질적 의존**(essential dependence)에 대조해서 이를 **본질적 독립**이라 할 수 있다.

일련의 개념이 연이어 제시되었다. 이제 각 개념을 더 정밀하게 표현해보자. 존재론적 의존을 정의할 때 주의할 점은 의존 주장에 포함된 **양상실존**(modal-existential) 요소이다. 예를 들어, 원소가 실존하지 않은 한 집합이 실존**할 수 없다**. 그래서 어떤 뜻으로는 집합의 실존이 그 원소의 실존에 **필반한다**(necessitates). 게다가, 예를 들어, **고정 실존 필반**(rigid existential necessitation)과 고정 실존의존을, 그리고 **일반 필반**(generic necessitation)과 일반 실존의존을 동의어로 생각한다. 존재론적 의존에 관한 진술은 (개념적 양상이나 논리적 양상이 아닌) **형이상학적 양상**을 지시한다.[3] 이는 주로 이 진술이 개념적이거나 논리적인 사안보다 더 넓은 사안에 관여하기 때문이다. 신의 존재론적 독립 즉 비의존성이 바로 이런 사안의 전형적인 사례이다. 이 밖에, **실체**, 그리고 아마도 물리학의 **근본 입자**가 다른 어떤 것에도 자신의 실

---

3   다른 종류의 양상 간의 차이는 상당한 논란거리이다. 하지만 형이상학적 필연성은 개념적이거나 논리적 필연성에 비해서 더 넓은 종류의 필연성이다. 이에 비해서 논리적 필연성은 가장 엄격하다. 달리 말해서, 형이상학적으로 필연적인 진리는 개념 정의와 논리 법칙이 아닌 다른 어떤 것 때문에 필연적이다.

존을 의존하지 **않는** 실물로 간주된다.

이제 우리는 고정 실존의존의 초기 정의를 제시할 수 있다.[4]

고정 실존의존(RXD)

x는 그 실존을 y에 의존한다 $=_{df}$ 필연적으로, y가 실존할 경우에만 x가 실존한다.

왜 '고정'인가? 아마도 유연성이 결여되어 있기 때문이다. 해당 x의 실존에는 **바로 그** y의 실존이 필요하기 때문이다.[5] 그것은 y와 유사한 어떤 것, 이를테면 똑같은 범주에 속하는 어떤 것일 수 없다. 그것은 **반드시** y여야만 한다. RXD의 정의항은 다음과 동등하다. '필연적으로, 만일 x가 실존하면, y는 실존한다.' 그래서 RXD에 따르면, y에 대한 x의 실존의존은, x 실존이 y 실존을 **엄밀 함축**(strict implication)하는 데 해당한다. 이미 앞에서 고정 실존의존의 예를 말했다. 집합은 그 원소에 존재론적으로 의존한다. (더 정확하게 말하면, 집합은 자신이 가진 바로 그 원소에 고정적으로 의존한다. 즉 집합 원소에 어떠한 변화가 생기든 집합 자체가 변한다.) 논란의 여지가 있기는 하지만 다른 예도 있다. 특정인은 자신의 실존을 자신의 부모에 의존한다. 더 자세하게 말해서 그 사람이 비롯된 특정 정자와 난자에 의존한다. 이 예는 **기원의 본질성**(the essentiality of origin)과 관련되어 있다.[6]

하지만 RXD는 일부 사례에 등장하는 의존의 정확한 뜻을 잡아내지

---

4 이 정의와 기호를 사용하지 않은 다음 정의는 Tahko and Lowe, 'Ontological Dependence'에서 따옴.

5 '고정'이라는 용어의 기원은 Saul Kripke, *Naming and Necessity* (Harvard University Press, 1980)이다.

6 이는 다음에서 논의되었다. Kripke, *Naming and Necessity*.

못한다. 생물 유기체를 생각해보자. 생물 유기체는 실존을 자신의 부분, 예를 들어, 세포에 의존하는 것으로 보인다. 그러나 생물 유기체는 그 세포의 변화에도, 해당 변화가 파괴적이지 않는 한, 여전히 생존한다. 이런 유기체가 실존한다면 세포 부분을 확실히 갖지만, 그 대상 즉 유기체의 어떤 부분 즉 변화된 세포 부분은 비본질적이다. 그래서 결과적으로 이 유기체가 그 실존을 RXD에서 정의된 뜻으로, 그것의 모든 부분 즉 모든 세포에 의존한다는 것은 성립하지 않는다. 그러나 합성 대상이 그 실존을 자신의 고유한 부분(proper parts, 또는 진부분-*역주)에 의존한다는 말이 **옳다는** 뜻으로, 실존적 의존의 **또 다른** 뜻을 정의하는 일이 가능하다. 이를 살려서 실존의존의 **일반** 개념을 다음처럼 정의할 수 있다.[7]

일반 실존의존(GXD)

x는 그 실존을 F에 의존한다. $=_{df}$ 필연적으로, 어떤 F가 실존할 경우에만 x는 실존한다.

합성 대상은 GXD의 의미로 실존의존적 대상이다. 합성 대상은 자신의 고유한 부분(GXD에서 'x의 고유한 부분으로서' 집합 F)의 실존을 필요로 하기 때문이다. 고정 실존의존과 일반 실존의존의 중요한 차이는 전자가 특정 대상을 지시하지만, 후자는 적어도 어떤 F가 실존할 것을 요구할 뿐이라는 점이다. 이런 점에서 앞에서 언급한 예 (2) 즉 '전기는 전자에 존재론적으로 의존한다.'에서 나타난 의존 관계의 정확한 뜻을 GXD가 잡아내고 있다.

---

7 RXD나 GXD라는 용어는 본질(eSsential)의존과 구별되는 실존(eXistential)의존을 가리킨다.

이제 이런 개념을 형식적 기호로 표현해보자. 먼저 문장 연산자 '□'를 형이상학적 필연성, 술어 'E'를 실존, 문장에 대한 이항 연산자 '→'를 실질 함언에 사용하겠다. 이 기호 표현에 따라서 고정 실존의 존(RXD)과 일반 실존의존(GXD)을 각각 다음과 같이 쓸 수 있다.

RXD $\Box(Ex \to Ey)$

GXD $\Box(Ex \to \exists yFy)$

위의 RXD를 'x는 y의 실존에 고정적으로 의존한다.' 또는 'x는 y에 고정적으로 필반한다.'로 읽는다. 또한 GXD에서, 실존 양화사 '∃'와 일반 용어 F가 추가되어, 이 기호 표현은 다음과 같은 의미를 갖는다. 'x는 F인 어떤 것의 실존에 일반적으로 의존한다.' 또 달리 말해서, 'x는 일반적으로 F에 필반한다.' 두 의존 관계의 중요한 차이는 전자가 특정 대상을 지시하지만, 후자는 어떤 F가 실존할 것을 요구할 뿐이라는 점이다. 이제 (1)과 (2)를 형식적으로 표현할 수 있는 도구를 갖췄지만, 이 밖의 도구도 필요하다. 다음을 보자.

(4) '아이는 자신의 부모에 존재론적으로 의존한다.'

언뜻 보기에, 이는 만일 부모 x와 y가 실존하지 않았더라면, 자신의 자식 z는 실존하지 못했을 것이라는 의미이다. 이는 마치 고정 실존의존의 사례처럼 보이지만, 생각해볼 대목이 있다. z가 수태되고/태어난 일이 **이미** 발생했다면, 그녀의 아비/어미는 이 자식의 실존에 어떠한 영향을 주지 않고도 실존하지 않게 될 수 있기 때문이다. 바로 그 시점에는 오직 **과거의** 고정 실존의존이 있을 뿐이다. 이런 경우를 위해서 시간을 감안한 RXD와 GXD가 필요하겠지만, 여기서는 이렇게 복잡

한 사항을 생략하겠다.[8] 어떠한 경우든, 우리는 존재론적 의존에 대해
양상실존 분석을 어떻게 실행하는지 감을 잡게 되었다.

현재까지의 내용으로 (3)을 제대로 분석할 수 있는가? 이 분석에 산
뜻하게 부합되지는 않는 것처럼 보인다. 게다가 양상실존 분석이 실패
하거나 충분히 상세하지 않은 듯 보이게 만드는 유명한 예도 있다. 소
크라테스와 **그의 생애**(his life, 시간적으로 연장된 사건이나 과정) 사
이의 관계를 생각해보라.[9] 이 관계를 RXD로 표현하려면 우리는 소크
라테스의 생애가 소크라테스에게 자신의 실존을 고정적으로 의존한다
고 말하게 된다. 그러나 확실히 소크라테스의 실존은 거꾸로 **그의 생애**
에도 의존하고 있다! 동시에 우리는 소크라테스의 **생애**에 적용되기는
하지만 **그**에게는 해당하지 않거나, 그 반대에 해당하는 수많은 일을
진술할 수 있다. (예를 들어, 그의 인생은 길고 갑작스럽게 끝났으나,
소크라테스 자신은 들창코였다.) 다시 말해, 소크라테스와 그의 생애
는 동일할 수 없다. 그렇다면 여기서 우리가 단순한 형태로 표현한 양
상실존 분석이 충분히 다루지 못할 어려운 질문이 있다고 볼 수 있다.
따라서 우리는 존재론적 의존 개념 가운데 더 세밀한 개념, 이를테면,
정체성의존과 본질의존 등을 살펴야 한다.

5.2 정체성의존과 본질의존

존재론적 의존을 앞서 언급한 양상실존 용어로 충분히 규정할 수 있다
는 생각이 최근까지도 지배적이었다. **본질**에 관해서 통상의 '양상주의

---

8 독자는 이에 맞는 기호 표현을 스스로 연습해보기 바란다. Correia, 'Ontological
Dependence,' p. 1016에 더 자세한 사항이 있으니 참고하시오.

9 이 예는 다음에서 따왔다. Tahko and Lowe, 'Ontological Dependence.'

자' 분석을 채택한다면, 본질의존은 양상실존의존이 되고 말기 때문이다.[10] 하지만 본질이 양상 용어로 분석되지 않을 경우라면, (다양한) 존재론적 의존을 달리 정식화할 수 있어야 한다.[11] 결국 존재론적 의존을 양상실존으로 분석하지 못하는 경우 때문에 **비양상적** 개념이 필요하다. 이 때문에 앞에서 양상실존 분석을 충분히 세밀하지 못한 거친 분석이라고 취급하였다. 우리는 이미 로우의 사례를 언급했지만 파인의 사례가 가장 유명하다.[12] 양상실존 설명이 필연적 실존자(existents)의 경우에 논리적으로 함축하는 바를 생각해보자. 두 가지 예, 소크라테스와 수 2를 보자. 수가 필연적으로 실존한다는 가정 아래 소크라테스가 실존한다면 수 2가 실존한다는 것이 필연적으로 성립한다. 그러나 우리는 소크라테스가 수 2에 의존한다고 말하기를 꺼릴 것이며, 이런 상황은 어떤 필연적 실존자를 수 2의 자리에 놓더라도 마찬가지라고 생각할 것이다. 하지만 양상실존 설명에 따를 경우 모든 것이 모든 필연적 실존자에 의존한다고 보게 된다. 물론 이는 수긍하기 어려운 결과이다.

존재론적 의존을 양상실존 개념으로 분석하려는 사람이라면 이런 난관에 직면하였을 때 이 분석의 적용 대상이 **우연적** 대상일 뿐이라고 역설할 수도 있다.[13] 사이먼스((Peter Simons)는 **구체적** 실물에 초점을 맞춰서 이런 제한을 가하고 있는데, 이럴 경우 정의에 의해서 필연

---

10   이에 해당하는 고전적 설명을 보려면 Ruth Barcan Marcus, 'Essentialism in Modal Logic,' *Noûs* 1.1 (1967), pp. 91-96.

11   Kit Fine, 'Essence and Modality,' *Philosophical Perspectives* 8 (1994), pp. 1-16을 참고.

12   Kit Fine, 'Ontological Dependence,' *Proceedings of the Aristotelian Society* 95 (1994), pp. 269-290.

13   Peter Simons, *Parts: A Study in Ontology* (Oxford: Clarendon Press, 1987), p. 295를 보시오.

적 실존자는 배제된다. 또한 그는 자기의존 역시 배제한다. 사이먼스
는 이런 제약을 가해서 귀결되는 의존 개념을 **약한 고정의존**이라고 부
르면서, **강한 고정의존**도 정의하고 있다. 후자는 전자의 특별한 사례이
다.[14] 사이먼스의 정의에 의한 약한 고정의존의 예를 보자면 다음과 같
다. 특정 물 분자는 그 실존을 특정 산소 원자에 의존하고 있다. 또한
강한 고정의존에서, 의존하고 있는 대상은 그것이 의존하고 있는 그
대상의 고유한 부분일 수 없다. 그래서 대상 x가 대상 y에 그 실존을
의존하고 있고, y는 x의 고유한 부분이 아니면, x는 y에 강하게 고정의
존하고 있다. 이렇게 정의된 의존의 사례를 들어보자. 하나의 특정 속
성('트롭'(trope) 또는 '양식'(mode)이 이에 해당한다. [*역주-붉음
은 속성 또는 보편자이지만 이 사과의 이 붉음은 속성의 사례이며 이
를 '트롭', '양식' 등의 이름으로 부른다])은 실체에 그 실존을 의존한
다. 어떤 사과의 그 빨강은 사과에 그 실존을 의존한다. 고정의존 개념
에 덧붙여, 사이먼스는 (약하고 강한) **일반의존**의 개념을 정의한다. 그
러나 이런 제약을 도입하여 양상실존 해명에 대한 도전 일부를 피할
수 있더라도, 이 해명은 필연적 실존자에 적용될 수 있는 존재론적 의
존 개념의 여지를 여전히 남겨둔다. 그래서 이런 제약을 도입하는 대
신에 양상실존 설명 지지자는 자신의 입장을 철저하게 밀고 나가서,
모든 우연적 실물이 자신의 실존을 필연적 실존자에게 고정적으로 의
존하고 있다고 역설할 수 있다. 물론 이 경우에도 이 설명의 지지자는
이유를 갖고 있다. 그는 한 벌의 존재론적 도구로 여러 일거리를 처리
할 수 있다고 본다. 다시 말해 자신이 절약정신을 철저하게 발휘하고
있다고 생각할 것이다.

　존재론적 의존에 대한 양상실존 분석이 발전할 여지는 충분하며, 또

14　같은 책, p. 303.

한 이 분석에 결부되곤 하는 문제 일부를 극복할 수 있다. 하지만 더
세밀한 개념이 사용되어야만 하는 영역이 있을 것이다. 이를테면, 최
근에 '비양상주의' 본질주의를 주장하는 '신아리스토텔레스주의' 철학
자들이 비양상적이면서 세밀한 분석을 옹호하는 여러 저작을 내놓고
있다.[15] 따라서 양상실존 분석과 본질주의 분석 사이에 간격이 뚜렷이
존재하며, 이 둘 사이의 연결점을 찾는 일도 쉽지 않다. 물론 존재론적
의존 개념을 응용해서 선택할 수도 있겠지만, 이 개념 자체만으로는
경쟁하는 두 분석 가운데 어떤 것을 수용해야 하는지 알기 어렵다.

　양상실존 설명만으로 쉽사리 분석되지 않는 의존 개념이 가능하다
는 점을 보려면 모든 형태의 의존이 **실존**을 요구하지 않는다는 데 주
목하면 된다. 물론 (3) '신은 어떤 것에도 존재론적으로 의존하지 않는
다.'에서 이미 본 대로 단순한 실존 독립 이외의 의존이 표현가능하다.
이를 달리 표현한다면, 자신의 본성에 의해서 존재론적으로 독립적이
지 않다면 신은 바로 그 자신이 아닐 것이라고 말할 수도 있다. 이렇듯
본질의존 개념은 **정체성** 즉 **본질**의 요구를 포함하는데, 신의 존재론적
의존을 더 잘 표현할 수 있다. 달리 말해서, 신의 **본질 속성**은 신이 존
재론적으로 독립적이라는 점이다. 이것은 본질의존을 직접 정의한 것
은 아니다. 물론 아래에서 이에 대한 형식적 정의를 제시하겠다. 그러
나 이런 정의가 내려지기 전에, 한 대상이 다른 대상에 그 **정체성**을 의
존한다는 말이 무엇을 의미하는지 더 잘 파악해야만 한다. 다시 말해
서 **정체성의존**(identity-dependence, ID로 줄임) 관계를 명료화해야
한다.

　여기서 '정체성'은 '='로 기호화되는 '동등성' (*역주-여기서는 동
일성, 즉 똑같음을 의미한다)이 아니라는 점은 주의하라. (*역주-여기

15　예를 들어, Koslicki, 'Varieties of Ontological Dependence.'

서는 'identity'를 '동일성'으로 번역하지 않고 '정체성'으로 번역했기 때문에 이 주의사항은 이 대목에서는 무효이다) '정체성'이란 한 사물이 **무엇**인지, 즉 한 사물이 자신이 속한 종류의 사물 중 **어떤** 사물인지 등의 의미이다. x의 정체성이 y의 정체성에 의존한다고 말하는 것은 자신이 속한 종류의 **어떤** 사물 y가 역시 제 자신이 속한 종류의 **어떤** 사물 x를 존재론적으로 결정한다는 말이다. 예를 들어, 특정 **집합**의 정체성은 그 원소의 정체성에 의해서 형이상학적으로 결정된다. 정체성의존은 한 대상의 개별성(individuality)이 다른 사물의 개별성을 결정하는 것이다. 따라서 제 자신의 원소에 대한 집합의 정체성의존은 외연성 공리가 집합의 동일성 기준(criterion of identity)으로 기능한다는 사실의 자연스러운 귀결이다.[16] 이제 우리는 정체성의존을 정의할 수 있게 되었다.

정체성의존 (ID)

x는 y에 그 정체성을 의존한다 $=_{df}$ x가 y에게 F로 **관계되어** x의 본질의 일부가 되는 이항 술어 'F'가 존재한다.

우리는 ID의 예를 다음과 같이 들 수 있다. x를 {z}, y를 z로 놓는다면, {z}는 그 정체성을 z에 의존한다. 왜냐하면 '단원소 집합의 원소임'(또한 **단위** 집합 함수라고도 한다)이라는 이항 술어가 있는데, 이 술어는 z로 이루어진 단원소 집합 {z}의 본질 일부인 술어이다. 하지만 ID가 유용한 개념을 표현하려면, '본질' 개념에 관한 충분한 설명이 필요하다. 여기서는 더 자세히 살펴보지 않겠다. 그런데 이런 설명

---

16 외연성 공리는 집합이론에 관한 표준적인 쩨르멜로-프랭클 정식의 일부이다. 이 공리에 따르면, 정확하게 똑같은 원소를 갖고 있는 임의의 두 집합은 동등하다. [*역주: 어떤 것의 '동일성 기준'이 그것의 '정체성'을 이룬다.]

을 구성해보려는 다양한 시도가 있었고, 그 가운데 파인과 로우의 제 안이 주목받고 있다.[17] 이 둘의 설명에서 중심 착상은 **실재 정의**(real definition)라는 아리스토텔레스의 관념이다. 이 맥락에서 실물의 실재 정의는 그 실물의 본질을 진술하는 명제로 해석될 수 있다. 이런 뜻으 로 한 사물의 본질은 **그 정체성을 이룬다**(constitute its identity)고 말 할 수 있다. 물론 앞에서도 말했듯이 이때 'identity'라는 낱말은 동일 성 **관계**를 뜻하지 않으며, **한 사물의** 정체성을 의미한다. 이런 관점에 서 보았을 때 ID로 정의된 정체성의존은 **본질의존**의 한 부류이다. 이 의존은 한 사물의 본질이 다른 사물과 맺고 있는 관계에 의해서 결정 되는 방식이다. 그렇다면 이제 본질의존으로 관심을 돌려보자. 실존의 존과 비슷하게, 고정/일반 의존을 본질의존(때로 본질**실존**의존(essen-tial *existential* dependence)이라고도 부른다)에서도 구분해볼 수 있 다. 먼저 **고정본질의존**을 보자.[18]

고정본질의존(RSD)

x는 y에 그 실존을 의존한다 $=_{df}$ y가 실존할 경우에만 x가 실존한다는 것 이 x의 본질의 일부이다.

여기에 주의사항이 있다. 서로 다른 두 실물이 **서로 정체성**의존할 수 없는데 비해서, 다른 두 실물이 자신의 **실존**을 다른 것에 본질적으로 의 존할 수 **있다.** 게다가 x가 그 실존을 y에 본질적으로 의존한다면 x 역 시 그 실존을 y에 고정적으로 의존한다. 다시 말해서, **본질의존**은 **고정**

---

17 Kit Fine, 'Logic of Essence,' *Journal of Philosophical Logic* 24 (1995), pp. 241-273; E. J. Lowe, 'Two Notions of Being: Entity and Essence,' *Royal Institute of Philosophy Supplement* 83.62 (2008), pp. 23-48.

18 이 정의는 Tahko and Lowe, 'Ontological Dependence'에서 따왔다.

실존의존을 논리적으로 함축한다(RSD → RXD). 그러나 그 역은 성립하지 않는다. 마찬가지로, **일반본질의존**을 다음과 같이 정의할 수 있다.

일반본질의존(GSD)

x는 F에 그 실존을 의존한다 =df 어떤 F가 실존할 경우에만 x가 실존한다는 것이 x의 본질의 일부이다.

쉽게 짐작할 수 있듯이, GXD가 RXD와 관련된 방식으로 GSD는 RSD에 관련된다. 또한 우리는 파인의 기호법을 도입해서 이 개념들을 형식적으로 표현할 수 있다. 먼저 익숙한 필연성 연산자 '□'와 비슷하게 작용하는 새로운 연산자 '□x'를 도입할 필요가 있다. 이 연산자는 '이것은 …인 x의 본질/본성의 일부이다'로 읽는다.[19] 새로운 연산자의 도움으로 우리는 고정본질의존과 일반본질의존의 형식적 정의를 RXD와 GXD 각각에 대응하는 방식으로 도입할 수 있다.

(**RSD**) $\Box_x (Ex \rightarrow Ey)$

(**GSD**) $\Box_x (Ex \rightarrow \exists yFy)$

우리는 RSD를 'y가 실존할 때만 실존한다는 것이 x의 본질의 일부이다.'로 읽고, 이에 비해서 GSD를 '어떤 것이 F일 경우에만 실존하는 것이 x의 본질의 일부이다.'라고 읽는다. 여기서 중요한 주의사항이 또 있다. x에 관한 모든 본질적 진리가 x에 관한 필연적 진리라는 데는 논란이 없는 반면, 그 반대 즉 x에 관한 모든 필연적 진리가 x에 관한 모든 본질적 진리라는 주장에 대해서는 파인과 로우 등이 반대하

---

19 Fine, 'Logic of Essence.'

고 있다.[20] 이 맥락에서 이들의 도전은 중요하다. x에 관한 모든 필연
적 진리가 x에 관한 본질적 진리이기도 하다면 RSD와 GSD는 간단히
RXD와 GXD로 환원되기 때문이다. (앞에서 보았듯이 후자는 형이상
학적 **필반** 개념을 통해 이해될 수 있었다.) 달리 말해서 본질에 관한
비환원주의자 즉 파인과 로우가 옹호하고자 하는 본질에 관한 비양상
개념을 채택한 사람만 본질의존에 관심을 두기 때문이다.

본질의존을 표현하는 다른 방식이 제시되기도 한다. 코슬리키
(Kathrin Koslicki)는 자신의 저작에서 파인의 본질주의자 설명을 조
성성분 본질의존(constitutive essential dependence)으로 재해석한다.
다음을 보자.[21]

조성성분 본질의존(EDC)

한 실물(또는 실물들) y가 다른 한 실물 x의 본질에서 조성성분(또는 조성
성분들)일 경우에만, x가 y에 존재론적으로 의존한다.

이 설명은 **조성성분 본질** 개념에 의존하며, 나아가 이 개념은 파인의
저작에서 소개되었다. 파인은 이렇게 표현했다. "우리는 만일 y가 x의
정체성 덕분에 옳게 되는 명제의 조성성분이라면, 달리 말해, 만일 y가
x의 본질 속성의 조성성분이라면, x가 y에 의존한다고 여긴다."[22]

---

20 이와 관련해서는 Fine, 'Essence and Modality'; E. J. Lowe, 'What is the
Source of our Knowledge of Modal Truths?', *Mind* 121 (2012), pp. 919–950를 보
시오.

21 Koslicki, 'Varieties of Ontological Dependence,' p. 190. [*역주: 대개 'consti-
tute'를 '구성(한다)'으로 옮긴다. 여기서는 어떤 것의 부분들이 일정한 성분이 되어
전체를 이룬다는 뜻에서 '조성(한다)'으로 옮기겠다. 합성과 달리 조성은 전체를 성립
시키는 또 다른 원리나 구조를 포함한다.]

22 Fine, 'Ontological Dependence,' p. 275.

　물론 이런 주의도 필요하다. 앞에서 정의된 본질의존 개념이 양상실존 개념에 비해 확실히 더 세밀해졌다고 해도, (코슬리키가 논한 대로) 모든 목적에 맞도록 충분히 세밀하지는 않다고 볼 수도 있다. 소크라테스와 소크라테스를 유일한 원소로 갖는 단원소 집합에 대한 파인의 유명한 논의를 예로 생각해보자. 파인의 용어를 사용하자면 소크라테스를 유일한 원소로 갖는다는 바로 그것이 소크라테스 단원소 집합의 조성성분 본질의 일부이다. 그에 비해서 소크라테스 단원소 집합의 유일한 원소라는 것은 소크라테스의 조성성분 본질의 일부가 **아니다**. 그러나 코슬리키가 지적한 대로, 이는 다음과 같은 말일 뿐이다. 소크라테스 단원소 집합은 소크라테스에 존재론적으로 의존하는데, 이에 비해서 소크라테스는 소크라테스 단원소 집합에 존재론적으로 의존하지 **않는다**.[23] 유관한 의존 개념은 파인의 본질 개념에 내장되어 있고, 마찬가지로 파인(과 더불어 많은 다른 '신아리스토텔레스주의자들')이 가정하고 있는 본질 개념은 이미 EDC에 내장된 듯 보인다.

　본질의존에 관한 논의를 마무리하기 전에 본질주의자의 설명 대 양상실존 설명에 관한 더 일반적인 논란을 언급해야 한다. 적당히 세밀한 본질 개념을 갖고자 하는 사람은 존재론적 의존에 대한 양상실존 관념이 너무 거칠다고 생각하는 것 같다. 하지만 본질을 **원초**(primitive) 관념으로 삼는 데 동조하지 않으면서 본질을 양상으로 분석하려는 사람들은 양상실존 분석이 충분하며, 또한 본질의존이 양상실존의 존이 되고 만다고 역설할 것이다. 이 밖에도 논란거리는 더 있다. 양상실존 설명보다 더 세밀한 분석이 필요하다고 생각하는 사람끼리도 유관한 본질 개념에 어떻게 제약을 가할지 서로 의견이 어긋난다. 이를테면, 코슬리키는 파인의 본질 개념 즉 **명제적** 본질 개념을 지나치게

23　Koslicki, 'Varieties of Ontological Dependence,' p. 195.

제한적이라고 간주한다. 이 개념에 따르면 본질과 실재 정의 사이에 구분이 거의 없거나 아예 없다. 코슬리키는 본질을 개별화 장치로 보는 로우식의 생각이 이런 제한된 본질 개념의 원천이라고 본다. 이는 결국에 본질의존 즉 여기서 초점을 맞춰온 정체성의존에 관한 견해이다. 이와 달리 코슬리키는 이렇게 주장한다. 본질은 "어떤 실물의 본질이 바로 그 실물인, 바로 그 실물을 개별화하는 일 이상을 해야 한다. 그리고 실재 정의는 고려 대상인 그 실물이 실존하는 모든 시간과 모든 세계에서 그 실물을 유일하게 확인하고 묘사하는 조건을 서술하는 일 이상을 해야만 한다."[24] 하지만 이 자리는 본질주의자 설명 대 양상실존 설명에 관한 논란을 종식시키는 자리가 아니다. 본질과 양상의 관계에 대해서는 제7장에서 다시 논의하겠다.

5.3 근거부여는 존재론적 의존인가?

이미 '근거' 개념을 사용했고, 이 개념이 존재론적 의존과 관련을 갖는 게 명백해 보인다. 그러나 근거부여는 여러 존재론적 의존 가운데 하나일 뿐인가? 처음에 근거부여가 일종의 존재론적 의존이라면 일정 부류의 **설명적** 의존이라고 가정했다. 근거를 부여하는 것이 무엇이건, 그것이 근거부여받는 것을 **설명한다**는 착상이야말로 근거 개념의 장점이었다. 존재론적 의존 관계는 대개 비슷한 유형의 설명 역할을 하는 것처럼 보이지만, 설명과의 연계는 더 약하다. 물의 실존이 수소와 산소의 실존에 의존하지만, 수소와 산소의 실존이 물의 실존을 설명하는 것 같지는 않다. 오히려 물의 실존을 설명하는 것은 (다소 단순화해서

---

24 같은 글, p. 200, fn 13.

말하자면) 수소와 산소 원자가 분자를 형성하는 능력이다. 그래서 모든 존재론적 의존 관계가 통상적인 의미로 근거부여 관계일 수는 없다.

따라서 근거부여를 명확히 확인하려면 '설명 역할' 이상의 엄격한 것이 필요하다. 그렇지 않다면 느슨한 개념만으로 논의를 얼버무리게 될 것이다. 서로 느슨하게 연관된 것들을 매우 느슨한 의미에서 설명적이라고 간주할 수 있기 때문이다. 예를 들어, 스미스가 존스를 살해한 사실은 유년기 스미스가 겪은 사건으로 설명된다고 말할 수 있겠지만, 더 직접적인 설명은 존스에게 강도질하려던 스미스의 충동일 것이다. 스미스의 유년기 사건이 우리로 하여금 왜 스미스가 그런 욕구를 갖게 되는지 **이해**하도록 도와줄 수 있으나, 스미스가 존스를 살해한 사건에 근거를 부여하는지는 분명하지 않다.

우선성에 초점을 둔다면 근거부여를 더 정확하게 이해할 수 있다. 이 장의 서두에서 집합과 그 원소의 예를 들었다. 원소가 집합에 우선한다면 집합의 실존은 그 원소에 근거한다. 그래서 근거를 부여하는 실물은 근거를 부여받는 실물에 비해 더 우선한다. 다시 말해 전자가 후자보다 더 **근본적**이다. 이로부터 우리는 근거부여가 다른 유형의 존재론적 의존에서 분리되는 듯이 생각하게 되는데, 의존에 관한 (우선성 주장 없는) 순수 양상 이해 또한 가능하기 때문이다. 물론 이는 필반 개념을 통해서 정의한 뜻이다. 비록 x가 고정적으로 y에 필반한다고 해도, 이는 y가 x에 존재론적으로 우선해야 한다는 것을 논리적으로 함축하지 않는다. 어쨌든 부모가 자녀에 존재론적으로 우선한다고 말하는 것은 이상할 것이다! 의존에 관한 본질주의자의 개념 즉 파인과 로우가 제시한 개념이 우선성을 표현하려 든다면 더 유망해 보인다.[25] 그

---

25   본질주의자의 의존 개념에 대해서 더 알고 싶다면, Koslicki, 'Varieties of Ontological Dependence,'를 보시오.

러나 이 자리에서 이 사안에 대해서 결말을 짓고자 하지는 않겠다. 다
원주의 역시 살아 있는 대안이기 때문이다. 확실히 의존에 관한 여러
개념은 각자 쓸모가 있다. 그렇지만 존재론적 의존과 근거부여 사이에
체계적인 연관을 찾아내려는 독립적인 동기가 있다. 두 원초 개념보다
는 하나를 다른 하나로 정의하면 더 경제적이기 때문이다.[26] 어떠한 경
우든 비록 우리가 하나의 개념을 다른 개념으로 정의할 수 있다 해도,
근거로 파악되지 않는 존재론적 의존도 있고 존재론적 의존으로 파악
되지 않는 근거의 측면 역시 있는 것 같다. 따라서 당분간 이 두 개념
을 따로 유지하는 것이 낫겠는데, 특히 둘이 그 형식에서 차이를 보이
며, 이에 대해서 설명이 필요하기 때문이다. 다음 절의 주제는 바로 이
것이다.

5.4 근거의 형식적 특징

근거에 대해 더 정밀하게 다루려면 그 형식상의 특징뿐 아니라 여러
일반적인 사항을 더 살펴야 한다. 네 쌍의 구분을 살펴보자. 첫째는 전
면(full) 근거와 부분(partial) 근거의 구분에 관련되고, 둘째는 매개
(mediate) 근거와 비매개(immediate) 근거의 구분에 관련 있으며, 셋
째는 약한 근거와 엄밀한(strict) 근거의 구분에 관련되며, 넷째는 근거
부여에 대한 '조작적' 접근법 대 '관계적' 접근법에 연관된다.[27]

---

26 이에 대해서는 다음을 보시오. Fabrice Correia and Benjamin Schnieder,
'Grounding: An Opinionated Introduction,' in Correia and Schnieder (eds.),
Metaphysical Grounding, pp. 1-36.

27 이 가운데 셋째 구분까지, 그리고 이 밖의 다른 여러 구분에 대해서는 다음을 보
라. Kit Fine, 'Guide to Ground,' in Correia and Schnieder (eds.), *Metaphysical*

전면/부분 근거의 구분은 매우 뚜렷하다. P와 Q가 함께 연언 P & Q에 **전면** 근거부여를 한다면, P와 Q는 각각 연언 P & Q에 **부분** 근거 부여를 한다. 이런 구분을 채택하는 이유 중 하나는 어떤 것에 대한 전면 근거가 무엇인지 결정하기 어려울 때가 있기 때문이다. 예를 들어, 난기류 현상이 특정 지역의 공기압과 속도의 급격한 변화에 근거한다고 (단순하게) 말할 수 있으나, 이 현상의 복잡성과 그에 대한 이해의 한계로 난기류의 전면 근거의 조성성분을 결정하기 어렵다. 사실상 부분적으로는 똑같은 이유로 난기류를 통계적으로 이해하게 된다. 전면/부분 근거 구분에 대해서는 특별히 논란이 될 만한 사항이 없지만 예외도 하나 있다. 둘 중에 어떤 것이 다른 것에 비해서 우선적인지 여부에 대해서는 논란의 여지가 많다. 파인은 전면 근거를 확실히 우선시하며, 그래서 부분 근거를 전면 근거로 정의하려 한다.[28] 파인의 선호에 대한 간단한 이유는 다음과 같다. P와 Q의 연언과 선언은 둘 다 똑같은 부분 근거, 이를테면, P와 Q를 갖지만, P ∨ Q의 경우, P와 Q는 각각이 선언에 대한 전면 근거이기도 하다. 이 차이를 식별하기 위해서 우리는 전면 근거의 의미에 더 유의해야 한다. 일반적으로 우리가 근거에 관해 말할 때는 전면 근거를 의미한다. 그러나 다음에 보게 되듯이 때로는 부분 근거만을 의미한다는 점 역시 특히 중요하다. (난기류 사례처럼 인식적 이유 때문만은 아니다.)

매개 근거와 비매개 근거의 구분 역시 뚜렷하다. 비매개 근거는 다

Grounding, pp. 37-80. 우리는 여기서 근거와 유관한 모든 구분을 다루지는 않겠다. 조작적/관계적 접근법에 관한 논의에 대해서는 다음을 보시오. ('관계적'은 때로 '서술적'이라고 불리기도 한다.) Kelly Trogon, 'An Introduction to Grounding,' in M. Hoeltje, B. Schnieder, and A. Steinberg (eds.), *Varieties of Dependence* (Munich: Philosophia Verlag, 2013), pp. 97-122.

28 Fine, 'Guide to Ground,' p. 50.

른 근거 관계에 의해서 '매개' 될 필요가 없는 관계이다. 예를 들어, 연언 P & Q의 근거는 단순히 P와 Q이다. 그러나 (P & Q) & R과 같이 다른 연언지를 추가한다면, 전체 연언은 P, Q, R에 매개해서만 근거한다. (P & Q) & R의 근거를 살피기 전에 우리는 먼저 (P & Q)의 비매개 근거와 R의 비매개 근거를 각각 살펴야 하기 때문이다. 이런 방식으로, 더 복잡한 연언의 전면적 근거는 다른 근거 관계를 통해서 매개된다. 매개 근거는 비매개 근거로 정의될 수 있는데, 모든 매개 근거가 비매개 근거를 분석하여 얻어지기 때문이다. 방금 예로 든 (P & Q) & R이 이를 잘 보여준다. 파인은 이 구분을 중요하게 여기는데, 이를 통해서 자연스럽게 근거-이론적 위계(a ground-theoretic hierarchy) 개념에 도달하기 때문이다. 어떤 진리의 비매개 근거는 해당 위계보다 더 낮은 (다음) 수준에서 따라오고, 매개 근거의 연쇄를 통해서 우리는 위계의 더 낮은 수준에서 그 진리의 모든 부분적 근거에 도달할 수 있다. 이렇게 매개 근거와 비매개 근거 개념을 이용하게 되면 근거부여가 어떻게 다른 형이상학적 개념에 적용되는지 결정적으로 밝혀지게 된다.

약한 근거와 엄밀한 근거의 구분은 다소 복잡하다. 이 구분에 대해 논란이 있기 때문이지만 그래도 다음과 같이 요약할 수 있다. 어떤 사실에 대한 엄밀한 근거는 그 사실 자체가 아니라 설명 위계의 하위 수준에서 항상 발생한다. 이에 비해서 약한 근거는 똑같은 수준에서 발생한다.[29] 그렇다면 어떤 사실은 제 자신에 대해서 약한 근거일 수도 있다! 하지만 약한 근거의 예를 찾기는 다소 더 어렵다. 약한 근거의 잠재적인 예로는 잭이 질의 동기임(Jack's being Jill's sibling)을 들 수

---

29 약한 근거에 대한 분석에 대해서는 다음을 보시오. Louis deRosset, 'What is Weak Ground?', *Essays in Philosophy* 14.1 (2013), Article 2.

있겠다. 이는 질이 잭의 동기임을 설명하고 또한 잭과 질이 (한 쌍의)
동기라는 사실을 설명한다. 여기서 잭이 질의 동기임과 질이 잭의 동
기임은 설명적 위계의 똑같은 수준에서 발생한다. 이 예를 더 자세히
다루지는 않겠다. 엄밀한 근거 개념이 더 관심을 끌만하기 때문이다.
사실상 세 쌍의 구분을 조합해보면 근거에 관한 대다수의 서적이 어떤
관심사를 갖는지 확인할 수 있다. 근거에 관해 말할 때 대개 **엄밀한 부
분순서화**(a strict partial ordering)를 염두에 둔다.[30] 이 용어는 집합
이론의 전문 용어인데, 근거의 중요한 형식적 특징 세 가지, 즉 반반사
성(irreflexivity), 이행성, 반대칭성을 잡아내고 있다. 이에 대해서는
곧이어 논의하겠다. 엄밀한 부분적 순서로 이해된 근거는 이 책에서
암암리에 언급한 설명의 계층적 연쇄를 낳는다.

이제 다른 두 가지 구분 즉 근거에 관한 조작적 접근법과 관계적 접
근법의 구분에 관심을 돌려보자. 근거 개념의 지지자 가운데 일부는
이를 관계로 받아들이지만, 다른 사람들은 조작적 접근법을 선호한다.
관계적 접근법은 이해하기 더 쉬운데 근거를 나타내는 표현이 실물들
사이의 관계에 관한 진술에 사용되는 술어일 뿐이라고 생각하기 때문
이다. 이 견해에 따르면 관계항이 어떤 **종류**의 실물인지가 중요한 문
제이다. 다시 말해 근거를 부여받고 부여하는 실물에 관한 설명이 필
요하다. 예를 들어, 관계항의 후보로는 사실과 사태가 거론되는데, 이
장에서는 주로 사실을 관계항으로 언급하고 있다. 주로 코레이아
(Fabrice Correia)와 파인이 조작적 접근법을 선호하면서, 관계항에
대해서 존재론적으로 중립적 입장을 취한다.[31] 코레이아는 이렇게 말

---

30 이 용어는 다음에서 따왔다. Michael Raven, ʼIs Ground a Strict Partial
Order?ʼ, *American Philosophical Quarterly* 50.2 (2013), pp. 191-199. 레이븐은 이
글에서 이를 '정통' 접근법이라고 불렀다.
31 더 자세한 사항을 보려면, Fabrice Correia, ʼGrounding and Truth-Func-

한다. "두 가지가 같이 성립될 수 있어야 한다. 근거에 관해 주장하는
일과 사실에 관해 믿음이 실패하는 일."[32] 이 견해에 따르면 근거 개념
은 문장 연산자 '때문에'를 통해서 표현된다. 근거 표현 연산자로서 이
것이 가장 자연스러운 후보이다. 때로 'q 때문에 p'라고 말하는데, 조
작적 접근법의 착상에 따르면 근거부여가 이런 방식으로 사용된 '때
문에'로 표현된다. 이 견해의 동기는 단순하다. 여러 근거부여 주장
의 문법적 형식이 조작적 접근법의 주장에 부합하는 것처럼 보인다.
"비가 오기 때문에 내가 우산을 집어들었다."라고 말할 때, 우리는 p
와 q가 문장을 나타내고, '때문에' 연산자가 이 문장들을 항으로 취해
서 또 다른 문장을 형성하는 것을 보게 된다.[33] 이 문장에서 p와 q에 의
해서 지시되는 존재론적 범주에 관해서는 명백한 제약이 없다. 바로
이 때문에 조작적 접근법은 근거 진술에서 사실의 실존에 대해서 중립
적일 수 있으며, 관계항을 채울 수 있는 다른 전형적인 후보들의 실존
에 대해서 역시 중립에 설 수 있다.

　조작적 접근법의 존재론적 중립성은 장점으로 간주될 수도 있으나
대가도 치러야 한다. 이 접근법에 따르게 되면 근거부여와 존재론적
의존 사이의 자연스런 연관성이 사라진다. 이 접근법이 **설명적 의존**
(explanatory dependence)이라는 착상을 해명하지 않는 것으로 보이
기 때문이다. 설명이 (사실 간의) 의존 관계라면, 근거부여는 이 관계
를 기술하는 자연스러운 선택이다. 이는 근거부여가 특별히 다양한 존
재론적 의존, 이른바 사실 간의 설명적 의존이라는 주장을 강화할 것

tions,' *Logique & Analyse* 211 (2010), pp. 251-279를 참고하시오.
32　같은 글, p. 254.
33　'비가 오기 때문에 내가 우산을 집어 들었다.'는 예는 근거부여이기보다는 (또
는 근거부여에 덧붙여) 인과관계의 사례처럼 보인다. 이는 아마도 사실일 것이다. 근
거부여와 인과 사이의 관계에 대해서는 다음 절에서 다루겠다.

이다. 하지만 조작적 접근법과 관계적 접근법 사이의 구분은 가장 기초적인 근거 개념에 관한 것으로 이해되어야 한다. 일정한 가정을 추가한다면 하나의 접근법에서 정식화된 진술이 다른 접근법의 진술로 '번역' 되는 것이 가능하기 때문이다.[34]

앞에서 언급한 대로 대개 근거는 반대칭성, 반반사성, 이행성이라는 세 가지 형식적 특징으로 제약된다. (모두는 아니지만) 거의 모든 철학자가 이 세 특징을 인정한다.[35] 이와 관련된 정의는 아래와 같은데, 다만, 처음 둘은 근거에 적용되는 부정적 정의가 아니라 긍정적 특징을 정의한다.

대칭성

관계 R은 대칭적이다 ≡ 만일 x가 R에 의해서 y와 관계되면, y가 R에 의해서 x에 관계된다.
예: '동기임'

반사성

관계 R은 반사적이다 ≡ R은 자기 관계적이다. 즉 모든 것이 제 자신과 R의 관계를 맺는다.
예: '자기 동일함'

---

34 더 자세한 내용은 다음을 참조하시오. Correia, 'Grounding and Truth-Functions.'

35 이에 도전하는 내용을 보려면 다음을 보시오. C. S. Jenkins, 'Is Metaphysical Dependence Irreflexive?', *The Monist* 94.2 (2011), pp. 267-276; Jonathan Schaffer, 'Grounding, Transitivity, and Contrastivity,' in Correia and Schnieder (eds.), *Metaphysical Grounding*, pp. 122-38; Tuomas E. Tahko, 'Truth-Grounding and Transitivity,' *Thought: A Journal of Philosophy* 2.4 (2013), pp. 332-340.

이행성

관계 R은 이행적이다. ≡ 만일 x가 R에 의해서 y와 관계되고, y가 R에 의해서 z와 관계된다면, x는 R에 의해서 z에 관계된다.

예: '더 큼'

근거부여는 우선성 관계이기 때문에 대칭적이거나 반사적일 수 없다. x가 y에 근거하고 y가 x에 근거한다면 순환이 발생하며, 하나로 다른 하나를 설명하려 한다면 악순환을 범하게 된다. 마찬가지로 x가 그 자체에 근거한다면 그것은 존재론적으로 자기충족적이다. 이렇게 존재론적으로 자기충족적인 실물이 존재할 수도 있지만, 우리는 이들이 자체적으로 근거부여한다는 식으로 말하지 않으며 그냥 근본적이라고 말한다. 다시 말해서 이들은 근거부여를 받을 필요가 없다는 뜻으로 원초적이다. 따라서 근거는 반대칭적이며 반반사적이다. 하지만 이행성은 어떤가? 집합으로 예를 들어보자. 집합의 실존이 그 원소의 실존에 근거하고, 그 원소가 다른 집합을 포함한다면 그 실존은 다른 집합의 원소에 근거한다. 이런 방식으로 근거의 자연스러운 연쇄가 등장하는데, 이 연쇄는 근본적이고 근거부여를 받지 않는 실물까지 거슬러가게 된다. 이런 유형의 연쇄와 이행가능성은 근거 관계의 핵심으로 간주된다. 다음 장에서 우리는 이런 근거 연쇄의 함축에 대해서 더 자세히 살펴보겠다.

   이런 형식적 특징은 앞에서 소개된 구분의 부분 집합에만 적용된다는 데 주의하라. 예를 들어, 비매개 근거는 항상 직접(direct) 근거이고 매개 근거는 간접적(indirect)이기 때문에 매개 근거 개념만이 이행적이다. 또한 어떤 사실이 그 자체에게 약한 근거일 수 있기에 오직 엄밀한 근거 개념만이 반반사적이다. 따라서 엄밀한 부분 순서화로 이해된 근거부여만이 '자동적으로' 이행성, 반반사성, 반대칭성을 만족한다.

물론 이런 형식적 특징은 근거부여에만 연관된 것은 아니다. 사실 이들은 여러 유형의 존재론적 의존을 구별하는 방도를 알려준다. 예를 들어, 고정 실존의존은 반사관계이며 따라서 반대칭이 아니다. 그러나 근거부여받은 실물이 '비자기충족성'을 띤다고 할 때 이 관계는 아마도 반반사적이며 반대칭적이어야 한다. 하지만 고정 실존의존을 반대칭 관계라고 정의할 수도 있다. x가 y에 고정적으로 필반하지만 반대는 아닌 경우에 이는 반대칭이다. 이런 유형의 **일방향 고정필반**(one-way rigid necessitation)은 흥미로운 것이 사실이지만, 우리가 근거부여를 고려할 때 염두에 두고 있는 비자기충족성을 표현하지는 않는다. 다음 예를 보자. 소크라테스는 우연적 실존자이고 공집합은 필연적 실존자라면 소크라테스는 공집합을 일방향 고정필반한다. 그러나 확실히 소크라테스의 실존은 공집합의 실존에서 도출되지 않는다![36]

비록 근거가 반대칭성, 반반사성, 이행성을 갖는다는 게 널리 인정된 견해이기는 하지만, 이에 대한 반대가 없는 것은 아니다. 이런 반론 일부를 살펴보면 근거를 더 잘 이해할 수 있겠다. 특히 이행성에 초점을 둔 반론을 살펴보자. 다음 명제를 예로 들어보겠다. '하나의 특정한 맥주병 b가 실존한다.'[37] 이 명제에 관한 근거부여 주장을 다음과 같이 진술할 수 있다.

(i) 하나의 특정 맥주병 b가 실존한다는 사실은 b가 안정적인 거시물리적 구조를 갖는다는 사실에 부분적으로 근거하고 있다.

(ii) b가 안정적인 거시물리적 구조를 갖는다는 사실은 일정한 근본 물리 법칙이 유지된다는 사실에 부분적으로 근거하고 있다.

---

36 이 점에 대해서는 Fine, 'Ontological Dependence'를 보시오.

37 더 많은 논의에 대해서는 다음을 보라. Tahko, 'Truth-Grounding and Transitivity.'

이 두 근거부여 주장은 그럼직하다. (i)에 관해서, 그 맥주병이 (유리병일 경우) 가졌을 것이라고 우리가 기대하는, 단단하다는 등의 거시물리적 속성을 갖지 않았으며, 맛있고, 알코올을 포함하면서 갈증해소에 도움을 주는 속성 등을 갖지 않는다면, 그 맥주병이 실존한다고 생각하지 않을 것이다. b의 미시물리적 속성 전부는 일정한 미시물리적 속성 즉 특히 병의 구성성분인 미시물리적 입자의 인과적 특징에 의존한다. 이 입자들은 안정적인 거시물리적 구조를 산출한다. 이는 모든 필요조건이 근거라는 말이 아니라, (i)이 매우 그럼직한 후보라는 말이다. (ii)와 관련해서, 근거부여 주장은 수많은 물리법칙이나 원리를 언급할 수 있다. 여기서 더 자세한 사항을 다룰 필요는 없다. 거시물리적 대상의 안정성은 명백히 미시물리적 안정성을 필요로 하며, 그래서 (ii)는 물질의 안정성을 필요로 하는 어떠한 물리법칙이라도 참조할 것이다.[38] 그래서 일정한 근본 물리법칙이 거시물리적 안정성에 관한 많은 주장에 적어도 부분적으로라도 근거를 부여한다고 생각할 좋은 이유가 있다.

이제 이행성에 의해서 다음을 얻게 된다.

(iii) 하나의 특정 맥주병 b가 실존한다는 사실은 일정한 근본 물리법칙이 유지된다는 사실에 부분적으로 근거한다.

(iii)은 b의 실존에 대해 '궁극 근거'의 부분을 진술하는 것처럼 보인다. 이는 근거부여를 다루는 흔한 방식이다. 이행성만 있으면 이런

---

38   예를 들어, 우리는 **파울리의 배제원리**를 언급할 수 있다. 이 원리에 따르면, 하나의 폐쇄계에서 두 개의 페르미온은 동시에 똑같은 양자 상태에 처할 수 없다. 이 원리 때문에, 원자 붕괴가 '방해' 받아, 물질의 공간 채우기 작용을 일으킨다고 한다. 이미 제4장에서 이 원리를 잠깐 보았고, 제6장에서 또 등장할 것이다.

결과를 얻게 된다. 그런데 이와 동시에 (iii)이 다소 이상한 근거부여 주장이라고 생각할 수 있다. 어떻게 근본 물리법칙이 하나의 특정 맥주병의 실존에 **상관**되는지를 즉각적으로 알기는 힘들기 때문이다. 이 대목에서 충돌하는 직관 즉 일정한 유형의 직관적 상관성과 존재론적 의존 사이의 충돌은 근거에 관한 심화된 논란을 더 명확하게 드러내준다. **존재론적** 상관성에 대조되는 **인식적** 상관성에 관한 논란이 바로 그것이다. 근거 개념은 일반적으로 존재론적 개념으로 간주되는데, 이럴 경우 여기서 묘사된 직관의 충돌에 별로 마음 쓸 필요가 없다. (iii)과 같은 주장에 대한 반대의견은 인식적 상관성을 감안했을 뿐이기 때문이다. 그래서 맥주가 남았는지 우리가 묻고 다른 누군가 냉장고에 맥주 한 병이 있다고 대답하는 일을 생각해보라. 이 맥주병의 거시물리적 안정성이 어떤 의미로 일정한 근본 물리법칙에 의존한다는 사실은 이 문답과 별 상관이 없다. 이런 상황으로 인해 근거부여가 진정으로 단일한 존재론적 관계인지, 아니면 구별되는 여러 근거 개념, 이를테면, 일부는 존재론적이고 일부는 인식론적인 근거 개념이 있는지 더 궁금해진다. 이렇듯 여러 근거가 있다면 근거에 기대한 역할을 근거가 하지 못하게 될 것 같다.[39] 이제 근거의 역할에 관해 개관할 것이지만, 다른 근거 개념에 관한 논의도 이 장의 마지막 부분에서 다시 살필 것이다.

---

39   Tahko, 'Truth-Grounding and Transitivity'를 참고. 이 밖에도, Jessica Wilson, 'No Work for a Theory of Grounding,' *Inquiry* 57.5-6 (2014), pp. 1-45를 보면, 근거가 다른 맥락에서 하는 역할에 대해 논의한다. 근거의 형식적 특징에 대해 심화된 논의를 보려면 다음을 보시오. Gonzalo Rodriguez-Pereyra, 'Grounding is Not a Strict Order,' *Journal of the American Philosophical Association*, 1.3 (2015), pp. 517-534.

5.5 근거부여, 인과, 환원, 양상성

독자는 이 절의 제목을 보고 여러 근거를 다룰 것이라고 기대할 것이다. 하지만 어떤 논란거리에 대해서도 많은 시간을 할애할 필요는 없을 것이다.[40] 논란이 많은 영역이어서 해당 주제에 관한 명확한 표준 견해가 제시된 바 없다는 것이 부분적인 이유이다. 예를 들어, 근거부여와 인과 사이의 관계를 보자. 지금까지 이 논쟁거리를 피해오긴 했지만, 전형적으로 근거부여를 **비인과적** 설명이라고 서술한다. 이와 비슷하게, 근거의 많은 예에서 우리는 무엇인가에 근거하고 있는 실물이 그것에 근거를 부여한 바로 그 실물로 **환원**될 것이라고 기대하겠지만, 이것이 근거부여를 이해하는 전형적인 사고방식은 아니다. 양상성에 대해서도 이와 비슷하게 말할 수 있겠다. 근거부여는 단지 양상적 수반(modal supervenience) 즉 두 사물 간의 필반처럼 보이지 않는다. 다음은 파인이 물리적인 것과 심적인 것 사이의 관계에 관해서 말하면서 제시한 예인데, 근거부여의 이런 측면을 압축적으로 묘사하고 있다.[41]

예를 들어, 이것은 물리적인 것이 심적인 것을 **인과적으로** 결정짓는다고 말하지 않는다. 이것은 심적인 것이 물리적인 것 이외의 다른 실재성을 가질 가능성을 열어두기 때문이다. 또한 물리적인 것을 통한 심적인 것의 분석적 정의가 있어야 할 필요도 없다. 이를 정의로 볼 경우 반실재론자에게

---

40   여기서 다루고 있는 여러 주제에 대한 심도 있는 논의를 보려면 다음을 참고하시오. Gideon Rosen, 'Metaphysical Dependence: Grounding and Reduction,' in B. Hale and A. Hoffman (eds.), *Modality: Metaphysics, Logic, and Epistemology* (Oxford University Press, 2010), pp. 109-135.

41   Fine, 'Guide to Ground,' p. 41.

너무 큰 부담을 주기 때문이다. 또한 심적인 것이 물리적인 것에 양상적으로 수반되어야 할 필요 역시 없다. 물리적인 것 자체가 궁극적으로 심적인 것을 통해 이해될 여지 역시 남겨두기 때문이다.

그렇다면, 파인의 제안에 따르면 물리적인 것과 심적인 것 사이의 관계에 관한 올바른 질문이란 후자가 전자에 **근거하는**지 여부에 관한 것이다. 이제 근거부여에 관해 언급된 여러 측면을 더 자세히 살펴보자.

 파인이 말한 대로 물리적 상태가 심적 상태를 인과적으로 결정한다고 해도, 이것이 심적 상태가 물리적 상태 이외의 실존을 따로 가질 수 없다는 의미가 아니다. 하지만 이는 물리주의에 관한 어떤 가정을 추가하는 셈이다. 물론 이 가정을 누구나 수용하지는 않을 것이다. 다름아니라 심적인 것이 물리적인 것과 분리되어 있으며 그것에 의존한다는 가능성을 물리주의가 **배제**한다는 가정이다.[42] 물리주의를 이런 뜻으로 확립하려면 물리적인 상태와 심적인 상태 간의 더 강한 연관, 이를테면, 근거부여와 같은 관계가 증명되어야 한다. 이로부터 근거부여가 어떤 뜻으로는 인과보다 더 강하다고 추리할 수 있다. 물론 이런 추리가 보편적으로 수용되고 있는 것은 아니다. 예를 들어, 셰퍼는 근거부여가 '형이상학적 인과 비슷한 것'이라고 논한다.[43] 이것이 정확하다면 근거부여에 관한 중요한 구분이 이루어지는 셈이다. 인과의 이행성에 반례가 존재하는 것처럼 근거부여에도 반례가 있다고 셰퍼는 논한다.[44] 하지만 근거부여를 일종의 (형이상학적) 인과로 보는 입장은

---

42   심리철학에서 논의되는 물리주의에 관한 배경 지식을 얻으려면 다음을 참고하시오. Daniel Stoljar, 'Physicalism,' *SEP*, (Spring 2015 edn), http://plato.stanford.edu/archives/spr2015/entries/physicalism/.

43   Schaffer, 'Grounding, Transitivity, and Contrastivity,' p. 122.

44   근거에 관한 '정통' 입장과 근거의 이행성과 반반사성에 반례가 가능하다는 데

앞에 등장한 여러 사례가 비인과적 설명의 유형에 연관되어 있다는 사실로 곤란해진다. 또한 이 입장은, 근거부여가 순수 추상체 사이에도 성립하며, 추상체와 구체적 실물 사이, 예를 들어, 집합과 그 원소 사이에도 성립하기에 난처해진다. 이에 비해서 인과관계는 오직 물리적 실물과 관련된 관계이다. 현재 근거부여를 인과관계의 일종으로 취급하려는 시도가 있지만, 이는 아직 주변적인 견해에 머물고 있다.

　환원은 근거부여와 연관관계를 갖고 있는가? 심적인 것이 물리적인 것으로 **환원**되는지 묻는다면 이런 질문은 근거 질문과 어떻게 비교될 수 있는가? 이 두 질문이 똑같지 않다고 볼 좋은 이유가 있다.[45] 하지만 이 논란의 해결책을 찾아가는 과정에서 문제는 근거부여와 똑같이 환원이 다양한 해석을 허용한다는 것이다. 지금 예로 든 심적인 것과 물리적인 것 간의 관계를 예로 들어 이를 자연스럽게 살펴볼 수 있다. 엄격한 환원적 물리주의자는 정신적 **술어**나 **개념**과 심적 **술어**나 **개념**을 상호교환가능하다는 견해도 가질 수 있다. (물론 꼭 이런 견해를 가져야 하는 것은 아니다.) 이때 상호교환가능하다는 것은 물리적 술어가 적용될 때 그리고 오직 그 경우에만 심적 술어도 적용된다는 뜻이다. 이런 유형의 엄격한 환원적 물리주의는 심리철학에서 현재 인기가 많지는 않지만, 이렇게 묘사된 환원주의를 감안하면 환원과 근거부여는 명확하게 상이하다. 다음 대안은 환원을 **동일성**으로 이해하는 방식이다.[46] 이 경우에 반반사성이나 반대칭성은 더 이상 근거부여의 특징

반대하는 입장을 보려면 다음을 참고하시오. Raven, 'Is Ground a Strict Partial Order?'

45　이에 대한 논의를 보려면 Rosen, 'Metaphysical Dependence: Grounding and Reduction,'을 보시오. 특히 p. 122 전후를 참고.

46　환원이 동일성으로 이해돼야 한다는 견해를 옹호하는 글을 보려면 다음을 참고하시오. Paul Audi, 'A Clarification and Defense of the Notion of Grounding,' in Correia and Schnieder (eds.), *Metaphysical Grounding*, pp. 101-121.

이 아니다. 동일성은 반사적이며 대칭적이고 또한 이행적이기 때문이다. 그래서 근거부여는 전혀 다른 관계가 된다.

하지만 환원주의를 꼭 동일성이라고 해석할 필요는 없다. 근거부여를 다루는 저작에서 적어도 두 가지 대안이 더 등장한다. 하나는 **근본성**으로 환원을 규정하려 하고, 또 하나는 **본질**을 통해서 환원을 특징지으려 한다.[47] 첫 대안의 윤곽을 말하자면, 두 사실이 똑같은 사물을 설명하는데, 하나가 더 근본적인 용어로 설명하면 덜 근본적인 설명은 더 근본적인 설명으로 환원된다. 근본성 개념은 다음 장에서 더 상세히 검토될 것이다. 여기서는 간단히 이해하는 것으로 만족하자. 더 근본적인 용어는 근거 사슬에서 더 거슬러간 위치, 즉 위계구조의 시초를 차지한다. 그렇다면 **가장** 근본적인 용어는 위계구조의 바닥에 위치할 것이다. 다음으로 본질에 기반해서 근거를 특징지으려는 시도에 따르면, H_2O라는 미시적 구조를 가지고 물의 본질을 해명하려면 물을 H_2O로 **환원**하라고 제안하는 셈이다. 이 견해(또는 적어도 이 사례)는 몇 가지 난점을 갖는데, 그 가운데 일부를 다음 장에서 살펴보겠다. 하지만 이런 환원 개념에 따를 경우 근거를 향한 연결은 유지될 것이다. 물이 그 미시구조로 환원된다면 우리는 H_2O를 통해서 물이라는 것이 무엇인지 설명할 것이다. 이런 결과는 **근거부여-환원 연결**(grounding-reduction link)이라고 불렀다. q가 p로 환원되면, p는 q에 근거한다.[48] 요약하자면 근거부여-환원 연결에 관한 판단은 환원에 대한 이해 방식에 크게 의존한다.

이와 연관해서 제7장에서 다루게 될 형이상학적 양상성과 본질의

47 이 두 대안에 대해서는 다음을 참고하시오. Trogdon, 'An Introduction to Grounding.'

48 근거의 특성을 이렇게 묘사하는 저작을 보려면 다음을 보시오. Rosen, 'Metaphysical Dependence: Grounding and Reduction.'

연결 논의를 약간 미리 다뤄보자. 파인과 로우를 비롯한 여러 철학자
가 이 연결을 주장한다. 이들은, 비록 형이상학적으로 필연적인 어떤
진리가 한 사물에 관한 본질적 진리가 아닐 수 있겠지만, 모든 형이상
학적 필연성이 본질에 근거한다고 논한다. 이런 제안을 근거부여-환
원 연결, 즉 형이상학적 양상성이 본질에 **환원**된다는 데 의거해서 해
석할 수도 있다. 그러나 이는 동일성이 아닌 다른 것에 의거해서 환원
을 이해하도록 요구하는 것 같다. 왜냐하면 일부 형이상학적으로 필연
적인 진리들은 자신에게 근거를 부여하기 위해서는 여러 상이한 본질
을 요구하기 때문이다.

마지막으로 근거부여와 양상성 사이의 관계에 대해서 간단히 살펴
보자. 두 가지 선택지가 있다. 근거부여는 필연적이거나 우연적이다.[49]
근거부여를 필연적이라 보는 견해가 더 인기를 끌고 있다. x가 y에 (전
적으로) 근거한다면 x는 양상적으로 y를 반드시 함의한다. (근거부여
가 **형이상학적** 설명으로 이해되었기에) 양상적 내용은 형이상학적 양
상으로 해석될 것이다. 다시 말해서 x가 y에 (전적으로) 근거한다면 x
는 y에 형이상학적으로 필반한다. 달리 말해서 근거는 형이상학적 가
능세계에 두루 통한다. 존재론적 의존의 연관관계는 이 대목에서 명백
한데, 적어도 어떤 유형의 의존은 형이상학적 필반을 통해서 규정될
수 있기 때문이다. 근거가 우연적이라면 우리는 이런 유형의 존재론적
의존의 연결을 상실할 것이다. 근거를 논의하고 있는 대다수의 철학자
가 근거를 필연적이라고 가정하지만, 이 논점을 체계적으로 다루는 논
의는 여전히 드물다. 여기서 모든 세부 사항에 얽혀들 필요는 없다. 대
신에 우리는 파인에서 따온 예를 가지고 논의를 이어보겠다. 파인의

---

49 이 논점에 관한 더 포괄적인 논의를 보려면 다음을 참고하시오. Kelly Trogdoㅏ,
'Grounding: Necessary or Contingent?', *Pacific Philosophical Quarterly* 94
(2013), pp. 465-485.

주장에 따르면 물리주의를 이해하는 데는 심적인 것이 물리적인 것에 양상적으로 수반한다는 생각 이상이 필요하다. 이는 물리적인 것이 심적인 것을 통해 이해될 수 있는 가능성을 열어둔다. 이 결과는 이상해 보이겠지만 제안되었던 양상 그림에 완벽하게 정합한다. 물리적인 것은 심적인 것을 (형이상학적으로) 필반하는데, 이는 무엇이 물리적인 것 자체에 근거하는지 하는 의문의 여지를 열어두며, 또한 물리적인 것을 설명하는 데 어느 정도 도움을 주는 것이 심적인 것이라는 생각이 가능하다. 그래서 형이상학적 필반이 근거에 충분하지 않아 보이지만, 근거가 필연적이라면 근거는 필반을 논리적으로 함의한다. 따라서 물리적인 것이 심적인 것에 근거를 부여하면 물리적인 것 역시 심적인 것을 형이상학적으로 필반한다.

5.6 근거부여와 진리제조

이제 이 장에서 마지막 주제로 근거부여와 진리제조의 관계라는 중대한 논란거리를 다루겠다. 진리제조를 주제로 논의하는 저작은 근거부여를 주제로 삼는 최근의 저작에 비해서 역사가 더 길다. 하지만 근거부여에 관한 일부 초기 저작이 진리제조를 다루었기에 이 절의 논의가 더 복잡해진다.[50] 진리제조는 대체로 다음과 같이 묘사된다. 어떤 실물

---

[50] 특히 다음을 보시오. Gonzalo Rodriguez-Pereyra, 'Why Truthmakers?', in H. Beebee and J. Dodd (eds.), *Truthmakers: The Contemporary Debate* (Oxford University Press, 2005), pp.17-31, and Benjamin Schnieder, 'Truth-Making Without Truth-Makers,' *Synthese* 152.1 (2006), pp. 21-46. 하지만 진리제조를 주제로 삼은 최근의 저작의 발표 시기는 다음 저작까지 거슬러 간다. Kevin Mulligan, Peter Simons, and Barry Smith, 'Truth-Makers,' *Philosophy and Phenomenological Research* 44.3 (1984), pp. 287-321.

x는 p가 옳도록 만드는데, 여기서 x는 진리제조자(truthmaker)이고 p
는 진리담지자(truthbearer) 즉 전형적으로 명제이다. 진리제조자와
진리담지자의 관계는 진리제조 관계로 간주된다. 진리제조에 관한 저
작은 넘치지만 어떤 종류의 사물이 진리제조자일 수 있는지에 관해서
전적인 의견일치가 있는 것은 아니다. (예를 들어, '사태'(states of af-
fairs) 또는 단순히 '실물'인지 합의하지 못하고 있다.) 여기서 우리의
관심을 끄는 것은 진리제조 관계를 명료하게 이해하는 일이다. 이 관
계를 때로 덕분에(in virtue of) 관계라고도 한다. 우리는 p가 x 덕분에
옳다고 말한다. 이 '덕분에' 관계를 명료화하려는 유망한 시도 가운데
하나는 진리성-근거부여(truth-grounding)를 이용하여 이루어진다.
어떤 명제 p가 어떤 실물 x의 실존 덕분에 옳다면 x는 p의 진리성에
근거부여한다. 그래서 p의 진리성에 근거부여하고 있는 실물은 p의 진
리제조자이다. 여기서의 착상은 '덕분에' 관계가 근거부여의 **역**(con-
verse)으로 정의될 수 있다는 점이다. p가 x 덕분에 옳다면 그리고 오
직 그 경우에만 x는 p에 근거부여한다. 이것이 정확하다면 근거부여는
진리제조자 이론에서 중요한 역할을 할 것이다. 더 정확하게 말하면
근거부여를 사실 간의 관계라고 이해할 때 우리는 진리-근거부여를
다음처럼 정의할 수 있다.

진리성-근거부여

만일 x가 실존한다는 사실이 p가 옳다는 사실에 근거부여한다면, x는 p의
진리성에 근거부여한다. 즉 x는 p에 (부분적인) 진리-근거이다.

하지만 진리제조와 근거부여 사이에 이런 유형의 연관이 실제로 유
지되는지 여부는 큰 논란거리이다. 먼저, 진리성-근거부여가 전통적
인 진리제조 이론의 중요한 특징을 어겼기 때문이다. 전통적 이론에

따르면 진리제조란 근거부여의 경우처럼 단순히 사실들 사이의 관계이기보다는, 일반적으로 하나의 실물이나 여러 실물과 진리 사이의 통범주적(cross-categorical) 관계이다.[51] 진리-근거 지지자는 물론 진리제조를 통범주적으로 이해하는 것이 실수라고 역설할 수 있고, 또한 근거를 통해서 설명에 관한 통합된 해명을 추구한다고 논할 수도 있다. 하지만 이렇게 주장하고 나서도 진리제조 이론이 원래 해명하고자 했던 바를 잘 살릴 수 있을지 여부는 명확하지 않다.[52]

많은 근거 이론가들은 근거와 진리제조 사이의 연결에 관해서 사실상 회의적이다. 예를 들어, 파인은 이런 연결에 적극적으로 반대하고 있다.[53] 파인이 생각하기에, 기껏해야 우리는 다음 유형의 필연적 연관관계를 지적할 수 있다. x가 p에 근거부여한다면 사실 x가 p의 진리제조자일 것이다. 그러나 이런 연결은 많은 정보를 담지 못할 것인데, 이 연결이 다른 방향으로는 유지되지 않을 것이기 때문이다. 비록 우리가 어떤 명제 p가 어떤 사실 x에 의해서 옳게 된다고 발견해도, x는 p에 대해 충분한 근거가 아니라고 밝혀질 수 있다.

진리제조와 근거부여 사이의 이런 불안정한 연결 탓에, 근거부여에 관한 최종적이고 중요한 물음, 하지만 아직까지는 언급하지 않았던 물음이 제기된다. 과연 근거부여는 **일의적**인가? 달리 말해서, 여러 유형의 근거부여가 존재하는가? 또는 근거부여의 진정한 사례가 모두 하나의 공통된 근거 개념에 의해서 분석될 수 있는가? 근거부여에 관한 일의주의는 보통 논증 없이 가정되곤 한다.[54] 더 정확하게 말해서, 여

---

[51]   이에 대해서는 다음을 보시오. David M. Armstrong, *Truth and Truthmakers* (Cambridge University Press, 2004), p. 5.

[52]   이에 대해서는 다음을 참고하시오. Tahko, 'Truth-Grounding and Transitivity.'

[53]   Fine, 'Guide to Ground,' pp. 43-46 참고.

[54]   예를 들어, 트라그던(Trogdon)은 자신의 글('An Introduction to Grounding')

기서 우리가 생각하는 일의주의는 '근거부여'가 단일한 의존 개념으로 간주되어야 한다고 주장한다. 이때 어떤 유형의 일의주의인지에 따라서 이 의존은 다른 개념으로 분석될 수도 있고 그렇지 않을 수도 있다. 지금까지는 근거부여를 일의적이라고 취급했지만, 특히 진리제조의 경우를 보고 일부 철학자들은 근거부여를 여러 유형으로 나누고 싶어한다. 이런 견해는 몇 가지 위험을 동반하는데, 비일의주의가 근거 개념 전체의 비일관성을 보여주는 증거라고 간주하면서 근거부여에 관한 회의주의를 합당하다고 보는 철학자도 있기 때문이다.[55] 하지만 근거의 형식적 특성 일부에 관해서도 의견 불일치가 있는 상황에서, 근거부여를 존재론적 의존과 같은 일군의 관계(만일 그것이 관계라면!)로 간주한다면 우리는 근거의 향상된 의미를 얻을 수도 있다. 그런 방식으로 다른 형식적 특성을 가진 하위 근거 개념을 정의할 수 있다. 물론 이 경우에도 이들은 근거의 일반 개념에 모두 속하게 될 것이다. 이런 접근 방법은 나름의 호소력을 갖겠지만, 근거의 일반 개념을 어떻게 특정할 수 있을지에 관한 문제가 대두된다. 근거부여에 속하는 임의의 사례가 일반 개념의 하위부류의 사례이지만, 다른 예들은 크게 달라진다면, 왜 우리가 그 사례를 전혀 다른 근거 개념이라고 하기보다 근거의 일반 개념의 하위 부류라고 간주해야만 하는지 불분명하다. 물론 이런 노선을 취한다면 존재론적 의존에 관한 일반 개념이 역할을 더 잘할 것이다.

그러나 이런 회의적인 주의사항으로 이 장을 마치면 안 된다. 근거

에서 일의주의를 가정하면서, 이를 논의의 합당한 출발점으로 제안한다. 또한 트라그던은 이런 유형의 일의주의가 로젠(Rosen)의 입장이라고 말한다.

55   근거 개념에 관한 회의주의에 대해서는 다음을 보시오. Chris Daly, 'Scepticism About Grounding,' in Correia and Schnieder (eds.), *Metaphysical Grounding*, pp. 81-100.

부여는 분석 형이상학의 핵심적인 탐구 영역으로 신속하게 진입했으며, 의심의 여지 없이 상위형이상학에서 가장 흥미로운 주제 가운데 하나가 되었다. 최선의 경우 우리는 근거부여를 통해 형이상학적 설명에 대한 철저한 이해를 약속받게 된다. 하지만 실패했을 때라도 근거부여를 여러 경우에 적용하는 일은 형이상학에 많은 일거리를 제공한다. 이 장을 통해서 이미 보았듯이 근거부여와 존재론적 의존의 가장 중요한 적용은 근본성과 실재의 위계구조이다. 이는 다음 장의 주제이다.[56]

---

56 *역주: 이 장에서 사용된 "필반"이라는 번역 용어는 김영정의 용어이다. 김재권 지음, 「철학적 개념으로서의 수반」, 『수반과 심리철학』, 철학과현실사 1994, 223쪽 참고.

근본성과 실재의 여러 수준

이 장에서는 실재가 여러 '수준'으로 이루어진 위계구조라는 견해를 다루겠다. 이 견해는 긴 역사를 갖고 있으며 여전히 인기를 끌고 있다. 과학뿐 아니라 우리의 일상 경험 역시 이런 견해를 강하게 지지하는 듯이 보인다. **규모의 차이에 따른 등급**(scale, *역주-앞으로 "규모" 또는 "등급"으로 옮김)이 두 영역에서 주된 고려 사항이기 때문이다. 어떤 등급이 존재한다는 것은 실재를 구조화하는 방도가 있다는 것을 암시하며, 이런 착상은 자연스럽게 이 구조가 존재론적 의존을 통해서 서술될 수 있다는 생각과 결합한다. 지금은 존재론적 의존이라는 도구를 편하게 사용하겠다. **부분전체론**(mereology)의 기본 개념 즉 부분과 전체를 생각해보면 등급이 존재한다는 생각은 명백히 쓸모를 갖는다. 원자는 아원자 입자로 조성되고 분자(와 초원자구조)는 원자로 조성되며, 분자는 주변에서 우리가 보고 있는 모든 것을 조성한다. 이를 존재론적 의존 개념을 이용해서 표현할 수도 있다. 전체는 부분에 그 **실존을 의존한다**. (곧 보겠지만, 이것이 의존관계의 정확한 방향이라는 데 모두가 동의하지는 않는다.) 이런 의존 사슬의 말단이 존재하는지 고민할 때 비로소 근본성이 등장한다. 최소 부분에 도달한 적이 있는가? 다시 말해서, 근본적인 '바닥 수준'이 존재하거나, 또는 실재의 위계 구조가 **무한히** 계속되는가? 많은 사람이 생각하는 바에 따르면 제 자신 이외의 모든 것이 '기대어 서 있는' 근본 수준이 존재한다. 근본 수준은 대개 연속선의 말단을 차지한다. 이를테면, **원자주의**는 분할불가능한 (아원자) 단순자(simples)가 존재하며, 이 입자를 근본적이라고 주장한다. 다시 말해 이 단순자는 존재론적으로 비의존적이라고 주장한다. 그러나 근본 수준이 반드시 바닥 즉 더 작은 말단에 위치하는 것은 아니다. 근본 말단은 꼭대기에 있을 수도 있기 때문이다. 예를 들어, 전체로서 우주가 그 부분에 **선행하여** 근본적이라고 간주될 수도 있다.

이 장에서 이런 모든 선택지를 더 자세히 살펴보겠다. 그러나 그 이전에 언급해야 할 사항도 있다. 이 주제를 다루고 있는 최근의 일부 저작은, 현대 물리학을 참조하여, '수준' 관념을 전면적으로 거부하려 한다. 수준 비유에 의해서 도입된 위계적 견해가 없다면 근본 수준에 관해서 말하는 것이 문제를 일으킬 것 같다. 그래서 본격적인 논의에 앞서, 수준 비유 자체를 포함하여 여러 논란거리를 명료화할 필요가 있다.

먼저, 근본 수준의 존재 불가능성을 주장하는 견해도 있겠다. 그러나 이를 이해하고자 할 때 여러 의문에 직면하게 된다. 비록 미래의 물리학이 이 논점을 명료하게 해줄 가능성은 있지만, 현재로서는 어느 정도의 경험적 작업이 이 논란을 결정적으로 해결할 수 있을지 명확하지 않기 때문이다. 결국 근본 수준이 존재할 수 없다고 생각하게 되면 또 다른 의문이 이어진다. 실재의 수준이 **무한히** 이어질 뿐 아니라 무한하게 **복잡**해지는 것이 가능한가? 지금까지 우리가 본 바에 따르면 각각의 연속된 수준이 일정한 새 속성을 갖는데, 일정 지점에서 계속 똑같은 속성을 무한 반복해서 갖게 될 수는 없는가? 상이한 수준이 무한이 존재하면서 똑같은 구조가 반복된다면 (똑같은 구조이기에) 복잡성을 띠지 않으나 (무한히 반복되므로) 무한후퇴를 얻게 된다.[1] 하지만 우리가 이런 생각을 해명하기 전에, 근본성에 관한 현재의 논의 상황을 더 잘 알아야 한다.

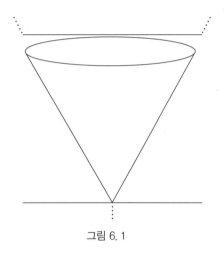

그림 6. 1

그림 6.1의 원뿔은 실재의 위계구조를 표상하는데, 최소 사물이 바닥에 있고 꼭대기에는 전체 우주가 있다. 왜 원뿔 모양인가? 무엇보다도 원뿔은 실재의 구조에 규모에 따른 등급이 있다는 착상을 반영한다. 또 다른 이유도 있다. 연속선상에서 더 작은 말단에 각기 다른, 더 적은 **종류**의 사물이 있다는 생각이 더 자연스럽기 때문이다. 입자물리

1 이런 유형의 반복 구조를 셰퍼는 '따분하다'고 말한다. 이에 대해서는 Jonathan Schaffer, 'Is There a Fundamental Level?', *Noûs* 37 (2003), pp. 498-517를 보시오. 이런 유형의 따분한 무한 하강에 관한 다음 논의도 참고하시오. Tuomas E. Tahko, 'Boring Infinite Descent,' *Metaphilosophy* 45.2 (2014), pp. 257-269.

학의 표준모형은 61가지 기본 입자 즉 근본 입자를 상정한다. (입자와
그 반입자, 여러 색의 쿼크와 글루온을 모두 세었을 경우에 이렇다.)
이와 대조해서, 연속선상의 더 큰 말단은 실재 속에 있는 서로 다른, **모
든 종류의 사물**, 심지어 아마 무한히 많은 다른 종류의 사물을 아우른
다. 두 말단의 선은 가정상의 꼭대기와 바닥을 표상한다. 점선 부분은
가정상의 말단 수준을 넘어서는 무한한 하강과 무한한 상승의 가능성
을 표상한다.

　그렇다면 실재의 위계 구조에 관한 네 가지 대안이 가능하다.

　(1) 원뿔의 양단이 폐쇄(즉 의존 사슬이 양단에서 종결).
　(2) 상단은 개방, 하단은 폐쇄.
　(3) 하단은 개방, 상단은 폐쇄.
　(4) 양단에서 개방.

　원뿔 양단이 폐쇄되었다면 우리는 둘 중 하나가 근본적이라고 간주
할 수 있다. 하나만 폐쇄되었다면 상단이나 하단 가운데 닫힌 쪽만 근
본적이라고 간주될 수 있다. 이는 의존 사슬이 근본에서 종결되어야
한다는 데서 귀결된다. 앞의 세 가지 선택지는 서로 다른 유형의 **형이
상학적 토대주의**(foundationalism)를 낳는다. 형이상학적 토대주의는
근본 수준이 있다고 주장할 뿐이다. 넷째 선택지는 형이상학적 토대주
의를 지지할 수 없다. 가장 높은 수준도 바닥 수준도 없기 때문이다.
이런 경우 일종의 **형이상학적 무한주의**(infinitism)만 가능할 뿐이다.
하지만 이런 서술은 다소 단순화되어 있는데, 아직 우리가 '근본성'이
무엇인지 충분히 말하지 않았기 때문이다.

　이 장에서 제기할 주된 질문은 다음 세 가지이다.

1. 연속선상의 양단 가운데 하나에 실재의 근본 수준이 있는가?

2. 있다면 '근본적'인 것은 무엇인가?

3. 그런 수준이 있다면 우리는 그것을 어떻게 알 수 있는가?

형이상학에 종사하고 있는 많은 철학자는 첫째 질문에 대해서 긍정적으로 답하고 있거나 적어도 그런 답을 내놓고 싶을 것이다. 이 질문에 결정적인 답을 내놓는 일은 어려운 일이다. 그래서 이 장에서 이런 일을 완결하려 시도하지 않겠으나, 사안의 무게로 볼 때 해결의 희망이 있는지 탐색해볼만하다. 그러나 방법론에 관한 둘째 질문, 그리고 이와 밀접한 연관이 있는 셋째 질문이 관심을 끌고 있으며, 최근의 관련 저작에서 이 관심은 더 늘고 있다.

한편으로 근본성에 관한 저작이 폭발적으로 늘고 있는 최근의 추세와, 다른 한편으로 이와 관련된 과학의 여러 논란거리에 비추어볼 때, 근본성을 통째로 개관하는 일은 불가능하다. 하지만 앞의 세 질문에 답하려면 이에 연관된 과학적 논점과 철학적 논점을 모두 논의하는 일이 필수적이다. 우리는 레디먼과 로스의 비판적 견해를 다루면서 논의를 시작할 수 있겠다.[2] 이들의 주장에 따르면 애초에 실재란 여러 수준으로 조직되지 않았으며, 근본 수준이 존재하지 **않는다**고 생각할 좋은 이유가 있다. 그런데 논의가 시작되기 전에 다음 두 논점이 명확해져야 할 것 같다. 먼저, '수준' 비유에 대한 그럼직한 해석이 있는가? 둘째, '근본성'에 관한 적절한 이해란 무엇인가? 이 두 논란거리를 이 장의 첫 절에서 다루겠다. 이때 제5장에서 배운 몇 가지 도구를 이용할 것이다. 둘째 절에서 이른바 **부분전체론적 근본성**에 대한 찬반 논증을

---

2 이들의 다음 저작을 참고하시오. J. Ladyman, D. Ross, D. Spurrett, and J. Collier, *Every Thing Must Go* (Oxford University Press, 2007). 특히 pp. 4, 53-57, 178-180을 보시오.

검토할 것이다. 이것은 '근본성'에 관한 통상의 이해 방식이거나 적어
도 널리 용인된 해석이다.[3] 이후에 논의는 더 논란이 크고 전문적인 영
역으로 접어들 것이며, 그래서 독자는 필요한 경우 인용 저작을 참고
하거나, 더 사변적인 내용에 흥미를 갖지 못한다면 몇 절을 건너뛰어
도 무방하다.

셋째 절에서 근본성 배후에 있는 더 전문적인 가정을 상세하게 드러
내려 한다. 특히 근본성을 더욱 상세하게 이해하려 할 때, 의존하게 되
는 개념 즉 **적정토대**(well-foundedness, *역주-집합론에서는 '정초
(整礎)'로 옮긴다. 여기서는 'fonunded'를 '토대(를 가진)' 등으로 옮
기기로 해서 '적정토대'로 옮긴다) 개념을 살펴보겠다. 이 개념은 집
합론에서 비롯되었다. 앞으로 이 논의에서 적정토대의 역할을 살필 것
이고, 근본성 배후에 자리한 핵심 착상을 명료화할 때 이 개념의 쓸모
를 검토하겠다. 또한 제5장에서 논의한 내용을 이용해서, 우리는 현재
의 논의에 어떤 유형의 존재론적 의존이 관련 있는지 확인해보겠다.
이렇게 살핀 뒤에 제4절에서 '근본성'에 관한 더 넓은 이해, 즉 **일반적
인 존재론적 근본성**(generic ontological fundamentality)을 정의하고
자 한다. 부분전체론적 근본성이 심각한 도전에 직면하기에, 더 일반
적인 이해를 추구하게 된다. 이때 '부분' 개념을 새롭게 이해하려는 논
의가 부각된다. 마지막으로 근본성에 관한 물리학적 증거를 분석하는
내용이 다섯째 절을 차지한다. 이 부분은 물리학의 내용이 큰 비중을
차지하며, 그러므로 이런 논점에 별다른 흥미를 느끼지 못하는 독자라
면 건너뛰시라.

---

3   예를 들어, Schaffer, 'Is There a Fundamental Level?'을 보시오.

6.1 '수준' 비유

'수준' 비유에 대한 분석으로 논의를 시작해보자. 실재가 여러 수준을
갖는 방식으로 조직되었다고 말할 때 어떤 의미인가? 철학에서 실재
가 위계와 층위를 갖는다(a hierarchical, layered)고 보는 주장 가운데
고전적인 것은 오펜하임(Paul Oppenheim)과 퍼트남의 견해이다.[4] 이
들은 실재의 여러 수준이 과학에 기반하고 있으며, 이 위계는 환원에
의해서 드러난다고 주장한다. 거시물리적 현상은 미시 물리적 현상으
로 환원되는데, 이 환원은 일반적인 물리주의자 환원의 일부이다. 그
리고 '수준' 비유는 이런 층위적이고 환원적인 구조를 기술한다. 특히
실재의 더 높은 수준에 있는 실물은 그것의 부분 즉 실재의 더 낮은 수
준에 있는 실물로 환원될 수 있으며, 사실상 더 낮은 수준에 이미 포함
되어 있다. 그러므로 모든 실물이 궁극적으로는 근본 수준에 환원되기
에 그 근본 수준에 이미 포함되어 있다. 예를 들어, 생물 유기체는 상
대적으로 실재의 높은 수준을 차지한다. 유기체의 생물학적 과정을 더
낮은 수준의 현상, 이를테면, 생화학적 반응을 통해서 설명할 수 있다.
이때 생물 유기체를 세포 구조에 환원하고 있는 셈이다. 그리고 이런
과정은 더 진행될 수 있다. 유기체의 세포 속의 분자가 가진 원자와 아
원자 성분을 끌어들여서, 세포 구조를 분자 구조와 양자 화학의 화학
적 반응에 환원할 수 있다. 이러다보면, 우리는 생물 유기체를 근본 물
리학에 즉 실재의 최저 수준에 닿도록 환원하게 된다.

이런 서술이 처음 보기에는 그럴듯해 보이지만, 그리고 분명히 이런

---

4 다음을 참고하시오. Paul Oppenheim and Hilary Putnam, 'Unity of Science as
a Working Hypothesis,' in H. Feigl et al. (eds.), *Concepts, Theories, and the
Mind-Body Problem*, Minnesota Studies in the Philosophy of Science (Vol. II. pp.
3-36) (Minneapolis: University of Minnesota Press, 1958).

유형의 환원이 있지만, 오펜하임과 퍼트남의 해명(이후에 OP)은 거의 모든 철학자에 의해서 거부당했다. 우선 이 해명에 내장된 환원주의가 문제이다. 근본 물리학을 통해서 **모든** 거시물리적 현상을 설명하려는 환원 원리가 성립되기 어렵기 때문이다. 이 대목에서 우리가 근본 물리학을 통해서 **결국에는** 모든 것을 설명할 수 있게 된다는 식으로 미래의 물리학에 의존하여 논증을 이어갈 수도 있다. 그러나 미래의 물리학에 의존하는 어떤 논증이든, 바로 그 미래의 물리학이 어떤 모습일지, 현재로서는 누구도 명백히 알 수 없기에 문제에 부딪힌다. 어떠한 경우라도 이런 환원이 실제로 시행되기 전에 환원이 가능하다고 가정할만한 이유는 없다. 이 밖에도 고려해야 할 바가 또 있다. 레디먼과 로스는 **원자주의**에 개입한다는 이유로 환원주의를 거부한다. 모든 물질이 분할 불가능한 '원자'로 이루어진다는 생각은 소크라테스 이전 철학자인 데모크리토스 이래로 우리에게 익숙해졌다. 하지만 레디먼과 로스는 바로 이 견해를 거부한다.[5]

그리고 OP식 해명은 너무 강한 요구를 내놓아서 문제이다. OP에 따르면 실재의 각 수준은 하나의 이론에 대응한다. 이는 심리학에서 시작해서 생물학과 화학을 거쳐 미시 물리학까지 진행된다. 위계에서 상층 단계의 탐구가 다음 단계의 이론으로 차례차례 환원된다. 이런 요건이 충족되는 일은 지극히 어렵다. 예를 들어, 수많은 시도에도 불구하고 심리학을 신경화학으로 환원하는 일이 완결된 적은 없다. 심지어 화학을 물리학에 환원하려는, 더 유망한 것처럼 보이는 시도 역시 무위에 그쳤다. 또 다른 문제는 우리가 염두에 두고 있는 것이 어떤 종류의 환원인지 명확하지 않다는 것이다. 예를 들어, 양자 역학에서 '화학적 실체' 개념을 설명할 수 있는가? 이런 일이 이루어진다면 적절한

---

5   다음을 보시오. Ladyman and Ross, *Every Thing Must Go*, p. 47.

환원인가?[6] 이는 간단하지 않으며, OP가 제시한 전망처럼 단순한 일은 더욱 아니다. 최근에 '수준' 비유에 관한 대안적 설명이 쇄도하고 있는데 그 가운데 어떤 것은 OP에 비해 낫다.

수준에 관한 최근의 해명 가운데 일부는 비환원적이며 레디먼과 로스가 회피하고자 하는 원자주의에 개입하지 않는다. 러거(Alexander Rueger)와 맥기번(Partrick McGivern)의 착상이 이런 예에 해당한다.[7] 이들은 다음과 같이 제안한다. 실재의 위계는 실물이 아니라 연쇄적인 실물의 **동작**(behavior)이다. 실물의 동작은 OP가 가정하는 바와 달리 공간상의 부분-전체 관계에 따른 순서가 아니다. 그래서 이런 해명은 환원주의를 피할 수 있으며 현대 물리학에 의해서도 지지를 받을 수 있다.

물리학자가 여러 수준에 관해서 말할 때, 그들은 실물의 부분전체론적 순서를 염두에 두지 않는다. 대신에, 그들이 실재를 기술할 때 **규모가 다른 여러 등급**에서 수행되는 과정이나 동작의 계층으로 이루어졌다고 말한다. 특정 등급에서 한 계의 동작을 기술하려면, 먼저 해당 등급에서 이루어진 그 계의 관련된 특징을 표상하는 일련의 방정식을 명세해야 한다. 그렇다면 그 등급에서 이루어진 그 계의 동작을 기술하는 것은 바로 그 방정식, 예를 들어, 어떤 시간 간격에 관한 적분방정식의 해이다. 또한 여기서 '동작'은 그 계의 속성이 공간 그리고/또는 시간에 걸쳐 분산되는 것으로 느슨하게 이해된다는 데 주의하라.[8]

---

6 Jaap van Brakel, 'Chemistry and Physics: No Need for Metaphysical Glue,' *Foundations of Chemistry* 12 (2010), pp. 123-136를 참고.

7 다음을 참고하시오. Alexander Rueger and Patrick McGivern, 'Hierarchies and Levels of Reality,' *Synthese* 176 (2010), pp. 379-397.

8 Rueger and McGivern, 'Hierarchies and Levels of Reality,' p. 382.

레디먼과 로스는 '수준' 비유 일반에 반대하기에 이렇게 다른 접근 방법에도 만족하지 않을 것이다. 물론 이들만이 이 비유에 의심을 품고 있는 사람은 아니다.[9] 게다가 러거와 맥기번이 사용하고 있는 '등급' 개념은 원래의 '수준' 개념의 역할을 대신하는 것처럼 보이며, 그래서 이들의 설명이 수준의 부분전체론적 함의를 모두 회피할 수 있는지 불분명하다. 근본 수준의 존재를 반대하면서도 다른 형식의 수준 비유를 수용하는 사람도 있다.[10]

그러나 왜 레디먼과 로스가 수준 비유를 포기하는가? 부분전체론적 순서에는 어떤 문제가 있는가? 그들의 주된 우려는 고전적 해명이 단지 원자주의를 **가정하고**, 입자성(granularity)을 수준구별의 주요 기준으로 택하는 것처럼 보인다는 데 있다. 하지만 러거와 맥기번이 제시한 노선이 성립할 수 있다면 원자주의적 가정은 수준 비유에 필수적인 것이 아니다. 또한 레디먼과 로스의 다른 우려는 부분전체론적 순서가 현대 물리학의 지지를 받지 못한다는 것이다. 이들은 부분-전체 관계에 의해서 순서가 부여된 구조 즉 부분전체론적 구조로 이해된 수준 비유가 실패하는데, 다름 아니라 물리학을 기반으로 한 부분전체론적 원자주의에 좋은 증거가 없기 때문이라고 생각한다.[11] 다음 절의 논의에서 이들의 반론을 더 자세히 보겠다. 곧 밝히겠지만 부분전체론적 원자주의는 근본성 개념이나 '수준' 개념에 내장되지 않았다. 이제 이런 논의에 등장하는 '근본성'의 뜻을 밝혀보자.

---

9 더 많은 논의를 보려면 다음을 참고하시오. John Heil, *From an Ontological Point of View* (Oxford: Clarendon Press, 2003). 특히 제2장을 보시오.

10 예를 들어, 다음을 보시오. Schaffer, 'Is There a Fundamental Level?'; Andreas Hüttemann and David Papineau, 'Physicalism Decomposed,' *Analysis* 65 (2005), pp. 33-39.

11 Ladyman and Ross, *Every Thing Must Go*, pp. 53-57.

6.2 부분전체론적 근본성

이미 부분전체론적 원자주의와 근본성 개념과의 연관성에 관해서 말
했지만 근본성 개념을 아직 정의하지 않았다. 이를 단순하게 다음과
같이 정의할 수 있겠다.

부분전체론적 근본성(Mereological Fundamentality, MF)
세계는 부분전체론적 수준들로 조직되어 있고, 근본 수준은 부분전체론적
등급에서 한쪽 말단에 있다.

이 정의가 두 부분으로 이루어진 데 주의해야 한다. 하나는 부분전
체론적 위계이고 다른 하나는 근본성 논제가 실은 근본적인 **부분전체
론적** 수준에 관한 논제라는 생각이다. 부분전체론적 등급의 어느 말단
을 근본적이라고 간주하는지에 따라 MF는 두 가지 주요 형식으로 나
뉜다. MF를 지지하는 견해는 근본 수준에 있는 실물들이 '실재성'의
최고 등위를 갖는다는 생각에 추가적으로 개입할 수도 있다. '존재의
등위'(degrees of being)에 관한 이런 견해의 기원은 아리스토텔레스
로 거슬러갈 수 있지만 이런 견해의 해명은 난망하고, 또한 이런 견해
와 근본성에 관한 최근 논의 사이에 어떤 연관이 있는지 명쾌하게 밝
혀지지 않았다.[12] 비유는 넘치지만 그 알맹이는 다음과 같다. 어떤 것
도 x에 근거부여하지 않는다면, 그리고 오직 그 경우에만 x는 근본적
이거나 **존재론적으로 독립적**이다.[13] 존재론적 독립성 개념을 제5장에

---

12   이런 연관을 밝혀보려는 최근의 시도에 대해서는 Kris McDaniel, 'Degrees of
Being,' *Philosophers' Imprint* 13.19 (2013)를 참고하시오. 맥다니엘은 이런 연관이
있다고 논증하며, 이 연관을 사용할 수 있(고 또한 사용해야 한다)고 주장한다.
13   다음을 참고하시오. Jonathan Schaffer, 'On What Grounds What,' in D.

서 도입했고 어느덧 익숙해졌는데, 이제 이 개념을 다른 목적에도 사용할 수 있게 되었다.

게다가 위의 정의에 진술되지 않았어도 MF는 일반적으로 방향성 관념과 결합되게 마련이다. 등급상의 한 말단에서 다른 말단으로 향하는 반대칭 존재론적 의존 관계가 있다. 이런 의존의 방향이 MF 지지자를 다원주의자와 일원주의자 둘로 나누게 된다. 이 대목에서 주의사항이 있다! 다원주의와 일원주의는 MF와 독립적인 견해이고, 따라서 MF를 주장하지 않는 여러 다원주의와 일원주의가 가능하다.[14] MF와 결합했을 때 다원주의자는 의존의 방향이 큰 데서 출발하여 작은 데로 향한다고 하고, 그 결과 부분전체론적 원자주의, 즉 표준적인 견해로 귀착된다고 주장한다. 일원주의자는 부분이 전체에 의존하며 그래서 단 하나의 근본적 실물, 이른바, 우주가 있다고 생각한다. 일원주의자의 한 명인 셰퍼는 **실체**(substance)만이 근본적이고, 나아가 우주라는 단 하나의 실체만 존재한다고 생각한다. 이런 견해에 비추어 보면 실체는 존재론적으로 기초적인 즉 근본적인 독립 실물이다. 이런 '실체' 개념은 아리스토텔레스의 규정 방식이다. 실체로 간주된 우주는 자신의 (어떠한) 부분보다 우선한다. 셰퍼의 스피노자식 **우선성 일원주의**(priority monism)는 부분전체론적 원자주의를 가정하지 않는다. 사실상 우선성 일원주의를 옹호하는 셰퍼의 논증 중 하나에 따르면 이 일원주의가 **무원자 끈적이**(atomless gunk)의 가능성과 양립가능하다. 물질이란 무한히 분할가능한 '끈적이'이며 물질 즉 대상은 최소 부분

Chalmers, D. Manley, and R. Wasserman (eds.), *Metametaphysics* (Oxford University Press, 2009), p. 373.

14 근본성에 관한 다른 해명뿐 아니라 일원주의/다원주의의 논란에 관한 논의를 보려면 다음을 참고하시오. Kelly Trogdon, 'Monism and Intrinsicality,' *Australasian Journal of Philosophy* 87 (2009), pp. 127-148.

을 갖지 않는다. 부분전체론적 단순자들(simples)은 존재하지 않는다. 끈적이 문제는 꽤 중요하다. MF+다원주의에 개입하는 견해, 그리고 의존 관계가 큰 데서 작은 곳으로 향한다는 착상은 '끈적한' 존재론에서 함의되는 무한 분할가능 물질과 어울리기 어렵기 때문이다. 이에 대해서 잠시 뒤에 다시 논의하자.

부분전체론과 결합한 MF는 근본성에 관한 기본 견해이자 가장 큰 저항의 대상이기도 하다. 앞에서 보았듯이 레디먼과 로스는 이 견해에 강하게 반대한다. 대다수의 반대자는 MF가 부분전체론적 원자주의에 추가적으로 개입하는 데 우려한다. 레디먼과 로스가 갖고 있는 우려 역시 정확하게 부분전체론적 원자주의를 향하고 있다. 이들에 따르면 여러 유형의 원자주의적 개념 가운데 현대 물리학의 시험을 견딜 수 있는 것은 없다. 이들이 인용하는 현상은 유명한 '양자 얽힘'(quantum entanglement)이다. 레디먼과 로스가 더 좋은 표현이 없어서 슈뢰딩거(Erwin Schrödinger, 1887~1961)의 원래 표현을 인용했기에 여기서도 해당 부분을 인용하겠다.

각각에 속한 대표표본을 통해 그 상태를 알게 되는 두 계가 둘 사이에 알려진 힘에 의해서 일시적인 물리적 상호작용을 하게 되면, 그리고 상호 영향의 시간이 지난 뒤에 그 계가 다시 분리되면, 두 계는 더 이상 똑같은 방식으로 기술될 수 없다. 각각의 대표표본을 각 계에 부여하는 방식으로 기술될 수 없다. 나는 이를 양자 역학의 **한** 특성이라고 말하지 않고 **유일한** 특성이라고 부르겠다. 바로 이 때문에 고전적 사고방식에서 벗어나게 된다. 상호작용에 의해서 두 대표표본[즉 그 양자 상태들]은 얽히게 된다.[15]

15   Erwin Schrödinger, 'Discussion of Probability Relations Between Separated Systems,' *Proceedings of the Cambridge Philosophical Society* 31 (1935), p. 555. 이 내용은 Ladyman and Ross, *Every Thing Must Go*, p. 19에서 재인용.

양자 얽힘 현상에 관해 여기서는 상세히 다루지 않겠다. 중요한 점은 **개별성**(individuality)에 관한 의문이 제기된다는 점이다. 근본성에 관한 원자주의자 개념이 올바르다면 어떤 개별자를 발견할 수 있을 것이다. 이때 발견할 개별자는 물론 **독립적인** 부분전체론적 원자일 것이다. 그러나 양자 얽힘 현상을 감안하면 개별자에 해당하는 최선의 후보 즉 표준 모형에서 언급하는 기본 입자는 철학적 논의에서 기대하는 바대로 작동하지 않는다.[16] 레디먼과 로스가 제기하는 핵심 비판에 따르면 근본 물리학에는 '단순자'라는 원자주의적 관념에 대응하는 것이 없다. 그 대신에 오직 확률적으로 모형화가능한 상호연관체계의 복잡한 배열을 발견할 뿐이다. 이를테면 앞의 인용문에서 슈뢰딩거가 기술한 것이다. 하지만 공정하게 말하려면 주의할 사항이 있다. 여기 관련된 논점에 관한 해석은 여전히 논란의 대상이다. 슈뢰딩거의 논문이 출판된 지 80년이 지났는데, 아직 양자 역학의 해석 문제를 결판 짓지 못했다. 예를 들어, 물리학자 봄(David Bohm)과 힐리(Basil Hiley)의 작업에 근거를 두고, 개별성을 포기하지 않으면서 양자 얽힘을 해석하는 시도가 여전히 이루어지고 있다.[17]

그러나 현대 물리학의 지지를 얻지 못했는데도 왜 근본성에 관한 원자주의 개념이 가장 인기를 얻고 있는가? 때로 비원자주의적 근본성

---

16   하지만 양자 얽힘을 토대로 개별성의 실패를 추론하고 이어서 부분전체론적 원자주의의 실패를 추론하는 일은 의문의 여지를 갖는다. 이에 관해 더 자세한 논의를 보려면 다음을 참고하시오. Mauro Dorato and Matteo Morganti, 'Grades of Individuality: A Pluralistic View of Identity in Quantum Mechanics and in the Sciences,' *Philosophical Studies* 163 (2013), pp. 591-610.

17   가장 최근의 예를 보려면 다음을 참고하시오. Paavo Pylkkänen, Basil J. Hiley, and Ilkka Pättiniemi, 'Bohm's Approach and Individuality,' in A. Guay and T. Pradeu (eds.), *Individuals Across the Sciences*, Ch. 12 (Oxford University Press, 2015).

개념이 검토 대상이 되기도 한다. 마코지언(Ned Markosian)은 이런 개념을 논의하지만 곧이어 버리는데, 부분전체론적 원자주의를 포기하면 근본성 지지자가 원하지 않는 귀결이 나오기 때문이다. 결국 원자주의에 결합된 MF와 비근본성, 둘 중 하나를 선택해야 한다.[18] 원자주의를 포기하면, 근본 수준이 실재성의 최고 등위를 갖는다고 가정하면서 '최대로 실재적'(maximally real)인 것은 없다는 이상한 귀결에 이른다.[19] 다시 말해 세계가 '끈적이'이고 근본적인 **부분전체론적** 수준이 전혀 없다면 실재성의 최고 등위에 결코 도달하지 못할 것이다. 형이상학적 근거부여는 결코 '바닥에 닿지'(bottom out) 못하게 된다.

카메론(Ross Cameron)은 이와 유사한 주장을 펼친다.[20] 카메론에 따르면 존재론적 의존의 무한 사슬이 있을 수 없다. 이렇게 생각하면 반직관적인 귀결이 나오기 때문이다. 합성의 사례에 이 생각을 적용하면서 카메론은 주의를 환기한다. 끈적한 세계에서 합성은 결코 근거지에서 '출발하지도' 못한다. 달리 말해서 복합 대상이 존재론적으로 자신의 부분전체론적 부분에 의존하는 것이 자연스럽다면 합성은 끈적한 세계에서는 결코 '바닥에 닿지' 못했을 것이다. 카메론에 의하면 합성된 복합 대상이 끈적한 세계에서는 불가능하다는 것이 직관적 귀결이다. 그러나 이렇게 강한 결론에 대해 우려할만한데, 적어도 복합 대상이 존재론적으로 자신의 부분에 의존하고 있다고 생각하는 한, 우리가 끈적한 세상에 살고 있을 가능성을 배제할 것이기 때문이다. 물론

---

18 다음을 보시오. Ned Markosian, 'Against Ontological Fundamentalism,' *Facta Philosophica* 7 (2005), pp. 69-84.

19 하지만 실재성의 정도는 필연적으로 부분전체론적 근본성과 연합되어야 하는 것은 아니다.

20 Ross P. Cameron, 'Turtles All the Way Down: Regress, Priority and Fundamentality,' *Philosophical Quarterly* 58 (2008), pp. 1-14.

이런 접근법은 직관적 호소력을 갖지 못한다.[21] 이 결과에 저항하기 위해서 택할 수 있는 접근법은 다양하며, 이어서 그 가운데 하나를 자세히 살펴겠지만, 먼저 문제의 직관을 간단히 검토해보자. 합성이 근본적 수준 없이는 '출발하지도' 못한다고 주장하면서 근본성에 관해 글을 쓰고 있는 카메론과 다른 여러 저자들이 전형적으로 용인하는 사항이 있다. 이들에 따르면 직관에 의존한들 근본성에 유리한 **논증**이 되기 어렵다. 실재의 근본 구조에 가해질 제약에 관한 논의를 진행할 경우 '통속적' 직관은 신뢰할만한 증거의 원천이 되지 못한다. 직관의 증거 능력에 관한 논의는 제8장에서 더 다루겠다. 게다가 우리가 **시공**구조에 관해서 생각하는 방식이 문제를 복잡하게 만든다. 시공간 자체가 무차원 **시공점**으로 만들어졌다면, 그래서 아무런 내적 구조 즉 더 작은 부분을 갖지 않는다면, 이런 '점' 시공은 본성상 일정 유형의 무한후퇴를 배제한다. 확실히 이런 시공점 자체는 자신의 실존을 어떤 것에도 의존하지 않지만 어떤 의미에서 근본적인가? 다른 한편 이런 시공점으로 이루어진 임의의 집단이 하나의 **시공영역**을 이룬다는 생각이 표준적 견해이다. 이런 영역은 시공점을 자신의 성분으로 갖는다. 그래서 시공점이 시공영역의 동일성 조건이 될 것이다. 이런 논의는 공간과 시간에 관한 형이상학에서 다양한 논란거리와 연관되어 있지만, 여기서 문제의 초점은 점과 영역 사이의 관계를 바라보는 두 가지 다른 방식이 있다는 것이다. 호손(John Hawthorne)은 다음과 같이 말한다.

통상 고대의 철학자들은 점의 실존이 파생적일 뿐이라고 인정했다. 이들에

---

21   예를 들어 다음을 보시오. Matteo Morganti, 'Dependence, Justification and Explanation: Must Reality Be Well-Founded?' *Erkenntnis* 60.3 (2015), pp. 555–572.

따르면, 공간을 차지한 대상에 관한 더 근본적인 사실에서 파생되어 실존하는 것이 바로 점이다. 이런 개념하에, 점은 파생적으로, 즉 선의 경계로서 실존할 뿐이며, 두께 없는 표면은 부피를 가진 대상의 경계로서 파생적으로 실존할 뿐이다. 하지만 이제는 형이상학자의 상식이 바뀌었다. 바뀐 상식에 의하면 시공영역은 자신을 이루고 있는 시공점에 비해서 덜 근본적이며, 시공영역의 본래적 특성에 관한 사실은 시공점의 본래적 특성에 관한 사실과 시공점의 배열 방식에 관한 사실에 비해서 덜 근본적이다.[22]

그래서 영역과 점의 상대적 근본성에 관한 의문이 적어도 하나 있다. 카메론 등의 직관에 따르면 점이 근본적이며, 호손은 이를 더 인기 있는 견해라고 확언한 바 있지만, 시공의 구조에 관한 경험적 의문 역시 존재한다. 일반 상대성(general relativity, 앞으로 'GR')은 시공을 '점'으로 취급하며, 그래서 현재의 견해를 지지하겠지만 다른 선택지도 존재한다. 예를 들어, 이 논쟁에 양자장 이론을 적용한다면 결과는 매우 달라질 것이다. 이에 대해서는 더 논의하지 않고 넘어가겠다. 사실상 레디먼과 로스의 지적에 따르면 GR과 양자 역학 사이의 '갈등'은, 널리 알려졌다시피, 시공점과 같은 작은 (등급의) 규모를 고려할 때 특히 문젯거리이다.[23] 어떠한 경우라도 합성이 시공영역에 어떻게 통할지에 관한 별도의 형이상학적 문제도 있다. 특히 '점' 개념을 버리고, 시공영역의 일부를 '확대'하여 살핀다면 이른바 근본적 시공점에 도달하지 못한 채로 무한히 많은 더 작은 영역에 이르게 될 것이라고 가정해도 아무런 문제가 없다. 따라서 모든 것이 근본적인 '점' 대상

22 John Hawthorne, 'Three-dimensionalism vs. Four-Dimensionalism,' in T. Sider, J. Hawthorne and D. W. Zimmerman (eds.), *Contemporary Debates in Metaphysics* (Oxford: Blackwell Publishing, 2008), p. 264.

23 Ladyman and Ross, *Every Thing Must Go*, p. 19.

으로 만들어졌다는 생각을 가정하지 않는 한, 근거지에서 '출발하기'
위한 합성의 실패를 지적한 진영이 갖던 직관적 매력은 더 약해질 것
이다.

현재까지의 논의를 요약해보자. 존재론적 의존의 무한 사슬은 문제
의 소지를 갖고 있지만, 이렇게 문제의 소지가 있다고 보는 원래 동기
는 이것이 비직관적인 결과, 이를테면 복합 대상에 관한 직관적 견해
에 문제를 일으킨다는 것이다. 이는 카메론과 같은 철학자가 끈적한
현실 세계의 가능성을 거부하도록 만든다. 명백히 현실에는 복합 사물
이 존재하기 때문이다. 그러나 존재론적 의존의 무한 계열이 그 자체
로 문제의 소지를 안고 있는지는 불분명하다. 제5장에서 존재론적 의
존에 관해 논의할 때 이와 관련된 이유를 찾지 못했고 이런 귀결이 나
오지 않는 방식으로 합성을 해석할 다른 방도가 있을 수도 있다. 게다
가 카메론을 비롯해서 많은 사람이 실은 **부분전체론적 의존**의 무한 계
열에 관심을 둔다.[24] 이는 전체와 그 부분 사이의 의존 관계이며, 물론
MF의 배후에 있는 의존의 뜻을 표현하고 있다. 요컨대 다원주의
+MF+끈적함(또는 더 일반적으로 형이상학적 무한주의)에 관한 광
범한 의견 일치가 존재한다. 이 맥락에서 다원주의란 근본 수준에서
다양한 근본 대상(또는 종류)이 있다는 견해이며 부분전체론적 원자주
의와 자연스럽게 어울린다. 대다수는 끈적함을 버리고 다원주의+MF
를 취한다. 그러나 다원주의를 버리고 셰퍼처럼 일원주의를 채택할 수
도 있다. 셰퍼의 우선성 일원주의에 따르면 전체로서 우주는 그 부분
에 우선한다. 사실상 셰퍼는 끈적한 존재론과 어울릴 수 있다는 점을
자신의 우선성 일원주의에 유리한 논증으로 간주한다. 그러나 앞에서

---

24   다음과 비교하시오. Jaegwon Kim, *Essays in the Metaphysics of Mind*
(Oxford: Oxford University Press, 2010), p. 183. 김재권은 인과적 의존과 대조해서
'부분전체론적 수반'이라는 용어보다 '부분전체론적 의존'이라는 용어를 선호한다.

MF를 의심할만한 이유를 보았다. 다시 말해서 앞에서 살펴본 바가 MF를 유지하려는 적어도 하나의 동기를 훼손할 수 있다. 근본 수준이 부분전체론적 부분으로 성립된다는 것을 부인하면서도 부분전체론적 의존이 무한할 수 없다는 것을 인정하는 것이 가능하기 때문이다. 이를 감안한다면 레디먼과 로스 등이 물리학에 근거해서 MF에 반대해서 펼친 강력한 반론과 더불어 MF의 현재 격위는 의심을 받고 있다. 그러나 이 가운데 어떤 것에 관해서 의견을 제시하기보다는 MF의 배후에 있는 가정을 드러내고 근본성의 더 일반적인 뜻과 대조해야 한다.

6.3 추가 해명: 적정토대와 의존성

앞 절에서 MF가 부분전체론적 의존에 관여함을 보았다. 그러나 근본성 관념은 다른 유형의 의존에도 연관된다. 이미 제5장에서 존재론적 의존이 실은 여러 관념으로 이루어져 있다는 것을 보았다. 일부 존재론적 의존 관념이 실재의 근본 수준이나 실재의 수준 일반을 이해하도록 해줄 것이라는 생각은 카메론의 견해를 논의할 때 드러났다. 이런 논의에 따라서 근본수준이 있다면 **존재론적 독립성**을 통해서 정의될 수 있다. 다시 말해 무엇이 되었든 근본적인 것의 실존은 다른 어떤 것에도 의존할 수 없다. 이런 착상은 통상 **적정토대** 관념을 이용해서 표현된다. 이제 이 관념을 분석하겠다. 이 관념은 집합론에서 **토대 공리** (axiom of foundation, 또는 "기초 공리"-*역주)에서 비롯되었다. 이 공리에 따르면 하나의 집합은 무한히 감소하는 (원소의) 계열을 포함할 수 없다. 약간 달리 말하면 토대 공리는 다음을 필요로 한다. 모든 비공집합 S는 S와 분리된 하나의 원소를 갖는다. 그 결과 한 집합은 자신의 원소일 수 없다. 토대 공리의 핵심은 적정토대로서 임의의 **순서**

(즉 앞에서 우리가 일반적으로 '사슬'이라 했던 것), 이를테면 **고유 부분성**(proper parthood, 또는 "진부분"-*역주)에 적용될 수 있다. 어떤 것 x와 y가 동일하지 않으며, y가 그 전체 속에 x를 포함할 때 어떤 것 x는 y의 **고유** 부분이다. 이는 부분성 개념의 직관적 개념일 뿐인데 '고유'라는 수식어는 제 자신의 부분이 되는 반사성을 배제하기 위해서 필요하다. 이를 표현하는 전형적인 수단인 근거 관념을 이용해서 다음과 같이 말할 수 있다. 모든 것은 근본적인 어떤 것에 전면적으로 근거해야만 한다.[25] 이를 기반으로 우리는 적정토대를 다음과 같이 정의할 수 있다.

적정토대(WF)

한 순서의 모든 비근본 원소가 어떤 근본 원소(들)에 의해 전면적으로 근거부여를 받는다면, 그 순서는 적정토대를 가졌다.[26]

하나의 순서가 적정한 토대를 가졌다면 무한한 하강은 그 순서에서 배제된다. 이미 보았듯이 무원자의 끈적한 존재론은 WF를 만족시키지 못하는데, 이런 존재론에서 우리는 무한히 하강하는 고유 부분 순서를 갖게 되기 때문이다. 비록 이 맥락에서 가장 주목받던 것이 부분성에 대한 고전적 관념이었지만, 적정토대 관념은 부분성 관념과 얽히지 않는다. 다음 절에서 근본성에 관한 더 일반적인 이해 방식을 보겠지만, MF의 경우에 근본 수준이라는 관념의 정식화에 도움을 주는 것이 고유 부분과 연관된 적정토대이다.

---

25 전면 근거와 부분 근거의 구분에 대해서는 5.4절을 참고하시오.
26 적정토대의 다양한 정의가 있으며, 최근 탐구를 보려면 다음을 참고하시오. Scott Dixon, 'What Is the Well-Foundedness of Grounding?' *Mind* 125.498 (2016), pp. 439-468.

그런데 WF는 무한한 사슬을 배제하지 않는다. 근본 수준에 도달하도록 무한한 단계(또는 무한한 분량의 시간)를 밟기는 하지만, 무한한 사슬이 **결국에** 중단될 수 있기 때문이다. 다음과 같이 생각해보라. 우주가 '최상층 수준'을 갖지 않은 채 무한히 크지만 토대, 이를테면, MF(즉 부분전체론적 원자주의)에 의해 필요한 토대를 갖는다. 이는 다시 부분전체론적 원자를 향한 무한한 사슬이 WF를 위반하지 않으면서 가능하다는 것을 논리적으로 함의한다. 근본 수준이 존재하며 거기에 이르려면 무한히 많은 단계가 있어야 할 뿐! 이런 생각은 익숙한 제논의 역설, 즉 아킬레스와 거북이의 경주 상황과 부분적으로 유사하다. 달리기 경주에서 아킬레스는 거북이가 먼저 출발하도록 양보하고 나중에 출발한다. 거북이가 지나갔던 일정 지점 p_1에 도달하려면 시간이 걸릴 것이며, 이때 거북이는 이미 p_2에 도달한다. 다음에 아킬레스는 p_2에 도달해야 하는데, 그가 순식간에 움직이지 않아서 거북이는 p_3 지점에 도착한다. 이런 방식이라면 아킬레스는 거북이를 따라잡을 수 없는 것처럼 보인다. 물론 우리는 이 계열이 비록 무한하지만 종결될 것이라는 것을 잘 알고 있다. 아킬레스는 물론 거북이를 따라잡을 것이다. 무한 사슬 연결의 경우는 근본 수준에 도달하기 위해 무한한 분량의 '시간'이 걸리기에 위 경우와 다소 다르며, 직접 비교의 대상이 되기 어렵다. 그러나 근본 수준이 있다 해도 무한성은 처리될 수 있다. 셰퍼뿐만 아니라, 베넷도 이를 지적하고 있다.[27] 예를 들어, 비록 적정 토대 개념이 근거부여를 받은 실물의 무한성과 양립가능하지만, 베넷은 적정토대 사슬이 **근본 말단에서** 무한하지 않아야 한다고 요구한다. 이 요구만 충족된다면 사슬은 무한하면서 적정한 토대를 가질 수 있

---

27   다음을 보시오. Schaffer, 'Is There a Fundamental Level?', pp. 509-512; Karen Bennett, 'By Our Bootstraps,' *Philosophical Perspectives* 25 (2011), p. 34.

다. 근본적인 어떤 것에 근거할 수 있다. 이를 블리스(Ricki Bliss)는 다음과 같이 말한다. '유한한 근거 사슬은 적정한 토대를 가질 수 있지 만, 적정하게 토대를 갖춘 근거 사슬이 유한할 필요는 없다.'[28] 요컨대, WF는 근본 수준에 도달할 때까지 무한한 단계를 밟는다 해도 근거 사 슬의 종결만을 요구할 뿐이다.

MF에 비해 더 넓은 근본성 개념의 토대가 마련되었으니, 이 개념을 해명해줄 수 있도록 의존이나 순서의 위계 사슬을 보존하는 방식으로 존재론적 의존 개념을 규정해야만 한다. 우리는 존재론적 의존의 반대 칭적 계열을 찾는다. 이 계열은, 예를 들어, 거시 물리적 대상에서 시 작될 수 있고 근본 수준에서 종결될 수 있다. 그렇다면 더 일반적인 뜻 의 존재론적 의존이 제대로 작동하게 될 것이다. 가능한 대안은 **일반 실존의존**(generic existential dependence, 줄여서 GXD)계열인데 충 분한 일반성을 갖고 있다.[29]

> **일반 실존의존(GXD)**
>
> x는 그 실존을 F들에 의존한다. =$_{df}$ 필연적으로, 어떤 F들이 실존할 경우 에만 x는 실존한다.

여기서 F는 일반 용어이며, 필연적으로, F 유형의 대상이 실존할 경우 에만 x가 실존한다. GXD는 한 대상의 실존이 하나의 특정 대상의 실 존이 아닌 일정한 대상 부류의 실존을 요구한다. (이에 대조해서, 하나 의 특정 대상의 실존을 요구하는 것은 고정 실존의존이다.) 예를 들어, 어떤 물이든 수소 원자가 실존하지 않는 한 실존할 수 없다. 더 상세하

---

28 Ricki L. Bliss, 'Viciousness and the Structure of Reality,' *Philosophical Stud-ies* 166.2 (2013), p. 416.

29 원래, 이 의존은 5.1에서 도입했다.

게 말하자면 물 분자는 수소 원자의 실존에 필요한 물리적 제약이 충족되지 않는 한 실존할 수 없다. 물론 이 물리적 제약은 다시 일정한 전자 배열의 가능성을 필요로 한다. 우리는 대개 거시물리적 대상의 존재론적 토대에 관심이 있기 때문에, 근본 물리상수에 대한 특정 **치역**(value of range)과 일정한 물리적 원리에 의존을 생각하는 것이 더 자연스럽다. 이 장의 마지막 절에서 이에 대해서 살펴보겠다.

WF와 GXD는 위계구조의 일반적인 의미를 드러내기 위해 마련되었고 이들은 MF의 부분전체론적 위계구조와 양립가능하며 또한 '수준'을 이해하는 방법들과도 양립가능하므로, 이들을 통해 근본성의 일반적인 의미도 밝힐 수 있다.

6.4 일반적인 존재론적 근본성

부분전체론적 근본성인 MF에 덧붙여, 근본성의 더 일반적인 뜻이 성립할 수 있다는 공감대가 있기는 하지만, 용어 '일반적인 존재론적 근본성'(generic ontological fundamentality, GOF)이 여러 관련 저작에서 확정된 것은 아니다. 대개 근본성에 관한 논의는 MF에 초점을 맞춘다. 원자주의가 역사적으로 우세한 것이 그 첫째 이유이다. 그러나 부분전체론적 등급과 그에 따른 부분전체론적 의존 이외의 다른 어떤 것을 통해서 실재의 위계구조를 바라볼 가능성을 열어둔다면 근본성에 관해서도 다른 개념을 가질 수 있다. 앞 절에서 보았듯이 적정토대와 존재론적 의존의 배후에 있는 개념이 이런 일을 할 수 있도록 해줬다. 하지만 여러 수준과 이 수준의 구조를 이루고 있는 의존의 사슬을 이해하는 가능한 모든 방도를 열거하기보다는, 근본성의 매우 일반적인 뜻을 정의하고자 한다. 이에 의해서 MF의 취지를 살리고, 전부는 아니라 해도 다른 근본성 개념을 담아낼 수 있다. 다음은 근본성에 관한 일반적 개념이다.

일반적인 존재론적 근본성(GOF)

세계는 존재론적 원소가 여러 수준을 형성하도록 조직되어 있고, 근본 수준은 존재론적으로 최소 원소로 이루어진다.

이 정의는 잠정적일 뿐이며 더 해명되어야 한다. 일반적으로 '존재론적 원소', 특히 '존재론적으로 최소 원소'를 밝히지 않았기 때문이다. 그러나 GOF가 MF도 표현할 수 있다고 가정되었기에, 이미 GOF에서 '존재론적 원소'의 자리를 차지할 수 있는 적어도 한 가지 부분전체론적 원소를 짐작할 수 있다. 이 경우 존재론적 수준들로 이루어진 익숙한 위계를 얻게 되고, 존재론적 최소 원소는 부분전체론적 원자일 것이다. 적어도 MF가 다원주의와 결합한다면 이렇게 될 것이다. 물론 GOF는 일원주의뿐 아니라 다원주의와 양립가능한데, 우주라는 단 하나의 존재론적 최소 원소가 있을 수 있기 때문이다. 하지만 그 밖에 무엇이 존재론적 원소일 수 있는가? 아마 세 가지를 고려해서 답할 수 있겠다. 먼저, 어떤 종류의 위계에 관심을 갖는가? 둘째로, 그 위계가 어떤 종류의 의존 구조를 갖는가? 셋째, 그 위계는 세계 속에 어떻게 현현되는가? 달리 말해서 적절히 관련 있는 물리학은 무엇인가? 셋 다 어려운 질문이며 특히 마지막이 가장 어렵다. 앞 절에서 논의한 레디먼과 로스에 의한 MF 비판이 정확하다면 이 세 질문에 정확히 답하려 할 때 많은 부분이 물리학과 관련된다.

여러 사항에 대해 물리학의 도움을 받아야 한다고 해서 지금 어떤 말도 못한다는 뜻은 아니다. 적어도 존재론적으로 최소인 원소와 '존재론적 최소성'(ontological minimality)의 이론적 배경을 명확히 알고자 해야 한다. 먼저, 존재론적 최소 원소는 암스트롱(David Arm-strong)이 말한 '최소 진리제조자' 관념과 비교될 수 있다.

만일 T가 p에 대한 최소 진리제조자라면, 우리는 T에서 아무것도 뺄 수 없고, 그 나머지 역시 p에 대한 진리제조자이다.[30]

어떤 명제에 대한 최소 진리제조자는 그 명제의 진리성에 전면적으로 근거를 부여하는 실재의 가장 작거나 가장 적은 구획이다. 최소 진리제조자와 존재론적 최소 원소와 유비는 근본 수준이 실재의 최소 구획(the least encompassing portion)으로 이루어진다는 것을 시사한다. 최소 진리제조자에 관한 통상의 해명에 따르면 실재의 최소 구획은 부분성을 통해서 이해되는데, 이때 GOF보다는 MF를 이용하게 된다. 그러나 이를 이해하는 또 다른 방도가 있는데 사이더가 이를 '관념이론적' 근본성이라고 칭했다. 물론 이 용어는 콰인의 '관념이론'(ideology)의 개념에서 따왔다.[31]

사이더는 근본성 개념을 '접합부 절단'과 '실재가 가진 구조의 부

---

30 David M. Armstrong, *Truth and Truthmakers* (Cambridge University Press, 2004), pp. 19-20.
31 최소 진리제조자에 관한 해명을 보려면 다음을 참고하시오. Tuomas E. Tahko and Donnchadh O'Conaill, 'Minimal Truthmakers,' *Pacific Philosophical Quarterly* (2015). 사이더의 '관념론적 근본성'을 더 자세히 보려면 다음을 참고하시오. Ted Sider, *Writing the Book of The World* (Oxford University Press, 2011). 특히 4.4절을 보시오. [*역주: 콰인은 어떤 이론의 존재론(ontology)과 대조해서 관념론(ideology)을 말하는데, 이는 관념 즉 술어나, 이에 관한 연구를 의미한다. 이런 관점에서 '이데올로기'나 '이념'으로 옮기는 것은, 우리말의 통상적 용법으로 볼 때 오역이다. 그런데 "관념론"은 "관념주의" 즉 "idealism"의 의미로 이미 확정되어 사용되는 중이다. 그래서 여기서는 오역을 피하고 기존의 용법과의 충돌을 피하여 "관념이론"으로 옮기겠다.]

분'과 상호교환가능하다고 생각한다. 그는 자신의 근본성 개념이 부분전체론적이거나 명제론적이기보다는 관념이론적이라고 밝힌다. 이는 근거부여를 통해서 더 해명할 수 있다. 모든 비근본 진리는 어떤 근본 진리에 의해서 근거를 부여받는다. 그래도 주의가 필요하다. 사이더는 제5장에서 논의한 바 있는 근거에 관해 유행하는 견해와 거리를 둔다. 셰퍼와 대조해서 사이더는 **실물-근거부여**(entity grounding)에 개입하지 않는다. 이 근거부여는 MF를 가리킨다. 물론 사이더는 자신의 관념이론적 근본성이 무한한 부분전체론적 하강 즉 끈적한 존재론과 양립가능하다고 주장한다. 마찬가지로 사이더는 무한한 명제적 하강을 수용할 수 있다고 주장한다. 예를 들어, 일정한 부피를 가진 끈적한 대상에 관한 명제는 그 대상보다 한 수준 아래인 부분들의 부피에 관한 명제 덕분에 옳고, 다시 이 부분들에 관한 명제는 한 수준 더 아래인 부분들의 부피에 관한 명제 덕분에 옳게 되는 등 이런 과정이 **무한하게** 이어진다.

그렇다면 사이더의 관념이론적 근본성을 어떻게 이해해야 하는가? 사이더에 따르면, 실재의 접합부를 완벽하게 절단하는 용어로 표현될 수 있는, 실재에 관한 **완벽하게** 근본적인 기술이 존재한다는 뜻에서 어떤 관념은 근본적이다. '접합부 절단'의 비유는 제4장에서 논의했었다. 또 주의할 점은 사이더가 실재의 수준을 받아들이고 있다는 것이다. 그는 근본성의 정도가 존재하며 접합부 절단의 정도 역시 존재한다고 생각한다. 완벽한 접합부 절단이 관념이론적으로 근본 수준에 있다. 사이더의 접근법과 GOF 사이의 연관관계를 이렇게 묘사할 수 있다. 존재론적 최소 원소가 완벽한 접합부 절단을 통해 이해될 수 있으며, 실재를 더 이상 최소로 기술하는 다른 용어가 없다면 해당 용어는 근본 수준의 일부이다. 하지만 사이더는 주로 어떤 **개념**이 접합부를 절단하는지에 관심을 둔다. (이 점은 제4장에서 논의했다.) 그렇다면 그의 접근법은 실재가 아닌 언어를 논의하도록 이끌며, 현재 목적상 우리는 이런 함축을 선호하지 않는다.

사이더는 존재론적 최소성이라는 관념을 명료화하려고 하지만, 이 명료화를 수행하는 데 MF에 개입을 피하는 더 중립적인 방도가 있을 것이다. 이때 최소 진리제조자와 부분성의 유비를 이용할 수 있다. 우리는 더 자유로운 방식으로 부분성 개념 자체를 이해하도록 할 것이다. 최근에 이런 방식을 파인이 제시한 바 있는데 '부분'에 관한 고전적 개념에 대안을 제시했다.

> 하나의 대상이 다른 것의 부분일 때, 문제의 대상은 그 다른 것 **안에** 있다. 이는 공깃돌이 항아리에 담겨 있듯이, 하나가 다른 것에 **둘러싸여** 있다는 뜻이 아니다. 하나가 다른 하나인 전체를 구성하는 데 **불가결하다**(integral)는 뜻이 더 어울린다. 부분이 문젯거리일 때, 해당 대상이 포함하고 있는 다른 대상으로 **합성되**거나 **축조되었다**(built up)고 말하는 것이 적합하다.[32]

파인의 주장에 따르면, 문장, 교향곡, 집합 등의 사물은 다른 사물로 합성된다. 따라서 그는 합성 연산(operation of composition)을 통해서 부분이라는 일반적 관계를 정의한다. '한 대상의 부분들은 그 대상 자체, 또는 그 합성성분, 또는 그 합성성분의 합성성분, 등등이다.'[33] 이렇게 더 느슨한 부분성의 뜻을 채택해도 여전히 다음과 같은 질문이 남는다. 이런 합성성분의 무한한 연쇄는 전통적 개념이 부딪친 바와 유사한 '비직관적' 귀결을 가질 수밖에 없는가? 그렇지만 이런 귀결이 자동으로 따라오지는 않는다. 다음 상황이 가능하기 때문이다. 한 수

---

32   Kit Fine, 'Towards a Theory of Part,' *Journal of Philosophy* 107.11 (2010), p. 560.
33   같은 글, pp. 567-568.

준 아래인 복합 대상의 합성성분이 그 복합 대상에 불가결하지만, 만일 한 수준 더 내려간 합성성분이 더 이상 그 복합 대상에 불가결하지 않다면, 전형적인 반직관적 귀결을 야기하는 무한후퇴가 뚜렷이 따라오지 않는다.

그렇다면 부분성에 관한 이해 방식과 관련해서, 부분전체론적 의존의 무한 사슬이라고 해서 반드시 반직관적 귀결을 함의하지 않는다는 것이 밝혀지는 셈이다. 이는 존재론적 최소 원소가 매우 느슨하게 해석될 수 있다는 말이다. 실재의 최소인 '부분'은 부분전체론적 원소일 필요가 없으며 합성성분이라고 간주될 수 있는 어떤 것이든 상관없다. 그것은 구조, 관계, 대상 등등이 될 수 있다. 이런 이해 방식을 통해서 부분전체론적 원자주의와 같은 고전적인 대상-지향적 형이상학과 레디먼이나 로스 같은 사람들이 옹호하려는 견해, 즉 실재가 근본적으로 관계적이거나 구조적이라는 견해[34] 사이의 긴장 때문에 복잡해지는 상황을 극복할 수 있다.

이제 우리는 근본성이 무엇에 해당하는지 더 분명한 관념을 갖게 되었으므로 관련되어 있는 하나의 다른 논점을 간단히 살펴보겠다. 형이상학적 무한주의 가운데 반복성에 의존하는 견해, 즉 근거 사슬이 중단되지 **않는다**는 견해의 가능성을 살펴보자. 이에 따르면 똑같은 구조가 무한히 반복될 수 있다. 셰퍼도 이런 생각을 했다. 그는 이런 유형의 무한 하강을 '따분하다'고 묘사했는데, 똑같은 구조가 계속 반복되며 세계를 받들고 있는 '거북이 아래에서 다른 거북이가 그 거북이를

34 이런 유형의 구조 중심 견해와 근본성에 관한 논의를 더 보려면, 예를 들어, 다음을 참고하시오. Kerry McKenzie, 'Priority and Particle Physics: Ontic Structural Realism as a Fundamentality Thesis,' *British Journal for the Philosophy of Science* 65 (2014), pp. 353-380; Steven French, *The Structure of the World: Metaphysics and Representation* (Oxford University Press, 2014).

지탱하는' 상황이 계속 이어진다.[35] 달리 말해서, 일정 지점 이후에는
구조에 어떠한 새로운 것도 없다. 반복 구조의 부분이 그 구조 내의 일
정 지점에서 새롭게 시작되는 한 얼마든지 길어질 수 있다. 이런 가능
성이 흥미로운 까닭은 이런 반복 구조가 GOF를 충분히 만족시킬 수도
있기 때문이다. 이를 보려면 GOF의 정의에 도입된 존재론적 최소 원
소라는 관념을 다시 살펴야 한다.

반복 구조의 무한 하강은 존재론적 최소 기술을 허용할 수 있다. 다
시 말해서, 반복되는 부분에 대한 기술은 오직 이전처럼 지속하라는
지시를 추가하기만 한다. 예를 들어, '세계는 네 마리 코끼리 위에 서
있고, 네 마리 코끼리는 거북이 위에 서 있고, 거북이는 두 마리 낙타
위에 서 있고, 이 낙타들은 네 마리 코끼리 위에 서 있고, 이 코끼리들
은 거북이 위에 서 있고… 그리고 **무한** 반복.' 실재를 최소 단위에 더
가깝게 기술할 네 마리 코끼리, 거북이, 두 마리 낙타 이외의 다른 용
어가 도입될 수 없다. 이들은 접합부를 완벽하게 절단하며 그래서
GOF의 뜻으로 근본 수준을 구성한다. 그러나 논란이 무성한 지대에
발을 들여놓고 있다. 이런 견해가 점점 더 주목받고 있기는 하지만 아
직 대세로 자리를 잡지는 못하고 있다.[36]

근본성에 관한 여러 가능한 견해를 드러내려면 아직 할 일이 많아
보인다. 근본성에 관한 여러 가능한 개념을 하나의 견해로 포착하려
고, 여기서는 일반 개념 즉 GOF을 가능한 한 느슨하게 표현했다. 물론

35 Schaffer, 'Is There a Fundamental Level?' p. 505. 더불어 다음도 보시오. Tah-
ko, 'Boring Infinite Descent.'
36 이 견해에 관심을 보이고 있는 사례로는 다음을 보시오. Matteo Morganti,
'Dependence, Justification and Explanation: Must Reality Be Well-Founded?';
Matteo Morganti, 'Metaphysical Infinitism and the Regress of Being,' *Metaphiloso-
phy* 45.2 (2014), pp. 232-244; Ricki Bliss, 'Viciousness and Circles of Ground,'
Metaphilosophy 45.2 (2014), pp. 245-256.

이런 개념이 아직 확고한 지지를 확보하지는 못했다는 점도 유의해야
한다.

6.5 근본성과 물리학

우리는 현대 물리학이 근본성 논의에 부여한 한계를 이미 논의했다.
그러나 상세하게 논의된 바 없지만 현대 물리학에 근본 수준 관념은
확실히 존재한다. 이런 관념이 자세히 논의되지 않는 데는 부분적으로
경험적 한계가 있다. 예를 들어, 물리학자 데이비드 봄은 '무한 수준'
의 가능성을 논의하며 현대 물리학이 전적으로 이와 양립가능하다고
말한다.[37] 그는 이 문제가 순전히 경험적인 사안이라고 생각하는 듯하
다. (이로 인해 셰퍼는 근본성에 관한 느슨한 태도를 갖게 되었다.) 데
이비드 봄은 존재의 양상이 드러내는 '자율성과 안정성' 요건에 관해
다음과 같이 주장한다. 무한한 하강의 존재 여부와 무관하게 '사물'이
라는 바로 그 관념은 문제의 그 사물(대상, 실물, 과정…)의 안정성 및
자율성과 밀접하게 연관되어 있다. 이 대목에서 우리가 레디먼과 로스
가 말하고 있는 근본성을 논의할 때 결정적인 논점이었던 개별성은 잠
시 논외로 친다. 아마도 우리는 안정성 요건 이상의 어떤 것을 말할 수
있지만, 그럴 경우 연관된 물리학 내용을 더 상세히 살펴야 한다. 하지
만 알맹이가 몹시 사변적이기 때문에 독자는 부분적으로 세부 내용이
모호하다 해도 긴장할 필요가 없다. 이 책이 물리학 서적은 아니므로
관련된 모든 과학 용어를 정의하지 않겠다. 대신에 이 주제에 흥미를

---

[37] David Bohm, *Causality and Chance in Modern Physics*, 2nd ed. (London:
Routledge, 1984), p. 95.

가진 독자라면 관련 내용에 어느 정도 친숙하리라고 가정하겠다. 이 절에서 다루는 아래 내용에 무관심한 독자라면 지금 건너뛰어도 좋다.

출발은 단순하다. 어떠한 거시물리적 대상이 있으려면 그 대상을 형성하는 일이 가능해야 한다. 안정된 거시물리적 대상이 가능하기 위한 최소 조건을 고려해보자. 거시물리적 대상의 형성을 지배하는 물리법칙을 활용하면 이 최소 조건을 자연스럽게 표현할 수 있다. 예를 들어, (대부분의) 안정된 거시물리적 대상이 실존하려면 분자들이 결합해서 분자복합체를 형성할 수 있어야 한다. 물론 전부는 아니다. 다이아몬드나 그라파이트 격자는 탄소 원자의 공유 결합망으로 형성된 극단적인 거대 분자이다. 어쨌든 어떤 거시물리적 대상에 대해서든 이 대상이 실존하려면 원자가 안정된 분자를 만들도록 결합을 형성할 수 있어야 하고, 나아가 아원자 입자가 안정된 원자를 형성할 수 있어야 한다. 그렇다면 무엇이 원자로 하여금 결합을 형성하고 아원자 입자로 하여금 원자를 형성하도록 하는가? 분자와 원자의 결합은 개별 원자의 전자 배치에 의존하는데, 이는 다시 특정 전자의 에너지 준위에 의존하며, **파울리 배타원리**(PEP)에 의해 조절된다.[38] 이와 비슷하게 아원자 입자가 원자를 형성하는 방식은 아원자 입자의 개별 전하, 즉 전자의 음전하와 양성자의 양전하에 의존한다. 여기서 각 양성자는 해당 양성자의 전체 전하량을 형성하는 세 개의 쿼크로 이루어진다.

이 지점에서 주의사항이 있다. 제6장 2절에서 진행한 개별성에 대한 논의, 그리고 나아가 부분전체론적 원자주의같이 고전적이면서 대상

---

[38]   **파울리 배타원리**는 어떠한 두 개의 동일한 페르미온(예를 들어, 전자)도 동시에 똑같은 양자수(예를 들어, 스핀, 각운동량, 전자 에너지)를 갖지 못한다고 말한다. 이것이 의미하는 바를 예를 들어 설명해보자. 만일 두 한 원자 내에 두 전자가 똑같은 궤도를 차지하고 따라서 똑같은 에너지를 갖는다면, 이들은 스핀과 같은 다른 원자번호에서 다르다.

지향적인 형이상학과 레디먼과 로스가 지지하던 실재에 관한 관계적이고 구조적인 형이상학 사이의 긴장을 생각해보면, 여기서 아원자 **입자**에 대해서 언급하고 있지만 부분전체론적 원자를 가정할 이유는 없다. 우리에게는 거시물리적 대상의 가능성을 보장하는 것이 미시물리적 배열이라는 점만 필요하다. 따라서 전자를 개별성을 가진 입자로 보는 것과 상관없이, 우리는 전자의 동작이 PEP의 지배하에 있다는 것을 안다. 다시 말해 두 개의 동일하며 구별불가능한 전자를 갖고 있다면 두 전자 체계를 기술하는 파동함수는 반대칭적이다. 수소 분자 속의 공유 결합을 예로 들어 보자. 두 수소 원자 사이의 공유 결합을 형성하려면 이 체계가 갖고 있는 스핀 파동함수와 공간 파동함수를 결합하는 완전한 파동함수는 반대칭적이어야만 한다. 따라서 스핀 파동함수가 대칭적이면 공간 파동함수는 반대칭적이어야 한다. 하지만 오직 대칭적 공간 파동함수만이 결합에 작용한다. 수소 원자들 사이에 작용하는 인력이 있어야 하는데, 이것이 수소 원자들로 하여금 한쌍의 원자가 전자를 공유하게 해주기 때문이다. 따라서 PEP가 반대칭적이려면 완전한 파동함수가 반드시 있어야 하므로, 우리는 스핀 파동함수가 결합을 위해 반대칭적이어야 함을 안다. 또한 셋째 수소 원자가 두 원자로 이루어진 수소 분자와 결합될 수 없다는 것을 알고 있다. 셋째 원자는 적어도 하나의 수소 원자와 반대칭적 파동함수를 가질 것이고 따라서 반발할 것이기 때문이다. 이런 서술에서 분명해졌듯이 파울리 배타원리는 공유결합 형성 과정에 결정적으로 중요하다.

소금 분자를 이루고 있는 나트륨과 염소 사이의 이온 결합에서 PEP는 나트륨 이온과 염소 이온 사이에 있는 반발력의 원인이다. 이 이온들이 서로 가까이 붙고 각각의 전자가 중첩될수록, PEP에 따르면 이 전자들은 반드시 똑같은 양자 상태에 있지 못한다. 전자들의 에너지 준위에 변화가 생기면 상황은 해결되어, 두 동일 전자가 똑같은 양자 상태를 차지하지 않게 된다. 전자의 에너지 준위에서 변화는 에너지를 필요로 하고 반발력으로 귀결되는데 이 힘을 **파울리 반발력**이라고 부른다. 이 반발력은 이온이 서로 가까이 붙지 않도록 작용한다. 그 결과가 안정적인 소금 결정이다. 다시 말해서 PEP는 이런 결합 과정에서 절대적으로 중심 역할을 한다.

PEP는 원자 간의 결합 작용과 개별 원자의 전자 배열을 지배하기에, 안정적인 거시물리적 대상이 창발하는 데 결정적으로 중요하다. PEP는 물질의 공간점유 작용에 원인 역할을 한다. 이 원리에 의해서 원자가 서로 붕괴하지 않기 때문이다. 전자는 상위 궤도를 성공적으로 차지해야만 하며 그 결과 양자 공유상태를 방해하고 그래서 모든 전자가 가장 낮은 궤도로 붕괴될 수 있는 것은 아니다. 덧붙여, 아원자 입자가 거시물리적 대상과 달리 작용하는 이유를 설명하는 것도 PEP이다. 이 원리는 근본 물리학이 '미시폭발'(microbanging)의 망으로 해석될 수 없는 이유를 이해하는 데 열쇠 역할을 한다. 여기서 미시폭발이란 형이상학자가 자신들만의 '진정한 인과적 활력'(genuine causal oomph)을 찾아내려고 시도하는 일을 비아냥거리면서 레디먼과 로스가 도입한 말이다.[39] 물론, 근본 물리학에 대한 '미시폭발' 모형의 성과는 보잘것없다. 하지만 실재의 수준들 개념과 근본 수준 개념이 이 모형과 밀접하게 얽혀 있다고 볼 필요는 없다. 지금부터는 이 점에 대해서 더 자세히 논의하고자 한다.

지금까지 거시적 대상이 일정한 원리에 의존해서 실존하고 있다는 점을 보았다. 이런 원리는 그 자체로 특정 영역에 속하는 근본 물리상

---

39 Ladyman and Ross, *Every Thing Must Go*, p. 4. '미시폭발'로 레디먼과 로스가 의미하고자 한 것은 전통적으로 '당구공 물리학'이라고 불리던 어떤 것이다. 이는 극단적으로 단순화된 물리학으로서, 입자가 서로 부딪쳐 반발하는 공과 같은 것이라 상상하는 정도의 물리학을 말한다.

수의 분포에 의존하고 있다. 여기서 의존은 이행적이다. 그래서 궁극적으로 거시물리적 대상은 자신의 실존을 근본적 물리상수의 분포에 의존하고 있는데 이 점을 더 밝혀보자.

물질의 안정성과 연관된(그래서 거시물리적 대상의 실존과 연관된) 하나의 중요한 근본적 물리상수는 **기본전하**(the elementary charge)로서 $1.6021892 \times 10^{-19}$ 쿨롱이다. 이는 양성자의 전하이고 전자는 같은 강도의 음전하를 갖는다. 흥미롭게도 전하를 띠고 존재하는 모든 자유 아원자 입자는 기본전하와 동등하거나 기본전하의 정수배 전하를 띤다. 다만 양성자를 이루는 성분인 쿼크는 기본전하의 1/3에 정수를 곱한 전하를 띠며, 개별적 입자로서 자유롭게 실존하지는 않는다. 원자의 총전하는 물론 중성이다. 배후의 근본적인 힘과 연관된 세부사항을 감안하면 이야기는 더 복잡해진다. 예를 들어, 원자핵은 **강한 핵력** 덕분에 유지되고 있는데, 이 힘은 양성자를 이루고 있는 (순전히) 양으로 대전된 쿼크들 사이에 반발력을 지탱하고 있다. (쿼크는 쿼크-반쿼크 쌍인 메손(중간자), 세 쿼크 조합인 바리온을 형성할 수 있다. 바리온에는 하드론이라고 알려진 양성자와 중성자 등이 있다.) 그런데 기본전하와 같은 근본적 물리상수가 물질의 안정성에 물리적으로 필수적인가? 달리 말해서, 근본 상수가 달랐다면 원자가 여전히 안정적일까?

적어도 근본 물리상수 가운데 일부는 시간을 두고 변하거나 변할 수 있다는 의견이 제시되었다. 특히 **미세구조상수**(the fine-structure constant)가 이에 해당하는 예로 거론된다. 이는 때로 전자기력 결합상수로 불리기도 하는데, 이 상수는 전자기적 상호작용의 세기와 **전자-대-양성자 질량비**(the electron-to-proton mass ratio)를 특징짓는다. 하지만 근본 물리상수가 시간에 따라 변하는지 여부를 결정하는 데는 실험적 한계가 있다. 대개 관찰은 일련의 다른 상수와 얽혀 있거나 다른 상수는 변하지 않으리라고 가정하고 이루어져야 한다. 또한 다음과 같이 주의할 점도 있다. 근본 물리상수가 모두 함께 변해서, 그 비율이 똑같이 남게 된다면 이를 실험적으로 확정하는 일은 아마 불가능할 것이다.[40]

우리가 근본 물리상수의 가능한 변화에 관련된 한계를 설정하여, 이런 변경이 물질의 안정성을 붕괴시키지 않게 하려면, 다른 상수에 비교해서 해당 상수의 값에 관심을 가져야 한다. 모든 상수가 변화되어 자신의 비율이 변화하지 **않는다면**, 물질의 안정성은 위험에 빠지지 않게 된다. 하지만, 단 하나의 상수만 변경된다면 이는 문제를 낳게 된다. 미세구조상수 α를 예로 보자. 이 상수는 다른 상수, 이를테면, 기본전하, **전자 상수, 플랑크 상수, 빛의 속도**를 이용해 표현되는 무차원 상수이다. α^{-1}의 수치는 137을 약간 상회한다. 무차원 상수는 우리 목적에 잘 맞는데, 무차원 상수 내의 변화는 여러 상수 간 **비율**이 변경되었다는 것을 함의하기 때문이다. 전자 대 양성자 질량비 β는 또 다른 좋은 예이다. 물론 이 근본 물리상수 가운데 어떤 것 하나가 약간 다른 값이 되면, 거시물리적 현상은 가능하지 않을 것이다.

예를 들어, 만일 우리가 전자와 양성자의 질량비 $\beta = m_e / m_N$와 미세구조 상수 α에 대해 각각 값의 변화를 허용한다면, (그리고 명백히 그른 가정이기는 하지만, 물리학의 다른 어떤 측면도 전혀 변화하지 않는다고 가정한다면) 이렇게 허용된 변이는 몹시 큰 구속력을 갖는다. β를 너무 증가시키면 질서 잡힌 분자 구조가 존재할 수 없다. β의 작은 값은 전자로 하여금 원자핵 내의 양성자에 의해서 만들어진 쿨롱장 속에서 잘 정의된 위치를 차지하도록 해주기 때문이다. 만일 β가 약 $5 \times 10^{-3} \alpha^2$을 초과하면, 별이 존

40　근본 물리상수, 특히 물리법칙과 관련해서 이를 살펴보려면 다음을 참고하시오. Tuomas E. Tahko, ʻThe Modal Status of Laws: In Defence of a Hybrid View,ʼ *The Philosophical Quarterly* 65.260 (2015), pp. 509-528.

재하지 않을 것이다. 만일 현대의 대통일 게이지 이론이 정확하다면, 양성자가 너무 빨리 붕괴하지 않고, 중력 이외의 힘들 간에 근본적 통일이 발생하기 위해서, α는 1/180과 1/85 사이의 좁은 영역에 놓여야만 한다. 만일 그 대신에 강한 핵력 a_s와 α의 세기에 변화를 주면, 탄소와 같이 생물학적으로 유용한 원소의 안정성을 위해서는 대강 $a_s < 0.3\alpha^{1/2}$이 필요하다.[41]

이렇게 단순한 상상의 각본 속에서 벌어진 일이 개별 상수에서는 물리적으로 일어날 수 없다는 점도 강조되어야 한다. 하나의 상수에 생기는 변화는 물리상수 전반에 거쳐 영향을 주게 된다.[42] 그러나 거시물리적 대상이 창발하려면 근본 물리상수가 특정한 매우 좁은 영역에 분포해야만 한다는 점은 명백하다.

이런 서술이 모두 성립한다면 근본 수준에 대해 어떻게 생각해야 하는가? 이에 대한 대답은 물질의 안정성에 대한 존재론적 요건을 무엇이라고 보는지에 달려 있다. 이런 문제에 직면해서 우리가 현실의 물리학에 기반해서 현실 세계에 관한 추론만을 할 수 있다는 데 주의해야 한다. 근본 수준 없이 이런 안정성이 가능하지 않다고 논증할 수 있다면, **현실 세계**에서, 아니면 아마도 거시물리적 대상이 실존하는 임의의 세계에서 근본 수준의 실존에 유리한 사례를 갖게 된다. 그러나 아무리 많은 경험적 탐구를 진행해도 근본 수준이 **형이상학적으로 필수적**이라는 점을 증명하기 어려워 보인다. 그래서 실재의 현실 구조가 필수적이라는 취지의 **선천적** 논증이 없는 한, 우리는 현실 세계에 관

41　John D. Barrow, 'Cosmology, Life, and the Anthropic Principle,' *Annals of the New YorkAcademy of Sciences* 950 (2001), p. 147.

42　이는 우리가 예시 목적으로 단순화시킨 유일한 요인이 아니다. 이에 대한 더 엄밀한 해명을 보려면 다음을 참고하시오. Marc Lange, 'Could the Laws of Nature Change?' *Philosophy of Science* 75.1 (2008), pp. 69-92.

해서만 추론을 전개해야 한다. 하지만 거시물리적 대상이 형성되는 데 필요한 현실적 요건에 관해 꽤 괜찮은 착상을 갖고 있다. 이는 우리로 하여금 일반 실존의존의 계열 GXD에 관한 물리적 요건으로 되돌아가서 살피게 한다. 이 계열에 관해서는 이 장의 제3절에서 논의했다. 이런 요건을 해석하는 한 가지 방도는 앞에서 열거한 유형의 제약에 의존하는 것이다. 다시 말해 물질의 안정성 요건의 목록에는 물리적 원리, 이를테면 파울리 배타원리, 근본 물리상수의 제한된 요동이 포함된다. 바로 위의 인용문에서 보듯이 거시물리적 대상은 극단적으로 파괴되기 쉽고 물리상수의 적정치 범위는 매우 좁다. 이런 정밀성은 완전한 무한성과 함께하기 힘들 것으로 생각된다.

여기서 제시하는 철학적 착상은 헤일(John Heil)의 생각과 비슷하다. 그에 따르면 과학 이론 구성에서는 무한한 복잡성을 배제하는 것이 필수적인 제약이다. 이로부터 현실적 무한 역시 부정된다.[43] 여기서 개관하고 있는 접근법은 더 느슨하며, 이는 앞에서 정의한 일반적인 뜻에서의 근본성, 즉 GOF가 '따분한' 부류이기는 하지만 현실적 무한을 허용하기 때문이다. 따분한 무한 하강이 구조 내부에서 일정 지점 이후에는 새로운 면이 없을 것을 필요로 하기에 무한한 **복잡성** 역시 필요 없어 보인다. 따라서 무한주의 자체를 배제하기보다는 **무한 복잡성**만 배제하면 될 듯하다. 그래도 염렷거리는 남는다. 하위 수준 구조가 무한 복잡성을 포함한다는 것을 선험적으로 배제할 수 없다면 더 할 말이 남는지 분명하지 않다. 확실히 이렇게 귀결되는 존재론적 그림은 무한 복잡성 없이도 인정하기 쉬우며, 이는 헤일이 현실 무한을 포기하도록 만든 원동력이다. 그러나 물리학이 제공하는 증거로는 이

---

43 John Heil, *The Universe As We Find It* (Oxford University Press, 2012), pp. 38 ff.

런 사안을 결정적으로 해결하지 못한다.

이런 착상을 더 밀고 나갈 수 있다. 위에서 잠깐 논의한 기본전하를 예로 보자. 쿼크는 기본전하 1/3에 정수배 한 전하를 갖는데, 이들이 내적 구조를 갖는다면 이 내적 구조 역시 전하를 띠어야 한다. 이제 이런 과정을 무한정 진행한다면 결국 최종 조성성분인 부분의 전하는 영에 가깝게 될 것이다. 아마도 이런 이상스러운 귀결은 극복될 수 있을 것이지만, 어떻게 이를 해낼 것인가? 이렇게 거의-전하를-띠지-않은 부분을 서로 결합하는 아직-알려지지-않은 힘이 상정될 수 있다. 복잡한 계열이 무한히 계속될 수 있기 때문에 우리는 이로부터 무한히 많은 근본적 힘을 갖게 된다. 따라서 많은 물리학자가 무한 하강의 착상에 별 매력을 느끼지 못했다 해서 놀랄 일은 아니다. 다음이 이런 예가 되겠다.

지난 세기, 배후의 구조가 거듭 발견되었다. 현미경적 대상에서 시작해서, 원자, 핵 내부의 성분, 쿼크로 이어지면서, 이른바 근본 입자 사이의 차이가 실은 배후 실재의 합성 구조에서 귀결되었을 뿐이라는 점이 반복적으로 증명되었다. 그렇다면 배후 구조를 찾아가는 이런 접근법이 표준모형의 입자를 설명하는 데 사용되고 있는 것은 자연스러운 진행 방향처럼 보인다. 이를 끝까지 밀고 나간 시도, 즉 프레온 모형으로 알려진 시도는 여러 장애에 부딪쳤지만, 여전히 더 깊은 난관, 즉 이런 시도 자체가 안고 있는 어려움이 도사리고 있다. 이런 탐구 과정의 끝이 없기에, 난관의 근원은 현재 우리에게 알려진 구조가 더욱 근본적인 일련의 입자라고 계속 상정할 수 있다는 바로 그 점이다. 이런 착상은 철학적 수준, 심지어 실제적 수준에서도 호소력을 갖지 못한다. '무엇이 이런 과정을 종결시킬 수 있는가?'라는 질문이 항상 기다리고 있기 때문이다.[44]

---

44 Jonathan Hackett, ʻLocality and Translations in Braided Ribbon Networks,ʼ

이런 사변이 지금까지 제시된 철학적 논의에 비해서 결정적인 것은 아니지만, 많은 철학자와 직관을 공유하는 물리학자도 있다. 그런데 물리학 내부에서도 이 직관은 도전받고 있다. 예를 들어, 물리학자 조자이(Howard Georgi)는 양자장 이론에서 재규격화를 둘러싼 논란에 주로 관심을 갖고 있는데, 효과적인 양자장 이론이 일종의 '무한후퇴'에 해당하는 짧은 거리까지 임의적으로 축소' 될 수 있다고 주장한다.[45] 하지만 조자이는 다음과 같이 덧붙인다. **그럴듯한** 각본에 따르면 '몹시 짧은 거리 내에서 상대론적 양자 역학의 법칙은 깨지고, 효과적인 양자장 이론은 물리를 기술하는 데 더 이상 적합하지 않다.'[46] 그는 무한후퇴가, 앞에서 서술한 대로, '따분' 하기 때문에, 시작될 수 있다는 가능성을 고려하지도 거부하지도 않는 것 같다. 조자이의 사고 노선에 따르면 우리가 '몹시 짧은' 거리로 접근할 때 무엇이 일어나든 상대론적 양자 역학의 법칙을 뒷받침할 수 있는 것이 있어야만 한다. 이 점이 그에게 배울 바이다. 약간의 노력을 들이면 이는 우리가 GXD와 연관시키는 요건을 반영하고 있다고 간주될 수 있다.

노벨 물리학상 수상자인 데멜트(Georg Hans Dehmelt)는 무한주의를 수용할 수 있는 또 다른 사변적 해명을 내놓았다. 그는 흥미로운 쿼크/렙톤 하부구조를 제안한다. 이 하부구조는 수소의 방사성 동위 원소인 삼중수소(tritium, ^3H)의 핵, 즉 **삼중양자**(triton) 모형에 기반을 두고 있다. 그의 말을 들어보자.

나는 삼중수소 하부구조 도식을 무한 수의 층위까지 확장하자고 제안한다.

Classical and Quantum Gravity 24 (2007), p. 5757.
45 Howard Georgi, 'Effective Quantum Field Theories,' in Paul Davies (ed.), *The New Physics* (Cambridge University Press, 1989), p. 456.
46 같은 곳.

위에서 열거된 네 층위 아래 [하부 쿼크에 도달할 때까지] 이들은 더 높은 차수 d_N 하부 쿼크를 포함한다. 이때 $N = 5 \to \infty$이다. 각 층에서 입자는 동일하지 않지만 서로 비슷하다. 마치 쿼크와 렙톤처럼. 10^8만큼 질량이 변화한다. 계속 증가하는 질량을 가진 더 단순한 입자로 무한후퇴할 때, 이들은 디렉 점입자에 접근한다.[47]

$N = 3$, 즉 전자 수준까지 데멜트의 모형은 현대 물리학의 내용을 반영했지만, $N = 4$ 즉 전자 하부구조가 있다고 상정된 단계부터는 실험의 뒷받침 없이 사변에 바탕을 둔 주장이다. 그리고 중요한 점은 다음이다. N이 증가하면서 등장하는 각각의 새로운 층 내의 입자들은 새롭고, (강한 핵력에 비해서, 그리고 원자핵 내의 전자기 척력을 쉽게 이겨낼 만큼) 더 강력하고, 더 짧은 범위의 힘에 의해서 함께 있게 된다. N이 무한에 접근하면서, 우리는 무한히 많고, 전적으로 더 강력하고, 더 짧은 영역에서 작용하는 힘을 상정해야만 한다. 이런 상황이 수학적 관점에서는 상대적으로 문제의 소지를 덜 갖겠지만 존재론적 비용 면에서는 문젯거리이다.

데멜트 자신은 "부분전체론"과 같은 표현을 사용하지 않았지만, 우리가 보기에 이 모형은 부분전체론적 수준과 연관되어 있는 듯이 보인다. 하지만, 우리가 $N = 5 \to \infty$에 도달하면, 정확하게 어떤 일이 벌어질 것인지에 관해서는 해석의 여지가 있다. 하나의 가능한 대안에 따르면, 이 지점에 이르면 부분전체론적 사슬이 중단되며, 더 이상의 사슬은 '따분하고' (즉 반복되고), 앞에서 논의한 뜻에서 GXD를

---

47 Hans Dehmelt, 'Triton,... Electron,... Cosmon,...: An Infinite Regression?' *Proceedings of the National Academy of Sciences* 86 (1989), p. 8618. 다음도 참고하시오. Tahko, 'Boring Infinite Descent'. 또한 다음도 참고하시오. Morganti, 'Metaphysical Infinitism and the Regress of Being.'

만족시킨다.

각 수준에 새로운 힘을 도입할 때 치러야 하는 존재론적 비용은 어떤가? 여기서 염려되는 바가 있다. '따분한' 무한 하강이 무한 수의 새로운 힘을 필요로 한다면 GOF를 만족시킬 수 있는 후보가 되기 어려울 것이다. 사실상 데멜트 모형은 각 수준에서 새로운 교환 입자를 도입해야 하는 것처럼 보인다. 이 입자는 GOF에 더 큰 문제를 일으킨다. 강한 핵력을 다시 생각해보자. 이 힘은 양성자끼리의 전자기 척력을 압도해서 양성자와 중성자를 원자핵 안에 결합해둔다. 모든 근본 힘과 같이 강한 핵력은 하나의 **교환력**이다. 다시 말해서 강한 핵력은 하나 이상의 입자 간의 교환을 포함한다. 양성자와 중성자 수준에서 강한 핵력은 **중간자들**(mesons)의 교환에 의존하지만, 이것은 양으로 대전된 쿼크를 결합하는 강력(즉 색력)의 잔여 힘일 뿐이다. 후자의 경우 이에 연관된 교환 입자는 **글루온**이다. 강력에 관해 충분히 검토하려면 양자 색역학(chromodynamics)을 연구해야 할 것이기에 여기서는 더 이상의 내용을 살펴보지 않겠다. 하지만 강력이 활성화되는 각각의 수준에서 독립적인 교환 입자(들)(예를 들어, 중간자와 글루온)이 필요해 보이는데 바로 이 점이 우리의 흥미를 확실하게 끈다.

여기서 핵심적인 의문은 다음과 같다. 무한한 하강을 포함하는 어떠한 물리 모형이든 무한 수의 새로운 힘과 이에 대응하는 교환 입자를 상정해야 한다면 이것이 적정토대를 갖춘 모형일 수 있는가? 궁극적으로 이런 논란이 해결될 것인지는 따분하지 않으면서 실질적인 근본 수준이 있는지에 달려 있을 것이다. 물론 이 근본 수준에 관한 이해에는 현대 물리학의 복잡한 내용이 반영되어야 하며, 아직까지는 상세하게 검토되지 않았다고 하겠다. 그래서 지금까지 논의가 명백하게 보여주는 바대로, 이 논점에 관한 탐구는 아직 초기 단계이며, 경험적 자료의 한계로 인해 어려움을 겪고 있는 형편이다. 어쨌든 한 가지 명백한 것이 있다. 근본 수준에 대한 탐구는 상위형이상학과 물리학 모두에서 당분간 핵심 난제로 남아 있을 수밖에 없다.

형이상학의 인식론:
선천성 또는 후천성?

이 책의 전반에 걸쳐 여러 인식론적 논란거리를 다루었다. 당연한 얘기지만 여러 논쟁의 실질적 내용, 의의, 전개 등은 논쟁 중인 주제에 관한 지식 획득의 시도가 성공하느냐 여부에 달려 있다. 앞의 두 절에서 우리가 지식을 얻고자 하는 대상이 무엇인지 더 정확하게 표현하는 도구를 획득했으나, 이런 도구를 인식적 측면에서 검토했을 때 이들은 제한적인 유용성을 보여줬다. 또한 논의가 너무 추상적으로 빠르게 전환되면서 서로 다른 견해의 상대적 장점을 평가하기도 힘들었다. 이제 상위형이상학 저작에서 최근에 부각되기 시작한 인식적 논란거리를 다룰 시점이 되었다. 어떤 사람은 이 주제를 상위형이상학 자체가 아닌 일차 형이상학이나 인식론이 다루어야 한다고 본다. 하지만 나는 이와 다른 견해를 갖고 있다. 많은 경우에 상위형이상학 내의 논쟁에서 인식적인 부분은 존재론적인 부분과 너무 밀접하게 연결되어 있어서, '진정한' 상위형이상학과 인식론을 구별하기 불가능하기 때문이다. 따라서 우리는 상위형이상학 문제의 해결을 꾀할 때 인식적 논란거리를 면밀히 검토하지 않을 수 없다. 이들은 형이상학의 **방법론**에서 핵심을 차지한다.

이 장의 핵심 질문은 형이상학적 지식을 선천적 수단이나 후천적 수단, 또는 둘을 조합한 수단으로 얻느냐는 것이다. 후천적 요소가 개입된다면 이 후천적 요소가 어느 정도로 과학에 기대고 있느냐는 질문이 이어서 제기된다. 다시 말해서 과학과 형이상학의 관계란 무엇인가? 이 질문 자체가 광범한 주제에 걸쳐 있고 또한 중요해서 그 자체로 한 장을 차지할만하며, 이 책의 제9장에서 따로 다루겠다. 그러나 선천성 대 후천성 구분은 그 자체로 논의되어야 한다. 그래서 이 장의 첫 절은 이를 간단하게나마 다루겠다.

양상적 진리 문제는 인식적 논란을 심각하게 일으키고 있다. 앞에서 이미 상위형이상학의 양상적 진리와 연관된 문제를 보았다. 이를테면, 제6장에서 근본 수준의 (물리적이거나 형이상학적) 필연성에 관한 사변적 논의가 이에 속할 것이다. 이 장의 둘째, 셋째, 넷째 절에서 이런 유형의 양상적 지식이 갖는 잠재적 원천을 검토하는 데 초점을 둘 것이다. 달리 말해서 이 세 절에서 주로 **양상 인식론**(modal epistemology)에 초점을 맞추겠다. 물론 양상적 지식은 형이상학적 지식의 전부가 아니지만 특히 중요하고 계몽적이며, 그래서 적절한 사례연구의 역할을 할 것이다. 양상적 지식의 원천에 관한 설명은 대강 둘로 나뉜다. 하나는 **양상 이성주의**(modal rationalism, 또는 '양상 합리론')이고 다른 하나는 **양상 경험주의**(modal empiricism, 또는 '양상 경험론')이다. 이름에서 짐작하듯이 첫째는 양상적 지식을 주로 선천적 방식으로 설명하려는 견해인 데 비해, 후자는 후천적 수단을 강조한다. 본질과 양상성의 관계는 더 복잡한 사안이다. 최근에 인기를 얻고 있는 해명에 따르면 본질이 양상성에 존재론적으로 우선하거나 환원된다. 이 대목에서 또 다른 질문이 제기된다. 본질의 존재론적 우선성이 인식적 우선성을 논리적으로 함의하는가? 이런 논란을 셋째 절에서 다루겠다. 앞으로 보겠지만, 선천성과 후천성을 구분하게 되면 또 다른 복잡한 논란이 야기되는데, '순수한' 선천적 지식 또는 후천적 지식의 예를 지적하기 매우 어렵기 때문이다. 사실상 이 장의 넷째 절은 형이상학에서 '안락의자' 방법이 어떤 지위를 차지하는지 밝히는 데 대부분 할애될 것이다.

다섯째 절에서 양상 이성주의와 양상 경험주의 사이의 앞선 논쟁을 더 자세히 살필 예정이다. 이런 논의의 결과로 일종의 혼성 견해가 필요한 강력한 이유를 보게 될 것이다. 선천적 지식과 후천적 지식 간의 구분이 보기와 달리 간단하지 않다면, 양상 이성주의와 양상 경험주의 사이의 논쟁을 표현할 대안이 있을지 살피겠다. 성과가 있다면 새로운 대안으로 인해 방법론 측면에서 흥미로운 발전을 기대할 수 있다. 특히 이 장의 주된 관심사인 양상 인식론을 더욱더 잘 이해하게 될 것이다.

7.1 선천성 대 후천성

선천적 지식과 후천적 지식은 비경험적 수단과 경험적 수단으로 획득한 지식이라고 각각 정의된다. 이 구분은 어느 정도 문제의 소지를 안고 있지만 철학자들이 별다른 의심 없이 이 구분을 사용하고 있으며 (그리고 우리도 계속 사용할 것이며), 이 때문에 이 구분을 최대한 명료하게 밝혀야 한다. 본주어(Laurence Bonjour)가 제기한 두 가지 문제를 짚어보자. 첫째는 '경험'의 정의 문제이며, 둘째, 선천성이 어떻게 경험과 '독립적'이라 생각될 수 있는지 문제이다.[1] 경험의 정확한

---

1   Laurence BonJour, *In Defense of Pure Reason* (Cambridge University Press,

범위를 결정하는 문제가 첫째 문제이다. 심적 과정은 경험으로 간주되는가? 이미 학습된 유형에 의존하는 수학적 추론 또는 철학적 추론은 어떤가? 지각적 정보라면 경험적이라고 해야 하는가? 이 모든 항목에 대한 기억은 어떤가? 둘째 문제는 선천적 지식의 선행조건인 개념 습득에 관한 논란과 연관 있지만, 또한 경험 독립성, 즉 한 명제가 경험적 정보에 의해서 논파불능인지 여부에 관련되어 있다.[2] 사실 이 두 질문의 배후에는 다음과 같은 문젯거리가 도사리고 있다. 한편으로 경험 독립성의 정의 방법에 관해서 너무 엄격한 잣대를 들이대면 어떤 것도 선천적 지식으로 간주할 수 없고, 그래서 구분이 사라지게 된다. 다른 한편으로, 비경험적인 것에 관해서 너무 느슨한 견해를 갖게 되면 구분이 모호해지고, 그래서 우리가 어떤 지식을 선천적이라거나 후천적이라고 말해도 모두 똑같이 정확한 말을 하게 되는 상황이 벌어진다. 어쨌든, 이어서 보겠지만, 최근에 '선천적'과 '후천적'이라는 이름표를 느슨하게 사용하는 경향이 점증하면서 고착되고 있다. 이미 이 구분 자체가 느슨해지는 상황이 도래하고 있다. 그래도 이 구분을 전적으로 포기할 이유는 되지 못한다. 여전히 선천성이나 후천성의 특성을 확인할 수 있으므로 논란의 여지에도 불구하고 이 구분은 아직 쓸모를 갖는다.

지식 이외에도 우리는 **정당화**(justification)나 **추론**(reasoning)에 대해서도 말하겠다. 물론 선천적 정당화를 주제로 다루는 방대한 저작이

1998), pp. 7-11.

2 이 문제, 그리고 관련된 다른 문제에 대해서 참고하려면 다음을 보시오. Tuomas E. Tahko, 'A New Definition of *A Priori* Knowledge: In Search of a Modal Basis,' *Metaphysica* 9.2 (2008), pp. 57-68. 그리고 Tuomas E. Tahko, 'A Priori and A Posteriori: A Bootstrapping Relationship,' *Metaphysica* 12.2 (2011), pp. 151-164도 참고하시오.

여기서 다 다루지 못할 만큼 많이 있다.[3] 정당화는 어떤 사람의 신념이 정당화되는 과정에 관련된다. 똑같은 신념이 한 사람에게는 후천적으로 정당화될 수 있지만 다른 사람에게는 선천적 수단으로 정당화될 수 있다. 게다가, 한 신념이 정당화되었어도 옳지 않을 수도 있다. 그러나 정당화와 관련된 모든 논란거리가 현재 우리 관심사와 직접 연관되지는 않는다. 여기서는 주로 선천성과 후천성을 추상적으로 구별하는 것이 어떻게 가능한지에 관심을 두고 있기 때문이다. 추론으로 관심을 돌려 보자. 선천적 추론 이외에 다른 추론이 있다고 말하면 무의미하지 않은가? 추론이란 아마도 (연역적인) 심적 과정이기 때문이다. 따라서 순전한 추론에 의해서 어떤 신념에 도달한다면 그 신념은 선천적 수단으로 정당화되는 것처럼 보인다. 그러나 '후천적 추론'이 전적으로 불가능하지는 않다. 경험적 관찰에서 시작하여 귀납적 추리(inference)를 거쳐 일반화하는 것은 대개 '추론'이라고 말하는 연역 과정과 구별되는 '추론'의 형태인 듯하다. 그래서 이런 유형의 경험적 일반화를 '후천적 추론'에 의한 정당화라고 할 수 있다. 어쨌든 이런 논점을 모두 여기서 해결하고자 하는 것은 아니지만, 독자들은 선천성과 후천성 문제에 접근하는 여러 방도가 있다는 점을 명심해야 할 것 같다.

그래서 지식, 정당화, 추론, 탐구, 방법 등등을 선천적이라거나 후천적이라고 구분하는 일이 아주 깔끔하게 이루어지지 않는다는 점을 감안하여 약정을 도입하겠다. 특히 **연역 추론에 연관된** 탐구나 정당화를 선천성의 특징으로 약정하고, 이와 대조해서 **경험적 요소가 포함**된 것을 후천성의 특성이라고 약정하겠다. 때로 탐구 절차가 방금 말한 특

---

3 이에 대한 유력한 이론의 사례를 보려면 다음을 참고하시오. Albert Casullo, *A Priori Justification* (Oxford University Press, 2003).

성들을 포함하는지 여부가 완벽하게 명확하지 않겠지만 이는 다른 차원의 문제이다. 더 중요한 사실은 탐구 절차가 늘 그렇지는 않더라도 빈번하게 두 특성 모두에 연관된다는 것이다. 대개 어떠한 후천성 관련 특성이 등장하더라도 철학자들은 귀결된 지식을 후천적이라고 부르려든다. (예를 들어, 후천적 필연성이 여기에 해당된다.) 그러나 이미 주의를 환기한 대로 이는 너무 강한 조건이다. 이를 고집할 경우 후천적 특성에 전혀 '오염되지 않은' 것은 절대로 없으며, 따라서 선천성 대 후천성의 구분은 무너지고 말기 때문이다. 어떤 철학자는 이런 결과를 환영할지도 모르지만 이는 마지막에나 취할 입장일 것이다. 선천성 개념은 형이상학에서 매우 중요한 역할을 하기 때문이다. 따라서 선천성 대 후천성의 구분이 불확실한 경우를 두고, 어느 한쪽으로 분류되지 못할 정도로 선천적 요소와 후천적 요소가 서로 상호 결속되어 있다고 결론짓는 게 낫다. 그렇다고 해서 이런 상황이 전개될 경우 우리가 선천성과 후천성의 다른 특성을 말하지 못한다는 얘기는 아니다. 이를테면, 어떤 정당화 절차에서 한 측면이 우세하면 귀결되는 신념을 주로 선천적 수단에 의해서 정당화했다. 그러나 이 구별이 아주 깔끔하지는 않다고 인정했기 때문에, 이 논란거리에 대해서 처음부터 지나치게 논의할 필요는 없는 것 같다.

요컨대 비록 하나의 절차나 명제가 후천적인지, 선천적인지, 또는 둘 다인지 결정하는 일이 때로 몹시 어렵지만 선천성 개념의 일정한 역할이 있다. 이렇게 본다면 더 수축주의적인 접근 방식도 가능하다. 다시 말해, 누군가는 선천 대 후천 구분이 쓸데없다는 견해를 가질 수도 있다. 예를 들어, 윌리엄슨(Timothy Williamson)이 논증하는 바에 따르면 선천적 지식(또는 정당화)과 후천적 지식의 명확한 사례 모두에서 경험은 지식을 가능하도록 하는 역할 이상을 하면서도 엄격한 증거 역할은 다하지 못하기 때문에, 실은 이 구분이 이론적으로 큰 의의

를 갖지 못한다.[4] 가끔 이런 도전이 제기될 때 선천성 개념이 실패자로
등장하는 이유는 현대 철학에서 경험적 요소가 매우 견고한 위치를 차
지하기 때문일 것이다. 이런 도전은 논리경험주의, 콰인의 분석/종합
구분 부정, 나아가 최근의 급진적인 경험주의에 힘입은 바 크다. 물론
이런 도전이 여기서 약정한 선천성과 후천성에 관한 상호 결속 개념의
세세한 측면을 모두 잡아내고 있는지는 불분명하다. 선천성 개념의 일
관성과 중요성에 관한 도전이 최근에도 이어지고 있고, 그래서 심각하
게 취급되어야 한다. 카줄로(Albert Casullo)는 이런 류의 도전을 제기
하고 있으며, 더불어 경험/비경험 구분에도 의문을 던지고 있다.[5] 그런
데 형이상학의 인식론에 관해서 이런 개념들을 이용해서 내놓는 어떠
한 해명이든 결국에는 선천 대 후천 구분에 얽힌 난제에 직면할 것이
다. 하지만 이런 논란거리를 더 자세히 파고들면 우리의 주된 화제에
서 멀어지게 된다.

7.2 양상 이성주의와 선천적 방법

두 종류의 양상 이성주의를 구분하면서 논의를 시작해보자.

　관대한 양상 이성주의(permissive modal rationalism, PMR)
　양상성에 관한 우리의 접근방도는 이성주의자의 선천적인 요소에 연루된다.

4　Timothy Williamson, 'How Deep is the Distinction Between *A Priori* and *A Posteriori* Knowledge?' 이 논문은 다음에 실렸다. A. Casullo and J. C. Thurow (eds.), *The A Priori in Philosophy* (Oxford University Press, 2013).
5　Albert Casullo, 'Four Challenges to the *A Priori–A Posteriori* Distinction,' *Synthese* 192 (2015), pp. 2701-2724.

엄격한 양상 이성주의(strict modal rationalism, SMR)
양상 인식론은 전적으로 선천적 추론에 관련된 사안이다.

양상 이성주의는 직관 기반 접근 방법과 사유가능성 기반(conceivabil-ity-based)[6] 접근 방법을 포괄한다. 이는 빌러(George Bealer)[7]와 차머스[8]가 옹호하고 있는 방법이다. 또한 로우의 본질 기반 접근법도 포괄한다.[9] 빌러는 직관 기반 설명을 옹호하고 있으나, 이에 비해서 차머스는 더 광범한 이성주의자 전망의 일환으로 사유가능성 기반 설명을 옹호한다. 로우의 접근법은 다소 다른데, 파인의 노선을 쫓아서 **형이상학적 양상성이 본질에 근거한다**고 보는 까닭이다. 이에 대해서 조금 뒤에 더 살펴보겠다.[10] 이 견해에 따르면 양상성에 관한 인식은 본질에 관한 인식이다. 다음 절에서 관련 주장을 더 자세히 논의할 것이다. 로우가 보기에 본질에 관한 인식절차는 어떤 실물이 무엇인지 (또는 무엇일

---

6 특히 사유가능성을 다룬 좋은 논문 선집은 다음이다. T. S. Gendler and J. Hawthorne (eds.), *Conceivability and Possibility* (Oxford University Press, 2002). [*역주: 'conceivability'를 '상상가능성'으로 옮기는 것이 대부분의 연구자의 선택이다. 하지만 이 장에서 보듯이 'imaginability'를 함께 사용하는 맥락이 등장하는 점, 두 낱말이 연상시키는 내용상 약간의 차이를 보이는 점을 감안하고, 또한 이 낱말을 처음 사용한 데카르트가 사유를 강조한 점 등을 감안하여 여기서는 '사유가능성'으로 옮긴다. 이 장의 각주 13과 해당 쪽을 참고하시오.]
7 빌러의 견해를 보려면 다음을 참고하시오. George Bealer, 'Modal Epistemology and the Rationalist Renaissance,' in Gendler and Hawthorne (eds.), *Conceivability and Possibility*, pp. 71-125; 'The Origins of Modal Error,' *Dialectica* 58.1 (2004), pp. 11-42.
8 David Chalmers, 'Does Conceivability Entail Possibility?' in Gendler, and Hawthorne (eds.), *Conceivability and Possibility*, pp. 145-200.
9 E. J. Lowe, 'What is the Source of our Knowledge of Modal Truths?' *Mind* 121 (2012), pp. 919-950.
10 Kit Fine, 'Essence and Modality,' *Philosophical Perspectives* 8 (1994), pp. 1-16.

지) **이해하는** 선천적 절차이다. 사실 빌러가 '이해'에 관해서 말하지만 그의 용법은 로우와 다르다. 빌러는 개념의 소유에 초점을 맞추는 데 비해 로우는 더 일반적인 유형의 심적 이해를 염두에 둔다. 물론 로우가 이런 차이를 세세하게 밝히고 있지는 않다.[11] 그런데 양상 인식론 저작이 넘쳐나고 있으며 여기서는 그 가운데 두드러진 것을 언급했다. 이런 저작의 분량을 감안하면 다양한 견해를 다루는 여러 권의 책이 필요할 것이다. 따라서 적은 분량을 다루겠지만 다른 한편으로 논쟁의 핵심을 잘 드러내는 데 필요한 만큼 관심을 둘 예정이며 방법론적 귀결에 방점을 찍어 논의를 전개할 것이다.[12] 이어서 사유가능성 기반 설명에서 출발해서 본질 기반 설명을 살필 것이다. 이때 각각이 PMR과 SMR과 어떻게 관련을 맺는지 논의해보자.

사유가능성이 가능성(possibility)의 안내자일 수 있다는 착상은 긴 역사를 갖고 있다. 하지만, 데카르트까지 거슬러가서 이런 착상을 살펴보지는 않고, 사유가능성 개념과 관련된 여러 논란거리 가운데 하나에 집중하겠다. 그런데 제한이 필요하다. 어떤 종류의 사유가능성이나 가능성인가? 대개 사유가능성이 **개념적** 가능성을 논리적으로 함축한다는 것을 당연시하면서, 과연 사유가능성이 **형이상학적** 가능성도 논리적으로 함축할 것인지 궁금해한다. 달리 말해서 각본 x를 사유할 수 있다면 x는 적어도 개념적으로 모순 없는 각본이어야 한다. 따라서 가장 간단한 형태로 보면 사유가능성은 문제의 각본을 일관되게 **상상하**

---

11 이해와 본질에 관해서 더 체계적인 이론을 보려면, 다음을 참고하시오. Anand Vaidya, 'Understanding and Essence,' *Philosophia* 38 (2010), pp. 811-833. 하지만 바이디아의 해명은 로우가 옹호하려는 유형의 (실재론적) 본질주의와 양립하지 않을 수도 있으며, 그래서 약간 다른 접근법을 갖고 있는 것 같다.

12 이 화제에 관한 논의의 현황을 보여주는 논문 선집을 보려면 다음을 참고하시오. R. W. Fischer and F. Leon (eds.), *Modal Epistemology After Rationalism*, Synthese Library (Dordrecht: Springer, 2017).

는(imagine) 능력, 즉 일관되게 **사유**(conceive)할 수 있는 능력을 언급한다. 대다수의 저자가 이들을 상호교환해서 사용하지만 우리는 사유가능성과 상상가능성을 엄격하게 구별해야 한다.[13] 여러 이유가 있겠지만, 그 가운데 하나는 '상상가능성'이 우리의 능력 즉 무엇인가에 대한 **시각상을 형성하는** 능력과 강하게 결부되어 있으며, 그래서 단 하나의 감각 기관과 연결된다는 사실에 기인한다. 하지만 대체로 사유가능성은 이보다 넓은 방식으로 이해되어 시각과 긴밀하게 결부되지는 않는다. 다른 요건이 추가되기도 한다. 예를 들면, 우리가 해당 각본을 **마치 그것이 현실인 양** 상상하거나 사유할 수 있어야, 즉 현실로 벌어졌을 수도 있는 대안의 역사 또는 형이상학적으로 가능한 세계를 상상할 수 있어야 한다. **이차원 양상의미론**은 이런 노선을 택하지만 이 주제를 더 이상 다루지는 않겠다. 이를 자세하게 다루게 되면 현재의 주제에서 너무 벗어나게 되기 때문이다.[14]

논의의 범위를 이렇게 제한하고 보면 양상 이성주의자 설명의 복잡다단한 내용을 모두 다룰 필요는 없다. 그 대신에 문제의 소지가 많은 사례에 집중해서 논의해보자. 형이상학적으로 필연적인 진리, 이를테면, '금은 원자번호 79번인 원소이다'가 사유가능하면서 형이상학적으로 **불가능한** 각본, 예를 들어, '금은 원자번호 79번인 원소가 아니라고 밝혀질 수도 있다'와 조화될 수 있는지 살피고자 한다. 이 논점에

---

13   사유가능성과 상상가능성이 구별되어야 한다는 논증에 대해서 보려면 다음을 참고하시오. Marcello Oreste Fiocco, 'Conceivability, Imagination, and Modal Knowledge,' *Philosophy and Phenomenological Research*, 74.2 (2007), pp. 364–380.

14   이차원 양상 의미론을 개관하고 싶다면 다음을 보시오. David Chalmers, 'The Foundations of Two-Dimensional Semantics,' in M. Garcia-Carpintero and J. Macia (eds.), *Two-Dimensional Semantics: Foundations and Applications* (Oxford University Press, 2006), pp. 55–140.

대한 한 가지 반응에 따르면 사물이 달리 될 수 있었다는 것은 **항상** 사유가능하다. 하지만 어떤 철학자는 사유가능성이 현재의 후천적 틀에 의해서 **제한된다**고 역설한다. SMR 지지자는 첫째 방안을 선호하며, PMR은 제한된 사용과 자연스럽게 어울린다. 차머스, 야블로(Stephen Yablo) 그리고 여타의 철학자와 더불어 우리도 여러 유형의 사유가능성을 구별할 수 있다.[15] 하지만 많은 저작이 쏟아지고 있어도 사유가능성을 이런 사례에서 어떻게 사용해야 할지 합의된 바는 없다. 나아가 사유가능성이 항상 제한되어야 한다고 주장하는 더 강한 양상 이성주의도 가능하다. 우리가 현재의 인식적 상황을 벗어날 수 없으며 그래서 항상 일정한 '후천적 경계' 내에서 추론할 수밖에 없다면 강한 이성주의자 견해 역시 일관성을 갖는 것처럼 보인다. 두 가지 가능한 반응을 더 정밀하게 구분하게 되면 후천적 지식을 갖기 **전에** 세계의 모습, 또는 후천적 틀 **내에서** 세계의 모습 가운데 어떤 것을 통해서 사유가능성을 확정해야만 하는지 여부가 첫째 논점이 될 것이다. 이 대목에서 선천적 요소와 후천적 요소 사이의 관계가 의문의 대상으로 떠오르게 된다.

위의 논의에서 드러난 의문을 근거로 더 완강한 견해가 등장한다. 이에 따르면, 후천적 요소를 필요로 하는 양상 이성주의가 있다면 그 것이 **어떤 것이든** 전통적으로 이해되던 **이성주의**가 아닌 것처럼 보인

---

15 Chalmers, 'Does Conceivability Entail Possibility?' 와 Stephen Yablo, 'Is Conceivability a Guide to Possibility?', *Philosophy and Phenomenological Research*, 53 (1993), pp. 1-42. 차머스는 최대 여덟 가지 사유가능성을 열거한다. 현재 논점과 관련된 구분은 **일차** 사유가능성과 **이차** 사유가능성의 구분이다. S가 현실적으로 성립한다고 사유가능할 때, S는 일차적으로 사유가능하다. S가 사유 상으로 성립될 수도 있다면 이차적으로 사유가능하다(p. 157). 차머스가 논의하고 있는 **이상적** 사유가능성, 즉 완벽한 이성 능력을 갖고 있는 이상적 사유자의 경우에 대한 복잡한 사항은 다루지 않겠다.

다. 이런 유형의 완고한 반응은 SMR 또는 양상 이성주의 자체의 거부로 귀결될 것이다. 이는 전적으로 적절한 반응은 아니다. 우리가 다루는 인식 틀이 경험주의가 아니라도 적어도 **일정한** 후천적 요소를 허용해야 하기 때문이다. 예를 들어, 우리는 명백히 경험적 수단을 통해서 금을 알게 된다. 금은 원자번호 79번인 원소이다. 하지만 이를 알자마자 '금은 원자번호 79번인 원소이다'는 명제의 **필연성**은 양상 이성주의자가 인정할만한 선천적 수단에 의해서 도출될 수 있을 뿐이다. 마찬가지로 비록 우리가 '원소' 개념을 감각기관을 통해서 후천적으로 배우지만, 이런 유형의 **개념 습득**은 SMR에 반한다기보다는 배경 지식의 일부로 간주될 수 있다. 그래서 자비로운 해석에 의하면 PMR과 SMR은 타당한 후보자이고, 경험적 요소에 노출되었는지 여부가 문제가 아닌 다른 것이 문제가 될 것이다.

그러나 사유가능성을 이렇게 자비롭게, 더 제한된 뜻으로, 후천적 틀을 감안해서 해석한다면, 사유가능하면서 형이상학적으로 불가능한 각본을 조화시키기 어렵게 된다. 예를 들어, 금에 관한 우리의 지식 즉 이것은 원자번호 79인 원소라는 지식을 감안할 때, 후천적 틀을 심하게 변경시키지 않은 채로 금이 그 원자번호인 원소가 아니라고 상상하는 일조차도 불가능해야 한다. 그렇다면 이는 사유가능성을 제한 없이 즉 선천적인 뜻으로 이해하도록 압박할 것이다. 그렇다면 사유가능성은 가능성(에 관한 지식)에 필수적인 요건이 되고 만다. 사유가능성이 단순히 상상된 가능성에서 무모순을 요구하는 것으로 해석될 수 있기 때문이다. 그러나 이렇게 될 때 어떤 의미의 양상 이성주의를 구하겠지만, 이는 원래 찾고자 했던 것에 비해 더 약한 논제이다.

사유가능한 각본 내에서 무모순을 요구하는 데 덧붙여, 우리가 사유가능성에 대응하는 부정적 요건을 제시할 수 있는가? 아마 다음과 같은 것일 수 있다. 선천적 추론에 의해서 배제되지 않는 모든 것이 사유가능하다. 표면적으로 이는 약간이나마 도움이 되는 것처럼 보이는데, 그럴듯한 선천적 고려가 모순 명제를 배제하기 때문이다. 그래서 이런 제한이 사유가능성에 관한 이전 요건도 포괄한다. 그렇다면 문제의 초점은 인식적인 것으로 이동한다. 사유가능성이 이런 뜻으로 가능성의 조건부(*prima facie*) 안내자라면, 양상 인식론에서 유용한 도구일 수 있는가? 물론 사유가능한 것과 형이상학적으로 가능한 것 사이에 중첩되는 바가 있으며, 또한 사유가능한 것과 형이상학적으로 **불가능한** 것 사이에도 중첩되는 바가 있다는 것을 가정한다면, 이전의 중첩은 사유가능성과 형이상학적 가능성 사이의 **신뢰할만한** 인식적 연결을 함축하지 않을 것이다. 사실상 무한하게 많은 사유가능하면서 형이상학적으로 가능한 각본이 있다. (비록 우리가 이상적인 사유자와 거리가 멀어 인지 능력의 한계에 부딪치겠지만) 그러나 **무한하게** 많은, 사유가능하면서 형이상학적으로는 불가능한 각본도 있다! 이를 보려면 형이상학적으로 필연적인 진리, 이를테면, '금은 원자번호 79인 원소이다'를 택해서, 형이상학적으로 불가능한 각본, 즉 금이 원자번호 80, 또는 81, 또는 82, 또는 …를 갖는 원소인 각본을 만들어보라.

사유가능성을 형이상학적 가능성에 도달하는 신뢰할만한 안내자로 삼을 수 있다면, 우리는 어떻게든 형이상학적으로 가능한 각본과 형이상학적으로 불가능한 각본을 구별할 수 있어야만 하고, 따라서 관심사를 어느 정도 제한해야 한다. 이런 시도 가운데 윌리엄슨의 영향력이 가장 크다. 그는 양상 인식론에 대한 자신의 반사실 기반(counterfactual-based) 설명의 일부로 사유가능성을 논의하고 있다.[16] 그런데 윌리엄슨은 양상성에 관한 지식을 반사실에 관한 지식으로 설명하고자

---

16   Timothy Williamson, *The Philosophy of Philosophy*, (2007, Oxford: Blackwell Publishing). 특히 제5장을 보시오.

하며 양상적 판단의 인식적 지위에 대해서는 중립을 유지하기 때문에, 그의 견해를 반드시 양상 이성주의에 속한다고 말하지 않아야 한다. 그래도 그는 현재의 논점에 관련된 흥미로운 착상을 제시한다. 그림 7.1은 문제가 무엇인지 보여준다.

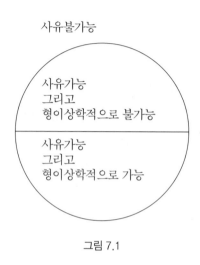

그림 7.1

원 바깥에 있는 모든 것은 사유불가능하며 원 안에 있는 모든 것은 사유가능하다. 이는 상대적으로 문제가 없는 구분이다. 그러나 문제의 소지를 안고 있는 구분은 원의 내부, 즉 사유가능하지만 형이상학적으로 **불가능**한 것과 사유가능하지만 형이상학적으로 **가능한** 것 사이의 구분이다. 이 원을 어떻게 나눌 수 있는가?

윌리엄슨은 **배경 지식**의 활용을 주장한다. 그에 따르면 반사실적 각본, 이를테면, 금이 원자번호 79를 갖지 못하는 상황을 사유할 수 있는 능력이 일정한 경험적 지식에 의해서 제한되어야만 한다.

만일 우리가 화학에 대해서 충분히 안다면, 금이 원자번호 79인 원소라는 데 대한 반사실적 추측은 모순을 낳게 될 것이다. 그 이유는 단순히 금이 원자번호 79인 원소임을 안다는 것이 아니다. 반사실적 추측을 하면서 우리가 가진 지식 내부의 어떤 항목을 변경시켜볼 수 있고 또한 변경 시켜야만 한다. 오히려, 반사실적 추측을 전개하는 일반적 방도 가운데 하나는 확정된 조성적 사실을 유지하는 것이다.[17]

이 인용문을 통해 본다면 그는 이미 양상 이성주의가 경험적 지식으로 보충받아야 한다는 점을 인정하고 있다. 그러나 양상 인식론의 작업 대부분이 반사실적 추측 능력 즉 대안 각본을 사유하는 능력으로 이루어졌다면 이 역시 어떤 형태의 양상 이성주의자에게는 용인될만 하다. 윌리엄슨은 적어도 현재의 문제에 한 가지 답을 내놓았는데, 금이 79 아닌 다른 원자번호를 갖는 각본 즉 사유가능하지만 형이상학적으로 불가능한 각본을 '조성적 사실'(constitutive facts)의 도움을 받아 폐기했기 때문이다. 이 사실은 우리가 반사실적 각본을 검토할 때 변경시키지 않는 배경 지식에 해당한다. 이를 확정해서 유지해야 할 이유는 단순하다. 조성적 사실을 확정하여 유지하지 못할 경우 어떠한 반사실적 추측도 모순을 낳게 된다. 이 사실을 통해 사유가능한 형이상학적 불가능성과 사유가능한 형이상학적 가능성을 구별하게 된다.

이런 제안이 꽤 그럴듯해 보이지만 우리가 **어느** 사실이 조성적인지 알 수 있어야 한다는 점이 문제이다. '금은 원자번호 79인 원소이다'와 같은 예는 이 분석에 적절한 예일 것이다. 금이 다른 어떤 것일 수 있는지 명백한 대안이 없기 때문이다. 하지만 조성적 사실 집합에 관한 더 일반적인 사항을 밝히지 못하는 한 우리는 아직도 신뢰할만한 방법을 발견하지 못한 셈이다. 사실상 윌리엄슨은 이런 의문에 대한 답을 일일이 제공하려고 하지도 않았다. **어느** 사실이 조성적인지 알아

---

17   Williamson, *The Philosophy of Philosophy*, p. 164.

야 할 필요도 없다고 믿었기 때문이다. 적어도 하나의 조성적 사실을
알고 있으면 충분하다.[18] 윌리엄슨의 방법에서, 정확한 사실을 확정하
여 유지하는 것이 중요하다는 점을 보기 위해서, **비조성적** 사실을 확
정하여 유지하면 어떤 일이 벌어질지 생각해보자. 아마도 우리가 포함
시키고 싶은 일정한 가능성을 (형이상학적으로 불가능하다고) 배제하
면 끝이다. 예를 들어, 지구가 태양에서 세 번째 행성이라는 것을 확정
하여 유지한다면 우리는 금성이 형성된 적이 없다는 가능성을 배제하
면서 이야기를 마치게 될 것인데, 금성이 형성되지 않았던 상황은 확
실히 가능하다! 마찬가지로 어떤 조성적 사실을 확정하여 유지하는 데
실패하면, 이를테면, 그 원소가 자신의 원자번호로 정의되는 일이 실
패하면, 우리는 실수로 형이상학적 불가능성, 이를테면, 금이 원자번
호 79를 갖지 못하는 상황을 포함시킬 것이다. 그래서 조성적 사실에
관해서 더 많은 것이 밝혀져야 할 것 같다.

하지만 조성적 사실에 관한 분석이 시도되기도 했다. 그 가운데 하
나는 별로 놀랍지 않은 주장이다. 조성적 사실이란 **본질**에 연관된다.
윌리엄슨의 설명이 본질을 이용해서 조성적 사실에 관한 만족스러운
분석으로 보충된다면 우리는 양상 이성주의에 관한 상당히 강한 사례
를 갖게 되는 것 같다. 그러나 이럴 경우 윌리엄슨이 원래 얻고 싶었던
것 가운데 하나인 설명의 통합성을 잃게 된다. 다시 말해서, 단일한 이
성적 능력, 즉 반사실적 조건문을 다루는 능력을 통해서 양상적 진리
에 관한 지식을 설명한다. 그래서 본질이 통합에 필요하다면 왜 전적
으로 본질 기반 접근법을 취하지 못하는가?

18 이보다 심화된 논의를 보려면 다음을 참고하시오. Sonia Roca-Royes, 'Con-
ceivability and De Re Modal Knowledge,' *Noûs* 45.1 (2011), pp. 22-49. 그리고
Tuomas E. Tahko, 'Counterfactuals and Modal Epistemology,' *Grazer Philoso-
phische Studien* 86 (2012), pp. 93-115.

파인이 유행시킨 본질 기반 접근법에 따르면 본질주의자 사실은 (양상적 사실을 논리적으로 함축하는) 비양상적 조성적 사실로 이해될 수 있다.[19] 이제 우리가 이런 조성적, 본질주의자 사실에 선행하는 인식적 접근법을 갖게 되면, 앞에서 말한 우려를 다룰 수 있게 된다. 예를 들어, 원자번호가 원소에 본질적이라고 간주하면, 79라는 금의 원자번호는 윌리엄슨의 반사실적 분석과 무관하게 우리가 알게 되는 조성적 사실이고, 그래서 사유가능성을 제한할 수 있는 조성적 사실의 독특한 원천을 가능하게 해준다. 하지만 이것이 문제를 한 단계 뒤로 미루었을 뿐일 수도 있다는 데 주의해야 한다. 지금부터 본질의 인식론에 대한 설명을 제시해야 하겠다.

7.3 본질 인식론

지금부터 양상적 사실을 알게 되는 절차에 초점을 두겠다. 특히 본질주의자 사실을 알아서 이를 알게 되는 절차이다. 파인은 존재론적 차원에 비해 인식적 차원에 대해서는 적게 말했지만, 본질과 양상 사이의 존재론적 관계에 관한 그의 해명은 영향이 컸다. 인식적 측면에서, 로우의 저작이 선구적 역할을 해왔다.[20] 로우와 파인의 본질 이해는 '신아리스토텔레스주의' 노선을 따르고 있는데, 이에 의하면 어떤 실물의 본질은 그것의 **실재 정의**(real definition, 또는 대상 정의)이다. 이 착상을 상세하게 드러내기 쉽지 않다. 그래도 이를 해명하는 다른

---

19 Fine, 'Essence and Modality.'

20 Tuomas E. Tahko, 'Empirically-Informed Modal Rationalism,' in Fischer and Leon (eds.), *Modal Epistemology After Rationalism*, Synthese Library (Dordrecht: Springer, 2017).

방도에 따르면 실재 정의는 어떤 실물이 무엇인지 또는 무엇일 것인지 말해주는 명제로 표현된다. 물론 우리는 비실존물의 실재 정의를 진술할 수도 있다.[21] 로우는 본질을 존재론적으로 그리고 인식론적으로 실존에 우선한다고 간주한다. 로우는 다음과 같이 말한다. "크립키가 본질에 관해 설명할 때처럼 양상성 개념으로 본질 개념을 해명하려는 대신에, 해명의 방향은 그 반대로 이루어져야 한다."[22] 그런데 본질이 비양상적 용어로 이해될 수 있다고 가정하지 않는 한 본질 인식론의 영역은 고유한 양상 인식론이 되고 말 것이다. 본질주의자 진리는 단순히 양상 진리의 진부분 집합이기 때문이다. 하지만 본질이 비양상적 용어로 이해될 수 있다면 본질주의자 진리를 아는 방도를 묻는 인식적 질문은 난해해지고 말 것이다. 또한 무한후퇴를 범하지 않으려면 본질이 실물 자체일 수 없다는 로우의 입장도 주목해야 한다. (로우가 주장하듯이) 모든 실물이 본질을 갖고, 또한 본질이 실물이면, 본질 자체도 역시 본질을 가져야 하며, 이대로 무한정 반복될 것이기 때문이다.

본질을 표현하는 명제 즉 실재 정의를 어떻게 알게 되는가? 로우에 따르면 어떤 실물의 본질 파악은 단순히 그것이 무엇인지 **이해하는** 일이다.

어떤 것의 본질을 아는 일은 특별한 종류의 사물에 따로 익숙해지는 것이 아니라, 단순히 그 사물이 정확하게 무엇인지 이해하는 일이다. 이로 인해

---

21 다음을 보시오. Lowe, 'What is the Source of our Knowledge of Modal Truths?' p. 935.

22 다음을 보시오. E. J. Lowe, 'Essence vs. Intuition: An Unequal Contest,' in A. R. Booth and D. P. Rowbottom (eds.), *Intuitions* (Oxford University Press, 2014), p. 264. 또한 다음도 함께 보시오. E. J. Lowe, 'Two Notions of Being: Entity and Essence,' *Royal Institute of Philosophy Supplements* 83.62 (2008), pp. 23-48. 크립키식으로, 본질적 속성이란 단순히 필연적 속성으로 정의된다.

서 본질에 관한 지식이 가능하다. 이 지식은 단지 이해력의 산물일 뿐이며 경험적 관찰의 산물이 아니기 때문이다. 어떤 부류의 비밀스러운 실물에 대한 신비로운 종류의 지각과 유사한 익숙지는 더욱 아니다. 그리고 일관성을 깨려고 작정하지 않은 바에는, 적어도 어떤 사물이 무엇인지 이해하고, 그에 의해서 그 본질을 이해한다는 점을 부정하기 어렵다.[23]

앞의 인용문은 비록 본질에 관한 지식의 가능성을 모든 사람에게 설득하지 못하더라도 현재 논점에 대한 로우의 입장을 알려준다. 본질에 관한 인식 절차는 실물이 무엇인지 (또는 무엇일 것인지) 이해하는 선천적 절차일 뿐이다. 이는 모든 양상 지식의 토대이다. 물론 이때 후천 필연적 지식 역시 포함된다.

이런 견해에 따를 때 본질과 형이상학적 양상성이 어떻게 분리되는지 보기 위해서, 로우가 제시한 기하학의 사례를 살펴보자.

(E1) 타원이란 평면 위의 정해진 두 점에서 거리 합이 언제나 일정하게 되는 점의 자취이다.
[…]
(E2) 타원이란 원뿔과 원뿔의 회전중심축보다 경사진 절단면 사이에 교차하는 폐곡선이다.[24]

로우에 따르면 E1이 타원의 **생성원리**(generating principle)를 제공하며, 그에 따라 본질을 제공한다. 그에 비해서 E2는 타원의 필연적 속성을 진술할 뿐이다. 생성원리를 알기만 하면 E2와 같은 속성을 이해

---

23 Lowe, 'Two Notions of Being: Entity and Essence,' p. 39.
24 Lowe, 'What is the Source of our Knowledge of Modal Truths?', p. 936.

할 수 있지만, 로우는 E1이 E2에 포함되어 있지 않다고 역설한다. E2를 산출하기 전에 타원의 본질뿐 아니라 원뿔의 본질도 이해하고 있어야 한다. 이렇게 본질과 형이상학적 필연성이 갈라서게 된다. 타원이 가진 수많은 필연적 속성을 진술할 수 있지만, E1과 같은 것을 통해서만 본질을 서술한다. 모든 형이상학적으로 필연적인 진리가 이런저런 것의 본질 덕분에 옳게 된다고 결론내리고 싶겠지만, 로우는 이와 다른 주장을 한다. "본질에 관한 어떠한 진리라도 그 자체로 형이상학적으로 필연적 진리이다. 하지만 그 반대는 아니다. 본질의 진리가 아니지만 형이상학적으로 필연적인 진리가 있을 수 있다."[25] 하지만, 이 견해는 더 제한되어야 한다. 이 견해에 따르면 E2가 **어떤 것**의 본질 덕분에 유지되지 않을 것이라는 말을 하는 것은 아니기 때문이다. 타원의 본질 덕분에 엄격하게 유지되지 않는다고 말하고 있을 뿐이다. 로우는 E2가 타원과 원뿔 **둘 다**의 본질 덕분에 유지된다고 생각한다. 이런 사고 노선에 따라서 비록 형이상학적으로 필연적인 진리가 임의의 한 사물에 관한 본질적 진리가 아닐 수 있을지라도, 모든 형이상학적 필연성은 본질에 **근거한다**고 주장한다. 그렇다면 인식적 절차의 구조는 다음과 같다.

(1) 우리는 x의 본질이 (x의 **실재 정의**를 진술하는) 명제 p에 의해서 표현된다는 것을 안다.

(2) 우리는 만일 p가 x의 본질을 표현한다면, p가 형이상학적으로 필연적이라는 것을 안다.

(3) 우리는 p가 형이상학적으로 필연적이라는 것을 안다.

---

25 같은 글, p. 938.

파인식의 본질 분석에 따르면 (2)는 사소하게 옳으며, 그래서 (1)이
핵심이다. 이를 종합하여 다음 예를 살펴보자. 이 예는 제5장에서 우리
가 배운 도구, 즉 본질의존을 잘 묘사하고 있다.

예를 들어, 목성 궤도 안쪽의 궤도를 돌고 있는 행성의 집합을 생각해보
자. 이것은 어떤 종류의 사물인가? 물론 집합이며, 그 실존과 정체성을 그
원소인 사물, 즉 수성, 금성, 지구, 화성에 본질적으로 의존하고 있는 추상
물이다. 하나의 집합임의 일부는 다른 사물들, 즉 그 원소인 사물들에 이
런 방식으로 의존하는 무엇인가임이다. 이런 사실을 파악하지 못하는 사람
은 집합이 무엇인지 이해하지 못할 것이다.[26]

그래서 로우가 생각하는 바에 따르면 여러 경우에 어떤 사물이 다른
사물들과 어떻게 관련되어 있는지 아는 것이 그 사물에 대한 지식에
핵심적이다. 그런데, 로우가 보기에 집합은 본질적으로 실존과 정체성
을 자신의 원소에 의존하는데, 이는 집합이 집합이기 위해 가져야 할
일부일 뿐이다. 일반적으로 사물의 **완전한** 본질을 아는 일은 단순한 일
이 아니다. 아마도 거의 불가능하다. 그러나 사물의 본질 가운데 일부
를 아는 일은 때로 그것에 관해서 이치에 닿게 말하고 생각하는 데, 그
리고 그것을 다른 것과 구분하는 데 충분하다. 로우가 생각하는 **이해**
는 바로 이런 착상을 기초로 삼는 것 같다.
　로우의 사고 노선이 우리의 기대를 고조시켰지만, 지금까지는 충분
한 본질 인식론을 갖지 못했다. 이런 설명을 구체적 대상에 적용하려
하면 바로 복잡한 상황이 벌어진다. 사물의 실존과 동일성 조건(즉 정
체성, 어떤 것의 동일성 조건이 명세되면 그것의 정체성이 드러난

26　Lowe, 'Two Notions of Being: Entity and Essence,' p. 37.

다.-*역주)의 충분한 그림을 갖기 위해서 얼마나 많은 본질을 파악 즉 **이해**해야 하는가? 특히 금이나 다른 종류의 자연류에 속하는 사물들의 경우에 본질의 이해나 파악이 경험적인 절차가 아니라 선천적인 절차라고 보면 더 그럴듯한가? 로우의 그림은 이런 면에서 불완전하다. 이런 난점 때문에 더 직접적인 해결책을 취할 경우 앞 절에서 논의한 바 있는 엄격한 양상 이성주의(SMR)를 버리게 된다. 양상적 지식의 전부 또는 일부가 사유가능성 기반 설명과 본질 기반 설명에 비해서 더 약한 수단으로 획득된다면, 아마도 과도하게 생성되는 가능성의 위험, 그래서 형이상학적으로 불가능한 각본을 포함시키는 위험을 무릅쓰지 않아도 된다. 그렇게 되면 여전히 일종의 관대한 양상 이성주의와 양립가능할 것이다. 게다가 이 그림에 경험적 정보가 허용되자마자 구체적 대상에 관한 양상적 사실을 설명하는 일은 더 쉬워질 것이다. 어떠한 경우라도 대안적인 인식적 전략을 더 자세히 검토하려는 명백한 동기는 있다. 양상 이성주의 때문에 겪어야 했던 난처한 처지를 '양상 경험주의'에 대한 점증하는 최근의 관심이 방증하고 있다.[27]

7.4 양상 경험주의와 안락의자 방법

'양상 경험주의'는 아직 확정되어 통용되는 용어는 아니다. 하지만 양상 이성주의와 대조되는 접근법을 찾는다면 이런 용어 선택은 자연스

---

27   하지만, (비록 강한 의미의 필연적 양상 이성주의자 설명은 아니지만) 다른 종류의 본질 기반 설명을 전개하려는 시도는 계속되고 있다. 이런 예를 보려면 다음을 참고하시오. Bob Hale, *Necessary Beings: An Essay on Ontology, Modality, and the Relations Between Them* (Oxford University Press, 2013), Ch. 11.

럽다. 또한 젠킨스가 이 개념을 사용한 적도 있다.[28] 대체로 양상 경험
주의는 양상적 지식이 주로 경험에서 도출된다고 주장하는 견해를 포
괄한다. 달리 말하면 경험이 양상적 지식의 신뢰성을 보증한다는 견해
이다. 여기서 후자가 젠킨스가 말한 바에 가깝다. 경험은 우리의 **개념**
에 인식적 근거를 제공하고 개념적 능력의 기초를 제공한다. 따라서
다소 놀랍게도 사유가능성 자체의 신뢰성은 경험적 지식 위에 기초한
다! 앞에서 논의한 윌리엄슨의 설명은 비슷한 지점에서 출발한다. 그
의 설명은 반사실적 추측 능력의 진화를 기초로 삼는데, 이 기초에 비
추어 사유가능성의 신뢰도를 평가할 수 있다. 더 정확히 말해서 윌리
엄슨은 양상 지식의 능력을 반사실적 조건 평가의 능력으로 환원한다.
그는 후자의 능력이 진화적 기초를 갖는다고 말한다. 다시 말해서 반
사실적 추측을 시행하는 (그리고 몹시 성공적으로 시행한) 능력은 동
물종인 우리에게 지금까지 극히 **유용**했다. 예를 들어, 호랑이가 당신
을 위협하면 호랑이의 **가능한** 행동을 근거로 호랑이의 다음 행동을 예
측하는 능력에 생존이 달렸다. 이 때문에 윌리엄슨은 다음과 같이 결
론짓는다. 사유가능성에 대한 우려, 특히 앞 절에서 논의한 가능성의
과생성(過生成, over-generation)은 더 현실적인 각본 속에서 사유가
능성의 명백한 성공을 인정하는 데 실패한다. "우리가 반사실적 조건
을 평가할 때 그것의 오류가능하지만 결정적인 역할을 환기하자마자,
우리는 가능성과 필연성에 대한 평가 주장에서 반사실적 조건이 하는
역할이 있다는 생각을 인정해야만 한다."[29] 따라서 젠킨스와 윌리엄슨
의 설명(과 여러 다른 사람의 설명)은 양상 이성주의와 양상 경험주의
의 요소를 다 가지고 있다.

---

28   C. S. Jenkins, 'Concepts, Experience and Modal Knowledge,' *Philosophical
Perspectives* 24 (2010), pp. 255-279.

29   Williamson, *The Philosophy of Philosophy*, p. 163.

사유가능성이나 다른 종류의 이성 능력을 경험주의적 바탕으로 설명하려는 시도는 특이하다. 그렇지만, 실은 과거부터 지금까지 여전히, 경험이 **현실적인** 것에 대한 유일한 안내자라는 매우 강한 의견일치가 있기 때문에 이런 특이한 상황이 전개되고 있다. 그래서 경험이 현실적인 것뿐 아니라 가능할 뿐이거나 필연적인 사안에 접근하도록 해준다면 경험에 **무엇**인가가 보충되어야 한다는 생각 역시 자연스럽다. 이런 상황은 또한 양상 인식론을 둘러싼 방법론상의 논란거리에 무엇인가 중요한 것을 알려준다. 애초에, 주어진 현상, 이를테면, 양상 진리를 파악하는 능력을 단일한 방식으로 설명하려 했다. 일률적으로 현상을 해명하려 시도했다. 그러나 이런 해명이 엄격한 양상 이성주의가 직면할 극복불가능한 난관에 직면하게 되면 이런 일률적인 해명을 버리지 않고 원래의 설명으로 환원하려는 것이 첫 반응이다. 그렇다고 이 절에서 언급했던 젠킨스나 윌리엄슨의 해명이 반드시 이런 식으로 발전되어야 한다는 것은 아니다. 어쨌든 전체 양상 인식론에 관한 논란이 이런 식으로 전개되고 있다. 사유하고 상상하는 능력을 덜 신비스러운 지식의 원천으로 환원하려는 시도는 많이 있기 때문이다. 또한 이는 다른 모든 사정이 동등하다면 양상 인식론에 대한 일률적 해명이 단편적인 설명보다 더 낫기 때문이다.

이제 다소 문제의 소지가 있는 결과에 도달했다. 선천성 대 후천성 구분을 통해서 양상 이성주의와 양상 경험주의를 구별하려고 시도했다. 그러나 후자의 구별에서 상황은 선천성 대 후천성의 구분처럼 단순하지 않다. 또한 아직 논의하지 않은 추가 사항도 있다. 양상 인식론에 대한 일률적 해명을 옹호했다면 **모든** 양상 지식은 이런 지식 영역들 중 하나에만 의존해서 설명되어야 한다. 표면적으로 이는 그럴듯하게 보이지 않는데, 적어도 **추상적** 대상에 대한 양상적 사실에 대한 지식은 적어도 '선천적'이라는 명패가 붙을 수 있는 어떤 지식을 필요로 하는 것처럼 보이지만, **구체적** 대상에 관한 양상적 사실에 관한 지식은 경험적 지식을 필요로 할 것처럼 보이기 때문이다. 그러나 선천 대후천 구분에 대한 대안적 이해로 논의가 진전될 수 있을까? 예를 들어, 젠킨스의 주장에 따르면 비록 경험적 지식이 정신독립적인 세계에 관한 지식을 얻으려는 노력에서 결정적으로 중요하지만, 그 지식의 결정적 요소는 "선천성의 특성을 보유한다. 즉 개념적 검토만으로 이루어진 개념적 진리에 관한 지식이다. 한 사람의 개념에 대한 검토 이외의 다른 시험이 시행될 필요가 없다. 그래서 실험실이 아니라 안락의자에서 (그 사람의 개념이 이전에 적절하게 근거를 부여받은 사람에 의해서) 안정될 수 있다."[30] 그래서 젠킨스는 윌리엄슨과 비슷하게 선천성 대 후천성 구분을 취급하는데, 양상 지식으로 인도하는 탐구의 절차는 많은 경우에 후천적이거나 선천적이라 불릴 수 있는 요소를 포함하기 때문이다. 이는 중요한 방법론적 교훈이다.

　이런 교훈의 귀결을 검토하기 이전에 살펴야 할 사안이 있다. 우리는 중요한 방법론적 논란의 중심에 서 있는 것처럼 보인다. 현재 우리가 부딪친 곤경을 서술해보자. 앞에서 젠킨스가 말한 바대로 철학자는 주로 '안락의자' 철학에 종사한다.[31] 철학 문서와 논증을 읽으며 이렇게 읽은 바에 대해서 안락의자에 앉아 생각하며, 발견한 바를 학술지와 학회에서 발표한다. 그래서 겉보기에 철학 업무란 선천성에 강하게 기대고 있는 듯하다. 하지만 동시에 철학에서 진보를 성취할 수 있고 **세계**에 관한 흥미로운 (그리고 옳은!) 관찰을 해낸다. 이는 양상성에 관한 우리의 판단을 포함하지만 여기에 국한되지 않고 다른 종류의 판

30　Jenkins, 'Concepts, Experience and Modal Knowledge,' p. 266.
31　지금부터 말하려는 난제와 이것의 귀결에 대한 논의를 보려면 다음을 참고하시오. Daniel Nolan, 'The *A Posteriori* Armchair,' *Australasian Journal of Philosophy* 93.2 (2015), pp. 211-231.

단을 포함한다. 이 점과 관련해서 자연류에 관한 판단이 특히 난관을 제공한다. 예를 들어, 금이 필연적으로 원자번호 79번인 원소라거나 물이 필연적으로 H_2O라는 유명한 판단을 생각해보라. 이 판단들은 철학적으로 극도의 중요성을 갖지만, 철학자들은 이런 판단을 내릴 때, 이런 판단이 어떠한 경험적 내용을 갖는지 상관없이, 대개 화학자나 다른 과학자에게 상담을 받지 않는다. 철학자인 우리는 실험실에서 실험을 수행하지 않고, 또한 이런 실험에 대해서 어떠한 심도 있는 지식도 없이 자신의 일에 종사한다.

이런 난처한 처지에 대처할 수 있는 몇 가지 방법이 있다. 먼저 회의적 반응이 있겠는데, 여기서 이를 다루지는 않겠다. (이와 관련해서, 제4장에서 논의한 약정주의를 보시오.) 또한 선천적 도구에 관한 일종의 **신빙주의**(reliabilism)가 있다. (이는 앞에서 잠깐 논의한 로우의 노선, 즉 본질을 선천적으로 파악하는 일이 일반적으로 무해하고 용이하다는 주장이다.) 그리고 **개념주의**(conceptualism)는 개념 분석을 철학업무의 주된 영역이라고 강조한다. (양상 인식론에 관한 젠킨스의 설명이 이런 요소를 갖고 있다.) 이들과 다른 또 다른 방도를 놀런(Daniel Nolan)이 제안했는데, 안락의자 방법을 다소 다른 각도에서 바라본다. 그에 따르면, 안락의자 방법은 선천적인 것이 전혀 아니며 후천적인 것이다. 이런 주장을 하면서 놀런이 말하고자 하는 바는 철학자의 안락의자 방법이 단순히 '생성' 이상의 직무를 수행하는 감각을 포함한다는 것이다. 안락의자 방법은 개념 습득 등의 필연적 부분 이상의 어떤 역할을 포함한다. 그렇다면 감각이 안락의자 방법에 동원될 때 해낼 수 있는 것은 무엇인가? 놀런은 네 가지 가능한 임무를 제시하는데, 우리는 여기서 그 가운데 둘을 살펴보겠다. 첫째 임무는 **진부한 것을 모으고 평가하는** 일이다. 이 임무는 진부한 이야기를 분석하는 일에 해당한다. 예를 들어, (소조상) 골리앗과 럼플(골리앗을 이루고

있는 진흙 덩어리)에 관한 이야기를 생각해보라.[32] 물질적 조성에 관한
논쟁은 이런 진부한 이야기의 도움으로 도입될 수 있다. 이 점에 관련
한 놀런의 생각은 매우 단순하다. 그에 따르면 진흙으로 만들어진 소
조상이 있다는 것, 그리고 이런 소조상은 진흙을 파괴하지 않고 부서
질 수 있다는 것은 일종의 후천적 지식이다. 그런데 그의 주장은 흥미
로운 대목을 갖는다. 철학자는 이런 진부한 이야기를 바탕으로 놀라운
'발견'을 할 수 있다. 후천적 지식을 바탕으로 삼아서 누구나 이런 일
을 행할 수 있다. 예를 들어, 골리앗과 럼플이 서로 다른 지속성 조건
을 갖는다는 점을 깨닫는다면 합성에 관한 형이상학적 논쟁을 해결하
는 중요한 실마리를 찾게 된다. 또한 이는 제2장과 제3장에서 논의했
던 밴 인와겐의 특별한 합성 문제에 답을 내놓을 수 있게 된다.

골리앗과 럼플 사례를 평가할 때 후천적 방법이 개입된다는 점을 지
적한 부분에서 놀런이 정확했지만, 그래도 해당 철학 작업이 선천적인
것이라고 논증할 여지는 아직 있다. 철학적으로 중요한 결론을 도출하
려 시도하기 전에, 소조상과 진흙덩어리가 어떤 **종류**의 사물인지 미리
약간이나마 파악할 필요가 있다고 역설할 수 있기 때문이다. 그리고
로우의 사고 노선을 따른다면 다른 종류의 사물이 가진 본성을 어떻게
알게 되든지, 그 절차는 선천적 탐구에서 시작되는 것 같다. (물론 이
때 후천적 지식이 가질 수도 있는 가능한 '생성' 역할을 무시했다.) 그
래서 이 임무는 우리의 선행 개입에 따라서 두 가지 방식으로 해석될
수 있다.

놀런이 논의하고 있는 또 다른 안락의자 임무는 **이론적 덕목을 적용**
하는 일이다. 놀런이 말하는 '이론적 덕목'이란 내적 정합성, 외적 일

---

32   이 예는 다음에서 찾을 수 있다. Alan Gibbard, 'Contingent Identity,' *Journal
of Philosophical Logic* 4 (1975), pp. 187-221. [*역주: 여기서 '럼플'(Lumpl)은 이름
이다. 덩어리를 뜻하는 'lump'에 덧붙여 이름을 만들었다.]

관성, 단순성, 설명력, 생산성, 통합력 등의 내적 덕목뿐 아닌 비교 우
위의 덕목을 의미한다.[33] 이런 임무는 물론 다른 이론의 각각의 덕목을
사정평가하는 데 필요하며 이론 선택을 도와준다. 따라서 이런 임무는
주로 비교 판단으로 이루어진다. 그런데 이론적 덕목을 논의하는 저작
에서는 대개 이들을 선천적인 것이라고 간주한다.[34] 놀런은 이런 경향
을 단순한 가정일 뿐이라고 반박하는데, '이론적 덕목을 적용하는' 과
정에 대해서 정교하게 다듬어진 설명이 없었기 때문이라고 한다. 그는
이론적 덕목의 역할이 주로 인식적인 것이라고 주장한다. 이론적 덕목
을 충족시키는 이론 수용이 **인식적으로** 더 낫다. 물론 우리가 통상 의
존하게 되는, 이를테면, 단순성과 같은 이론적 덕목이 **왜** 인식적으로
더 나은지를 질문하는 것은 또 다른 문제이다. 한 가지 대답은 그런 이
론이 더 **옳을** 듯하기 때문일 뿐이라는 것이다. 하지만 이론적 덕목을
정당화하는 다른 시도 역시 가능하다. 놀런은 이런 덕목이 때로 **다른**
이론적 덕목에 의존해서 정당화될 수 있다고 말한다. 예를 들어, 통합
력은 단순성을 촉진할 수 있고, 또한 두 이론의 통합은 설명력 역시 증
진할 수 있다. 따라서 통합력에 의존하는 일은 이런 **다른 덕목**으로 정
당화될 수 있으며, 물론 이때 정당화는 다른 덕목이 값어치 있다는 전
제하에 이루어진다. 아마도 더 직접적인 정당화는 예측의 성공에서 도
출될 것이다. 단순한 이론이 예측을 더 정확히 해내는 일은 종종 벌어
지는 일이며, 그래서 예측 성공은 적어도 단순성을 옹호하는 **실용적**
(pragmatic) 고려사항이다. 그래서 놀런은 다양한 이론을 두고 이루어
지는 이런 유형의 비교 사정평가가 안락의자에서 수행된다고 주장한

33 이론적 덕목에 대한 논의를 더 보려면 다음을 참고하시오. Chris Daly, *Intro-duction to Philosophical Methods* (Peterborough, ON: Broadview Press, 2010).
34 예를 들어, 다음을 보시오. L. A. Paul, 'Metaphysics as Modeling: The Hand-maiden's Tale,' *Philosophical Studies* 160.1 (2012), pp. 1-29.

다. 그가 보기에 이 작업은 직접적인 경험적 작업이 아닌, 이미 확립된 증거에 의존하고 있기 때문이다. 하지만 놀런의 주장대로 이것이 이런 유형의 비교 사정평가를 선천적 작업으로 간주하지 말아야 할 이유인지 여부에 대해서는 독자에게 판단을 맡길까 한다.

안락의자 철학에 대한 놀런의 분석에서 어떤 결론을 도출하든, 양상적 지식이 순전히 선천적이거나 순전히 후천적 탐구에 의해서 확립된다는 독단을 포기한다면 더 큰 성과를 낼 수 있을 것이다. 이런 교훈을 얻게 된 데에는 명백히 선구적인 양상 경험주의자 견해가 매우 크게 기여했다. 양상 인식론 분야에서 벌어진 논의가 양상 **경험주의**로 귀결될지 여부는 부분적으로는 용어 선택의 문제이다. 어떤 경우가 되었든 결국 일종의 혼성 견해가 필요해 보인다.

7.5 선천적 방법과 후천적 방법의 결합

형이상학에 관한 인식론뿐 아니라, 앞 절에서 논의한 양상 인식론 분야에서 선천적 방법과 후천적인 방법 **모두**를 채택해야 할 적어도 두 가지 이유가 있다. 첫째로, 우리의 탐구 영역이 여러 종류의 실물을 포괄하며, 이렇게 다른 종류의 사물에 대해서 정확하게 똑같은 방식으로 지식을 획득할 수 없기 때문이다. 특히 형이상학은 구체물과 추상물을 모두 탐구한다. 추상물, 이를테면 집합을 다룰 때 선천적 방법 이외의 어떤 방법으로 판단을 내릴 수 있을지 모르겠다. (비록 집합의 원소를 직접 접촉할 수 있겠지만) 집합을 직접 접촉할 수 없기 때문이다. 이에 비해서 구체물, 이를테면 물과 같은 자연류의 실례를 탐구할 때 그 속성을 배우려면 경험적 탐구 이외의 대안이 없다.

일종의 '혼성' 견해가 올바른 견해일 듯싶어 보이는 둘째 이유는 (이

장의 첫째 절과 앞 절의 마지막 부분에서 논의한) 선천성 대 후천성 구
분 자체가 어느 정도의 모호성을 띠고 있기 때문이다. 따라서 형이상
학 탐구에서 선천적 요소와 후천적 요소는 분리 불가능할 정도로 얽혀
있는 것 같다. 어쨌든 이 절에서 그 가능성을 살펴보겠다.

　먼저, 로우의 양상 인식론에 관한 견해로 잠깐 돌아가 보자. 앞에
서 그의 견해를 일종의 양상 이성주의로 분류한 바 있다. 적어도 처음
에는 그의 견해가 균질성을 띠는 것처럼 보인다. 다시 말해, 그는 양
상적 지식에 접근하는 경로가 순전히 선천적이라고 주장한다. 하지만
자신의 견해를 '양상 이성주의'로 부르지 않았다. 사실상 로우는 직
관 기반 접근법이나 사유가능성 기반 접근법 등의 다른 양상 이성주
의자 접근법에 비판적이었다. 그는 형이상학에서 직관을 증거라고 보
는 견해에 대해서 '근본적으로 잘못된 길로 우리를 인도하고, 형이상
학적 주장에 관한 반실재론적 개념으로 직행하도록 하는' 견해라고
말한다.[35] 제8장에서 직관이 형이상학적 지식의 원천이라는 견해를
다시 살펴보겠다. 우선 여기서는 로우의 긍정적 제안을 살펴보자. 로
우는 본질의 파악이 한 사물이 무엇인지 이해하는 일이라고 주장한
다. 하지만 직관이나 사유가능성의 도움 없이 어떻게 이런 파악이 가
능한가? 다시 말해서 지식을 획득하는 다른 순수 선천적 원천은 무엇
인가? 독특한 이성 능력, 이를테면 **이해력**과 같은 이성 능력을 도입한
다고 해도 답이 되기 어려워 보인다. 이에 대해서는 이미 살펴보았다.
로우는 이런 과정에 대해 그가 생각하는 방식에 중요한 제한을 가한
다. 그는 (본질과, 적어도 양상에 대한) 탐구가 경험과 **완전히** 독립적
이라고 간주되지 않아야 하며, 오히려 "선천적 탐구와 후천적 탐구의
단계가 번갈아가면서 작용하는 '순환적 방식'으로 진행된다고 주장한

35　Lowe, 'Essence vs. Intuition: An Unequal Contest,' p. 256.

다."[36] 이 지점에서 나는 이런 유형의 '순환적' 절차를 선천적 요소와 후천적 요소 사이의 '구두끈 관계'(bootstrapping)라고 부를 것이고, 로우의 제안에 동조하고 싶다.[37] 요컨대 우리는 경험적 지식에 대해서 오류가능주의를 견지해야 하듯이 선천적 지식에 관해서도 **오류가능주의자**(fallibilists)가 되어야 하며, 따라서 '순수한' 선천적 지식 또는 '순수한' 후천적 지식이 없다고 해야 한다. 선천성 개념이 향상되려면 이에 제한을 덧붙여야 하며, 따라서 선천적 지식에 대한 순진한 데카르트식의 개념, 즉 선천적 지식의 오류불가능성을 벗어나야 한다.

형이상학적 탐구에 관한 혼성 견해가 어떻게 작동할 수 있는지 보려면 물과 H_2O로 이루어진 고전적인 예를 살펴보자.[38] '물'이 진정한 정신독립적인 자연류를 지칭한다고 해보자. 진정한 자연류는 동일성 조건과 실존 조건의 결정가능한 집합을 가져야 하며 일반적으로 그것이 명확하게 진술될 수 있어야 한다. 물이 사실상 진정한 자연류인지 여부(또는 그런 류가 있는지 여부)는 논쟁의 여지가 많으나 전형적인 사례인 점은 분명하며 그래서 현재 논의 목적에는 부합하는 것으로 보겠다. 크립키-퍼트남 틀에 따르면 우리는 물 표본이 H_2O 분자로 만들어졌다는 것을 안다.[39] 물이 현실에서 자신의 미시적 구조를 본질적으로

---

36 같은 글, p. 257.

37 Tahko, 'A Priori and A Posteriori: A Bootstrapping Relationship.'

38 Tuomas E. Tahko, 'Natural Kind Essentialism Revisited,' Mind 124.495 (2015), pp. 795-822.

39 다음을 보시오. Saul Kripke, Naming and Necessity (Cambridge, MA: Harvard University Press, 1980). 그리고 Hilary Putnam, 'The Meaning of "Meaning"', (1975). 퍼트남의 글은 그의 다음 논문 선집에 재수록됨. Mind, Language and Reality: Philosophical Papers, Vol. 2 (Cambridge University Press, 1979), pp. 215-271. 여기서 우리는 크립키와 퍼트남의 견해를 전부 전달하려고 하지는 않겠다. 그 대신에 그들의 초기 저작에 중심을 둔 견해를 '크립키-퍼트남 틀'이라고 칭하면서 다루겠다.

갖는다면 비록 경험적 작업에 의해서 물의 개별 표본이 무엇으로 이루어졌는지 결정한다고 해도, '물은 H_2O이다'는 형이상학적으로 필연적이면서 후천적인 본질주의자 진리이다. 한편 물이 현실에서 갖고 있는 미시구조를 본질적으로 갖고 있으나 우리가 이를 선천적으로 알게 된다고들 대개는 가정하는데, 이런 가정은 명료화될 필요가 있다. 따라서 크립키-퍼트남 틀에 따르면 해당 자연류의 본질에 관한 본질주의자의 선천적 진리와 그 자연류의 미시구조에 관한 경험적이고 후천적인 정보가 형이상학적으로 필연적인 이론적 동일성 문장의 확립에 필요하다.

지금까지 논의에 비추어 볼 때 대체로 다음과 같이 정리할 수 있다. 경험적 정보가 형이상학적으로 필연적인 진리를 확립하는 데 필요하므로 그 탐구 과정은 대체적으로 후천적이다. 어쨌든 여기서 선천적 부분은 매우 단순하다. **만일** 물이 H_2O이면 이는 필연적으로 그렇다고 말하는 것일 뿐이다. 이런 선천적인 부분은 아무런 문제가 없다고 간주된다. 물과 같은 자연류는 그 내재적(intrinsic) 속성 즉 **미시구조**로 정의된다고 생각되기 때문이다. 그러나 이런 가정을 풀이하면 이보다 복잡한 모습을 보게 된다. 다음을 생각해보라. 물(과 다른 자연류들)에 익숙해질 때, 우리는 그 미시구조를 통해서가 아니라 **거시구조** 즉 현상적 속성들, 이를테면 끓는 점, 다른 혼합물을 녹이는 능력 등을 이용한다. 그래서 원하는 결과 즉 '물은 H_2O이다.'라는 이론적인 동일성 진술의 형이상학적 필연성을 얻기 위해서 선천적 요소에 **추가** 가정을 보완해야 하는데 바로 다음 원리이다.

미시구조 결정(microstructural determination, MD)
미시구조가 화학적 실체의 거시적 속성을 **결정한다.**

자연스럽게, 우리는 MD가 물과 같은 사례에 적용된다고 간주한다. 이 원리에서 말하는 결정은 화학적 속성에 의해서 드러난다. 다시 말해서 이 결정은 (순수한 **화학적** 속성인) 산화와 같은 화학 반응에서 명백해지거나, (때로 **물리적** 속성이라고 불리는) 화학적 실체(chemical substance, 또는 화학적 순물질-*역주)의 구조적 속성에 의해서 드러난다. 따라서 철학적 용어법을 사용하여 화학적 속성을 이렇게 정의할 것이다. 화학적 속성은 어떤 실체의 속성인데, 이 속성 덕분에 해당 실체가 해당 화학반응을 겪는다. 그러면 새롭게 등장하는 질문은 다음이다. MD의 인식적 격위는 무엇인가? '물은 H_2O이다'라는 형이상학적 필연 명제를 보증해주는 것은 상대적으로 단순한 선천적 원리나 물이 사실상 H_2O라는 경험적 발견이 아니라 바로 이 MD이기 때문이다. 게다가 MD는 화학적 실체의 **동일성 조건**에서 핵심적인 부분이다.

여기서 우리는 '혼성' 이론의 중심부에 들어섰다. 미시구조가 화학적 실체의 거시적 속성을 결정한다는 원리는 '순수한' 선천적 탐구 또는 경험적 탐구만으로 쉽사리 확립되지 못한다. 왜 그런가? 화학적 속성이란 어떤 실체가 해당 속성 **덕분에** 화학반응을 겪을 수 있게 되는 속성이라는 주장의 의미를 상세히 풀어보자. 제5장에서 '덕분에' 관계에 관해서 논의한 적이 있다. 구체적인 예로 전기음성도, 즉 하나의 원자나 분자의 작용기가 전자를 끌어당기는 힘을 생각해보자. 미시구조와 거시구조 속성이 관련된다고 가정되는 방식을 이해하려면, 이 힘의 원천을 쫓아가는 것이 중요하다. 전기음성도의 경우 원자가 전자를 끌어당기는 힘은 그 핵전하에 영향을 받는다. 높은 전기음성도를 띤 원자는 원자가 전자를 더 강하게 끌어당긴다. 따라서 원자핵과 원자가 전자 사이의 거리는 더 짧아진다. 전기음성도가 실체의 미세구조 속성, 특히 핵전하와 관련되는 더 직접적인 방식도 있다. 그래서 이런 경우에 전기음성도와 미세구조가 관련된 방식에 관해서 합당하게 알 수 있는 것 같다. 하지만 전기음성도는 그 자체로 **직접** 관찰되는 어떤 것이 아니다. 그래서 끓는점, 용해도, 가연성과 같은 화학적 속성과 같은 거시적인 것도 아니다. 물론 우리는 이런 속성들과 상호 연관된 미세구조 속성에 관해서 매우 잘 알고 있지만 **상호관련**이 **결정**은 아니며, 그래서 MD를 확립하는 데 충분하지는 않다.

우리가 진정으로 **물리적** 속성이나 **화학적** 속성을 취급하고 있는지 질문하면 문제가 더 선명해진다. 끓는점과 같은 속성을 현재는 '화학적 속성'에 속한다고 보기도 하는데, 그간에 물리적 속성으로 간주하는 것이 통상의 일이었다. (그리고 아직도 대개는 그렇다.) 이 속성은 어떤 실체의 화학적 속성과 필연적으로 연계되지 않았기 때문이다.[40] 게다가 미시구조가 화학적 속성을 결정하면 이런 속성이 미시구조로 환원되어야 한다. 그러나 이는 확실히 문제의 소지를 갖고 있는 가정이며 그래서 이를 지지하는 논증이 필요하다.

물과 H_2O의 경우는 선천적 원리와 경험적 발견의 단순한 조합으로, 즉 관련된 형이상학적 필연성을 후천적 진리가 되도록 해주는 것으로 취급된다. 그러나 여기서 논의한 바에 따르면 이야기의 셋째 부분인 MD가 있는데, 이는 원래의 선천적 부분과 후천적 부분을 연결한다. 그렇다면 이 원리의 인식적 격위는 무엇인가? 이는 여전히 불분명한 채로 남아 있다. 확실히 이는 논란의 소지가 큰 원리이며, 그래서 최소한 우리가 단순한 선천적 진리를 취급하지는 않는다고 결론지을 수 있다. 그러나 현재의 경험적 자료가 MD의 진리성을 증명하지 못하는 것도 사실이기에, 이는 순수하게 경험적인 진리일 수도 없어 보인다. 그러나 이 원리는 (비록 화학 철학자들의 공격을 꾸준히 받고 있지만) 주

---

40   더 자세한 사항을 보려면 다음을 참고하시오. Tahko, 'Natural Kind Essentialism Revisited.'

류 형이상학계에서 대체로 도전받지 않은 채로 남아 있다.

지금까지의 논의에 비추어서 형이상학 탐구가 '물은 H_2O이다.'의 경우와 비슷하게 진행될 것이라고 결론지어서는 안 된다. 하지만 좋은 예의 역할을 했기에, 이를 통해서 '숨은' 전제의 가능성을 확인했고 일부 철학적 지식의 인식적 격위에 관한 결론을 도출할 수 있었다. 다음 장에서 상위형이상학자가 사용할 수 있는 인식적 도구에 대해서 더 살펴보겠다.

형이상학에서 직관과 사고실험

이 장에서는 밀접하게 연관된 형이상학의 일반적인 두 도구, 직관과 사고실험을 논의하겠다. 제7장에서 본 대로 이들은 양상 인식론에서 등장했는데, 형이상학에 관한 인식론에서 주요 사례연구거리를 제공했다. 하지만 직관과 사고실험은 형이상학뿐 아니라 철학에서 더 광범하게 사용되기 때문에 따로 다루어져야 한다. 여기서는 이 도구가 형이상학에서 사용되는 데 초점을 맞출 것이다. 상위형이상학자는 상투적으로 직관을 해당 견해에 대한 조건부 증거로 인용하지만, 때로 직관에 더 큰 역할을 부여한다. 특히 용이하게 사용할만한 **다른** 인식적 도구가 전무한 경우가 그에 해당된다. 사고실험 역시 종종 직관적 반응에 의존한다. 이를테면 (제4장에서 논의했던) 퍼트남의 쌍둥이 지구 각본을 생각해보라. 사고실험을 행할 때 유관한 시험은 **경험적** 시험이 아니라 직관의 시험인 듯하다. 따라서 표면적으로 사고실험은 데넷(Daniel Dennett)이 논의한 일종의 '직관 펌프'이다.[1]

직관 관련 서적이 철학의 전 영역에 걸쳐 있어서 이들을 전부 다루기는 어렵다.[2] 그 대신에 우리는 형이상학적 사고실험에 관련해서 직관의 격위를 다루는 데 집중하겠다. 아마도 직관의 작동 방식을 더 이해하게 되면 형이상학에서 선천적 지식의 역할에 대한 이해도 심화될 것이다. 직관과 사고실험을 같은 장에서 다루는 첫째 이유는, 로바텀 (Darrell Rowbottom)이 말했듯이, 직관과 사고실험의 관계가 지각이나 관찰과 실험의 관계를 닮았(고 그래서 사고실험이 실험에 비견되는 **증거** 역할을 한)다는 견해가 조건부로 그럴듯하기 때문이다.[3] 매력 있어 보이지만 이런 견해에 대한 도전이 없지는 않다. 좋은 실험은 명료한 표준, 예를 들어, 반복가능성을 갖추고 있지만, 언뜻 보기에도 직관은 이런 기준에 제약받지 않는다. 그래서 이런 착상에서 도움을 받으려면 적어도 훌륭한 실험을 가려내는 기준과 유사하게 '적격인' (well-formed) 직관을 가릴 수 있는 소박한 기준이라도 있어야 한다. 그렇다면 우선 '직관'이 의미하는 바를 더 정밀하게 다듬을 필요가 있다. 이용어가 철학 전반에서 애매하게 사용되고 있기 때문에 더욱 그렇다. 다음 첫 절에서 이런 일을 할 텐데, 특히 두 종류의 직관 개념, 직관의 '상식적 개념'과 '선천적 개념'을 살피겠다.

둘째 절에서, 이른바 '실험철학' (experimental philosophy)에서 진행된 직관 연구를 간단하게 논의하겠다. 엄격하게 말한다면 이는 상위 형이상학 논의에 밀접하게 관련되지는 않지만, 직관에 관한 형이상학

1   Daniel Dennett, *Intuition Pumps and Other Tools for Thinking* (New York: W. W. Norton & Co, 2013).
2   직관에 대해 개관하려면 다음을 참고하시오. Joel Pust, 'Intuition,' *SEP* (Fall 2014 edn), http://plato.stanford.edu/archives/fall2014/entries/intuition/. 직관에 관한 최근 연구 성과를 담고 있는 유용한 선집을 보려면 다음을 참고하시오. A. R. Booth and D. P. Rowbottom (eds.), *Intuitions* (Oxford University Press, 2014).
3   Darrell P. Rowbottom, 'Intuitions in Science: Thought Experiments as Argument Pumps,' in Booth and Rowbottom (eds.), *Intuitions*, p. 119.

의 논의에 영향을 줄 수 있는 구조적 논란을 살필 것이다. 셋째 절은 직관에 관해 더 상세한 내용을 소개하겠다. 특히 형이상학에 특별히 중요한 '경험-기반 직관'을 논의하겠다. 이는 대개 경험의 현상적 측면에 기반하고 있다. 넷째 절에서 우리는 특히 빌러의 저작에 관심을 두면서 직관에 관한 '선천적 개념'의 일종을 더 자세히 살피겠다.

다섯째 절과 여섯째 절에서는 과학과 형이상학에서 등장하는 사고실험을 각각 다루겠다. 물론 주로 철학적 사고실험의 역할에 관심을 두고 있지만, 철학자뿐만 아니라 과학자도 사고실험 사용자이다. 예를 들어, 아인슈타인과 갈릴레오도 유명한 사고실험을 제안한 바 있기에 자연스럽게 다음과 같이 질문하게 된다. 철학적 사고실험은 과학적 사고실험과 다른가? 물론 이에 대한 답은 사고실험이 시험하고자 하는 대상에 달려 있을 것이다. 과학에서 가장 유명한 사고실험이 실험실에서 실제로 재차 구현된 바 있다. (아인슈타인-포돌스키-로젠의 양자 얽힘에 관한 사고실험이 이런 예에 해당된다. 이를 넷째 절에서 논의하겠다.) 하지만 철학에서 이런 일이 항상 가능하지만은 않다. 확실히 인식론에서 많은 사고실험이 재차 구현되었다. 게티어(Edmund Gettier) 사례를 생각해보라. 이 사례들은 매우 용이하게 재차 구현된다.[4] 그러나 실현될 것 같지 않은 형이상학적 사고실험이 많이 있는데 좀비가 포함된 사고실험을 생각해보라! (물론 철학 좀비는 할리우드 영화에 등장하는 좀비와 완전히 다르지만, 우리 자신의 감각질-결여 복사판을 조금 무섭게 생각할 사람은 있다.) 그래도 곧 밝혀지겠지만 과학과 철학의 사고실험 사이에 뚜렷해 보이는 차이가 첫인상과 달리 그리 크지는 않다.

---

4 고전적 분석에 따르면, 지식이란 정당화된 옳은 신념(justified true belief, JTB)인데, 게티어 사례란 우리가 직관적으로 보아서 지식이라고 간주하기 어려운 정당화된 옳은 신념의 예들이며, 이 때문에 JTB 분석이 도전받게 된다.

8.1 '직관'의 명료화

'직관'이라는 용어가 철학에서 어떤 의미로 사용되는지 살펴보자. 두
가지 후보가 있다. 하나는 '상식적 개념'이고 또 하나는 '선천적 개념'
이다.[5] 직관의 의미가 이 둘뿐인 것은 아니지만, 이들은 철학, 특히 형
이상학에서 '직관'이 사용되는 실질적인 부분을 잘 포착하고 있다. 첫
째, 상식적 개념은 매우 단순하다. 철학에서 직관은 '통상적' 직관처럼
작동한다. 우리가 여러 각본에 대해 반응하는 초기의, 이론 이전의 반
응이 바로 이 직관이다. 철학에는 이 각본이 주로 사고실험이기에 우
리의 직관을 이 사고실험에서 적용하지만, 물론 이 '통상적' 직관은 더
광범하게 적용된다. 퍼트남의 유명한 쌍둥이 지구 사고실험을 예로 택
할 수 있다. 이 각본에 대한 충분한 분석을 보려면 '물은 H_2O이다'에
관해 논의한 제7장의 내용을 보라.[6] 여기서는 쌍둥이 지구 사고실험을
요약해보자. 물의 화학적 속성이 H_2O 아닌 다른 분자 구조, 이를테면
XYZ에 의해서 생성된다고 상상해보자. 이런 다른 가능 세계는 우리
우주에서 멀리 떨어진 다른 세계일 수도 있다. 이 두 상황이 모두 각각
의 복잡한 문제를 야기할 수 있겠지만 여기서 논의 목적상 잠시 덮어
두자. 이제 질문을 해보자. 우리는 이 실체(實體, substance) XYZ를 물

---

5 이런 의미와 더불어 또 다른 '직관' 개념에 대해서 더 보려면 다음을 참고하시오.
C. S. I. Jenkins, 'Intuition, "Intuition", Concepts and the *A Priori*,' in Booth and
Rowbottom (eds.), *Intuitions*, pp. 91-115.

6 원래의 쌍둥이 지구 각본은 다음에 등장한다. Hilary Putnam, 'The Meaning of
"Meaning"' (1979). 이 글은 동일한 저자의 다음 책에 재수록되었다. *Mind, Language
and Reality: Philosophical Papers*, Vol. 2 (Cambridge University Press, 1979), pp.
215-271. 또한 이 각본에 대한 분석을 더 자세히 논의한 것을 보려면 다음을 참고하시
오. Tuomas E. Tahko, 'Natural Kind Essentialism Revisited,' *Mind* 124.495
(2015), pp. 795-822.

이라고 간주해야 하는가? 전형적인 직관적 반응은 XYZ는 물이 **아니**라는 것이다. 사고실험에서 경험적으로 자세한 사항에 대해서는, 적어도 형이상학자끼리는, 거의 논의하지 않았다. 그러나 물의 화학적 속성을 복제할 수 있는, 형이상학적으로 가능한 미시구조의 실존에 관한 경험적 지식의 역할은 확실히 논란의 여지가 크다. 이에 대한 부분적 이유를 앞 장에서 논의했다. 아마도 이 대목에서 화학이 도움을 줄 수 있겠지만 형이상학적으로 가능한 것을 결정하려면 형이상학적으로 선천적인 작업 역시 필요하다고 간주된다. 퍼트남은 자신의 후기 저작에서 쌍둥이 지구 사고실험을 형이상학적으로 가능한 세계에 확장하는 데 심각한 의심을 제기했고, 심지어 물과 관련한 물리법칙의 변경 가능성에 관한 질문이 '무의미하다'고 말했다.[7] 퍼트남의 우려를 여기서 다루지는 않겠다. 쌍둥이 지구 사고실험에 대한 직관적 반응의 귀결은 다음과 같다. 물은 형이상학적 필연성에 입각해서 제 자신의 현실 미시구조를 갖고 있다. 그러나 우리의 '통속적' 직관에 기대어 생각해보면 이는 지나치게 강한 귀결이 아닌가?

여기서 상식적 직관 개념에 대해 주로 제기되는 우려를 만나게 된다. 직관이 쌍둥이 지구 사고실험의 경우에서 기술된 바와 같은 이론 이전의 반응인 한은, 정식 실험에서 관찰이 차지하는 증거 역할에 비견될 수 없다. 첫째, 사고실험 자체의 각본과 그에 대한 해석이 복잡한 문제를 일으킨다. 쌍둥이 지구 사고실험의 경우 각본의 양상적 격위가 특히 문젯거리이며, 이미 말했듯이 퍼트남의 후기 반응이 이를 명확히 드러낸다. 게다가 제7장에서 논의했듯이 이런 직관적 반응은 논란의 여지가 많은 선천적 원리인 MD를 배후 가정으로 갖고 있다. 제7장에

---

7 Hilary Putnam, 'Is Water Necessarily H$_2$O?', in J. Conant (ed.), *Realism with a Human Face* (Cambridge, MA: Harvard University Press, 1990), p. 70.

서 소개한 이 원리에 따르면 미시구조가 화학적 실체의 거시적 속성을 결정한다. 그러나 이런 복잡한 사정을 모두 확인하고 나면 사고실험에 대한 우리의 반응이 바뀌는 것도 무리가 아니다. 그래서 상식적 개념의 노선에서 이해된 이론 이전의 직관이 **증거**역할을 맡지 않아야 한다. 물론 이런 방식으로 이해된 직관이 다른 역할도 하지 말아야 한다는 말은 아니지만, 직관이 형이상학에 관한 인식론에서 중요한 도구로 간주된다면 우리가 기대하는 바에 비해서 훨씬 약한 역할을 맡는 데 그쳐야 할 것이다.

'직관'이 선험성을 통해서 더 잘 이해된다고 볼 이유가 있는가? 선험적 개념에 어울릴만한 '직관'의 특징은 대개 **비매개성**에서 찾을 수 있다.[8] 젠킨스의 분석에 따르면, 이는 두 가지를 의미할 수 있다. 첫째, 직관은 직접적 즉 비추리적(direct or non-inferential)이라는 뜻에서 비매개적일 수 있다. 또는 직관 배후에 일종의 추리에 해당되는 것이 있다면 암묵적이고 비의식적으로 이루어질 것이다. 젠킨스는 인식론자끼리 직관에 관한 이런 유형의 견해를 널리 공유하고 있다고 본다. 하지만 비매개성을 이렇게 이해한다면 모호한 측면이 있다. 명시적인 추리를 알아채지 못한다는 식의 순전한 **심리적인** 요인이 어떤 역할을 한다는 점이 분명하지 않기 때문이다. 그래서 젠킨스는 비매개성에 관한 이런 심리적 기준을 더 강한 요구 사항과 구분한다. 이런 요건을 충족하는 비매개성에 따르면 비록 암묵적이며 비의식적인 것이라 해도 그 배후에 추리에 해당하는 것이 **전혀 없다**. 그녀는 이 논란을 더 파고들지 않았으나 이 요건은 강해도 **너무** 강하다. 비의식적 추리도 허용되지 않는다면 어떤 사람이 무엇인가에 대한 자신의 반응이 비매개적

---

8   다음을 보시오. Jenkins, 'Intuition, "Intuition", Concepts and the A Priori,' p. 94.

인지 여부를 아예 알 수 없기 때문이다. 이것이 직관의 인식적 가치에 영향을 준다면 우리는 진전을 이루지 못한 것처럼 보인다.

젠킨스가 확인하고 있는 비매개성의 둘째 의미는 더 느슨하다. 명백하고, 자발적이며, 자연스럽고, 자동적으로 발휘될 수밖에 없는 등의 특성을 갖고 있(거나 있는 듯이 보인)다는 뜻에서 직관은 비매개적이다. 이런 특징은 좋든 나쁘든 더 직접적으로 심리적 (또는 **현상적**, 다시 말해서 주체가 직관적 절차를 지각하는 방식에 관련된) 특성을 갖는다. 이 대목에서 우리는 위험지대를 지나고 있다. 직관을 증거로 간주해야 하거나 간주할 수 있다는 생각에서 출발한다면, 증거로 간주된 직관이 현상적 요인에 의존할지 여부의 문제에 특별히 관심을 기울여야 한다. 우려스러운 바는 직관과 연합된, 적절한 현상적 측면을 확인하는 우리의 능력에 관한 강한 확신이 없는 한, 직관이 충분하게 신뢰할만한 방법을 산출하기 어렵다는 점이다. 이는 직관이 오류불가능하다는 주장이 아니다. (이에 대해서 간단하게 더 살펴보겠다.) 하지만 적절한 현상적 측면을 확인하는 능력에 신뢰의 정도를 높이지 않는다면, 이 절차는 두 가지 점에서 오류가능할 것 같다. 첫째는 직관을 확인하는 우리의 능력이며, 둘째로 직관 자체의 신뢰가능성이다. 두 가지에 대해서 신뢰가능성 기준을 결여한다면 직관의 사용은 가망 없을 정도로 신뢰를 잃을 것이다. 이런 회의적 도전이 증거로서의 직관을 반박하는 것처럼 보이기 이전에, 비슷한 고려 사항이 지각에도 적용될 수 있다는 점을 주의해야 한다. 어떤 지각 상태가 증거로 간주되는지 여부는 적어도 어느 정도의 현상적 요인에 의존하는 것 같다. 때로 우리는 어떤 지각이 신뢰받기 어렵다고 생각하는 현상적 이유를 갖는다. 예를 들어, 젖은 눈으로 본 탓에 흐린 시각상을 갖게 되었다면, 이는 이런 시각 증거의 신뢰가능성을 낮춰 볼 비매개적인 현상적 이유일 것이다. 그래서 직관이 이런 점에서 지각과 적절히 다른지 명백하지 않다.

최근에 처드노프(Elijah Chudnoff)는 직관이 감각 지각과 인식적이
고 현상적인 중요한 점을 공유한다고 논한다.[9] 하지만 적어도 한 가지
중요한 차이도 있다. 처드노프에 따르면 "감각 지각은 구체적 실재성
을 포함하고 추상적 실재성을 배제"하는 데 비해서 "직관의 주제는 추
상적 실재성을 포함하고 구체적 실재성을 배제한다."[10] 직관과 지각은
여러 중요한 요인을 공유하면서도 명백히 서로 분리된다. 그래도 이
자리에서 추상/구체 관련 문제를 해결하려고 하지는 않겠다. 처드노프
자신은 직관이 구체적 실재성을 배제한다는 강한 주장이 아니라 추상
적 실재성을 포함한다는 주장을 중시한다. 이는 감각 지각과 직관을
구별하기에 충분하다.

직관의 다른 일반적 조건으로 관심을 돌려보자. 더 상세히 서술하지
않은 채로는 비매개성에 의거해서 직관의 특성을 드러내기 어렵기 때
문에, 직관에 대한 추가적인 특성 서술이 도움이 될 것이다. 가능한 대
안은 개념적 토대 또는 언어적 토대를 찾는 일이다. 이 경우 직관이 개
념적 분석, 언어적 능력, 이해력 등과 연계된다. 비교적 쉽게 이런 견
해의 유래를 찾을 수 있다. 예를 들어, 분석적으로 옳은, 즉 연관된 개
념의 의미 덕분에 옳은 명제를 접했을 때, 그에 대해서 적절히 관련된
비매개적 반응을 보일 것이다. '모든 암여우는 암컷이다' 라는 명제를
보자. 암여우가 암컷인 여우이므로 '암컷' 이라는 개념은 '암여우' 에
포함되어 있는 것으로 보인다. 그래서 우리가 '모든 암여우는 암컷이
다' 가 옳다고 아는 것은 순전히 낱말 '암여우' 가 의미하는 바를 이해
하였기 때문이다. 그렇다면 이 대목에 어떤 종류의 추리가 포함되었는
지 흥미롭다. 확실히 우리는 이런 경우를 앞에서 논의한 의미로 명백

---

9 Elijah Chudnoff, *Intuition* (Oxford University Press, 2013).

10 같은 책, p. 11.

하다고 간주할 것이며, 그래서 여기에 포함되어 있는 어떤 추리든 암
묵적일 것이다. 하지만 개념 분석 일반이 적절하게 연관된 의미에서
추리와 무관하다고 볼 수 있는지 여부는 논쟁거리이다.

어떠한 경우라도 직관이 개념적 능력이나 언어적 능력과 밀접하게
연관되어 있다는 견해는 한계에 부딪친다. 직관은 개념적이거나 언어
적 논란거리보다 더 논란의 여지가 많은 상황에서 사용되고 있기 때문
이다. 이는 쌍둥이 지구 각본에도 해당될 수밖에 없다. 그래도 퍼트남
이 이 각본의 의미론적 측면, 즉 '물'이라는 용어로 무엇을 의미하는지
에 관심을 두었다는 점은 주의할 필요가 있겠다. 그러나 비록 순수하
게 의미론적 용어에 관해서 고려할 때조차 이 각본의 요지는 의미가
(즉 중요한 물의 미시구조에 의해서) 외적으로 확정된다는 것일 수 있
기에, 이 각본에 대한 직관적 반응은 '모든 암여우는 암컷이다'의 진리
성 파악에 비해 더 풍부하다. 물론 소사(Ernest Sosa)는 직관을 순수하
게 언어적 특징에 집중해서 해명하는 것은 불충분하다고 강조한다. 오
히려 **이해**의 배후 과정에 더 관심을 두어야 한다. 소사는 다음과 같이
자세히 말한다.

> 근본적인, 직관적인 이성적 신념은 적어도 믿음의 대상인 명제의 이해에
> 토대를 두어야 한다. […] 하지만 그것을 믿는 진정한 토대를 제공하는 것
> 은, 그 내용이 무엇이든, 명제의 이해만은 아니다. 그렇지 않다면 그 명제
> 의 부정을 믿는 데 토대를 이루기도 할 것이다. 그 부정 역시 동등하게 잘
> 이해되어야 하기 때문이다. […] 충분하려면 (어떤 명제와 그 명제의 부정
> 명제가 매우 동등하게 공유하고 있는) 이해됨에 덧붙여, 바로 그 명제의
> 특정 내용과 함께 이해되어야 한다.[11]

---

11   Ernest Sosa, 'Intuitions: Their Nature and Probative Value,' in Booth and

소사가 명제의 **내용**을 직관적인 이성적 신념의 토대에 결정적 부분
으로 포함시켰다는 것을 감안하면, 쌍둥이 지구 각본에서 역할을 하고
있는 '직관'은 구제될 수 있을 것 같다. 왜냐하면 (예를 들어, 물의 미
시구조에 관한) 충분한 정보를 명제의 내용에 끼워넣는 것이 가능하기
때문이다. 하지만, 확실히 이는 순전한 개념적이거나 언어적인 능력에
서 다른 더 풍부한 어떤 것으로 초점을 변경하는 일이다. 직관적인 이
성적 신념에 도달하기 위해서 이해력뿐 아니라 명제 내용에 대한 추가
적 파악능력이 필요하면 매개성 기준은 다시 의문의 대상이 될 것이다.

최근에 카펠렌(Herman Cappelen)에 의해서 수행된, 철학에서 사
용되고 있는 직관에 대한 광범한 연구는 직관의 세세한 현상과 인식적
격위에 주목하면서 직관에 관한 이런 유형의 개념 능력에 초점을 두었
다.[12] 카펠렌의 주장에 따르면 이런 방식으로 이해된 직관이 현대 분석
철학의 여러 부문에서 증거 역할을 했다고 간주된다. 그러나 카펠렌이
정말 하고 싶은 주장은 현대 분석철학자들이 생각하는 바와 반대이다.
이런 유형의 직관은 사실상 증거로 사용되지 **않았다**. 이에 비추어보면
현대 분석철학에서 이용되고 있는 실제 방법을 심각하게 반성해봐야
한다.

카펠렌의 작업이 흥미롭기는 하지만 더 이상 자세한 사항에 관심을
두지 않겠다. 이렇게나마 간단히 살펴보는 과정에서 드러난 바에 따르
면 직관이 개념을 형성하고 다루는 능력에 토대를 두고 있다는 식의
견해는 올바르지 않다. 카펠렌의 책에 대한 해설에서 차머스는 똑같은
취지의 논증을 펼치면서 다음과 같이 주의를 환기한다. 예를 들어, 비
록 철학의 일부 영역에서 직관은 개념 능력에서 유래하는 것처럼 보이

Rowbottom (eds.), *Intuitions*, pp. 36-49.
12   Herman Cappelen, *Philosophy without Intuitions* (Oxford University Press, 2012).

지만 직관이 의존하고 있는 다른 영역, 이를테면, 도덕적 직관과 더불어 다른 규범적 직관은 개념 능력에서 유래하지 않았다.[13] (논란의 여지가 있지만) 개념 능력이 **언어적** 직관에서 중심을 이룬다고 보는 것이 낫다. 물론 이는 언어철학의 관심사이다. 하지만 이보다 더 중요한 사항이 있다. 다름 아니라 철학자들이 형이상학적 탐구에서 이런 직관 개념을 피하려는 특별한 이유가 있는 것 같다. 개념이 실재를 반영한다는 생각에 대해 선행 근거를 갖지 않는 한, 개념 능력에 기반한 직관이 실재의 구조에 관해 신뢰할만한 증거를 제공할 것이라고 생각할 이유가 거의 없다.[14] 물론 이 요건은 너무 강하다. 우리의 개념 틀이 매우 일반적인 관점에서 실재를 반영한다고 생각할 좋은 이유를 가질 수 있기나 한가? 어떤 **다른** 틀에 의존해서 이를 검사할 수 없기 때문에 여기서 증명 부담은 회의주의자가 져야만 하는 것처럼 보인다. 달리 말해서 대체로 개념이 실재를 반영하지 않는다고 생각할 좋은 이유가 없는 한 실재를 반영한다고 가정하는 것이 더 낫다. 어떤 경우에는 좋은 이유가 틀림없이 존재하며, 우리의 개념이 **항상** 신뢰성을 갖고 실재를 반영한다고 가정하는 일은 회의주의자에 비교되는 조치이다. 따라서 극단적 견해 중 어떤 것도 가정하지 않고 이런 뜻으로 개념의 신뢰가능성을 평가하는 기준을 확립하는 일은 진보를 이루는 합리적인 방안인 듯싶다. 이런 시도는 확실히 존재한다. 이어서 이런 작업을 논의하자.

---

13   David J. Chalmers, 'Intuitions in Philosophy: A Minimal Defense,' *Philosophical Studies* 171.3 (2014), pp. 535–544.

14   하지만 경험이 개념에 인식적 근거를 제공하며, 따라서 필요한 반영을 제공한다는 견해를 옹호하는 철학자도 있다. 이에 대해서는 다음을 참고하시오. C. S. Jenkins, 'Concepts, Experience and Modal Knowledge,' *Philosophical Perspectives* 24 (2010), pp. 255–279.

8.2 직관과 실험철학

논의를 진행하기 전에 특히 언어적 직관이나 개념적 직관 연구에 주목
해보자. (물론 이는 인식론적 관점에 특히 관련이 깊다.) 우리는 이른
바 **실험철학**(experimental philosophy, 줄여서 'x-phi')을 아직 논의
하지 않았다.[15] 이는 유명한 철학적 사고실험과 직관을 시험하는 데 주
력하는 분야이다. 게티어 사례는 특히 인기 있는 사례인데, 지식 개념
에 관한 직관과 밀접히 연관된다. 최근에는 형이상학, 특히 인과에 관
한 실험철학 서적이 늘고 있다.[16] 실험철학의 장점과 유용성 논쟁이 달
아오르고 있는 중이다. 특히 전문 철학자의 직관과 다른 '통속적' 직관
의 특징 또는 약점은 이 분야에서 중심적인 논란거리 가운데 하나이
다. 달리 말해서 '통속적' 직관을 연구할 때 얼마나 비중을 두어야 하
는지 묻는다. 또 다른 질문도 제기된다. 여러 문화에 걸쳐 통속적 직관
이 달라진다면 이런 변이는 중요한가? 실험의 사전설정(the setup)이
우려스러운데, 해석을 왜곡하지 않은 채로 비전문가에게 철학적 사고
실험을 서술하는 일이 어렵기 때문이다. 게다가 직관에 큰 비중을 두
지 않는 사람에게 실험철학이 하려는 일은 논점을 벗어난 것처럼 보일
듯하다. 예를 들어, 근본 물리학에서 적절한 연구가 이미 진행되고 있

---

15 실험철학에 관해 개관하려면, 예를 들어, 다음을 보라. J. Horvath and T.
Grundmann (eds.), *Experimental Philosophy and its Critics* (London: Routledge,
2012). 직관의 원천에 초점을 두고 실험철학적 분석을 수행한 최근의 저작은 다음이
다. Helen de Cruz, 'Where Philosophical Intuitions Come From,' *Australasian
Journal of Philosophy* (2015).

16 예를 들어, 다음을 보라. David Rose and David Danks, 'Causation: Empirical
Trends and Future Directions,' *Philosophy Compass* 7.9 (2012), pp. 643-653. 시간
경험에 관한 사례에 집중하고 있는 저작은 다음이다. L. A. Paul, 'Temporal Experi-
ence,' *Journal of Philosophy* 107.7 (2010), pp. 333-359. 폴의 저작이 다루는 주제는
뒤에 논의하겠다.

다면 통속적 '직관'에서 여러 인과 개념이 통용되고 있는지 여부가 왜 중요한가? 물론 형이상학에서 '통속적' 직관이 역할을 현재 하고 있는지, 그리고 해야만 하는지 여부를 비롯하여, 형이상학의 방법에 관한 일반적인 합의에 도달하지 못하는 한 실험철학의 여러 화제를 논의하는 일조차 어렵다.

이런 어려움 때문에 철학을 해나가는 방법의 측면에서 직관의 일반적 역할에 집중하는 논의가 더 나을 듯하다. 이 지점에서 바이디아(Anand Vaidya)의 주장을 살펴보자. 그는 여러 실험철학 관련 저작의 이면에 관심을 두었기 때문이다. 그는 실험철학의 이면에 **의존 논제**(Dependency Thesis, DT)가 있다고 주장한다.

(DT) 철학적 개념의 적용에 관한 직관에서 여러 변이를 발견하고자 하는 실험적 탐구는 본질적으로 철학적 개념에 관한 비실험적 직관에 의존한다. 그리고 비실험적 직관은 철학적 개념의 적용에 관한 직관의 신뢰성에 대한 실험적 탐구에 필수적이다.[17]

철학적 개념의 적용에 관한 '비실험적' 직관이 있다는 데 대해 바이디아가 정확하다면, 이런 직관은 철학적 개념에 관한 어떤 논쟁에든 적용가능하다. 바이디아가 지적하고 있는 바대로 의존 논제는 그 자체로 직관과 탐구 사이의 관계에 관한 형이상학적 논제이며, 그래서 상위형이상학적 관점에서 특별한 연관성이 있는 것처럼 보인다.

의존 논제에 있는 결정적 관념은 '비실험적 직관'이다. 바이디아는 이 관념에 관한 형식적 정의를 제시하고 있으나 여기서는 비형식적 윤

17   Anand Vaidya, 'Intuition and Inquiry,' *Essays in Philosophy* 13.1 (2012), pp. 284-295.

곽을 전하는 것으로 충분하다. 핵심 착상은 다음과 같다. 비실험적 직관은 하나의 (철학적) 개념이 두 집단에 의해서 공유되는지 여부를 결정짓기 위한 기준을 확립할 목적으로 의존하게 되는 어떤 것이다. 이제, 실험철학의 사전설정 단계로서, 두 집단을, 이를테면 유럽인과 아시아인, 또는 문화적으로나 지리적으로 분리된 두 집단이라고 해보자. 이 착상을 더 일반적으로 적용하려면 두 집단을 상이한 두 철학적 견해의 지지자라고 간주할 수 있다. 어떤 주제에 대한 반실재론자와 실재론자가 좋은 예가 될 것이다. 이 책의 앞 장에서 논의했던 주제 가운데 이런 방식으로 분석될 수 있는 사례는 많다. 이를테면, 제2장과 제3장에서 부분전체론적 합성에 관한 **허무주의**와 **보편주의** 간의 논쟁도 이런 식으로 분석될 수 있다. 제3장에서 다루었던 **p-지속이론**과 **e-지속이론** 사이의 논쟁도 마찬가지이다. 이 두 집단이 해당 논쟁에 연관된 철학 개념(들), 이를테면, **합성** 개념을 공유하는지 여부가 우리의 관심사이다.

바이디아 분석의 요점은 다음과 같다. 해당 개념에 관한 직관의 변이가 일정한 역할을 하는 듯이 보이는 논쟁에서 성과를 거두고자 한다면 우리는 두 가지 가능성을 구별해야 한다.

(i) 경쟁 관계인 견해 각각의 지지자는 해당 논쟁과 연관된 개념을 모두 갖고 있으나, 그 개념을 해당 사례에 **적용**하는 데 의견을 달리한다.

(ii) 경쟁 관계인 견해 각각의 지지자는 해당 논쟁에 연관된 개념을 갖지 **않았고**, 실제로 서로 다른 개념을 해당 사례에 적용해서 의견 차이가 생겼다.

이런 사례를 구분할 때 다양한 전략을 시도할 수 있다. 이를테면, 관련 개념의 사용 기준을 만들기 위해 실험적 연구를 수행하거나, 이런

기준을 생성하는 서로 다른 이론을 찾으려 할 수 있다.[18] 그러나 각각
의 대안은, 바이디아가 '지식' 개념의 사례를 들어 주장한 대로, **또 다
른** 비실험적 직관에 의존하게 될 것 같다. 이것이 사실이라면 직관은
철학적 탐구에서도 이미 널리 퍼져 있다. 그런데 여기서는 직관이 증
거 역할을 한다고 말하고 있지 않으며 어떤 논쟁이 언어적 사안이 아
닌 실질적 사안이라는 점을 보증하는 역할을 한다고 제안하고 있다.
이런 역할을 어떻게 해낼지는 별개의 문제이다. 하지만, 어떠한 경우
라도 결국은 서로 경쟁하는 견해의 지지자 사이에서 연관 개념의 소유
에 변이가 가능한 경우에는 언제나 직관이 역할을 하게 될 것이다. 이
제 형이상학에서 직관이 사용되는 더 직접적인 사례에 관심을 돌릴 때
이다.

8.3 경험 기반 직관

형이상학에서 직관의 사용은, 예를 들어, 인식론과 언어철학 분야에
비해서 연구된 바가 적다. 직관에 부합하는 듯 보이는 많은 것이 앞에
서 논의한 사항에 깔끔하게 맞지 않는다. 이를테면, 시간과 공간의 본
성에 관한 형이상학적 탐구는 '시간'과 '공간' **개념** 분석으로 출발하
지 않으며, 시간과 공간에 대한 우리의 **경험**에서 출발한다. 최근에 벤
노프스키(Jiri Benovsky)는 이런 경험 기반 직관에 관해서 개괄적인 연
구를 실시했다.[19] 그는 형이상학에서 경험 기반 직관의 사용에 관한 여

18　인과 개념과 관련해서 이런 시도를 하는 경우를 보려면, 다음을 참고하시오.
Rose and Danks, ˈCausation: Empirical Trends and Future Directions.ˈ

19　Jiri Benovsky, ˈFrom Experience to Metaphysics: On Experience-based Intu-
itions and their Role in Metaphysics,ˈ *Noûs* 49.4 (2013), pp. 684-697.

러 사례연구를 분석하고, 이렇게 사용되는 직관은 대개 우리의 (변경 가능한) 현상적 경험에 기반하며, 결국 이 현상적 경험은 과학적인 정밀한 검토에 직면해서 자신의 토대를 유지하기 어렵다고 결론짓는다. 그의 분석을 통해 이런 '직관적 자료'를 심각한 형이상학적 증거로 취급하지 않아야 한다는 점을 배우게 된다. 우리 자신을 단련하려면 벤노프스키의 사례연구를 더 살펴야 하겠다.

이를테면, 시간 경험을 통해서 A-이론과 B-이론을 택하려 한다고 해보자.[20] 매우 간단히 말해서 A-이론은 **시제** 속성은 환원불가능하다는 견해이다. 다시 말해서, '어제', '작년', '만 년 전' 등은 시간의 흐름에 의해서 확정되어 있고, 각자 진정한 속성, 이른바 **A 속성**에 대응된다. 그에 비해서 B-이론은 시제의 실재성을 부정하며, 시간을 포함하는 모든 속성은 이항 관계, 이를테면, '…보다 하루 전', '…보다 일 년 전', '…보다 만 년 전'으로 환원가능하다는 견해다. 이런 속성을 **B 관계**라고 말한다. 각 이론은 여러 형이상학적(이고 과학적)인 논증으로 지지될 수 있으나, 대다수는 A-이론이 직관적 이점을 누린다고 본다. 일견, A-이론만이 **시간의 흐름**을 설명할 수 있어 보이기 때문이다. 시간적 흐름은 물론 우리가 세계를 경험하는 방식에서 핵심을 차지해서, A-이론에 대한 직관적 지지는 **시간의 현상적 측면** 즉 시간 경험에서 도출될 수 있을 것 같다.[21] 이런 현상적 요소의 역할은 우리가 애초에

---

20   여기는 독자에게 이 두 이론을 자세히 안내하는 자리는 아니다. 그래도 이에 대해 간결한 안내를 받으려면 다음을 보시오. Ned Markosian, 'Time,' in E. N. Zalta (Ed.), *SEP* (Spring 2014 edn), http://plato.stanford.edu/archives/spr2014/entries/time/.이 분야의 핵심적인 고전은 다음이다. J. M. E. McTaggart, 'The Unreality of Time,' *Mind* 17 (1908), pp. 457-473. 이 글은 다음에 재수록되었다. R. Le Poidevin and M. McBeath (eds.), *The Philosophy of Time* (Oxford University Press, 1993), pp. 23-34.

21   다음을 보시오. Paul, 'Temporal Experience.'

생각한 것보다 크다. 주변 환경에서, 또는 심지어 우리의 사고 내에서 **변화**를 지각하지 못한다면, 시간은 흐르지 **않는** 것처럼 보일 것이다. 적어도 이런 생각을 내세워볼만하다. 시간 경과에 대한 지각이 얼마나 주관적인지 고려할 때 이런 논점을 쉽게 깨닫는다. 시간은 우리 주변의 환경상의 변화(또는 변화의 결여) 같은 외적 인자에 의존하거나, 스트레스나 (약물과 같은) 화학 물질로 유발된 상태 등의 내적 인자에 의존하여 매우 느리거나 매우 **빠르게** 흐르는 듯이 보일 수 있다. 물론 시간이 얼마나 빨리 지나는지 느끼는 감각의 신뢰도는 매우 낮아 보인다.

변화가 대개 움직임을 포함한다는 데 토대를 두고 벤노프스키는 다음과 같이 주장한다. 시간의 흐름에 대한 이런 현상적 측면은 특이한 귀결을 갖는다.

> 기계식 시계에서 시침의 경우를 택해보자. 이 바늘은 너무 천천히 움직여서, 우리가 **그것이 움직인다**고 지각하지 않는다. 물론 우리가 일정 시간 후에 시계를 보면, 그것이 움직였**다**고 관찰할 수 있으나, 이런 '지각'은 동작에 관한 경험이 전혀 아니다. 따라서 우리는 움직임이 있으나, 시침의 계속된 움직임이 우리에게 지각되기에는 너무 느리다는 단순한 이유로, 그 자체를 경험할 수 없는 사례를 얻게 된다. 진정으로, 여기서 우리가 깨닫는 바는 변화와 움직임을 알아채는 우리 능력이 최저 한계를 갖고 있다는 점과 너무 느리게 움직이는 어떤 것이든 우리 지각 체계에 **움직이는 것으로** 등록되지 못한다는 점이다.[22]

마찬가지로 진정한 동작은 전혀 없으나 어떤 것이 움직였다고 **지각하는** '겉보기 동작'의 경우도 있다. 다양한 착시 현상이 좋은 예이다. 시

---

22 Benovsky, 'From Experience to Metaphysics,' p. [5].

간의 흐름을 느끼는 감각은 변화, 나아가 동작과 밀접한 연관을 갖고
있기 때문에, 이는 다시 한번 시간 지각 현상의 낮은 신뢰성에 주목하
게 만든다.

그렇다면 여기서 얻은 결론은 무엇인가? 시간에 관한 경험 즉 현상
적 요소는 분명히 심하게 왜곡되었고 그래서 우리를 잘못된 방향으로
이끌기 때문에, 시제의 본성과 실재성에 관한 일반 형이상학 이론에
이 현상이 제공하는 어떠한 지지도 분명히 심각한 의심의 대상이 된
다. 이 예를 비롯한 다른 여러 예를 근거로 삼아, 벤노프스키는 우리의
본성을 토대로 어떠한 형이상학적 결론도 도출할 수 없다고 말한다.
그래서 그는 이런 사례를 통해서 경험기반 직관을 증거로 사용하거나
심지어 발견법적 도구로 이용하는 일조차도 가망없는 일이라고 반대
하고자 한다. 이로부터 도출할 수 있는 또 다른 형이상학적 함축이 있
는데, 그 가운데 하나에 따르면 적어도 어떤 유형의 직관은 경험의 현
상적 틀에 의해서 '오염된' 것 같다. 그렇다면 이런 직관들을 토대로
도출한 자료의 가치를 심각하게 재고해야 한다. 하지만 아마도 다른
유형의 직관도 있지 않을까? 그런 직관은 오염을 피했을 수도 있다.
이와 관련한 가능한 노선 가운데 하나는 순수 '선천적 직관'을 내세우
는 것인데, 이 직관은 우리의 인지 능력, 즉 이성 능력에 더 직접적으
로 결부되어 있다.

8.4 이성적 직관

직관과 이성 사이의 강한 연관을 주장해도 별로 놀랍지 않다.[23] 그 결

---

23 좋은 예를 보려면 다음을 참고하시오. George Bealer, 'Intuition and the

과로 직관을 선천적이라고 묘사하게 된다. 이런 식의 직관 개념에 따르면 어떤 명제에 관한 신념은 감각, 내성, 기억 등에 의해서가 아니라 **이성적 직관**에 의해서 정당화된다. 빌러는 이에 해당하는 좋은 예를 제시하고 있다. 우선, 철학에서 사용되는 '선천적 직관'과 과학에서 사용되는 '물리적 직관'을 구별해야만 한다.[24] 직관이 더 일반적으로 선천적 지식에 유사한 보증을 제공하도록 되어 있다면 그것의 증거 역할은 경험적 보증과 명백히 다르다. 물론, 빌러가 택한 노선에서 직관의 결과물은 철학적으로 말해 **필연적인** 듯이 보인다. 이는 다시 선천성과 직관 사이의 연관을 강화한다. 하지만 이는 뻔한 한계도 갖는다. 우리가 직관하는 것이 필연적이면 직관의 주제는 필연적 진리, 예를 들면, '모든 암여우는 암컷이다'와 같은 분석적 진리 즉 개념적으로 필연적인 진리의 영역에 속해야 한다. 그러나 문제가 이렇게 단순하지 않다. 직관 역시 때로 **오류가능하기** 때문이다. 직관한 것이 필연적(이고 선천적)이라고 생각했으나 실은 그것이 그를 수 있다. 그렇다면, 예를 들어, 하나의 직관에 토대를 두고 어떤 것이 필연적이라고 믿는 일이 **선천적으로 정당화될 수** 있지만, 이 정당화는 이후에, 예를 들어, 경험적 증거에 비추어 논파될 수도 있다고 해야 한다.

빌러는 직관을 증거로 간주하지 않으면 **비일관적**이라는 취지의 여러 논증을 전개했다.[25] 그는 '콰인식' 경험주의에 반대하면서 이런 논

Autonomy of Philosophy,' in M. DePaul and W. Ramsey (eds.), *Rethinking Intuition: The Psychology of Intuition and Its Role in Philosophical Inquiry* (Lanham, MD: Rowman and Littlefield, 1998), pp. 201-240. 또한 다음 서적 역시 좋은 예이다. Laurence BonJour, *In Defense of Pure Reason* (Cambridge University Press, 1998).

24   George Bealer, 'Intuition and the Autonomy of Philosophy,' p. 165.
25   George Bealer, 'The Incoherence of Empiricism,' *Aristotelian Society Supplementary* Volume 66 (1992), pp. 99-138.

증을 제시했다. 콰인식 경험주의는 세 가지 원리, 즉 경험주의, 전체주의, 자연주의에 개입한다. 이런 조합의 핵심은 경험/관찰이 조건부 증거의 기초라는 점이다. 그래서 어떤 이론이 그 증거를 정당화하는 가장 단순하고 완전한 이론인 경우 그리고 오직 그 경우에만 그 이론은 정당화되며, 자연과학이 가장 단순한 이론이다. 빌러의 첫째 논증인 **출발점 논증**은 매우 단순하다. 이 논증은 정당화 절차를 따를 때 경험주의자조차도 직관에 의존한다고 지적한다. 이에 대해 제시될만한 경험주의자의 답변은 다음과 같을 것이다. 비록 초기에 직관이 관여하더라도 정당화 부분에는 관여하지는 않는다. 직관은 이론 형성(즉 **발견 부분**)에 기여할 수 있으나 정당화 부분에 기여하지는 않는다. 하지만 빌러는 다시 지적한다. 이론의 출발점에 관여된 직관이 신뢰도가 낮다면 확실히 정당화에 영향을 주게 될 것이다. 따라서 경험주의자마저도 유관 직관이 증거로서 기여해야만 한다는 점을 인정할 수밖에 없다.

똑같은 취지의 둘째 논증은 **인식적 규범 논증**이다. 정당화 절차에서 상투적으로 사용하는 일정한 인식적 규범이 있다. 경험주의자가 직관을 증거에서 제외하기를 원한다면 정당화 절차에 표준적 사정평가가 이루어질 때 직관의 실패가 증명되어야 한다. 빌러는 다음과 같이 논증한다. 조건부 증거의 원천을 버리려 한다면 이 증거가 '3c' 즉 **정합성**(consistency), **확증**(corroboration), **입증**(confirmation)의 세 기준을 만족시키지 못한다는 점이 증명되어야만 한다. 이 셋 모두를 충족하지 못한 사례로 찻잎점을 보자.

먼저, 우리가 보아온 바에 의거하는 한, 어떤 한 사람이 차 이파리를 읽어서 내놓은 여러 예측 사이에서 아무런 **정합성**을 찾지 못한다. 둘째로, 그 사람이 해독한 바를 다른 사람에 의해서 확증받지 못한다. 셋째로, 이 차

이파리 예언이나 다른 차 이파리 주장에는 우리의 경험, 관찰, 직관 등으로 확증되는 정해진 유형이 전혀 없다. 조건부 증거의 원천에 의한 반입증의 패턴이 있을 뿐이다.[26]

이에 비해 빌러는 직관이 3c를 충족시킬 수 있다고 논한다. 먼저, 내 자신의 직관을 살핀다면 대체로 하나의 **일관된** 집합일 것이다. 비록 직관 가운데 일부가 상충하더라도, 나는 문제의 각본에서 벌어지는 것에 대해 겉보기 상충이 해소되도록 더 완전한 묘사를 내놓을 수 있다. 둘째로, 비록 나의 직관이 다른 사람의 직관과 상충하는 경우가 있어서, 그 사람이 내 직관을 **확증**해주는 데 실패하는 듯이 보인다 해도, 우리의 직관이 극단적으로 강하게 서로 확증해주는 명백한 시험 사례도 많이 있다. 예를 들어, 기초 논리학이나 수학의 영역에서 직관은 광범하게 공유된다. 더구나 더 복잡한 경우, 이를테면 쌍둥이 지구 사고실험에서도 이 각본에 대한 직관적 반응은 적어도 상세한 내용이 제시된 경우에 널리 공유된다. 그래서 직관에서 초기 상충은 대개 적게 묘사된 각본 탓인 경우가 많다. 마지막으로, 직관은 직접적인 경험적 증거에 의해서 **반입증**되는 경우가 드물다. 직관에 기초해서 내리는 판단은 대개 경험이나 관찰과 무관하기 때문이다.

또 다른 반론 역시 가능하다. 일부 직관은 3c를 충족시킬 수 있지만, 명백히 **모든** 직관이 완전하게 이를 충족시키지는 **않는다**. 하지만 빌러의 용어법으로 **온건한 이성주의자**는 이를 수용할 수 있다. 결국 직관의 오류가능성을 인정하면 어떤 경우에 이들이 실패할 것이라는 점도 인정하게 된다. 그렇다면 직관이 적어도 때때로 증거로 사용될 수도 있다는 점을 인정하면 충분하다. 빌러 자신은 더 강한 사례를 제시하려

---

26   Bealer, 'The Incoherence of Empiricism,' p. 110.

고 했으나 여기서는 더 이상 그의 논의를 다루지는 않겠다. 그의 논의
는 주로 '콰인식' 경험주의자를 겨냥하고 있지만, 우리는 출발부터
'콰인식' 경험주의와 조화를 이루지 못**할 수도** 있는 형이상학의 인식
론과 관련한 더 일반적인 주제에 관심이 있기 때문이다. 그래도 이 화
제가 계속 논의될 것이라는 점은 언급해야겠다.

처드노프는 빌러, 소사 등이 다듬어 놓은 직관에 관한 일종의 이해
력 기반 설명에 대안을 제시하고 있는데 그 역시 콰인식 경험주의에
도전한다. 앞에서 지나가는 말로 언급했는데 그의 논증에서 직관은 추
상적인 사안에 간여하는 데 비해서 감각 지각은 구체적 사안에 간여한
다는 주장이 중요하다. 결국 경험주의자는 전자를 설명하는 부분에서
분투해야 한다.

> 우리의 추상적 지식은 필연적인 것, 규범적인 것, 무한한 것, 추상적인 것
> 에 관한 지식을 포괄한다. 감각 지각은 우연적인 것, 비규범적인 것, 유한
> 한 것, 구체적인 것에 관한 지식을 제공한다. 그리고 기억, 증언 그리고 연
> 역적 추리, 귀납적 추리, 귀추적 추리가 어떻게 우연적인 것, 비규범적인
> 것, 유한한 것, 구체적인 것에 관한 지식을 불러일으킬 수 있는지 분명하
> 지 않다. 이는 감각 지각이 필연적인 것, 규범적인 것, 무한한 것, 추상적
> 인 것에 관한 지식을 제공하는지 분명하지 않은 것과 마찬가지이다.[27]

이는 제7장에서 선천적 추론과 후천적 추론 사이의 관계에 관한 논
의를 떠올리게 한다. 처드노프는 이와 관련된 점을 지적한다. 비록 경
험주의자가 추상물을 설명하는 데 어려움을 겪기는 하지만, 선천주의
자 역시 '순수한' **추론** 형식만으로 임의의 신념에 인식적 기초를 형성

---

27 Chudnoff, *Intuition*, p. 14.

시킬 수 있는지 설명하기 어렵다. 이 대목에서 일정한 선행 배경 지식
이 항상 필요해 보인다. 처드노프 자신은 **직관적 추론**이 잃어버린 고
리일 수 있다고 한다. 이것은 선천적 추론에 어떤 내용을 '주입한다'.
이것이 직관을 '지적 지각'으로 보는 처드노프의 설명에서 핵심이다.[28]
하지만 '순수' 경험주의가 형이상학에 관해서 유지될 수 있는지 여부
를 결정하는 일은 독자에게 맡기겠다. 여기서는 애초의 인상과 달리
문제가 훨씬 더 어렵다는 것을 드러내는 것으로 충분하다.

이 절을 마치면서 레디먼과 로스가 직관 기반 철학에 가한 최근의
공격을 간단히 살펴보겠다.[29] 앞에서 이미 언급한 철학의 안락의자 직
관과 과학에서 사용되는 직관의 뚜렷한 차이를 토대로 삼아 이들의 공
격이 이루어진다. 레디먼과 로스는 과학의 관점에서 보았을 때 매우 명
백히 부정확해 보이는 형이상학의 안락의자 직관에 해당하는 여러 사
례를 든다. 하지만 이런 예를 형이상학뿐 아니라 과학에서 찾아내는 일
은 쉽다. 뉴턴은 다른 어떤 연구 분야보다 연금술에 열을 올렸고 이를
몹시 중요하다고 생각했다. 그래서 레디먼과 로스는 직관이 명백하게
신뢰하기 어려운 탐구 방법이라고 강조했으나, 이를 받아들이더라도
안락의자 추론이 전적으로 무가치하다는 논리적 귀결이 나오지는 않는
다. 특히 훌륭한 물리학자란 '건전한 물리학적 직관'을 갖는 사람이라
는 말이 통용되는데 레디먼과 로스 역시 이를 수긍하기 때문이다. 그러
나 여기서 '직관'이라는 낱말의 용법이 약간 다른데, '본질적으로 주의
깊은 검토에 앞서 추상적 이론 구조가 문제 공간에 어떻게 사상(寫像)
될 것인지 순식간에 보는, 유경험자의 훈련된 능력'을 가리킨다.[30] 레

28   같은 책, p. 15.
29   J. Ladyman and D. Ross (with D. Spurrett and J. Collier), *Every Thing Must Go* (Oxford University Press, 2007), pp. 10-15.
30   같은 책, p. 15.

디먼과 로스는 형이상학자의 직관이 종종 증거로 취급되는 데 비해서, 과학자의 직관이 단지 **발견법적** 가치만을 갖는다고 지적하면서 두 종류의 직관의 거리가 더 멀다고 말한다. 이 견해에 따르면 직관은 기껏해야 조건부 증거일 뿐이다. 이 증거가 수용될 수 있으려면 세심하게 설계된 연구, 또는 어떤 경우에는 경험적 탐구가 반드시 필요하다. 그래서 철학과 과학에서 직관은 다소 다르게 사용되며, 이 때문에 철학에서 신뢰할만한 증거로 취급하지 말아야 할 것 같다. 하지만 직관이 과학에서 실제로 어떻게 사용되는지 포괄적으로 연구하기 전에는 이 차이를 너무 크게 보지 말하야 한다.[31] 이제 화제를 약간 바꾸어, 먼저 직관을 생성하는 방법, 이른바 사고실험을 검토하겠다. 훨씬 많은 성과를 내려면 사고실험이 과학에서 정확히 어떻게 사용되는지 먼저 살피는 것이 좋겠다.

8.5 과학의 사고실험

과학과 철학 사이 공유지에 해당하는 최적의 후보가 바로 사고실험일 것이다. 물리학을 비롯한 자연과학에서도 사고실험은 긴 역사를 갖고 있기 때문이다. 과학과 형이상학 간의 일반적인 관계에 관해서는 제9장에서 중점적으로 다룰 예정이므로 여기서는 특히 사고실험에 초점을 두고 논의를 제한할 수 있겠다. 과학의 사고실험과 철학의 사고실험은 매우 비슷하다는 견해가 적어도 철학자들 사이에서는 더 인기를 얻고 있다. 하지만 둘 사이의 잠재적인 유사성을 열거하기보다 우리는

---

31 이런 연구 분야에서, 최초의 체계적 시도라 보아도 무방한 예는 다음일 것이다. Jonathan Tallant, 'Intuitions in Physics,' *Synthese* 190 (2013), pp. 2959-2980.

철학의 사고실험과 과학의 사고실험의 **차이**를 살펴보겠다. 몇 가지 이
유를 물리학자 앳킨슨(David Atkinson)이 내놓았다.³² 그의 주된 논점
에 따르면 진정한 경험적 실험으로 이어지지 않는 사고실험은 경험적
실험만큼 가치를 갖지는 못한다. 과학의 사고실험과 달리 철학의 사고
실험은 대개 실험으로 이어지지 **않기에**, 이를 두 종류의 사고실험의
뚜렷한 차이라고 보아도 무방하다. 하지만 주의할 점도 있다. 앳킨슨
은 철학의 사고실험뿐 아니라 많은 과학의 사고실험 역시 빈약하다고
간주했다. 아리스토텔레스의 이론을 반박하려고 갈릴레오가 고안한
유명한 낙체 사고실험이 이에 해당한다.

　갈릴레오의 사고실험에서, 서로 끈으로 연결된, 다른 질량을 가진
두 대상을 상상한다. 두 대상으로 이루어진 이 계는 탑과 같은 높은 데
서 떨어져야 한다. 아리스토텔레스의 중력이론이 예측한 대로 무거운
대상이 가벼운 대상에 비해서 더 빨리 떨어진다고 가정하면, 가벼운
대상과 무거운 물체를 연결하고 있는 끈은 갑자기 팽팽해질 텐데, 무
거운 대상이 가벼운 대상을 아래서 잡아당기고 가벼운 대상은 위에서
무거운 대상을 늦추기 때문이다. 그런데 전체 계는 확실히 각각의 대
상을 따로 감안했을 때보다 무겁다. 이는 모순을 낳게 되며 사고실험
에 동원된 가정 가운데 하나가 그를 수밖에 없다. 이 사고실험은 진짜
실험으로 이어졌다. 갈릴레오는 질량이 다른 두 개의 공을 피사의 사
탑에서 떨어뜨렸다. 그는 두 공이 각자의 상대질량에 따른 비율에 따
라 낙하하지 않고 똑같은 비율로 낙하한다는 것을 보여주려 했다. 이
실험으로 아리스토텔레스의 이론을 반증하고 두 대상이 각자의 상대

32　David Atkinson, 'Experiments and Thought Experiments in Natural Science,' in M. C. Galavotti (ed.), *Observation and Experiment in the Natural and Social Sciences, Boston Studies in the Philosophy of Science* 232 (Dordrecht: Kluwer, 2003), pp. 209–225.

적 질량에 따른 비율 대신에 똑같은 비율로 떨어진다는 갈릴레오 자신
의 이론을 증명했다.

세부적인 역사를 열거하지 않은 채로 앳킨슨은 갈릴레오의 주장과
달리 실은 아리스토텔레스의 원래 착상에 아무런 부정합성이 없었다
고 말한다. 아리스토텔레스식의 이론에 따르면, 물체가 낙하하는 데
걸리는 시간은 그 무게에 반비례하는데, 이 이론은 그 물체가 물과 같
은 액체에 빠질 때는 맞는 측면도 **있다**. 그래서 앳킨슨에 따르면, 갈릴
레오는 아리스토텔레스를 오독했고, 더구나, 상상된 부정합성을 가졌
을 뿐인 사고실험을 논쟁 장치로 제시했다. 이 판단이 정확한지 여부
와 무관하게, 비록 아리스토텔레스의 추론이 정합성을 갖더라도, 우리
는 그의 중력이론이 불만족스럽다는 것을 안다. 게다가 이 사고실험을
통해 갈릴레오가 낙체에 관한 자신의 결론에 도달한 실제 과정을 거의
알지 못한다. 따라서 우리가 아는 바대로 갈릴레오의 사고실험은 증명
해줄 것으로 기대한 모든 것을 정확하게 증명해주지 못했다고 해도,
중력을 바라보는 한 가지 방식을 **제거**할 수 있었다. 이런 점에서, 비록
이 사고실험에서 매질을 물로 보지 않고 공기로 가정했지만, 갈릴레오
가 훌륭한 사고실험을 만들었다고 생각할 수도 있다. 이런 상황을 뉴
턴 역학과 비교할 수 있다. 예를 들어, 빛의 속도에 접근하게 되면 뉴
턴 역학이 깨진다는 것을 안다. 그러나 이런 사실 때문에 제한된 맥락
에서 뉴턴 역학의 가치가 전혀 줄어들지 않는다. 이 이론은 운동과 관
련된 일정한 가능성을 성공적으로 제거하기 때문이다. (이를테면, 어
떤 물체에 작용하는 힘이 없는 한 그 물체는 가속될 수 없다.)

앳킨슨이 좋은 예라고 말한 또 다른 유명한 과학의 사고실험, 아인
슈타인-포돌스키-로젠 사고실험(이후 EPR)을 살펴보자. EPR 사고실
험은 양자 얽힘의 (아인슈타인 자신의 표현으로) '도깨비 원격작용'
(the spooky action at a distance) 현상을 설명하려고 시도한다. 다른

방향으로 이동 중인 두 전자로 이루어진 양자계에서 그 가운데 한 전자의 스핀을 측정한다면, 비록 두 전자가 서로 독립적이고 멀리 떨어져 있어도, 다른 전자에 **즉각적인** 영향을 끼친다. 이것이 '도깨비 원격작용'이다. 아인슈타인, 포돌스키, 로젠은 이른바 '숨은 변수'를 도입하여 이 현상을 설명한다. 표준 양자이론이 제시한 것 이상의 어떤 것이 실재하며 이것이 이런 이상스러운 결과를 설명한다. 이제 EPR사고실험은 진짜 실험으로 연결되었으나 그 결론은 사실상 부정확하다. 벨 (John Bell)의 후속 작업은 양자 역학에 대한 이른바 '코펜하겐 해석'을 확증해주었다고 간주되며, 이 해석은 숨은 변수를 상정하지 않는다. 상세한 사항은 여기서 중요하지 않지만, EPR 사고실험은 시험가능한 예측을 내놓았다는 점에서 가치를 갖는다. 철학의 사고실험은 결코 이런 특성을 갖지 못했다. 앳킨슨은 이런 점에서, 일차원적인 '끈들'의 양자 상태를 통해서 관찰된 기본입자를 설명하려는 복잡한 끈 이론(또는 이 이론의 최신판인 '초대칭' 이론)을 **불량** 사고실험의 예라고 주장한다. 그 이유는 끈 이론에 대한 가장 공통된 불평 때문이다. 다시 말해 끈 이론을 경험적으로 시험하는 데 필요한 에너지를 결코 얻을 수 없고, 그래서 경험적 시험으로 이어지지 않는다. 이런 비판이 옳은지는 아직 불분명하다. 끈 이론에서 시험가능한 예측을 도출하려는 시도가 이루어지고 있기 때문이다. 하지만 이 문제를 여기서 다루지 않겠다. 대신에 우리는 불량 사고실험의 일반적인 특징을 살펴보고자 한다. 특히 철학의 사고실험이 자체의 명백한 한계를 극복할 수 있는가?

8.6 철학의 사고실험

앞 절에서 과학의 사고실험에 대한 앳킨슨의 분석을 소개했는데, 여기

서는 앳킨슨과 패지넨버그(Jeanne Peijnenburg)가 제시한 불량 사고
실험의 두 지표로 논의를 시작해보자. 이들은 유명한 **철학적** 사고실험
을 주된 예로 삼았다.[33] **모순된 결론**과 **부당가정하는** 결론이 각각의 지
표이다. 첫째에 해당하는 예로, 패지넨버그와 앳킨슨은 **복제인**(Dop-
pelgänger) 사고실험을 언급하는데, 이는 심리철학에서 열띤 논쟁을
일으켰다. 내 복제인은, 말하자면, 낙뢰와 습지 가스에서 생성된 기괴
한 화학 반응으로 나를 분자 단위로 복사해 탄생한다.[34] 물론 문제는
나의 물리적 복제인이 **심적으로** 나와 동일한지 여부이다. 의견은 나뉘
는데, 한쪽에서는 복제인이 심적으로 동일하다고 말하고, 다른 쪽에서
는 복제인은 무엇인가 빠져 있어서 현상적 '좀비'일 것이라 주장한
다.[35] 몹시 다른 두 가지 직관적 반응을 **다른** 사고실험을 거치지 않고
는 시험할 수 없다. 요컨대 복제인 사고실험은 전문가들 사이에서조차
회복불능의 모순된 결론을 낳는다.

   패지넨버그와 앳킨슨에 따르면 사실상 똑같은 사고실험이 불량한
사고실험의 다른 지표를 드러내준다. 이들은 복제인 사례에서 모순된
결론은 부당가정된 전제에서 기인한다고 주장한다. 이 사고실험은 심
적인 것과 물리적인 것에 관한 우리의 직관을 **설명**하도록 고안되었는
데, 이 직관은 모순된 결론의 **원인**이기도 하다. 그렇다면 이 사고실험
은 자신이 산출하도록 고안된 바로 그 직관에 의존하고 있고, 자신의
배후에 있는 방법론에 대해서 제한된 착상을 주고 있다. 다시 EPR 사

33 Jeanne Peijnenburg and David Atkinson, 'When Are Thought Experiments
Poor Ones?', *Journal for General Philosophy of Science* 34.2 (2003), pp. 305-322.
34 이런 '습지인' 사고실험은 데이비슨의 다음 글에서 유래했다. Donald David-
son, 'Knowing One's Own Mind,' *Proceedings and Addresses of the American
Philosophical Association* 60.3 (1987), pp. 441-458.
35 다음을 보시오. David Chalmers, *The Conscious Mind* (Oxford University
Press, 1996), p. 95.

고실험을 보자. (사고실험이 도입된 지 상당히 지난 뒤에나마) 진짜
실험을 산출하기는 했지만, 올바른 예측을 하지 못한 것으로 보인다.
따라서 EPR 사고실험이 좋은 사고실험이었던 것은 오로지 벨이 이 실
험을 경험적으로 시험할 방도를 찾아냈다는 **우연적** 사실 때문이다. 그
렇다면 하나의 사고실험을 불량하다고 간주하기 전에 잠재적인 경험
적 실험을 얼마나 길게 기다려야 하는가? 코니츠(Daniel Cohnitz)가
제기하는 우려는 이 지점을 향한다.[36] 물론 무엇이 사고실험을 구성하
는지 정의할 수 없는 한 우리는 사고실험이 (과학과 철학에서) 하고자
하는 작업을 인지할 수도 없다. 패지넨버그와 앳킨슨은 이런 시도를
거부한다.

> 좋은 것과 나쁜 것의 차이에 대해서 미리 알고 있기에, 우리는 사고실험이
> 무엇인지 정확히 진술할 필요를 느끼지 않는다. 어쨌든 누군가는 이론, 사
> 고, 실험 등이 정확하게 무엇인지 정의하지 못한 채로, 나쁜 이론, 사고,
> 실험과 좋은 이론, 사고, 실험을 구분할 수 있다.[37]

하지만 누군가는 사고실험의 가치 즉 그것의 '좋음'이나 '나쁨'이
사고실험의 **본성**과 밀접하게 연결되어 있다고 생각할 수 있다. 순전히
실용적인 기준, 즉 사고실험이 진정한 실험을 산출할 때 가치있을 뿐
이라는 기준을 제외시킨다면, 우리는 이런 점에서 더 나아지려 노력해
야만 한다. 순전히 실용적인 기준을 찾고자 하겠지만 철학적 사고실험

---

36 Daniel Cohnitz, 'When are Discussions of Thought Experiments Poor
Ones? A Comment on Peijnenburg and Atkinson,' *Journal for General Philosophy
of Science* 37.2 (2006), pp. 373-392.

37 Peijnenburg and Atkinson, 'When Are Thought Experiments Poor Ones?',
p. 306.

은 명백히 패지넨버그와 앳킨슨이 제안한 것과는 **다른** 기준을 요구한다는 데 주의하라.

앞선 논의에서 실마리를 찾아보자. 현실의 실재성과 대응하지 않더라도 사고실험은 가치를 가질 수 있다. 다시 말해서, 사고실험 그 자체는 현실 세계 속에서 사물의 안내자일 필요가 없다. EPR 사고실험을 예로 들어보자. 사고실험이 그 자체로 완벽하게 일관되더라도 현실과 대응되지 않을 수 있다. (벨의 실험으로 반박되었기 때문이다.) 자연스럽게, 적절한 의미에서 현실 세계와 대응하지 않는 사고실험은 적어도 사고실험을 실험적으로 반증하라고 누군가를 설득하는 순전한 실용적 가치 이상의 흥미를 끌기는 어려울 것이다. 그러나 철학적 사고실험의 목표는 명백히 다른데, 사고실험이 (형이상학적으로) 가능한 각본을 기술한다면 충분하다고 간주되기 때문이다. 복제인 사고실험을 포함하는 여러 철학적 사고실험에 대해서 생각해보면 논의의 쟁점은 정확히 그것이 **가능**한지 여부, 적어도 **사유가능**한지 여부이다. 일단 이 쟁점을 논외로 하고, 대다수의 철학적 사고실험이 가능한 각본을 기술하는 데 성공한다고 가정할 때, 별도의 쟁점 즉 이 각본이 **옳은**지 여부, 달리 말해서 현실과 대응하는지 여부가 남는다. 이런 측면에서 사고실험이 성공적인 한 진리성을 확정하는 일은 대개 직관이나 추가적인 논증의 임무가 될 것이다. (하지만 직관을 증거로 사용할 때 생기는 여러 문제를 이미 논의했다.) 어떤 경우라도 사고실험이 가능성을 다룬다는 제안은 제7장에서 논의된 바 있는 양상 인식론을 되짚어야 할 필요를 부각시킨다.

양상 인식론을 앞에서 상당히 상세히 다루었기에 여기서 그 논의를 깊이 반복할 필요는 없다. 그래도 사유가능성만으로는 충분하지 않을 것이라는 점만은 주의할 필요가 있다. 그 이유는 제7장에서 논의했지만, 사고실험에 관한 소렌슨(Roy Sorensen)의 고전적인 설명에서 다시 발견된다. 그에 따르면 "우리는 상상할 수 있는 것에 쉽게 의존하여 양상적 탐구를 개시할 수 있으나, 그렇게 종결할 수는 없다."[38] 달리 말해 실수의 여지는 항상 남는다. 하지만 소렌슨은 우리가 때로 불가능성을 사유하지만 가능한 각본을 더 자주 사유한다고 말한다. 사유가능성은 아마도 다양한 (형이상학적) 가능성을 포착하지만, 모든 가능성은, 적어도 원리상, 사유가능하다고 보는 것이 적절하다. 회의주의자는 불평할 것이다. 우리가 사유하는 어떤 것이 진정으로 가능한지 확신할 명확한 방도가 없기에 이런 중첩은 무가치할 수 있다. 하지만 소렌슨이 지적했듯이, 기억과 유비했을 때 이런 유형의 회의주의는 (거의 자기반박적일 정도로) 극단적이어서 흥미를 끌지 못하는 논제이다.[39]

사유가능성이 충분하지 않다면 대안은 무엇인가? 개념적 지식 즉 **개념적 분석**이 대안으로 제시될만하며 실제로 제시되었다. 이는 잭슨 (Frank Jackson)이 택한 노선이다.[40] 잭슨은 특히 퍼트남의 쌍둥이 지구 사고실험과 같은 철학적 사고실험에 관심을 두는데, 자신의 개념틀을 과학적 사고실험에도 적용하려 한다. 예를 들어, 그는 낙체에 관한 갈릴레오의 사고실험을 쌍둥이 지구 사고실험과 비교하여 살피고 다음과 같이 결론짓는다.

우리는 사고실험이 경험 세계에 관한 사실을 드러낸다는 데 너무 놀라지

38 Roy Sorensen, *Thought Experiments* (Oxford University Press, 1992), p. 41.

39 사유가능성에 관한 추가 논의를 보려면 다음을 참고하시오. Marcello Oreste Fiocco, 'Conceivability, Imagination and Modal Knowledge,' *Philosophy and Phenomenological Research* 74 (2007), pp. 364-380.

40 Frank Jackson, *From Metaphysics to Ethics: A Defence of Conceptual Analysis* (Oxford: Clarendon Press, 1998).

말아야 한다. 우리가 탐정물에서 익히 접하는 바를 잠깐 생각해보자. 이를 테면, 우리는 '마음속에서' 집사가 그 짓을 했을 때 연관된 것이 무엇이었을까 재구성하고, 그가 할 수 없었던 일을 찾아낸다. 이는 확실히 쌍둥이 지구 사고실험과 매우 다르다. 쌍둥이 지구 사고실험을 통해 우리는 지구의 모습, 또는 쌍둥이 지구의 진정한 모습에 관한 견해를 개정하지 않는다.[41]

여기서 쌍둥이 지구 사고실험을 더 살펴볼 필요는 없다. 그 대신에 잭슨이 내놓은 철학적 사고실험과 과학적 사고실험의 구분에 대해 질문을 해보자. 잭슨 자신이 고안한 가장 유명한 철학적 사고실험 가운데 하나인 색채학자 메리의 사례를 보자.[42] 메리는 흑백방에 갇혀 있었기에 색채 관련 모든 사항을 책에서 배웠다. 붉은색과 같은 새로운 색을 처음으로 보았을 때 메리는 무엇이든 새로운 것을 배우게 될까? 기대되는 직관적 답변은 '그렇다'이며, 이런 상황을 통해 물리주의가 그르다는 점을 증명하고자 했다. 하지만 잭슨의 기준으로 이 사고실험을 어떻게 분류해야 할 것인가? 패지넨버그와 앳킨슨에 따르면 메리의 사례는 쌍둥이 지구 사고실험에 비견되는 불량 사고실험이다.[43] 하지만 잭슨의 기준에 따르면 메리 사고실험은 과학적 사고실험에 가깝다. 이를 통해 물리주의가 그르다는 것을 증명하고자 했으며 명백히 세계에 관해 무엇인가를 말했기 때문이다. 세계에 관해 말하는 바가 있다면 이는 잭슨의 용어로 말해서 과학적 사고실험의 지시판이다. (잭슨

---

41 Jackson, *From Metaphysics to Ethics*, pp. 78-79.

42 Frank Jackson, 'What Mary Didn't Know,' *The Journal of Philosophy* 83 (1986), pp. 291-295.

43 Peijnenburg and Atkinson, 'When Are Thought Experiments Poor Ones?', pp. 309-310.

의 이런 견해가 **매우 큰** 논란거리라는 점을 여기서는 무시하자!) 또는
메리 사고실험을 사고실험이 일상적 언어에 의존한다는 견해의 반대
사례라고 생각하는 소렌슨의 노선을 택할 수 있겠는데, 이럴 경우, 잭
슨 자신의 사고실험은 철학적 사고실험에 대한 개념적 접근법의 반대
사례가 되고 만다. 다시 말해, 잭슨이 쌍둥이 지구 사고실험을 폄하했
던 것처럼 소렌슨은 잭슨의 사고실험을 평가절하했다.[44] 자세한 사항
을 검토할수록 과학적 사고실험과 철학적 사고실험의 구분은 무너지
게 된다.

  한 걸음 물러나보자. 철학적 사고실험과 과학적 사고실험이 분명히
공유하는 점은 있는가? 지금까지 논의했던 여러 예를 살핀다면 적어
도 하나는 명백히 드러난다. 두 영역에서 사고실험은 **양상적** 개입을
하는 것처럼 보인다. 사고실험을 구성할 때 우리는 어느 정도 제약되
어 있는, 대안의 가능한 각본에 관심을 기울이게 된다. 이때 제약이란
(이를테면, EPR 사고실험에서처럼) 일정한 이론적 패러다임에 부합하
는 방식으로 **현재의** 경험적 자료를 설명할 수 있는 것을 통해 표현되
거나, 쌍둥이 지구 사고실험에서처럼 **새로운** 경험적 자료를 접했을 때
기존의 이론적 패러다임을 통해서 표현된다. EPR 사고실험은 고전적
이론틀의 핵심 요소와 더불어, 양자 상태(이를테면, 스핀) 측정 과정에
연루된 양자 얽힘과 비고전적 특성에 직면해서 고전적 이론틀을 뒷받
침하는 직관(이를테면, **국소성**)을 유지하려고 시도한다. 이에 비해서
쌍둥이 지구 사고실험은 화학적 실체가 미시구조에 의해서 정의된다
고 간주되는 이론틀 내에서 수행되며, (물처럼 작용하지만 다른 미시
구조를 가지고 있는 XYZ를 도입하는 등의) 새로운 경험적 정보가 이
이론틀에 도전하는 각본 내에서 우리의 직관을 시험한다. 물론 두 실

---

44   Sorensen, *Thought Experiments*, p. 94.

험에서 여러 복잡한 요소가 개입되어 있지만 둘 다 양상적 요소를 필요로 한다. 더 나아가 누군가는 양상적 요소가 두 사고실험의 핵심이라고 말할 수도 있다.

(예를 들어, 디즈니 동화처럼, 마술을 포함하는 등의) 뻔해 보이는 순진한 사고실험 대신에 의미 있는 사고실험에 집중하도록 가능한 각본의 범위를 제한할 방도를 찾는 일은 완전히 별개의 문제이다. 각본이 내적으로 일관되어야 한다고 역설하는 것으로는 부족하다. 여러 기상천외한 사고실험조차도 과학적으로나 철학적으로 (비록 구분선은 어느 정도 모호하지만) 아무런 용도나 개연성을 갖지 않은 채 일관성을 가질 수 있기 때문이다. 이에 대해서는 제7장에서 어느 정도 살펴보았으나 이 분야에서 다뤄야 할 문제는 아직 남아 있다. 아쉽게도 이 자리에서 이런 문제를 모두 다루지 못한다. 그 대신에 다음 장에서 과학과 형이상학의 관계에 관한 논의를 더 심도 있게 진행하겠다. 이미 본대로 이 주제는 적어도 잠재적으로 중첩되는 영역에 관한 것이다. 이 점에서 또 다른 통찰을 제공할 수 있는 방도는 모형화 과정인데, 이에 대해서도 제9장에서 논의하겠다.

형이상학과 과학의 구분:
형이상학은 자연화가능한가?

형이상학과 과학의 관계에 관한 논쟁은 오랫동안 치열하게 전개되었다. 형이상학을 향한 빈 학파, 그리고 더 일반적으로 논리실증주의/논리경험주의의 저항감을 감안할 때, 카르납과 콰인의 저작에서 이는 특히 중요한 화제이다.[1] 하지만, 논리실증주의자가 '형이상학'으로 의미한 바는 이 책에서 살펴보고 있는 유형의 분석 형이상학과는 크게 동떨어져 있다는 점을 주의할 필요가 있다. 카르납이 이를 간명하게 표현하고 있다.

그렇다면 논리적 분석은 경험 너머 또는 경험 배후에 도달하는 척하는 어떠한 지식 주장에 대해서든 무의미하다고 평결을 내린다. 우선 이 평결은 경험 없이 제대로 역할을 할 수 있는 척하는 어떠한 사변적 형이상학, **순수**

---

1 이에 대해 개관하려면 다음을 참고하시오. Richard Creath, ʻLogical Empiricism,ʼ in E. N. Zalta (ed.), *SEP* (Spring 2014 edn), http://plato.stanford.edu/archives/spr2014/entries/logical-empiricism/

사고나 **순수 직관**에 의한 지식 주장에 타격을 가한다. 하지만 이 평결은 경험에서 출발하여, 특별한 **추론**을 수단 삼아 **경험을 초월한** 것에 관한 지식을 획득하고자 하는 부류의 형이상학에도 동등하게 적용된다. … **2**

카르납이 염두에 두었던 유형의 형이상학은 제7장에서 논의한 선천적 요소와 후천적 요소 사이의 구분이 갖는 난점과 깔끔하게 어울리지 않는다. 또한 제8장에서 직관에 관해 상세히 해명한 바와 어울리지도 않는다. 물론 앞에서 인용한 논문에서 카르납은 헤겔과 같은 철학자를 논하며, 1957년에 발간된 영어 번역판에서 추가한 '저자의 말'에서, 피히테, 셸링, 헤겔, 베르그송, 하이데거의 철학 체계를 염두에 두고 있다고 명시적으로 말했다. 그래서 논리실증주의자가 현대 분석 형이상학을 전적으로 만족스럽게 생각하지는 않겠지만, 그들의 주된 표적은 매우 다른 유형의 형이상학이었다.

논리실증주의 운동의 배경은 철학의 영역에서 여러 학문 분야가 분가한 사건이다. 이십세기 초에 들어서서는 물리학, 수학, 생물학, 심리학 등의 분야가 이미 확고하게 분리되었기에 철학에 남은 일이 무엇인지 명확하지 않았다. 남은 분야는 '형이상학' 밖에 없다는 반응은 이해될만한 반응 가운데 하나였다. 형이상학은 완전하게 비경험적이며, 경험과학의 증거와 매우 다른 유형의 증거에 특권적으로 접근하여 확립되는 분야라고 간주되었다. 그 결과 철학의 신비화가 등장했는데 이에 따라 승리를 거듭하던 여러 경험과학에서 철학은 더욱 동떨어지게 되

---

2 카르납의 글은 원래 다음에 실렸다. Rudolf Carnap, 'Überwindung der Metaphysik durch logische Analyse der Sprache,' *Erkenntnis* 2.1 (1931), pp. 219-241. 여기서는 팹(Arthur Pap)이 이를 번역하여 실은 다음을 참고하시오. 'The Elimination of Metaphysics Through Logical Analysis of Language,' in A. J. Ayer (ed.), *Logical Positivism* (New York: The Free Press, 1959), p. 76.

었다. 그래서 논리실증주의자는 극단적으로 선천적 추론을 의심하게 되는데, 철학의 연구과제로 남겨진 어떤 것에든 이 추론이 토대를 제공한다고 생각했다. 물론, 앞의 여러 장에서 보았듯이, 형이상학과 과학 사이의 엄격한 구분이 정확하다 해도, 상황이 이처럼 단순하지 않다. 여전히 형이상학에서 후천적 방법이 수용될 방도가 있다.

  형이상학과 과학의 구분에 관한 물음은 논리실증주의자들의 활동 당시와 달리 절박한 것은 아니다. 그렇다고 이 문제가 해결되었다는 의미는 아니다. 아직 요원하다. 현대 물리학의 발전, 특히 양자 역학의 발전으로 인해, 가장 거친 형이상학적 사변이 과감하게 제안했던 것보다 세계가 더 기이할 수 있다는 것이 명백해졌다. 모들린(Tim Maudlin)은 다음과 같이 말한다.

  경험과학은 세계의 근본 구조에 관해서 철학자들이 발명할 수 있었던 것보다 더 놀라운 제안을 쏟아냈으며, 우리는 그 제안에 귀를 기울일 수밖에 없다.[3]

이는 형이상학의 지위에 관해 새로운 우려를 낳는다. 세계가 과학이 제시한 그대로 진정 기묘하다면, 어떻게 형이상학이 세계에 관해 정보를 담은 어떤 것이라도 과학과 동떨어져서 말할 수 있는가? 이런 질문에 부정적인 답을 내놓을 수밖에 없으며, 이미 모든 현대 형이상학자 또는 적어도 대부분의 현대 형이상학자가 이런 답을 수용할 것이다. **완전히** 경험과학과 격리되어 형이상학에 종사할 수 있다는 생각은 논리경험주의와 마찬가지의 실수이다. 하지만 일부는 물리학의 모든 이상

---

3   Tim Maudlin, *The Metaphysics Within Physics* (Oxford University Press, 2007), pp. 78-79.

한 난제를 볼 때, 과학에 형이상학이 필요하기도 하다고 논한다.

이 장에서는 형이상학과 과학의 미묘한 관계를 더 자세히 검토해보겠다. 약간 고전적인 형이상학 개념에서 출발해보자. 이에 따르면 현대 물리학 때문에 사정이 복잡해지기는 했으나 형이상학은 자율적이며 그 자체로 세계에 관해 말해줄 수 있다. 실재의 근본 구조에 관한 형이상학적 탐구는 과학적 실재론을 떠받치고 있다. 형이상학에 도입된 범주, 자연류를 비롯한 다른 분류가 큰 틀에서 '접합부를 절단한다.' 둘째 절에서 다른 극단적인 입장, 즉 전면적 자연주의 형이상학을 살피겠다. 이 견해에 따르면 형이상학은 과학과 동떨어져서는 실재에 관해서 아무 것도 말할 수 없다. 우리는 이 견해를 가장 극단적인 형태로 펼쳐보일 텐데, 결국 이는 제거론적 입장, 즉 유일하게 가능한 형이상학은 실은 과학일 뿐이라는 주장이다. 이런 유형의 견해는 아마도 논리경험주의에 가장 가깝겠지만 논리경험주의에 쏟아진 경고는 피하고자 한다. 셋째 절에서 비슷한 취지의 논의를 이어가면서 과학과 형이상학의 관계에 관한 추가적인 제한 사항을 검토하겠다. 특히 근본 물리학에 집중할 것이다. 최근 여러 저작에서 광범하게 논의되는 두 원리를 검토할 것인데, 하나는 **자연주의적 폐쇄성 원리**(Principle of Naturalistic Closure)이고 다른 하나는 **물리학 우선성**(Primacy of Physics) 원리이다.[4] 이 원리의 요점은 형이상학이 여전히 일정한 역할을 갖고 있으나 매우 제한적인 역할 즉 주로 통합 역할을 맡는다는 것이다. 또한 이 원리들을 비판적으로 평가해보겠다. 넷째 절에서는 과학과 형이상학의 방법론적 교량 건설의 가능성을 검토하겠다. 비록 두 탐구의 **주제**가 상이해도 **방법** 면에서는 어느 정도의 유사성이 있지 않

---

4 이 원리들은 다음 책에서 유래했다. J. Ladyman and D. Ross (with D. Spurrett and J. Collier), *Every Thing Must Go* (Oxford University Press, 2007).

을까? 마지막으로, 다섯째 절에서, 과학과 형이상학의 관계에 관한 온건하고 조화로운 견해, 즉 '온건하게 자연주의적인 형이상학'을 제안할 것이다. 이 견해에 의하면 형이상학은 상당히 자율적인 위치를 차지하지만 과학의 최신 성과에 유념해야만 한다. 마찬가지로, 과학은 형이상학적 분석에서 이득을 얻을 수 있다. 과학 이론은 반드시 **해석**되어야 하며 형이상학의 부분적인 임무는 바로 이 해석이기 때문이다.

9.1 형이상학의 자율성

과학의 작업을 거의 참고하지 않거나 전혀 참고하지 않으면서 탐구를 수행하고 있는 형이상학자가 많다. 이런 작업 양식은 다른 어떤 분야보다 형이상학에서 정당화되기 쉬워 보이지만 의심할 바 없이 어느 정도의 정당화가 필요하다. 흔히 형이상학은 실재의 구조를 다루고 과학은 실재에 관해 정확한 지식을 얻는 최선의 도구를 제공한다고 가정되기 때문이다. 하나의 전략은 형이상학의 역할을 **개념 분석**에 초점을 두고 보는 것이다. 이 견해에 따르면 형이상학은 중요한 관념들을 명료화하는 데 관여하며 주로 언어적 고려에 토대를 둔다. 따라서 형이상학은 대체로 안락의자 방법을 사용하는 선천적 탐구이며, 따라서 대개 후천적 요소와 독립적이다. 개념 분석과 과학 사이의 관계에 관해서 해둘 말이 더 있다. 형이상학이 **과학의** 개념을 분석한다면 학문 분야 사이에 중요한 중첩 영역이 있는 듯이 보인다. 또한 형이상학을 개념 분석으로 간주한다면 자율적이기보다는 파생적이라고 볼 수도 있다. 그래서 과학은 관련 개념을 정의하고 형이상학은 이를 명료화할 뿐이다. 이런 유형의 견해를 제7장과 제8장에서 간단히 논의했지만 여기서는 더 자세히 살펴보지는 않겠다. 그 대신에 우리는 과학과 따로 형이상학의 독립성을 보장하려는 전통적인, 아마도 **가장** 전통적인 접근방도를 검토하겠다. 이것은 아리스토텔레스에 뿌리를 두고 있다.

> 존재를 존재로서 탐구하는 학문과, 자신의 본성에 의해서 제 자신에 속하는 귀속성을 탐구하는 학문이 있다. 이는 이른바 특수과학 가운데 어떤 것과도 똑같지 않다. 왜냐하면 이 가운데 어떤 것도 존재를 존재로서 일반적으로 다루지 않기 때문이다. 과학은 존재를 부분으로 나누고 그 부분의 귀속성을 탐구한다. 예를 들어, 이것이 바로 수학이 탐구하는 일이다. 이제 우리가 제일 원리와 최고 원인을 찾고자 하므로, 그 자체의 본성 때문에 이들이 속하게 되는 무엇인가가 있어야만 한다.[5]

아리스토텔레스 시절 수학은 이미 철학과 일부나마 구분되었다. 아리스토텔레스 자신은 물론 원래 의미로 '자연철학자'였다. 그는 또한 (논란의 여지는 있지만) 어느 정도의 경험적 탐구에 종사했고, 생물학, 물리학, 그리고 다른 여러 '특수과학'에 대해 저술했다. 그러나 그가 가장 일반적인 학문으로 간주한 것은 바로 형이상학이다. 따라서 아리스토텔레스주의 형이상학은 존재를 존재로서 연구하는 일인데, 이에 비해서 특수과학은 그 존재의 일부만을 탐구한다.

  형이상학과 과학의 관계에 대한 논의를 아리스토텔레스에서 시작하는 것이 다소 낯설겠지만, 철학과 과학이 겉보기처럼 항상 명확하게 구분되지는 않았다는 데 주의해야 한다. 여러 형태의 현대 '자연주의'는 자연과학이 여전히 철학의 일부이던 고대철학에서 보던 것과 다르지 않은 상황을 지향하려는 시도이다. 아무도, 또는 거의 아무도 **비자**

---

5   Aristotle, *Metaphysics*, trans. W. D. Ross, revised by J. Barnes (Princeton University Press, 1984), Bekker page numbers 1003a22–28.

연주의적 철학이나 형이상학 개념을 옹호하려 들지 않는다. 최근의 경향에 따르면 '비자연주의'는 '마술'에 버금간다. 예를 들어, 최근의 이원주의 지지자조차도 자신의 견해가 (어떤 형태의) 자연주의와 완벽하게 양립가능하다고 생각한다. '자연주의'라는 용어가 일종의 인플레이션을 겪고 있다고 말할 수 있을 정도이다. 따라서 우리는 추가적인 제한을 하는 경우를 제외하고는 이 용어를 어떤 견해의 정의에 사용하지 않겠다.[6] '자연주의'의 가장 근접한 정의는 아마도 '과학의 정신이 반영된', '과학적으로 존중할만한' 등일 것이다. 이 정의를 받아들이면 다른 정의를 설명하는 데 사용할 수 있다. 이 정의를 수용하지 못한다면 부정적 논제로 제시할 수밖에 없다. '현대 과학과 직접 양립불가능하지 않음.' 이 비슷하게 모호한 어떤 것이라도 다른 여러 접근법을 구분하는 데 특별히 도움이 되지 않는다.

이제 '자율적 형이상학'으로 화제를 바꿔보자. 먼저 한 가지 주의할 점이 있다. 형이상학이 자율적이라 해도, 형이상학이 비자연주의적이라는 것이 논리적으로 함의되지는 않는다. 형이상학의 자율성이 논리적으로 함의하는 것은 형이상학의 주제가 어느 정도 자연과학의 주제와 달라야만 한다는 것이다. 그러나 어떤 뜻으로 다른가? 아리스토텔레스의 단서를 따른다면 형이상학은 '제 자신의 본성 덕분에' 성립하는 존재를 검사하는 학문일 것이다. 그래서 '존재' 즉 실재의 어떤 단일한 세부에 초점을 두기보다는, 자율적 형이상학은 존재를 전체로서 연구한다. 이 점은 근본 물리학과 어떻게 다른가? 입자물리학의 표준모형을 택해보자. 이 모형에서는 현재 근본적이라고 간주되는 입자, 즉 실재의 '벽돌'이 열거된다. 근본 물리학은 이런 입자의 속성, 이 입

---

6 여러 형태의 자연주의를 논의한 서적으로는 다음을 참고하시오. Jack Ritchie, *Understanding Naturalism* (Stocksfield: Acumen, 2008).

자들 사이의 관계, 그리고 이 입자들 사이에 상호작용하는 근본적인 힘을 연구한다. 물론 형이상학자는 이들을 연구하지 않는다. 확실히, 형이상학이 완전히 과학에서 자율적이라면 이들은 형이상학의 일이 아니다. 대신에 현재 우리가 뜻하고자 하는 형이상학은 근본 물리학보다 **더 근본적인** 뜻에서 실재를 연구한다. 이런 유형의 형이상학은 여러 근본 입자, 즉 페르미온, 보손 등등을 나열하는 데 관심을 두지 않는다. 그보다는 근본적인 '벽돌'이 속하는 가장 기초적인 범주를 나열하려 한다. 이런 주장을 펼치는 사람들은 '신아리스토텔레스주의' 형이상학을 주창하는데, 이에 따르면 형이상학은 근본적인 존재론적 범주, 즉 특수자, 보편자, 트롭, 양상 등등을 연구한다. 자율적 형이상학의 중요한 부분은 이런 근본적인 존재론적 범주가 얼마나 많이 존재하는지 결정하는 일이다.[7]

존재론적 범주 연구가 자율적 형이상학의 좋은 예라고 해도, 이런 탐구를 더 '과학적인' 형이상학과 연계해서 전개할 수 있다. 예를 들어, 범주 물음에 답하려는 많은 형이상학자는 새로운 과학적 발견에 반응해서 자신들의 존재론적 그림을 기꺼이 개정할 것이다. 이런 개정의 예를 하나 보려면, **일원주의**, 즉 세계가 어떤 의미로 '하나'라는 견해가 최근에 주목받은 사실을 생각해보라. 셰퍼는 이런 유형의 일원주의를 열성적으로 옹호하는데, 이를 편들어주는 강력한 논증으로 '양자 창발'을 택한다.[8] 이 논증은 다음과 같다.

---

7 예를 들어, 네 범주 존재론을 옹호하는 로우를 들 수 있다. E. J. Lowe, *The Four-Category Ontology* (Oxford: Clarendon Press, 2006). 넷 이상이나 이하의 범주가 존재한다는 견해에 대해서는 다음 논문집에 실린 여러 논문들을 참고하시오. Tuomas E. Tahko (ed.), *Contemporary Aristotelian Metaphysics* (Cambridge University Press, 2012).

8 Jonathan Schaffer, 'Monism: The Priority of the Whole,' *Philosophical Review* 119 (2010), pp. 31-76.

(1) 전체는 (양자 얽힘으로 인해서) 창발적 속성을 소유한다.

(2) 만일 전체가 창발적 속성을 소유한다면, 전체는 부분에 우선한다.

(3) 그러므로 전체는 그 부분에 우선한다.

이 논증은 제6장에서 논의한 우선성 일원주의로 귀결된다. 논증을 평가하려면 관련된 물리학을 들여다봐야 하지만, 여기서 중요한 점이 있다. '자율적 형이상학'이란 명칭이 붙은 것의 많은 부분이 첫인상 그대로 자율적이라고 말하기 어렵다. 현대 과학을 통해서 우리에게 입력되는 바가 설명에 개입되기 때문이다. 그런데 이런 관계가 대칭적인가? 달리 말해서 '자율적' 형이상학이 과학에 영향을 끼치기도 하는가? 확실히 일부 형이상학자는 이런 희망을 갖고 있다. 분명히 직접적인 영향은 아닌 듯하지만, 더 일반적인 수준에서, 형이상학은 과학 탐구에 토대를 놓거나 일정한 방식으로 과학적 사고를 구조화함으로써 영향을 준다. 이 착상에 따르면 형이상학자는 자연과학에 형이상학적 토대를 놓는다. 형이상학은 왜 과학이 가능한지 설명하며, 이보다 먼저, 왜 과학이 성공하는지 설명한다.[9]

그러나 이 지점에서 더 '과학의 정신을 반영하기' 바라는 철학자는 격분하게 된다. 확실히, 철학자로서 우리는 과학자에게 이렇게 탐구하라 저렇게 탐구하라고 충고하거나, 심지어 자신의 연구를 수행할 수 있다고 말해줄 처지에 있지 못하다! 그런데 더 야심만만한 형이상학자도 이를 자신의 임무라고 말하지 않을 수 있다. 더 용이하게 허용가능한 재구성도 있다. 형이상학은 새로운 연구 영역을 개설하는 임무를 맡는다. 이를테면, 형이상학이 새로운 특수과학을 탄생시킨다. 이는 앞의

9　다음 책을 참고하시오. Lowe, *The Four-Category Ontology: A Metaphysical Foundation for Natural Science.* 이 책의 부제를 주목하시오. '자연과학에 제공하는 형이상학적 토대!'

아리스토텔레스 인용문에 표현된 착상에 접근한다. 형이상학은 존재 자체를 연구하며 이런 연구 과정에서 새로운 영역, 즉 존재의 새로운 부분이 발견될 수 있다. 이 존재의 새로운 부분을 연구하는 특수과학 은 더 이상 형이상학에 속하지 않지만, 형이상학이 존재의 **전부**를 포 괄하므로 형이상학에 일부나마 관련될 수밖에 없다. 철학이 새로운 특 수과학을 탄생시킨 잠재적인 예는 많다. 오랜 기간에 걸쳐 확립된 물 리학, 생물학, 기타 과학에 도달하는 길을 닦은 아리스토텔레스의 작 업은 차치하고라도, 심리학과 인지과학을 최근의 사례로 들 수 있다. 이런 특수과학이 밟은 정확한 과정은 복잡하지만, 분명히, 현재 여러 특수과학에서 답을 구하려는 많은 물음을 한때는 철학자(또는 아마 더 정확하게는 철학자이자 과학자였던 사람)가 탐구했다.

형이상학을 과학과 동떨어진 즉 자율적인 학문이라 간주하는 데 도 움이 될만한 예를 들면서 이 절을 마무리해보자. 이 책에서 반복해서 예로 들고 있는 물질적 합성의 예이다. 진흙 소조상과 이 상을 이루는 진흙 덩어리의 사례를 떠올려보자. 유명한 논증에 따르면, 소조상이 그 실존을 진흙 덩어리에 의존하고 있지만, 상과 덩어리는 상이한 지 속 조건(persistence conditions)을 갖기 때문에 **수적으로 동일**하지 않 다.[10] 진흙 덩어리는 그 조성성분인 물질 조각을 제거하면 존속할 수 없지만 상은 팔 하나를 떼어내도 여전히 존속할 **수 있다**. 팔 하나 또는 코 없는 그리스 조각상처럼 그 일부가 떨어져 나간 고대 그리스 소조 상을 여전히 **소조상**으로 간주한다. 그래서 소조상과 진흙 덩어리는 동 일하지 않으면서도, 이 상은 그 실존을 형이상학적 필연성에 의해서 진흙 덩어리에 의존할 수 있다. 형이상학자는 이런 상황을 다음과 같

---

10 예를 들어, 다음을 참고하시오. L. A. Paul, 'The Context of Essence,' *Australasian Journal of Philosophy* 82 (2004), pp. 170-184.

이 분석할 것이다. 하나의 소조상은 **부류** 소조상에 속하기 때문에 본
질적으로 소조상-모양이다. 그래서 소조상은 화병 틀에 들어가 화병
모양이 되어 나오면 더 이상 존속할 수 없다. 이는 진흙 덩어리와 소조
상과 같은 대상이 자신들의 모든 물질적 속성을 공유하고, **또한** 시공
간을 공유할 수 있다는 뜻이다. 그러나 '상식적' 직관에 따르면 똑같은
장소에 있으면서 똑같은 속성을 가진 두 사물은 확실히 동일하다. 그
렇다면 형이상학자는 수많은 철학자가 옹호하고자 하는 상식과 위의
형이상학적 분석을 조화시켜야 할 업무를 떠맡는다.

　이 가운데 어떤 것도 과학과 큰 관련은 없고 상식적 직관과 선천적
추론에 기초를 두고 있다. (직관과 선천적 추론에 대해서는 제8장의
논의를 더 참고하시오.) 자율적 형이상학을 더 회의적으로 바라보는
철학자의 시선에도 불구하고, 이런 유형의 철학 활동은 나름의 장점을
살리려고 분투한다.

> [자율적] 형이상학은 직관적이고, 상식적이며, 구미에 맞으며, 철학적으로
> 존중할만한 이론을 구성하려는 시도를 하면서 진행된다. 형이상학 체계의
> 적절성 기준은 진리와 관련된 어떤 것과도 명백히 분리되어 왔다. 오히려
> 이 기준은 내적이고 철학에 독특하여, 반(semi)미학적이며, 과학보다는 소
> 설의 덕목과 공통된 요소를 많이 갖는다.[11]

이런 진술은 명백히 논쟁적이지만 타당한 우려를 제기하고 있다. 좋은
형이상학 체계의 뚜렷한 모습을 밝히지 못하는 한 자율적 형이상학은
진리성 주장의 권리를 상실할 수 있다. 물론 형이상학 체계의 평가를
위한 더 나은 기준을 확립하기 위한 시도가 꾸준히 있었으며, 선천적

11　Ladyman and Ross, *Every Thing Must Go*, p. 13.

탐구의 본성을 다룰 때 이미 이런 시도 가운데 일부를 논의했다. 그러나 자율적 형이상학을 완전히 포기하고 그 대신에 '자연화된' 형이상학을 시도하면 더 쉽고 분별 있는 처사일지도 모른다. 이제 '자연화된' 형이상학만이 형이상학의 자격을 갖는다고 주장하는 사람들에게 무대를 넘겨보자. 이들의 '과학주의'가 '형이상학'이라고 불릴 수 있기나 하다면 이들의 주장을 들어볼 가치가 있을 것이다.

9.2 전면적 자연주의 형이상학

이 절에서는 형이상학을 아예 거부하는 견해를 살펴보겠다. 이런 유형의 '과학주의' 가운데 가장 영향력 있는 견해는 의심할 바 없이 반 프라센(Bas van Fraassen)의 주장이며, 그래서 그의 견해를 대표적인 예로 삼을 것이다.[12] 반 프라센은 자신의 견해를 '경험적 자세'(empirical stance)라고 부른다. '과학주의'라는 용어가 가끔 경멸적으로 사용되지만 최근의 저작을 보면 과학에 경도된 형이상학의 지지자가 이 용어를 채택하는 추세이다.[13] 반 프라센 접근법의 핵심을 전통 형이상학에 대한 다음 세 가지 도전으로 요약할 수 있다. 첫째, 형이상학적 질문은 경험적 고려와 동떨어져 있기에 비록 카르납이 말한 바대로 무의미하지는 않더라도 무용하다. 과학은 끊임없는 시험을 거치고 심지어 반증되기도 하는 데 비해서, 형이상학은 진리를 찾는다고 주장한다. 하지만 형이상학은 자신의 주장 가운데 어떤 것이라도 현실적으로 옳거나 그른지 **확립**할 위치에 결코 도달할 수 없다. 경험과학은 실제적 연관

---

12   Bas C. van Fraassen, *The Empirical Stance* (New Haven, CT: Yale University Press, 2002).

13   Ladyman and Ross, *Every Thing Must Go*, Ch. 1.

성에 비추어 자신이 사용하는 방법을 정당화할 수 있고 토대를 제공할 수 있다. 이에 비해 형이상학은 실제적이거나 과학적 연관성 없이 형식적이거나 개념적인 연습에 불과하다. 바로 이 점이 반 프라센이 내놓은 첫째 비판의 요지이다.

둘째, 반 프라센은 형이상학적 질문이 구제불가능할 만큼 맥락 의존적이고, 그래서 잘 정의된 '응답 전략'을 결여하고 있다고 논한다. '세계는 실존하는가?'라는 질문이 좋은 예이다. 그는 이런 질문을 너무나 간단하다고 일축한다. 하지만 그는 형이상학자들이 이 질문에 답하려고 오랫동안 골몰해왔다고 지적한다. 반 프라센이 내놓은 이런 유형의 인식적 도전을 앞 장에서 드러내고자 시도했었다.

셋째로, 반 프라센에 따르면 형이상학은 '우리가 원래 이해하고 있던 것을 누구도 이해하기 어려운 것으로 설명한다.'[14] 이는 형이상학의 설명적 가치를 훼손한다. 이를 과학과 비교하면 특히 더 충격적이다. 그렇다면 **제거**에서 요체를 찾을 수 있다. 우리의 담론에서 형이상학은 전적으로 제거되어야만 한다.

그런데 그의 이런 견해가 모두 과학적 **반실재론**에서 비롯되고 있다는 데 주의하자. 반 프라센의 입장에 따르면 과학이 진리를 추구할 수 있으나, 과학의 주된 목표는 일정한 실제적이고 도구인 중요 사항, 즉 쓸모 있을 어떤 것을 확립하는 일이다. 달리 말해서 과학에서 어떤 이론이 그르다고 밝혀져도 쓸모를 갖는 한, 이런 일은 파국이 아니다. 그리고 과학적 이론이 반증될 수 있는 상황에서 생존한다는 사실은 이 이론이 **어떤** 가치, 즉 약간의 발견법적 용도를 갖는다는 뜻이다. 뉴턴 물리학을 생각해보자. 우리는 뉴턴 물리학이 정확하게 **옳은** 것은 아니라고 알고 있으며, 이 이론은 여러 그른 신념을 (실제로 계속해서!) 산

---

14   Van Fraassen, *The Empirical Stance*, p. 3.

출하기도 한다. 하지만 뉴턴의 (연금술 분야가 아니라 물리학 분야에서) 업적이 과학의 진보에 필수적인 것은 아니었지만 극히 유용했다는 사실 역시 의심의 여지가 없다. 그에 비해서 많은 형이상학적 이론은 반증가능성이라는 장점조차도 갖지 않으며, 그래서 형이상학은 과학 모형에서 완벽하게 동떨어지게 된다.

형이상학자는 대개 자신의 반증된 이론이 어떠한 실용적 유용성 즉 인지적 유용성을 갖는다고 주장할 수 없다. 반 프라센 본인은 실용적 유용성보다는 **경험적 적합성**을 강조하지만 말이다. 이는 한 이론이 관찰 가능한 현상과 그 이론이 기술하고 있는 모형(즉 일군의 구조) 사이에 있는 일정한 유형의 동형성이 갖추어야 할 요건이다. 반 프라센의 지적에 따르면 형이상학이 제대로 반증가능성을 갖지 못한다면 자연주의를 전면적으로 전복시키려는 현대 형이상학자에게 큰 문젯거리이다. 하지만 반 프라센은 이런 지독한 해체작업 뒤에도 철학의 할 일이 남아 있다고 생각하는가? 있다면 한 가지는 분명하다. 철학은 **신조**에 토대를 두면 안 된다. 그 대신에 반 프라센이 보기에 철학, 즉 철학적 견해는 **자세**로 간주되어야 한다. "철학적 입장은 자세(신념과 같은 명제 태도를 포함할 수 있는 태도(attitude), 개입이나 헌신(committment), 접근 방법(approach), 또는 이들의 집단)로 이루어진다."[15]

철학적 견해를 자세로 보자는 주장은 이 책 전반에 걸쳐 기본적인 입장인 일종의 형이상학적 실재론과 쉽게 결합하기 어렵다. 달리 말해서 반 프라센의 제안은 우리로 하여금 레디먼과 로스가 '강한 형이상학'이라고 부른, 모든 비수축적 형이상학자가 추구하는 유형의 형이상학을 거부하도록 이끈다.[16] 어떤 자세란 강한 **주관적** 요소를 갖는 듯이

15 같은 책, pp. 47-48.
16 Ladyman and Ross, *Every Thing Must Go*, p. 60.

보이기 때문이다. 다시 말해서 자세는 신조가 아니라 태도이다. 조금 뒤에 레디먼과 로스가 제안한 '약한 형이상학'을 살펴볼 예정이지만 그 전에 반 프라센이 '개종'하라고 설득하고 있는 자세, 즉 **경험적 자세**를 소개해보자. 어떤 사람은 이 대목에서 '개종'을 거론함이 그의 견해를 종교와 같은 것으로 취급하여 부적절하다고 생각할지도 모르겠다. 하지만 이는 사실상 반 프라센이 말하고자 하는 바를 정확하게 표현하고 있다. "그렇다면 경험주의자라는 것, 또는 경험주의자가 된다는 것은 하나의 운동, 종교, 자본주의나 사회주의와 같은 이데올로기로 개종하는 것과 비슷하다."[17] 이를 근거로 볼 때 반 프라센은 지금까지 논의하고 있는 철학적 논증을 통해 경험적 자세를 제시하려 들지 않는다. 그 대신에 경험적 자세를 주로 부정적 태도로 정의한다. 신조를 세우기 위한 독단적 태도를 배제하고, 시험가능하고 (경험적) 증거에 기반한 설명이 없는 지점에서 설명을 위한 설명을 거부하라! 또한 심리적 만족만을 추구하는 설명을 설정하지 말라!

건강한 태도처럼 보이는 반면 경험적 자세는 위험도 안고 있다. **어떤 것**이라도 설정하지 않는다면 새로운 경험적 방법을 발전시킬 동기도 결여하게 된다. 달리 말해서 때로 그른 설명이라도 설정하게 되면 이론적인 효용이 있을 수 있다. 경험적 자세의 긍정적 부분은 과학적 덕목의 승인이다. 우리는 어떤 견해를 증거가 보증하는 만큼만 심각하게 대접하면 된다. 하지만 잠시 멈춰서 생각해보면 경험적 자세와 완벽하게 양립가능하지 않은 예를 과학에서 어렵지 않게 찾을 수 있다. 좋은 예가 끈 이론이다.

누구 말을 듣느냐에 따라, 끈 이론은 우리로 하여금 양자 중력에 관한 완

---

17   Van Fraassen, *The Empirical Stance*, p. 61.

전한 이론과 거리가 매우 멀어지도록 하거나, 수학이 아닌 물리학으로 간
주될만한 것을 아무것도 성취하지 못하게 만든다.[18]

끈 이론의 기초적인 문제는 시험가능한 예측을 내놓지 못했다는 점이
다. 이는 반 프라센과 같은 사람이 형이상학에 대해서 논란거리라고
지적한 것과 정확하게 똑같다. 이 경우에 끈 이론을 '강한 형이상학' 처
럼 '나쁜' 이론으로 간주하는 것이 하나의 반응이다. 반 프라센이 형이
상학에 강하게 반대하듯이 물리학자 스몰린(Lee Smolin)은 끈 이론에
강하게 반대한다. 특히 스몰린은 끈 이론이 지난 수십 년간 물리학에
서 경쟁 이론이 연구비를 따지 못하게 되는 상황을 야기하면서 막대한
연구 기금을 챙겼다는 사실로 걱정한다.[19] 이런 정치적 상황까지 진지
하게 고려할 필요는 없지만, 반 프라센에 따르면 명망 높은 경험과학
도 명백하게 적어도 때로는 형이상학과 마찬가지 문제에 직면한다는
점을 알아둘만하다.

　제거적인 성향이 적은 형이상학자는 반 프라센의 도전에 어떻게 응
할 수 있는가? 반 프라센의 논점 가운데 하나가 과학적 이론이란 '원
래 이해되어 있다'는 것이라는 데 착안하자. 이런 논점은 제7장에서
간략히 말했던 논점과 충돌한다. 과학적 이론은 해석되지 않는 한 '이
해될' 수 없고, 그래서 형이상학자는 과학 외부에서 도입된 해석이라
는 도구를 필요로 한다고 역설할 수 있다. 임의의 이론 T의 해석은 T
내부에서 공급될 수 없다. 만일 그런 일이 벌어지면 해당 이론이 스스
로 해석도 제공하는 셈인데, 이때 악성 무한후퇴가 발생하기 때문이
다. (경험적 자세에 맞추어, 여기서 T는 과학 전체라고 간주될 수 있

18　Ladyman and Ross, *Every Thing Must Go*, p. 168.
19　이에 관한 대중적인 해설을 보려면 다음을 보시오. Lee Smolin, *The Trouble
with Physics* (London: Penguin Books, 2006).

다.) 양자 역학의 영역을 고려할 때 대다수의 물리학자조차 관련 이론
의 해석에 철학적 물음의 개입이 불가피하다는 데 동의한다.[20] 이런 도
구가 적용되기 전에 우리는 반 프라센이 이미 강조했던 바 있던 일종
의 **도구적** 능력(instrumental ability)을 최대로 갖고 있다. 물론 이런
도구적 능력은 (실제적 적용을 산출하며, 이론을 형성하고 시험하려
는) 직접적인 목표를 고려하는 한 과학자를 만족시킬 수 있겠지만, 과
학이 세계의 존재 방식을 투영해야 한다면 과학자를 만족시킬 수 없다.
　이제 형이상학이 과학 이론 해석에 필수적이라는 것이 밝혀졌다면
형이상학의 전형적인 개념과 범주, 즉 우리가 과학 이론 해석에 사용
하는 형이상학 어휘에 포함된 관념이 (반드시) 모호하지는 않다. 사실
상 형이상학 용어들이 과학 이론 해석에 매우 성공적으로 사용되어왔
거나 사용되고 있기에, 모호성에 근거를 둔 반론을 여러 예로 반박할
수 있다. 예를 들어, 일반 상대성을 해석하는 데 동원된 중요한 철학적
작업을 생각해보라.[21] 게다가 형이상학적 분석은 이런 점에서 과학보
다는 상식적 접근 방법에 더 가까워 보인다. 예를 들어, 최근에 이루어
진 문제의 보손 '발견'은 입자물리학에서 보통 사용되는 '발견'에 대
한 임의적 기준에 어느 정도 의존하고 있다는 사실을 고려할 때, **보편**

20　이에 관한 논의를 더 보려면, 다음을 참고하시오. Craig Callender, 'Philosophy of Science and Metaphysics,' in S. French and J. Saatsi (eds.), *The Continuum Companion to the Philosophy of Science* (London: Continuum, 2011), pp. 33-54. 철학적 해석의 좋은 예는 양자 역학에 관한 '다중 세계' 해석일 것이다. 이에 대해서는 다음을 보시오. Simon Saunders, Jonathan Barrett, Adrian Kent, and David Wallace (eds.), *Many Worlds? Everett, Quantum Theory, and Reality* (Oxford University Press, 2010).

21　이에 대해 개관하고 싶다면 다음을 보시오. Thomas A. Ryckman, 'Early Philosophical Interpretations of General Relativity,' *SEP*, http://plato.stanford.edu/archives/spr2014/entries/genrel-early/

자 개념은 **힉스 보손** 개념에 비해서 더 모호한가?[22] 대답은 일정 수준
의 측정 가능성과 명료성을 동치라고 생각하지 않는 한 전혀 긍정적인
쪽이 아니다. 다시 말하지만, 이는 우리가 통상 '이해가능성'과 '명료
성'으로 의미하고자 하는 바가 아니다. 심지어 반 프라센 같은 노골적
인 반실재론자의 경우에도 그렇다. 실체, 관계, 속성과 같은 개념이 과
학적 개념만큼 이해가능하다면, 그리고 사실상 과학적 이론을 해석하
는데 사용된다면, 반 프라센의 도전은 처리될 수 있다.

반 프라센이 원래 반대하고자 했던 유형의 형이상학은 '콰인식의 형
이상학'이라는 데 주의해야 한다. 그는 형이상학자들에 대해 다음과 같
은 견해를 피력했다. "콰인의 후계자들 사이에서 보이는 과학을 향한
비굴한 태도는 콰인이 사사한 과거 세대 철학자가 내놓은 느슨한 견해
에 토대를 두고 있을 뿐이다."[23] 이런 생각을 갖기 때문에 그는 이 책에
서 쫓아가고 있는 형이상학과 존재론에 대한 더 세밀한 여러 묘사를 논
의하지도 분석하지도 않는다. 사실상 과학과 연속된다는 점을 들어서
형이상학을 강화하려는 사람들이 '강한 형이상학자'에 속한다면 이들
은 반 프라센의 논점을 인정할 것이다. 로우는 확실히 반 프라센의 논
점을 인정한다.[24] 한편, 로우에 따르면, 형이상학자가 공유된 방법론,
즉 최선의 설명으로의 추리(inference to the best explanation)에 근거

---

22 입자 물리학에는 발견 주장에 충분하다고 일반적으로 용인된 정의가 있다. 유의
수준 5.0, 즉 표준편차가 최대 5.0인 확실성 수준. 통계 용어로 이는 만의 하나보다 더
작은 확률을 의미하는데, 가정된 힉스 이외에 다른 것에 의해서 산출될 수 있는 관찰
현상, 즉 이른바 통계적 변동을 의미한다. 이런 유형의 대화를 하는 이유는 물론 힉스
가 직접 관찰될 수 없기 때문이다. 오히려, 우리는 광양자와 같은 붕괴의 생성물을 관
찰하는데, 이것은 제거되어야 할 수많은 현상에 의해서 산출될 수 있다. 이는 역시 이
런 유형의 결과가 항상 오류가능하다는 것을 명확히 보여준다.

23 Van Fraassen, *The Empirical Stance*, p. 11.

24 E. J. Lowe, 'The Rationality of Metaphysics,' *Synthese* 178 (2011), p. 101.

해서 과학과 연속성을 주장할 경우 반 프라센이 절대적으로 올바르다. 우리가 보아온 반 프라센의 논점에 따르면, 형이상학은 이런 점에서 과학의 표준을 지키는 데 절망적으로 실패한다. 하지만 이 비판은 형이상학이 공유된 방법론 덕에 과학과 연속된다고 간주될 때에만 통하게 된다. 같은 취지를 주장하려고, 로우는 형이상학의 '가짜 친구'를 탓한다.

이 대목에서 실책은 고유한 형이상학의 탓이 아니라 경험과학의 과업을 자신의 과업과 동화함으로써 자신의 신망을 그릇되게 증진시키고자 시도하는 가짜 친구의 몫이다. 형이상학과 경험과학은 똑같은 목표와 방법을 갖고 있다는 뜻에서는 전혀 '연속'이 아니다. 또는 형이상학이 이른바 '특수' 과학이 취급하는 질문에 비해서 더 큰 일반성을 띠는 질문을 다룬다는 측면에서 경험과학의 연장일 뿐이라는 의미에서도 전혀 '연속적'이지 않다. 오히려, 풍성한 성과를 누릴 때, 형이상학과 경험과학은 서로 **보완**하는 공생 관계 속에 존재한다.[25]

그렇다면 다소 놀랍게도 로우가 말한 '제대로 인식된' 형이상학은 반 프라센의 비판에 견딜 뿐 아니라, 형이상학에 대한 통상의 접근방법이 갖는 결정적 단점도 갖고 있다는 데도 **동의**할 수 있다. 확실히 로우를 비롯한 '심각한 형이상학' 지지자는 우리로 하여금 형이상학과 과학이 연속된 것이 아닐 경우에 어떻게 관련되어 있는지 말해줘야 할 텐데, 앞 문단에서 어떤 대답이 가능할지 이미 알아보았다. 이 논란거리를 이 장의 제4절에서 다시 다룰 것이지만, 그 전에 과학에 경도된 다른 견해, 즉 '자연화된' 형이상학 개념을 내놓으려 시도하는 견해를 살펴보겠다.

---

25   같은 글, pp. 101-102.

9.3 자연주의적 폐쇄성 원리와 물리학의 우선성

이 절의 제목을 모두 레디먼과 로스의 책에서 따왔다.[26] 이들은 최근까지 광범한 논쟁의 대상이었으나 여기서 해당 논의를 전부 다루기는 불가능하다. 그 대신에 논쟁의 중요한 측면, 특히 상위형이상학 관련 논의에 집중하겠다. 누구나 짐작하듯이 레디먼과 로스는 반 프라센의 형이상학 비판 가운데 일정한 측면을 공유한다. 이들의 책 첫 장은 논쟁적인 만큼 상위형이상학자뿐 아니라 과학철학계의 격한 반응을 불러일으켰다. 앞 절에서 로우의 글을 인용하면서 마무리했기에 레디먼과 로스가 그에게 도전한 내용으로 논의를 시작해보자. 물론, 이들은 로우의 견해에 동조하는 사람들을 '신스콜라주의 형이상학'에 종사한다고 낮춰보았기에, 로우의 견해에 대한 도전을 이들 전부에 대한 비판으로 취급할 수 있다. 결정적으로, 레디먼과 로스는 반 프라센이 주로 관심을 두었던 광범한 의미의 '콰인식' 그림을 뛰어넘어 현대 형이상학 전반에 대한 비판을 시도하고 있다. 예를 들어, 이들은 형이상학자가 직관과 선천적 탐구를 방법으로 사용하는 점을 비판한다. 하지만 제8장에서 보았듯이 이런 논란거리에 대해 논의하는 일은 꽤 까다롭다. 레디먼과 로스는 널리 유행하고 있는 접근 방법, 즉 형이상학의 선천적 방법이 실은 개념 분석이라고 보는 접근 방법을 표적으로 삼는다. 이들은 로우와 대다수의 현대 형이상학자가 형이상학에 종사하는 익숙한 방법, 즉 '우리 자신의 개념을 반성하는(개념 분석하는)' 방법을 택한다고 주장한다.[27] 레디먼과 로스는 개념적 분석이 실재의 구조를 어떻게 드러낼 수 있겠느냐고 올바른 방향의 질문을 제기하는데,

---

26 Ladyman and Ross, *Every Thing Must Go*, 제1장.
27 같은 책, p. 16.

이 역시 (다시 말하지만) 로우를 비롯한 많은 형이상학자가 **공유하는** 우려 사항이다. 그래서 형이상학을 자연화하려는 기획에 대한 이런 비판적 측면은 우리가 바라는 만큼 상세하고 만족스러운 것은 아니다.

　로우에게 형이상학은 **가능성** 연구이다. 다시 말해 형이상학적 양상성이야말로 선천적 탐구의 영역이다. 이 견해에 따르면 형이상학은 어떤 종류의 사물이 세계에 (근본적으로) 존재하는지, 그리고 이들이 어떻게 연관되는지, 실재가 어떻게 구조화되는지 연구한다. 이때 어떤 부류의 사물이 가능한지 선천적으로 탐구하는 것이 바로 형이상학의 방법이다. 하지만 사물들 가운데 어떤 것이 **더불어** 가능한지 경험적으로 탐구하는 일도 병행하게 된다. 이 바탕 위에서 무엇이 현실로 벌어지는지 결정할 수 있다. 이것이 로우가 주장하는 바이다. 레디먼과 로스는 로우의 주장이 더 상세하며 나은 접근 방법이라는 점을 알고 있으나, 양상적 요소에 대해서는 의심의 눈초리를 거두지 않는다. 이들은 선천적 탐구가 형이상학적으로 가능한 것을 드러낼 수 없다고 주장한다. 물론 우리는 양상 인식론 분야에 미진한 부분이 많다는 점을 보았는데, 이 분야의 탐구 결과에 따라 현재 살펴보고 있는 부류의 견해의 존망이 달라진다. 그래도 이 분야에서 유망한 작업도 **실제로** 있다. 이런 작업을 충분하게 감안했지만, 레디먼과 로스는 이런 논의를 심각하게 다루지는 않는다. 이들은 형이상학자가 자신의 양상 판단을 내릴 때 실수를 범한다는 점을 지적한다. 예를 들어, 비유클리드 기하학, 결정론적 인과, 비절대 시간 등등을 보라. 하지만 이런 지적은 옳지만 놀랍지는 않다. 어느 누구도 양상적 탐구가 **쉽다**거나 **오류불가능**하다고 말하지 않았다. 선천적 탐구가 오류불가능하다는 생각은 데카르트 시절에나 통하던 형이상학적 신조일 뿐이며 현대 분석 형이상학자가 이를 주장하지는 않는다. 이에 대해서는 앞 장에서 이미 살펴보았다. 따라서 과학자와 마찬가지로 형이상학자도 실수를 한다. 칸트는 비유클리드 기하학이 불가능하다고 주장했을 것 같다. 하지만 얼마 지나지 않아 물리학은 비유클리드 기하학이 가능할 뿐 아니라 우주의 현실이 비유클리드 기하학적 구조라고 증명했다. 이로부터 배워야 할 바는 현대 형이상학이 경험적 결과에 비추어 **개정**의 가능성을 인정할 수밖에 없을 만큼 유연해져야 한다는 점이다. 다시 말해서 형이상학 역시 새로운 경험적 자료의 해명에 맞추어 개정될 수 있다. 그러나 부정적 성과 이외에도, 레디먼과 로스는 흥미진진하고 파급력이 큰 방법론적 틀을 제안하고 있다. 이를 '과학적 자세'라고 부를 수 있겠는데 이들은 반 프라센의 자세 개념을 참조해서 이런 명칭을 사용했다.[28]

과학적 자세의 핵심은 물리학을 기초로 삼아서 과학이론끼리 **통일**을 탐색하는 것이다. 통일을 성취하려면 이 절의 제목으로 사용된 두 원리를 도입할 수밖에 없다. 하나는 자연주의적 폐쇄성 원리(the principle of naturalistic closure, PNC)이고 또 하나는 물리학의 우선성 제한(the primacy of physics constraint, PPC)이다. 두 원리를 간단히 말하면 다음과 같다.

PNC
시각 t에 진지하게 취급되어야 할 임의의 새로운 형이상학적 주장은 자신이 수행해야 할 다음과 같은 역할, 그리고 오직 그 역할에 의해서만 유발되어야 한다. 이는 적어도 하나가 근본 물리학에서 도출되는, 둘 또는 그 이상의 특수과학의 가설에 대해, 어떻게 이들이 각각 설명하는 것보다 합해졌을 때 더 많은 것을 설명하는지 보여주는 역할을 말한다.[29]

---

28   같은 책, p. 64.
29   같은 책, p. 37.

PPC

근본 물리학과 상충하는 특수과학의 가설, 또는 근본 물리학계에서 이런 상충이 존재한다는 합의에 도달한 특수과학의 가설은 그 이유 하나로 기각되어야 한다. 근본 물리학의 가설은 특수과학의 결론에 대칭적인 볼모의 역할을 줄 필요가 없다. 우리는 이 원리가 현대 과학 내의 규제 원리이며, 그래서 자연주의적 형이상학자가 이를 존중해야만 한다고 주장하는 바이다.[30]

이 원리들은 긍정적 기획에 토대를 제공할 뿐 아니라 (위에서 논의한 바 있는 결정적 논점을 정당화하려는) 부정적 기획을 반영하도록 고안되었다. 첫째 원리에 대해서 결정적인 비판이 제기되었고 나머지 원리 역시 도전받았다. 레디먼과 로스는 신중하게 주의를 주고 있다. 그들은 논리실증주의자처럼 **검증주의**를 내세워 극단에 서기를 원치 않는다고 말한다. 검증주의에 따르면, 경험적으로 검증가능한 진술만 유의미하다. 논리실증주의자는 (다른 것들과 함께) 형이상학을 전적으로 한쪽으로 치워두고자 했고, 형이상학에서 살려야 할만한 부분을 찾을 목적으로 검증원리를 형이상학에 적용하려 시도조차도 하지 않았다. 이와 대조해서 레디먼과 로스는 검증 원리가 형이상학에 적용될 **수 있으며**, 그 결과 온전한 자연주의 그림이 그려진다고 믿는다. 이런 식으로 과학을 우선시하는 것은 상당한 설득력을 갖는다. 레디먼과 로스가 '유사과학'이 결부된 다양한 예를 들 때 이 점은 더 분명해진다. 이들은 다음과 같이 '유사과학'을 비판한다. 일상인의 관점에서 (그리고 아마도 전형적인 철학자의 관점에서) 근본 물리는 '미소충돌'(micro-bangings)망이다. 물론 '입자' 물리학은 근본 물리학이 고체 입자를

---

30 같은 책, p. 44.

다루며 뉴턴 역학을 그 입자에 적용한다고 암시할 수 있으나, 이는 실재와 거리가 멀다. 자연은 당구를 치지 않는다! 그러나 이런 주장에서 PNC나 PPC를 완벽하게 유도할 수 있는지 여부가 바로 문제이다.

먼저 PNC부터 살펴보자. 이 원리에 따르면 형이상학이 맡은 일은 과학적 가설의 통일뿐이다. 하지만 많은 형이상학자가 보기에 이 원리는 형이상학의 방법을 오해하고 있다. 예를 들어, 레디먼과 로스 저작에 대한 논평에서 도어는 이를 다음과 같이 말한다.

> 레디먼과 로스의 책이 택한 문제 접근 방법은 형이상학에서 논증의 중요성을 지나치게 과장하는 경향을 잘 반영한다. 또한 이에 비해서, 어떤 논증이 어떤 견해의 논지를 충분히 표현하면서 그 견해를 일관되고 명확하게 드러내는 일이 얼마나 어려운 일인지 과소평가하고 있다.[31]

이 대목에서 질문이 제기된다. 레디먼과 로스가 제안하듯이 형이상학적 논증을 자연과학의 표준으로 평가하는 것이 적절한가? 과학과 형이상학의 방법이 다른 한 이들에 똑같은 표준을 적용하는 것은 부적절한 일이다. 게다가 PNC에서 말하고 있는 방식으로 과학의 볼모가 되지 않은 특정한 형이상학적 질문이 존재한다. 예를 들어, 홀리(Katherine Hawley)는 시간에 관한 철학적 질문은 물리학만을 토대로 해결되기 어렵다고 논한다. 그녀는 **특수 상대성 이론**(special theory of relativity, 이하 STR)과 **현재주의**(presentism), 즉 현재만이 실존한다는 견해 간의 관계를 사례로 든다.[32]

---

31 Cian Dorr, 'Review of *Every Thing Must Go*,' *Notre Dame Philosophical Reviews* (2010). 다음 사이트를 보시오. https://ndpr.nd.edu/news/24377-every-thing-must-go-metaphysics-naturalized/

32 Katherine Hawley, 'Science as a Guide to Metaphysics?', *Synthese* 149.3

STR에 따르면 서로 다른 **참조 틀**(frames of reference)이 존재하는데, 이는 서로 떨어진 사건의 동시성에 관한 질문의 답에 영향을 준다. 그러나 STR은 어떠한 참조 틀에도 특권을 부여하지 않기 때문에 두 사건이 동시에 발생했는지 여부에 대해서 아무런 규제를 하지 않는다. 현재주의를 지지하는 시간 철학자는 현재만 실존한다고 주장하기 때문에 현재인 것과 동시적인 사건만이 실존한다고 말해야만 한다. 하지만 STR에 따르면 실존 질문에 의문이 없는 바로 그 대목에서 현재 질문에는 의문이 제기된다. 그리고 이 대목에서 우리는 과학에 근거해서 형이상학적 현재주의 이론을 자동으로 반박하게 될 것이다. 그렇다면 이런 반박은 자율적 형이상학에 날리는 최후의 일격이 되고 만다. 하지만 현재주의자가 대꾸할 (그리고 대꾸했던) 여러 방식이 있을 수 있다. 그 가운데 일부는 STR의 해석과 관련되며 다른 전략도 존재한다. 홀리는 세 가지 가능한 반응을 열거한다.

먼저, 우리는 현재주의를 틀 의존적이라고 인정할 수 있고, **실존**은 틀 의존적일 수 없음을 인정할 수 있고, 따라서 현재주의를 거부할 수 있다. 둘째, 우리는 현재주의가 틀 의존적이라고 인정하면서, 현재인 것만이 실존한다고 역설하고, 그래서 실존은 틀 의존적이라고 결론지을 수 있다. 이 둘째 선택지는 거의 모든 사람에게 너무나 (나쁜 방식으로) 상대주의적이며 그래서 애초에 현재주의로 이끌었던 직관을 손상시킬 수 있다. 셋째, 우리는 실존이 틀 의존적일 수 없다고 인정하면서, 현재주의의 진리성을 역설하고, 따라서 STR의 경고를 벗어나는 특권적 참조 틀이 있다고 결론지을 수 있다. 특권적 틀에서 동시성은 절대적 동시성이고, 현재 내가 자판을 두드리는 사건과 절대적으로 동시적인 사건은 절대적으로 현재한다. 특권적 참

(2006): 451-470.

조 틀을 상정한다고 해서 반드시 현재주의를 채택해야 하는 것은 아니다. 우리는 절대적으로 과거인 것이나 절대적으로 미래인 것 역시 실재한다고 논할 수 있기 때문이다. 그러나 셋째 대안은 실존이 틀 의존적인 것이라고 인정하지 않은 채로 우리가 현재주의자가 될 수 있도록 허용한다.[33]

그래서 다른 이론적 선택에 따라서 STR이 실은 현재주의를 포함하여 시간의 본성에 관한 여러 이론과 양립가능한 것처럼 보인다. 물론 이 경우라도 아인슈타인이 특권적 틀의 부재를 설명하려고 STR을 주장했다는 데에 주목한다면, 증명부담은 현재주의자의 몫이다. 덧붙여 STR은 우리가 시간의 형이상학에 종사할 때 주장할 수 있는 바에 **일정한** 제약을 가하지만 시간에 관한 형이상학적 난제를 즉시 해결해주지는 않는 것처럼 보인다. 다시 말해 틀 의존성에 관한 해석에 해석의 여지가 존재하는 것이다.

다른 예를 들어보자. 제6장에서 우리는 근본 수준에 관한 논쟁을 진행하려면 물리학의 입력이 확실히 필요하다는 점을 보았다. 하지만 그 수준이 모든 물리적으로 가능한 측정 장치를 넘어선다면 어떻게 될까? 예를 들어, 표준 모형에 의해서 제시된 근본 입자 가운데 일부가 실은 내적 구조를 갖고 있는데, 이 입자의 조성 성분 발견에 충분한 거대 입자 가속기 건설이 물리적으로 불가능할 정도로 필요 에너지의 양이 너무 클 수 있다. 하지만 레디먼과 로스는 이런 유형의 형이상적 논란거리의 외양에 대해서 여러 주장을 제기한다. 이는 그들의 책 전반에 걸쳐 논의되고 있다. 예를 들어, 그들은 '우리는 자체존속 개별자의 실존에 형이상학적으로 개입하는 방식으로 과학을 해석하지 않아야 한다. 이 과학은 근본 물리학일 수도 있고 특수 과학일 수도 있

---

33   같은 글, pp. 465-466.

다.'[34] 그런데 이는 흥미롭고 실질적인 주장이지만 제5장과 제6장에서 부분적으로 보여준 완벽한 형이상학 '연장통'을 사용하지 않고는 뜻이 통하기 어렵다. 물론 이들의 주장이 PNC와 조화될 수 있는지 불분명 하다. 추가적인 분석이 없다면 그 통일력은 의문으로 남기 때문이다. 그렇다면 우리는 이 원리에 대해서 이런 의문을 제기할 수 있다. 이 원 리가 '신스콜라주의적' 형이상학과 어떻게 다른가?

마지막 예를 들어보자. 여기서 상세하게 다루지는 않겠지만 이 맥락 에서 적절한 예이다. 양자 역학은 동일성과 개별화의 형이상학에 온갖 함의를 갖는 것처럼 보이지만, 동일성에 관한 형이상학 이론 가운데 어떤 것이 궁극적으로 올바른 것인지 결정하려 할 때 실은 아무런 도 움을 주지 않는다.[35] 물리학이 형이상학을 확정짓지 못하는 일종의 **미 결정가능성**(the possibility of underdetermination)을 띠기 때문이다. 다시 말해서 경험적 증거는 광범한 형이상학적 견해와 양립가능하며, 따라서 형이상학적 견해를 평가하는 데 도움이 되지 않는다.[36] 홀리에 따르면 이는 현재주의와 특수 상대성이론의 경우에도 해당된다.

이런 방식으로 형이상학을 옹호할 수 있다면 레디먼과 로스의 작업 이 어떤 점에서 중요했는지 확인하면서 그 중요성을 인정해야 할 것이 다. 이들은 '유사과학'에 지나지 않는 것에 의존해서 형이상학 논증을

34 Ladyman and Ross, *Every Thing Must Go*, p. 119.

35 이에 대해서 자세히 보려면, 예를 들어, 다음을 보시오. Mauro Dorato and Matteo Morganti, 'Grades of Individuality. A Pluralistic View of Identity in Quantum Mechanics and in the Sciences,' *Philosophical Studies* 163 (2013), pp. 591–610.

36 이 미결정성에 대해 더 깊은 논의를 보려면 다음을 보시오. Steven French, 'Metaphysical Underdetermination: Why Worry?', *Synthese* 180 (2011), pp. 205–221. 또한 동일한 저자의 다음 책도 보시오. *The Structure of the World: Metaphysics and Representation* (Oxford University Press, 2014). 특히 제2장을 참고하시오.

펼치려는 시도를 깨뜨렸다. 이런 점에서 이들의 둘째 원리인 PPC는 애초부터 수용가능성을 더 가졌다. 하지만 둘째 원리의 '합의' 요구는 논란을 일으키며 많은 사람은 '합의'에 대한 오류가능주의적 태도를 도입해서 이 원리를 보충해야 한다고 역설한다. 명백히 우리는 과학에서 끌어들이는 사례에 주의를 해야 하고, 나아가 과학에 형이상학을 주입하라고 제안할 때 더 큰 주의를 기울여야 한다. 하지만 레디먼과 로스가 제안한 두 원리를 수용하는 비용은 바로 형이상학을 과학의 '시녀'로 전락시킨다는 점이다. 더불어 주의해야 할 대목이 또 있다. 우리는 레디먼과 로스가 제시한 긍정적 제안에 해당하는 '존재적 구조 실재론'(ontic structural realism, 이하 OSR)을 전혀 논의하지 않았다. 제6장에서 구조주의자의 견해를 간단히 살펴보았지만 자세히 다루지는 않았다. 부분적으로 이 이론의 상세한 사항이 일차 형이상학적 관점이나 (OSR의 중요한 지지자가 있는 분야인) 과학철학의 처지에 비해서 상위형이상학의 시점에 비추어볼 때 중요성이 덜했기 때문이다. 또한 부분적으로는 이 자리에서 OSR을 제대로 다룰 수 없기 때문이기도 하다.[37] 하지만 이런 존재론적 그림이 존재론적 의존에 관한 과도한 단순화라고 지적받았다는 사실에도 주의해야 한다. OSR 가운데하나에 따르면 대상은 자신의 정체성을 자신이 속한 구조에 의존하며, 그래서 구조가 대상보다 더 근본적이다. 레디먼과 로스의 책 제목이 '모든 사물은 **사라져야만 한다**(*Every* Thing *Must go*)'인 이유다. 이것이 정체성의존을 주장하는 것으로 보이기는 하지만, 제5장과 제6장에서 논의한 것처럼 정체성의존 개념을 정확하게 표현하고 사용할 수 있기 이전에 제기되는 여러 난제가 존재했다. 물론 레디먼과 로스는 난

---

37 구조 실재론에 관한 고전적 개관에 대해서는 다음을 보시오. James Ladyman, 'What is Structural Realism?', *Studies in History and Philosophy of Science Part A* 29 (1998), pp. 409-424.

제 해결의 과업을 수행하지 않았다.[38]

존재론적 그림과 관련된 상세한 사항을 접어두더라도, 두 원리 PNC
와 PPC를 수용하는 데에 중요한 방법론적 난점도 있다. 이는 제7장과
그 이전의 장에서 상세하게 논의했던, 이른바 양상성과 연관되어 있다.
앞에서 이미 양상 인식론과 연관된 난제들을 언급했다. 철학자들은 가
끔 어떤 것이 가능하다거나 필연적이라고 간주하는 데 오류를 범한다.
더 일반적으로 말해서 다음과 같은 우려가 가능하다. 형이상학의 영역
에 속하는 개념적 공간은 어떤 모습을 띠고 있을지 불분명하며, 그렇다
면 형이상학적으로 가능하고, 필연적이거나, 또는 불가능하다고 간주하
는 것을 궁극적으로 **물리적** 양상성에 의존하여 결정한다고 본다면 합
당하다. 달리 말해서 PPC를 따를 경우 과학에 경도된 철학자가 보기
에 모든 양상성이 물리적 양상성으로 **환원**되며, 따라서 양상 판단은 물
리학 또는 더 일반적으로 과학을 원천으로 삼아야 한다고 논할 수 있다.

캘린더(Craig Callender)는 이와는 다른 난관을 말하는데, **형이상학
적** 양상성에 초점을 두고 두 영역의 관계를 상정하는 일을 의심쩍은
시도라고 지적한다. 양상성이야말로 과학이 얘깃거리를 갖지 못한 영
역이라고 간주하는 형이상학자의 주장은 성립되지 않기 때문이다.[39]
캘린더에 따르면 현대 형이상학과 과학철학 사이의 단절(또는 심지어
교전)의 주된 이유 가운데 하나가 바로 형이상학적 양상성에 지나친
비중을 부여하는 것이다. 그래서 다음과 같은 불화가 생긴다. 과학이
현실 세계에 관심을 두고, 이로 인해서 물리적으로 가능하고 필연적인

---

38   더 상세한 논의에 대해서는, 예를 들어, 다음을 보시오. Donnchadh O'Conaill,
'Ontic Structural Realism and Concrete Objects,' *The Philosophical Quarterly*
64.255 (2014), pp. 284-300.

39   Callender, 'Philosophy of Science and Metaphysics,' p. 40. 비슷한 우려가 다
음 책에서도 제기되었다. Maudlin, *The Metaphysics Within Physics*.

것에 관한 여러 주장을 하고 있지만, 형이상학자는 더 강한 것을 요구한다. 그들은 **형이상학적으로** 필연적인 것, 즉 현실의 물리법칙이 **모든** 가능 세계를 관통하여 유지되는지 여부를 알고자 한다. 자연법칙에 관한 논쟁은 현대 분석 형이상학의 중심 화제 가운데 하나이지만, 과학 훈련을 받았거나 과학에 흥미를 가진 철학자가 이 논쟁에 짜증을 낸다고 해도 크게 놀랄 일은 아니다. 누가 현실 세계 아닌 다른 가능 세계에서 소금이 물에 녹는지 여부에 관심을 갖겠는가![40]

그러나 캘린더가 지적하듯이 형이상학자와 과학자가 양상성을 주제로 맞부딪친다는 식으로 문제를 풀어가면 안 된다.

> 감히 내 의견을 말하라면, 오늘날 형이상학의 기초적인 문제는 존재론에 종사하는 철학자와 과학자가 근본적으로 다르며 분리된 작업을 하고 있다는 생각에 있다. 실험실에서 일하는 과학자는 현실 세계의 특징을 발견하고 있는 데 비해서, 형이상학자는 더 광범한 우주, 즉 가능한 우주를 알아내고자 한다는 형이상학자 자신의 그림은 올바르지 않다. 현실 세계에 관한 과학이 가능한 것이나 불가능한 것에 무관심하다는 생각은 착각이다. 과학사와 철학사를 통해서 충분히 확인된 바에 따르면, 우리는 가능하거나 불가능하다고 생각하는 것을 과학에 의존했다. 또는 다른 방향에서 말해보자면, 양상 직관이 더 큰 범위에 관한 체계적 이론, 즉 많은 이론적 덕목과 경험적 덕을 갖고 있는 이론과 단절되지 않는다면 신뢰할만하다고 생각하는 것은 착오이다.[41]

---

40 자연법칙과 여기서 들고 있는 예에 대해서 더 살펴보고 싶다면 다음을 참고하시오. Alexander Bird, *Nature's Metaphysics* (Oxford University Press, 2007). 또한 다음도 보시오. Tuomas E. Tahko, 'The Modal Status of Laws: In Defence of a Hybrid View,' *The Philosophical Quarterly* 65.260 (2015), pp. 509-528.

41 Callender, 'Philosophy of Science and Metaphysics,' p. 43-44.

내가 볼 때 이는 이견을 달기 어려운 공정한 평가이다. 하지만 다른 주제로 옮겨가기 전에 양상 주장의 해석과 관련해서 한 가지 사항을 언급해두고자 한다. 오로지 형이상학적 양상성의 환원불가능성에 초점을 모으는 일이 의심쩍다는 캘린더의 지적은 올바르지만, 그렇다고 해서, 이로부터 과학자가 취급하는 양상 공간이 완벽하게 정의되어 있다는 생각이 자연스럽게 도출되지는 않는다. 또 다른 면에서 '강한 형이상학'의 지지자조차도 형이상학적 양상성이 환원불가능하다고 주장할 필요는 없다. 제7장에서 살펴본 대로 파인과 로우의 본질주의에 입각하면 형이상학적 양상성은 본질로 환원된다. 비록 과학에 경도된 철학자 입장에서 환원불가능한 본질에 의거하여 환원을 시도하는 일이 불만족스럽겠지만, 그렇다고 (반)자율적 형이상학이 환원불가능한 형이상학적 양상성 주장과 같은 단순한 신조에 개입할 필요는 없다는 것이 이 대목에서 중요하다. 과학에 경도된 철학자는 해석 작업을 수행하는 형이상학의 개념적이고 방법론적인 '연장통'이 필요하다고 역설하면 그만이다. 상황을 이렇게 정리하면 형이상학에 관한 온건한 형태의 자연주의에 길이 열린다. 이 장의 마지막 절에서 온건한 자연주의를 더 자세히 논의할 것이다. 하지만 그에 앞서 과학과 형이상학의 잠재적인 방법론적 유사성을 살펴보자. 캘린더가 명백한 차이에 초점을 두는 대신에 이런 유사성을 더 면밀히 살피고 있기 때문이다.

9.4 방법론적 유사성

과학과 형이상학의 관계에 대해 여러 의견을 개진하고 비판적인 평가를 쏟아내는 동안, 희망하건대, 적어도 약간이나마 발전이 이루어졌다. 과학자(또는 '과학에 경도된' 철학자)와 형이상학자 사이에 상당한 대화가 오갔고 일부 극단주의자가 있지만 과학과 형이상학이 **전적으로** 독립적인 것은 아니라는 데 의견을 모았다. 그러나 두 영역 사이의 중첩되는 부분이 있다면 여전히 다음과 같이 질문할 수밖에 없다. 이런 중첩은 과학과 형이상학의 **방법** 또는 **주제**(subject matter)와 연관되는가? 폴(L. A. Paul)이 이런 논란에 시동을 걸었다. 이에 따르면 형이상학과 과학은 결국 똑같은 방법론을 갖고 있으나 주제 면에서 상이하다.[42] 폴의 제안에서 핵심 내용은 다음 구절에 잘 요약되어 있다.

> 존재론적 설명은 형이상학적으로 우선적인 범주와 물리적으로 근본적인 실물의 조성성분을 기술하는데, 이런 뜻으로 자연과학이 다루는 특징보다 더 근본적인 세계의 특징을 기술한다.[43]

이런 제안은 우리에게 이미 익숙해진 형이상학 '연장통'의 장점을 취한다. 폴은 형이상학의 주제가 과학의 주제에 비해서 **존재론적으로 우선한다**고 주장한다. 그녀는 이런 존재론적 우선성이 **개념적 우선성**에 반영된다고 생각한다.

> 형이상학의 주제가 과학의 주제에 비해서 존재론적으로 우선할 수 있다는 사실은 형이상학의 많은 개념이 과학의 개념에 개념적으로 우선한다는 데 반영된다. … 속성이라는 개념을 사용하지 않고는 고전적 장이론이나 양자 색역학의 중심 개념이 유의미하게 될 방도가 없다.[44]

---

42 L. A. Paul, 'Metaphysics as Modeling: The Handmaiden's Tale,' *Philosophical Studies* 160 (2012), pp. 1-29.

43 같은 글, p. 5.

44 같은 글, p. 6.

이 대목에서 폴이 매우 강한 주장을 하고 있는 데 유의해야 한다. 그녀는 우리가 명백히 철학적인 개념, 또는 철학적 분석을 필요로 하는 개념에 의존하지 않은 채로는 과학을 이해하거나 해석할 수조차도 없다고 주장하는 것처럼 보인다. 물론 **속성** 관념이, 이를테면, 전하 관념에 비해서 우선적이라는 데는 상대적으로 논란이 적다. 전하는 속성의 특수한 사례이기 때문이다. 이런 뜻으로 형이상학적 개념은 과학적 개념보다 더 근본적인 것처럼 보인다. 그러나 왜 이런 우선성이 일반적으로 유지될 것이라고 생각해야 하는가? 게다가 이는 그 자체로 형이상학적 탐구가 실재의 근본 구조를 연구할 때 '특권적인' 역할을 갖게 되는지 증명하는 데 충분하지 않다. 폴의 해석에 이런 의문을 제기할 수 있기에 그녀의 주장을 액면 그대로 인정하기 어렵다. 일반적으로 누구나 **개념적** 우선성이 **존재론적** 우선성의 그럴듯한 기준 또는 지표인지 의심할 것이다. 이들 사이의 강한 연계에 대해 의심할만한 적어도 두 가지 이유가 있다. 먼저, 하나의 개념이 다른 개념에 언제 우선하는지 결정하는 것이 대개는 매우 어렵다. 개념 파악의 순서는 별 도움을 주지 않는다. 둘째, 개념 간에 성립하는 우선성과 의존성의 특수한 의미를 수용한다고 해도, 더 근본적인 언어적 범주 또는 개념적 범주가 **실재의 객관적 구조**를 반영하는지 증명하는 일은 이와 별도로 이루어져야 한다. 하지만 폴은 이 대목에서 넓게 이해된 **설명적 고리**(explanatory link)를 염두에 두고 있는 듯하다. 형이상학 '연장통'을 이용해서 이런 유형의 고리를 더 정밀하게 표현할 수 있다는 것을 감안한다면, 이런 유형의 설명적 고리는 근거부여 또는 설명적 의존 등을 통해서 기술될 수 있다. 이럴 경우 폴이 탐색하는 유형의 존재론적 우선성을 잡아낼 수 있을 것이다.

하지만 여전히 추가 사항이 필요한 것처럼 보인다. 과학 이론과 설명에서 일정한 개념을 **사용한다**는 사실만으로 우리가 개념의 발견법적 편의를 얻는 이외에 그 실존에 존재론적으로 개입해야 한다는 것이 직접 도출되지는 않는다. 모든 설명에서 실재의 존재론적 구조에 관해서 일정한 **전제가정**(presuppositions)이 작동하고 있는 것처럼 보이기 때문이다. 그리고 다른 전제가정은 다른 설명을 유발하고, 또한 다른 존재론적 개입을 유발한다. 이는 명백히 설명 속의 일정한 개념의 사용을 전제로 삼아 해당 설명의 존재론적 요소가 객관적으로 실존한다는 결론으로 향하는 추리를 막아선다. 달리 말해서 관련된 개념이 정확하게 실재의 구조를 반영한다고 무엇이 보증하는가? 이는 답하기 더 어려운 질문이다. 그래서 우리는 폴의 제안 가운데 더 중요한 측면, 즉 형이상학의 **방법론**에 집중하기 위해서 이 질문을 더 이상 다루지 않겠다.

앞에서 말했듯이 폴에 따르면 형이상학과 과학은 대체로 똑같은 방법을 갖고 있으며 주제 면에서 상이하다. 주제에 관한 논란이 잦아들기 어렵다는 점을 명확히 확인했는데, 방법은 어떤가? 폴의 설명에서 핵심은 과학과 형이상학이 **모형화**(modelling)에 의존한다는 주장이다. 특히 폴은 **모형**이 과학자에게 그런 것처럼 이론 구성 과정에서 형이상학자에게 가장 주된 도구라고 주장한다. 형이상학적 모형에 연관된 실물의 범주는 과학에서 사용된 범주와 다르지만(예를 들어, 입자나 유전자에 관해서 말하기보다는 속성이나 실체에 관해서 말하겠지만), 그래도 형이상학과 과학은 둘 다 실재의 부분을 모형화한다. 과학과 형이상학은 둘 다 최선의 설명으로 추리하는 선천적 추론을 사용하는데, 이를 통해서 경험적으로 동등한 모형들 사이에서 선택할 수 있게 된다. 이 대목에서 우리는 이미 최선의 설명으로의 추리 방법이 문제를 갖고 있다는 점을 깨닫게 되었으나 이 대목을 잠시 접어두자. 더 나아가 폴은 과학과 형이상학 둘 다에서 통상의 이론적 덕목 즉 단순성, 존재론적 경제성, 우아함, 설명력, 생산성 등이 모형을 평가할 때

사용된다고 말한다. 그렇다면 폴의 견해에 따를 경우 형이상학과 과학
은 주로 방법론이 아니라 주제에 의해서 구분된다.

형이상학의 방법론을 모형화라고 보는 착상은 언뜻 보기에 매력적
이지만, 형이상학 분야에서 이 견해가 작동하려면 **경험적으로 동등한**
모형 사이에서 어떻게 선택이 이루어지는지 설명되어야 한다. 과학에
서 모형은 통상 상대적으로 직접적인 방식으로 **시험**된다. 하지만 형이
상학에서는 사정이 다르다. 그렇다면 어떻게 모형을 사정평가할 수 있
는가? 두 모형이 만들어내는 경험적 예측의 측면에서 아무런 차이가
없다면 어떻게 둘 중에 하나의 모형을 선택할 수 있는가? 아니, 형이
상학적 모형이 경험적 예측의 차이를 만들어내기나 하는가? 폴의 전
략은 최선의 가용 이론에 대한 양화에 토대를 둔 최선의 설명으로의
추리에 의존하고 있다. (폴 자신은 언급하지 않았지만) 이런 전략은 콰
인의 잔재이다. 앞에서 보았던 대로 이런 견해는 문젯거리이다. 이런
견해는 한 사람의 형이상학 이론과 실재의 현실 구조 사이의 신뢰할만
한 고리를 제공하는가? 아니면 단순한 실용적 기준인가? 일반적으로
모형 선발에서 앞에서 말한 이론적 덕목을 적용할 수 있다. 하지만 설
명력이 더 크거나, 이해하기 더 쉽거나, 실용적으로 가치 있다고 해도,
더 단순하거나 더 우아한 과학 이론이 더 **옳을** 것 같다는 것은 명확하
지 않다. 이들은 과학철학에서 격렬한 논쟁의 대상인 논점들이다. 그
런데 과학에서 **경험적 자료**는 한 사람의 추측을 평가하는 데 사용될
수 있다. 형이상학은 그 자체로 이런 통로를 가질 수 없거나 갖고 있지
않다. 이는 자연스럽게 과학과 형이상학 사이의 근본적 구분을 드러낸
다. 물론 우리가 직면했던 바를 다시 강조하면서 레디먼은 즉각 다음
과 같이 반응할 것이다. (형이상학이 실제적 효용을 갖지 못하기 때문
에) 오로지 중요한 바는 진리인데, 이론적 덕목은 진리유도적(truth-
conductive)인 것은 아니기에, 형이상학적 모형이 이론적 덕목에 의해

서만 사정평가될 수 있다면 폴의 방법론에 위협을 주게 된다.[45]

경험적으로 동등한 모형에 관한 이런 논란이 해결될 수 있다고 해도 '모형화로서 형이상학'에 대해서는 더 살펴야 할 측면이 있다. 다행히도 폴은 이런 목적에 도움이 되는 여러 예를 제시한다. 그 예에서는 이 방법이 정확하게 어떻게 사용될 수 있고 적용될 수 있는지 말하고 있다. 사고실험은 특히 유망하다. 모형화 과정에서 두 가지 도구, 즉 **추상화**(abstraction)와 **이상화**(idealization)가 중요하다. 예를 들어, 소크라테스의 죽음과 그가 헴록을 마신 상이한 두 사건 사이의 연결을 검사할 때, 이 사건들 사이의 반사실적 의존 관계를 확인하기 위해서 현실 세계의 복잡한 세부 사항을 추상해버릴 것이다. 여분의 세부 사항을 추상화한다면 이런 반사실적 의존이 인과에 충분하다고 결론지을 수 있다. 따라서 소크라테스의 죽음은 그가 헴록을 마셔서 야기되었다. 폴이 지적하듯이 현실에 있는 여분의 특징이 의존과 연관된 실재 세계의 사실을 '망칠' 수 있기 때문에 추상화 과정은 중요하다. 결국 추상에 의해 얻은 모형은 신뢰할만한 연결을 맺을 목적에 비추어 보면 실재 세계 사례와 충분히 동형적이다. 다시 말해 모형은 사례에 잘 들어맞는다. 이런 폴의 주장이 정확하다면 과학과 형이상학 사이의 평행 관계는 유지될 것이다. 다시 말해서 두 분야 모두에서 추상화와 이상화를 수단으로 실재의 근본 특성을 확인하게 된다. 물론 이런 설명이 유망해보이기는 하지만 이에 대한 도전 역시 있을 것이다. 이 설명의 배후에 **반사실적 조건**(counterfactuals)이 형이상학적 모형화에서 중요한 역할을 한다는 또 다른 가정이 있기 때문이다.

제7장에서 양상 인식론에 관한 윌리엄슨의 이론과 연관지어 이미

45 James Ladyman, 'Science, Metaphysics and Method,' *Philosophical Studies* 160.1 (2012), pp. 31-51.

이런 설명의 문제점을 지적했다.[46] 그리고 폴은 윌리엄슨의 설명을 명시적으로 사용하고 있다.[47] 앞에서 논의했던 문제를 간단히 되짚어보자. 이 설명은 자신이 출발하게 된 배경지식 즉 윌리엄슨의 '조성적 사실'(constitutive facts)을 제대로 해명하지 못한다. 조성적 사실이란 형이상학적으로 가능한 반사실적 각본에서 내내 확정되어 있어야만 하며, 이런 사실에 관한 지식은 형이상학적 필연성의 전통적 사례를 제대로 설명하는 데 필요하다. 그러나 어떤 사실이 조성적 사실이라는 것을 어떻게 결정지어야 하는가? 미리 확정된 어떤 것에 의거해서 반사실적 각본을 평가한다면 반사실적 추론 이외의 것이 형이상학적 모형 선택에 끼어들게 된다. 적어도 선확정된 배경의 비반사실적 결정을 포함하게 된다. 요약하자면 조성적 사실에 관한 지식이 반사실적 설명 자체보다 앞서야 하므로 형이상학적으로 필연적인 사실에 관한 인식적 접근 방법을 반사실적 가정이 완벽하게 제공하지는 않는다.[48]

예를 들어보자. 폴이 논하는 바에 따르면 인과가 필연적으로 사건 사이의 반사실적 의존 관계라는 주장의 반대 사례를 얻으려 할 경우, 반사실적 의존 관계에 놓이지 않지만 인과 관계에 놓여 있는 사건이 존재하는 형이상학적 가능 세계를 발견해야 한다. 그러나 이런 세계의 실존 여부가 통세계적으로 확정된 어떤 것에 **의존한다면** 어떻게 이 세계를 발견하거나 실패할 수 있을까? 따라서 당장 다음과 같은 문제 상황이 등장한다. 인과가 필연적으로 사건 사이의 반사실적 의존 관계라면, 이는 형이상학적으로 가능한 반사실적 각본을 관통하여 확정된 소

---

46   Timothy Williamson, *The Philosophy of Philosophy* (Blackwell Publishing, 2007), 특히 제5장 참고.

47   Paul, 'Metaphysics as Modeling: The Handmaiden's Tale,' p. 23.

48   이에 대해서는 다음을 보시오. Tuomas E. Tahko, 'Counterfactuals and Modal Epistemology,' *Grazer Philosophische Studien* 86 (2012), pp. 93-115.

중한 형이상학적으로 필연적인 관계 가운데 하나이다. 윌리엄슨식의
분석에 따르면, 조성적 사실을 반사실적 가정 속에서 확정하여 두는
데 실패한다면 이는 모순을 함축한다. 그러나 당면한 질문은 인과가
사건들 사이의 반사실적 의존관계라는 (형이상학적으로 필연적인) 조
성적 사실인지 여부이다. 두 경우 가운데 어디서든 반사실적 가정을
하면서 기대하지 않았던 결과를 얻게 된다. 한편으로 모순에 봉착했
다. 인과가 사건들 사이의 반사실적 의존 관계라는 것을 확정한 채로
잘못 유지한다면 아무것도 남지 않게 되기 때문이다. 다른 한편으로
모순에 부딪치지 않겠지만, 그것이 조성적 사실이지만 그것을 확정한
채로 유지하지 **못하게** 된다. 달리 말해서 이 방법은 우리가 확정된 사
실이 무엇인지 먼저 알고 있을 경우에만 신뢰할만한 결과를 산출할 수
있다.

요약하자면 폴은 과학과 형이상학의 방법 사이에서 중요한 평행 관
계를 명확하게 확인했다. 이 둘은 모두 최선의 설명으로의 추리와 이
론적 덕목으로 이론 선택의 기준을 삼는다. 또한 이 둘은 실재에 관한
추상화되고 이상화된 모형을 가지고 작업한다. 형이상학적 모형이 어
떤 뜻으로는 과학적 모형보다 더 근본적이라는 그녀의 제안 역시 흥미
를 끈다. 하지만 형이상학적 모형이 얼마나 엄밀하게 과학적 모형과
연결되는지, 그리고 어떻게 이론적 덕목이 (될 수 있다면) 형이상학에
서 이론 선택의 신뢰할만한 안내자가 될 수 있는지, 논란의 여지는 남
아 있다.

9.5 온건한 자연주의 형이상학

이제 남은 부분에서 과학과 형이상학을 화해시키려는 더욱 온건한 시

도를 검토하겠다. 이는 폴이 제안한 입장과 중요한 면에서 유사하지만, 로우의 더욱 야심만만한 상위형이상학적 입장과도 유사하다.[49] 앞에서 자율적 형이상학과 연관해서 로우의 입장을 논의했었다. 로우는 형이상학과 과학이 주제와 방법 면에서 **모두** 다르다고 간주한다. 하지만 폴과 로우의 제안에서 필요한 요소를 찾아 결합한다면 더 나은 견해의 윤곽이 드러난다. 여기서 로우의 입장을 자세히 반복할 필요는 없다. 이 장에서는 물론이고 앞 장에서 관련 내용을 이미 살펴보았기 때문이다. 로우의 저작에서 주목할만한 측면은 형이상학을 '**가능한 것에 관한 학문**'(the science of the possible)으로 볼 수 있다는 주장이다.[50] 덧붙여 제7장에서 선천성과 후천성 간의 관계에 관해서 말한 바를 되짚어보자. 앞에서 형이상학 탐구에 종사할 때 이 둘 다 필요하다고 생각할 이유가 있으며, 이 둘은 일종의 '구두끈 관계'로 얽혀 있을 수 있다고 말했는데, 특히 '순수하게' 선천적이거나 후천적인 지식은 무력하다는 점을 보이면 된다. 더불어 폴의 설명이 갖는 단점을 보완할 수 있는지 살피겠다. 다시 말해 여러 모형이 각각 갖고 있는 이론적 덕목 면에서 크게 다르지 않다면 어떻게 모형을 선택할 수 있는지 살피겠다. 약간 놀랍게도 이런 의문에 대한 답이 있다. **간접적**일지라도 형이상학적 가설에 대한 경험적 시험이 적어도 일부 경우에서는 가능하다. 이는 이미 제안된 바대로 형이상학적 가설을 우리가 현재 갖고 있는 최선의 과학적 이론에 대한 **해석**에 적용해보면서 이루어질 일이다.

로우의 견해에 따르면 형이상학의 선천적 논증은 앞 절에서 말한 바 있는 윌리엄슨의 반사실적 접근 방법이 찾고자 애쓰는 일종의 조성적 지식 즉 본질주의자 지식의 원천이다. 나아가, 로우는 형이상학적 양

---

49 이런 노선을 취한 최근의 예를 보려면 다음을 참고하시오. Matteo Morganti, *Combining Science and Metaphysics* (New York: Palgrave Macmillan, 2013).

50 Lowe, 'The Rationality of Metaphysics,' p. 100.

상성이 본질에서 근거를 부여받는다고 주장한다. 하지만 이것이 과학적 지식과 무슨 관련이 있는가? 로우의 답은 이렇다. 우리는 존재론적 범주에 관한 양상적 지식에 선천적으로 접근한다. 이는 로우의 형이상학 방법론에서 핵심적인 인식적 가정이다. 그리고 그는 관련된 인식적 절차가 직관이나 사고실험에 기초하기보다는 양상적 진리에 근거를 부여하는 본질주의자 사실에 직접적이고 선천적으로 접근하는 데 기초한다고 명시한다. 이 설명에서 핵심은 이런 본질주의자 지식이 현실적인 것에 관한 경험적 지식에 **선행한다**는 것이다. 하지만 결정적인 사항은 다음이다. 로우가 역설하는 바에 따르면 본질주의자 지식을 얻으려는 인식적 접근 방법에는 상대적으로 문제의 소지가 없고, 사실상 특별한 철학적 처치를 할 필요가 없다. 그는 초우라늄 원소를 예로 들어 설명한다. 여러 초우라늄 원소의 가능한 실존이 비경험적 수단에 의해서 결정된 뒤에야 이들은 합성될 수 있었다. 멘델레예프의 주기율표 덕분에, 화학자들은 발견되어야 할 많은 원소의 실존을 예측할 수 있었고 그것들의 속성을 매우 정밀하게 예측할 수 있었다. 이후에 이런 원소들을 합성할 수 있었고 그들이 예측된 속성을 갖고 있다고 검증할 수 있었다. 이 대목에서 로우는 말한다. 이런 과정은 초우라늄 원소의 본질을 미리 파악하지 않은 채로는 일어날 수 없었다.[51] 이에 비해서 일정 유형의 초우라늄 원소의 자격을 이해하기만 하면 연관된 범주를 충분히 정의할 수 있다. 이런 과정은 쉽게 일반화될 수 있으며 본질에 관한 지식, 즉 형이상학적 지식에 관한 로우의 견해를 지지하는 것처럼 보인다.

로우가 올바르다면 선천적 반성이 곧-발견될-원소의 특성을 예측

---

51 E. J. Lowe, 'Two Notions of Being: Entity and Essence,' *Royal Institute of Philosophy Supplements* 83.62 (2008), pp: 23-48.

하는 데 충분한 것처럼 보인다. 그리고 예측된 특성이 이 원소의 본질적 특징이다. 하지만 이런 예측은 세계의 객관적 특징(이라고 우리가 간주하는 특징)을 반영하는데, 오로지 주기율표상의 알려진 원소에 비해 **선행 경험을 통한 친숙성**을 갖고 있기 때문이다. 그렇다면 로우의 착상에 따를 경우 경험적 자료를 개념적으로 구조화하려 할 때 가능한 것과 가능하지 않은 것에 관한 선천적 관념이 반드시 필요하다. 앞에서 살펴본 바 있는 로우의 양상 이성주의는 경험적 자료와 입력을 수집하기에 앞서 본질을 파악하는 것이 필요하다는 생각에 토대를 두고 있다. 이는 일부 사례에는 충분히 성립한다. 나아가 로우의 주장이 적용되는 가장 강력한 예는 자연류가 아니라 집합과 같은 추상적 대상이다. 이 경우 본질에 의존하는 로우의 전략은 충분히 방어 가능하다. 하지만 자연류에 관한 지식(즉 추상적 보편자를 지적하기보다는 해당 종류에 속하는 구체적 구성원이 공유하는 것을 설명하는 지식)은 경험과학의 입력이 필요하므로, 본질을 알게 되는 과정이 모든 경우에 완전히 선천적일 수 없다. 사실상 일부 설명이 이 경험적 요소에 주어지지 않는다면, 로우의 논지는 ('실재' 본질의 파악이라기보다) 개념적 이해에 관한 사소한 주장, 즉 논란의 여지가 없으나 상대적으로 중요하지 않은 주장으로 환원될 위험에 처한다.

　그렇다면 로우의 제안에서 남는 바는 무엇인가? 방금 지적된 단점에도 불구하고, 형이상학을 독자적이며 근본적인 가능성 영역의 탐색이라 보자는 그의 제안은 유지될 수 있는가? 자연류와 같은 물리적 대상의 본질에도 선천적으로 접근한다고 주장하기 위해서, 로우는 우리가 반성 과정만으로 물질적 대상의 본질에 접근할 수 있다고 말했다. 이 때문에 로우가 완전한 본질에 몹시 쉽게 도달할 수 있다고 주장해야 하는 것은 아니다. 하지만 어쨌든 우리가 하나의 대상을 다른 대상과 구분할 수 있으려면 본질에 충분히 접근할 수 있어야만 한다. 따라

서 물을 겉보기에 비슷한 다른 액체와 분리하여 파악하려면 물이 ('정
상' 조건, 즉 방 안 온도에서) 투명한 액체라고 말하는 것만으로 충분
하지 않다. 똑같은 (본질적) 특징을 갖고 있는 여러 다른 화학적 실체
예를 들어, 과산화수소가 있기 때문이다. 다음은 로우가 어떻게 논의
를 마무리하는지 보여준다.

우리의 자연스러운 분류는 단일하게 모든 것을 포괄하는 분류 도식일 필요
가 없으며, 실은 그러지 않아야 한다. 자연 속에 실재하는 구획은 우리의
자연스러운 분류 도식에 반영되지만, 때로 상당한 수준의 교차 분류가 허
용되는 서로 다른 수준의 구획이다. 그래서, 앞에 든 예로 돌아가서, 어떤
목적에 비추어 볼 때, 금강석, 그라파이트, 숯이 다른 종류의 실체로 간주
될 수 있다고 말한다고 해서 그릇된 말을 하는 것은 전혀 아니다.[52]

그래서 비록 금강석, 그라파이트, 숯이 미시구조의 관점에서 탄소라는
똑같은 실체로 간주될 수 있다고 해도, 다른 목적을 감안한다면 다른
종류의 실체로 간주될 수 있다. 겉보기에 위의 인용문이 약정주의를
끌어들이는 듯이 보이는데 이는 로우가 염두에 둔 바가 아니다. 그렇
지만 약정주의자의 도전을 불러일으키는 것은 분명하다. 다음과 같이
질문할 수 있기 때문이다. 분류 도식 **가운데 어떤 것**이 자연 속의 실재
구획을 반영하도록 되어 있다고 말하는 사람이 있다면 과연 누구인
가?

그렇다면 우리가 어떤 입장을 취할 수 있는지 생각해보자. 효과적으
로 찾을 수 있는 것은 폴이 말한 모형이다. 이것이 원소와 같은 사례에

52 E. J. Lowe, 'Locke on Real Essence and Water as a Natural Kind: A Quali-
fied Defence,' *Aristotelian Society Supplementary Volume* 85 (2011), pp. 16-17.

접근할 수 있는 도구를 제공할 수 있기 때문이다. 또한 모형은 관찰에 앞서 원소를 예측하게 해주는 능력을 설명하기도 한다. 탄소를 예로 생각해보자. 로우의 말대로 금강석과 그라파이트는 탄소의 여러 동소체 가운데 둘이다. 이 둘은 순수한 형태의 똑같은 원소이지만 구조면에서 다르다. 그런데 현저하게 다른 화학적 속성에도 불구하고 상이한 동소체를 똑같은 종류의 구성원으로 분류한다는 사실의 이면에는 이유가 있다. 많은 차이에도 불구하고 탄소 동소체는 똑같은 유형의 결과를 거느린 똑같은 유형의 화학 반응을 보인다는 사실이 하나의 이유이다. 이 반응은 산화이다. 금강석, 그라파이트, 숯을 태우면 결과는 항상 똑같다. 다시 말해서 순수 이산화탄소가 남는다. 동소체 가운데 어떤 것이라도 **다른** 원소의 화합물이었다면 연소 후 약간의 불순물이 남았을 것이다. 이것이 18세기에 유명한 화학자 라부아지에가 금강석이 탄소 동소체라는 것을 발견한 바로 그 방법이다. 라부아지에(Antoine-Laurent de Lavoisier, 1743~1794)는 유리병 속의 금강석을 사라질 때까지 가열하여 병의 무게가 불변인 것을 관찰했고, 따라서 금강석이 틀림없이 탄소로 이루어졌으며, 그래서 가열 후 병 속에 이산화탄소 기체를 산출했다고 결론지었다.[53]

그렇다면 다음과 같은 결론이 가능하다. 원소를 모형화할 때 적어도 두 가지를 고려해야 한다. 첫째, 동소체를 형성할 수 있는 원소의 능력과 다른 원소와 화합물을 형성하는 능력을 고려해야 한다. (이런 화합물 역시 여러 형태를 취할 수 있다. 달리 말해서 **동질이형**(polymorphism) 일반 역시 감안해야 한다.) 둘째, 원소가 취하는 여러 다른 형

53　더 심도 있는 논의를 보려면, 다음을 참고하시오. Tuomas E. Tahko, ˊEmpirically-Informed Modal Rationalism,ˊ in R. W. Fischer and F. Leon (eds.), *Moʿ ıl Epistemology After Rationalism*, Synthese Library (Dordrecht: Springer, forthcoᴜ.-ing).

태 가운데서도 그것에 본질적인 것의 **잔존**을 감안해야 한다. 더 정확히 말하자면 탄소 원자가 다양하게 변하는 결정 구조를 갖는 여러 동소체를 만드는 능력은 바로 탄소의 본질 덕이다. 또한 탄소가 여러 동소체의 형태를 취할 수 있거나 탄소 화합물이 탄소의 어떤 측면을 공유하는 것은 모두 탄소의 본질 덕분이다. 이런 측면이 무엇인지는 화학에 속하는 문제이며 여기서 상세히 다루지는 않을 것이다.[54] 그러나 화합물에 등장하는 원소들의 상호작용의 결과로 화합물의 화학적 속성을 이해할 수 있다. 이런 사고방식은 미시구조 본질주의에 부합한다. 이것이 정확하다면 원소가 화합물이나 동소체를 형성하는 인과과정에서 무언가 잔존하는 것이 있다고 볼 수 있겠다.

이런 간단한 예를 통해서 폴과 로우의 제안 각각에서 쓸만한 요소를 찾아내고 결합할 단서를 보게 된다. 우리는 **형이상학 겸 과학적** 탐구라는 경험적 정보를 감안한 분석을 실행하게 된다. 방금 검토한 모형은 미래의 과학 탐구가 진행될 방향에 대한 약간의 예측을 내놓기 때문에, 어떤 뜻으로는, 적어도 간접적으로 시험가능하다. 다시 말해서 경험적 입력에 전적으로 면역결핍 상태도 아니며 전적으로 무관하기도 어렵다. 이런 유형의 간접적 시험가능성은 과학의 모형과 형이상학의 모형 사이에 가교를 건설하는 데 사용될 수 있으며, 경험과 무관하면서도 다른 한편으로 진리를 추구하기 때문에 형이상학이 사라져야만 한다는 반론을 물리치도록 해준다. 이와 관련해서, 최선의 최신 과학을 해석하는 견해와 함께 (로우가 제안한 가능성 공간에서 선별된) 형이상학적 개념과 가설을 체계적으로 적용한다면, 적어도 우리는 형이상학적 질문에 답하는 데 사용할 기준과 형이상학의 모형들 가운데서

54 이와 관련된 다른 사항을 보려면 다음을 참고하시오. Tuomas E. Tahko, 'Natural Kind Essentialism Revisited,' *Mind* 124.915 (2015), pp. 795-822.

선택을 할 때 사용할 기준을 가질 수 있다. 특히 이 모형 가운데 선택되는 것은 이론적 덕목의 측면에서 최선일 뿐 아니라, 모든 것을 감안했을 때 최선의 가용 과학을 이치에 닿게 해주는 데 가장 적합한 모형일 것이다. 이는 과학적 이론 구성에 대해서 가해지는 양상적 제한에 근거를 둔, 로우의 제안에서 비롯된 전략 즉 가능성 공간에 대한 예비적 탐색이 과학적 탐구가 시작되려면 필수적이라는 착상과 함께 고려한다면 다음과 같은 말에 해당한다. 형이상학은 (상대적인) 자율성에도 불구하고, 과학과 완전히 상이한, 단순한 개념적 활동 또는 언어적 활동에 불과한 것이 아니다. 우리는 이를 '온건한 자연주의 형이상학'이라는 명칭으로 요약할 수 있다.

형이상학에 대한 이런 대안 및 다른 견해에 대한 평가는 독자의 몫으로 남기겠다. 모든 대안을 여기서 다 논의할 수 없기 때문이다. 하지만 현대 분석 형이상학은 과학과 형이상학이 결합되어야 하며 또한 구분되어야 한다는 도전적인 과제에 적어도 어느 정도는 답을 내놓고 있다는 데 주의를 환기하면서 책을 마무리하는 것이 좋을 듯하다.

용어집

가능 세계 possible worlds: 양상 용어에 관해서 말하는 방식, 발견법적 도구로 생
각된다. 하지만 루이스(David Lewis) 같은 **양상 실재론자**에 따르면, (현
실세계에서 접근가능하지는 않지만) 현실세계의 실재 대체 세계이다.

개념분석 conceptual analysis: 우리가 철학이나 과학을 할 때 사용하는 관념에
대해서 언어적 명료화나 개념적 명료화를 강조하는 입장. 대개 선천적 성
격을 띤다.

개념적 필연성 conceptual necessity: 개념의 정의(와 논리 법칙) 덕분에 띠게 되
는 필연성. 예를 들어, '모든 총각은 미혼이다.'라는 문장은 개념적으로
필연적인 문장이다.

경험기반 직관 experience-based intuition: 경험에서 도출되는 직관. 직관의 주
제에 대해서 개념적 분석을 시도하기보다는 그 주제에 대한 현상적 경험
에 관여한다. [*역주: 예를 들어, 시간과 공간의 본성에 관한 형이상학적
탐구는 '시간'과 '공간'의 **개념** 분석에서 시작되지 않고, 시간과 공간에
대한 우리의 **경험**에서 출발한다. 이때 우리는 경험기반 직관에 의존해서
탐구를 진행하고 있는 셈이다.]

구조주의 structuralism: 대상지향 존재론에 비교해서 구조지향 존재론에 호의적

인 일군의 견해. 예를 들어, '입자'가 아니라 '장'에 초점을 둔다. **존재 구조주의적 실재론**(ontic structural realism)이 이런 입장에 속한다.

근거, 근거부여 ground, grounding: 인과와 구분되는 존재론적 우선성 관계. 예를 들어, 집합의 원소는 집합 자체에 우선한다. 집합의 실존은 그 원소에서 근거를 부여받는다. 근거부여란 **사실** 사이에서도 이루어진다. 만일 사실 x가 사실 y에서 근거부여된다면, y는 사실 x를 형이상학적으로 설명한다.

근본적, 근본성 fundamental, fundamentality: 어떤 것이 존재론적으로 근본적이라면, 그것은 **존재론적으로 독립적**이며 더 기초적이고 다른 모든 것에 우선한다. 종종 이와 짝하여 등장하는 주장은 다음과 같다. 모든 비근본적 사물은 어떤 근본적인 사물에 **존재론적으로 의존**해야만 하거나, 근본적인 사물에서 **근거를 부여받아야** 한다.

끈적이 gunk: **부분전체론**에서 무원자 끈적이라는 관념은 모든 것이 진정한 부분을 갖는다는 생각이다. 따라서 이런 생각에 따르면, **부분전체론적 원자**는 존재하지 않는다.

내적 질문 internal questions: 카르납에서 비롯된 개념이다. 내적 질문이란 일정한 틀 내부에서 제기되는 질문이다. 이들은 틀이 채택되고 확정되고 난 뒤에 유의미하다. 예를 들어, 내적 질문은 과학적 틀 내에서 여러 난이도를 갖게 될 것이다. 그러나 틀 내에서 존재하는 것에 관한 일반적 질문은 사소해서 하나 마나 한 질문이 되고 말며, 그래서 철학자(형이상학자)가 일반적 질문을 제기할 때, 자신들이 내적 질문을 염두에 두고 있지 않을 것이다. 아니면 적어도 카르납은 그렇게 생각했다. **외적 질문**도 참고하시오.

논리적 필연성 logical necessity: 논리법칙 덕분에 띠게 되는 필연성. 예를 들어, '비가 오거나 오지 않는다'는 문장은 논리적으로 필연적인 명제를 표현하고 있다.

대칭성 symmetry: 어떤 것 x가 다른 것 y와 관계 R에 놓였을 때 y도 x에 R관계에 놓인 경우, 그리고 오직 그 경우에만 관계 R은 대칭적이다. 예를 들어, '동기임'.

독립원리 principle of independence: 마이농(Alexius Meinong)이 도입한 원리 인데, 이는 어떤 실물이든 그것의 실존과 무관하게 어떠한 속성이라도 가 질 수 있다고 진술한다.

두 지속이론, e-지속이론과 p-지속이론 endurantism and perdurantism: 시 간 부분에 관해 경쟁하는 두 견해. p-지속이론가는 물질적 대상이 공간적 부분에 더해서 시간적 부분을 갖고 있으며, 그래서 대상이 'p-지속한다' 고 주장한다. 물질적 대상은 시간 부분에 의해서 지속된다. e-지속이론가 는 물질적 대상이 시간적 부분을 갖지 않는다고 주장한다. 이들에 따르면, 물질적 대상은 그것이 실존하는 동안 어느 때나 전적으로 현전한다. 물질 적 대상은 e-지속된다. **3차원주의**와 **4차원주의**도 보시오.

모호한, 모호성 vague, vagueness: 선명한 경계가 결여된 어떤 것. 어떤 용어나 술어가 적용되는 경우와 적용되지 않는 경우 사이에 선명한 경계가 없을 때 그 용어나 술어는 모호하다. 예를 들어, '대머리임'을 생각해보라. 어 떤 사람은 모호성이 순전히 언어적이라고 보며, 어떤 사람은 세계 속의 모 호성 즉 **형이상학적 모호성**이 성립한다고 생각한다.

무한후퇴 infinite regress: 하나의 계열이나 연쇄에서 무한 수의 항에 걸쳐서 관 계가 전이되며, 이 연쇄를 끝낼 마지막 항이 존재하지 않는다. **형이상학적 무한주의**도 참고하시오.

물리적 필연성 physical necessity: **자연적 필연성**과 **법칙적 필연성**이라고도 한 다. 물리법칙 덕분에 띠게 되는 필연성.

반사성 reflexivity: 관계 R이 스스로 관련되어 있을 때 즉 모든 것이 제 자신과 관 계 R을 맺을 때 그리고 오직 그 경우에만 그 관계는 반사적이다. 예를 들 어, '자기 동일함' 관계.

반사실적 가정 counterfactual supposition: 반사실적 가정은 비-현실 사안에 관련된다. 이를테면, "만일 p가 현실 세계에서 유지된다면, p가 아닐 경우 어떤 상황이 벌어질 것인가?"라고 물을 때 우리는 반사실적 가정을 묻고 있는 셈이다.

법칙적 필연성 nomological necessity: 자연적 필연성, 물리적 필연성. 물리법칙 덕분에 띠게 되는 필연성.

보편주의 universalism: 물질적 대상이 합해져서 다른 새로운 대상을 이룬다는 견해이다. 특별한 합성문제에 대한 가능한 하나의 입장이다.

본질 essence: 어떤 실물의 본질은 그것의 동일성 조건과 실존 조건을 통해서 표현될 수 있다. 또한 어떤 것을 바로 그 사물로 만들어주는 속성들. 이 속성들은 그 실물에 필수적이다. 다시 말해서, 그 속성들이 없다면 그것이 실존할 수 없다. 때로 본질은 실재 정의, 또는 순수한 양상 용어로 해명될 수 있다. 대개 본질은 그 실물 자체로 간주되지는 않는다.

본질의존 essential dependence: 존재론적 의존의 한 형태. 어떤 실물 y가 실존할 때만 다른 실물 x가 실존한다는 것이 x의 본질 가운데 일부라는 뜻에서, x가 자신의 실존을 본질적으로 y에 의존한다.

본질주의 essentialism: (적어도 일부) 사물이 제 자신인 사물이나 해당 종에 속하는 사물로 만들어주는 본질을 갖는다는 견해. 이런 견해 가운데 하나는 자연류 본질주의인데, 물과 같은 자연류가 본질을 갖는다고 상정한다.

부분전체론 mereology: 부분과 전체, 또는 부분성과 이에 연관된 개념에 관한 연구

부분전체론적 원자주의 mereological atomism: 더 이상의 진부분을 갖지 않는 부분전체론적 원자나 단순자가 있으며, 이 원자나 단순자가 다른 모든 것을 궁극적으로 합성한다고 보는 견해.

비실험적 직관 non-experimental intuition: 실험철학과 연관된 특정 유형의 직관. 두 모집단의 직관을 연구하는 실험 설계자가 직접 의존하는 직관, 또는 두 모집단이 공통 개념을 공유하는지 여부를 결정하는 기준을 확립할

목적으로 결국에 의존되어야 할 직관을 참조하는 일.

사차원주의 four-dimensionalism: 삼차원주의와 사차원주의를 보시오.

삼차원주의와 사차원주의 three- and four-dimensionalism: 시간 부분에 관해
서 경쟁하는 견해. 사차원주의에 따르면, 물리적 대상은 어떤 유형의 '시
공 벌레'라고 생각할 수 있는데, 서로 다른 모든 시간 부분이, 어떤 뜻으로
인가, 해당 대상의 부분이기 때문이다. 이에 비해서, 삼차원주의는 한 대
상의 과거나 미래의 시간부분에 특별한 의의를 부여하지 않는다. 대상은
해당 시간에 존재하며, 그리고 그뿐이다. **지속이론**도 보시오.

상대주의 relativism: 다양한 영역에 적용될 수 있다. 해당 주제에 관한 상대주의
에 따르면, 그 주제에 관해 이루어지는 판단은 어떤 뜻에서, 예를 들어, 언
어적 결정이나 심리적 편견에 **상대적**이다.

수축적, 수축주의 deflationary, deflationism: (보편적이거나 특정 영역에 관련
되어 있는) 존재론적 질문이 실질적인 것이 아니며, 혼동에 토대를 두고
있거나, 언어적 선택에 기반하고 있다는 견해.

실물 entity: 실존하는 어떤 것, 대상. 물질적 대상일 필요는 없다. [*역주: 대안 번
역으로는 "실재물"이 있으나, "실재"를 "reality"에 대응하여 사용하므로
이는 좋은 안이 아니다. 유사한 용어인 "사물"은 "thing"에, "대상"은 "ob-
ject"의 번역 용어로 사용된다. 이런 여러 형편을 고려하여, 컴퓨터와 관련
해서는 전문 용어로 "엔터티"라는 외래어가 사용되기도 한다.]

실재 정의 real definition: 사물의 본성이나 **본질**과 연관되어 있는 아리스토텔레
스식 관념. 어떤 실물에 실재 정의를 제공하는 일은 그것의 실존과 동일성
조건을 진술하는 일이다. [*역주: 사물 정의라고도 한다.]

실존의존 existential dependence: 존재론적 의존의 한 형태. 한 실물 y가 실존하
지 않는다면 다른 실물 x가 실존할 수 없다는 뜻에서, x가 자신의 **실존**을
y에 의존한다.

실체 substance: 아리스토텔레스식의 개념. 독립적으로 실존하는 어떤 것, 근본적

인 것, 기초적인 것. [*역주: 화학에서는 '순물질'로 옮긴다.]

약정주의 conventionalism: 형이상학적 탐구의 일부나 전부의 측면이 실재의 진정한 구분이 아니라 언어적, 심리적, 또는 사회적 **약정**에 기반하고 있다는 견해

양상 경험주의, 양상 경험론 modal empiricism: 양상 인식론에서 경험적 요소를 강조하는 일군의 견해

양상 이성주의, 양상 합리론 modal rationalism: 양상 인식론에서 선천적, 비경험적 요소를 강조하는 일군의 견해

양상 인식론 modal epistemology: 우리가 양상적 진리를 알게 되는 방식에 대한 연구

양상적(또는 양상의), 양상(또는 양상성) modal, modality: 양상성, 즉 양상적 용어는 벌어질 수 있었거나 벌어졌을 수밖에 없는 것을 기술한다. 가능성과 필연성을 다룬다.

양화사 변이 quantifier variance: 세계를 기술하는 유일한 최선의 존재론적 언어는 없다는 견해. (반드시 모두는 아니지만) 많은 존재론적 논쟁이 단지 언어적이거나 **약정적**이라고 주장한다.

언어 다원주의 language pluralism: 카르납에 기원을 두고 있는 견해로서 우리가 우리 자신의 (언어적) 틀을 자유롭게 선택할 수 있다고 본다.

오류가능주의, 오류가능 fallibilism, fallible: 어떤 입장이 개정 가능하다고 보는 견해. 오류가능주의는 어떤 입장이 오류가능하다고 말한다.

외적 질문 external questions: 카르납이 제안함. 외적 질문이란 확정된 틀을 벗어나는 질문. 이 질문은 해당 틀이 실재에 대해 적용가능한지에 관심을 둔다. 카르납에 따르면, 이들은 대개 철학자(형이상학자)가 제기하는 질문인데, 카르납은 이런 질문을 무의미하다고 간주했다. **내적 질문**도 보시오.

우연적 contingent: '필연적'과 대조됨. 달리 될 수도 있었음을 의미한다. 예를 들어, 한 명제가 형이상학적으로 가능한 어떤 세계에서 옳고 형이상학적으

로 가능한 다른 어떤 세계에서 그르다면, 그 명제는 형이상학적으로 필연
적인 명제와 반대로 형이상학적으로 **우연적**이다.

원자주의 atomism: 데모크리토스에서 비롯된 이론으로서, 물리적 대상이 **단순
자**, 즉 분할불가능한 것으로 이루어졌다고 주장한다. **부분전체론적 원자
주의**도 보시오.

이론적 덕목 theoretical virtues: 과학 이론이나 철학 이론이 가질 수 있는 일군의
특징으로서, 해당 이론을 선호할 이유로 작용한다. 이런 특징을 가질 경
우, 이론이 더 옳을 것처럼 보이거나 더 유용할 것처럼 보이기 때문이다.
이론적 덕목에 해당하는 것으로는, **단순성, 설명력, 내적 정합성, 경험
적 적절성** 등이 있다.

이성적 직관 rational intuition: 선천적 판단에서 맡은 역할을 강조하면서, 직관
이 특별한 이성 능력이라고 보는 개념. 일부 명제에 관한 우리의 신념은
감각 경험, 내성, 기억 등이 아니라 이성적 직관에 의해서 정당화된다.

이행성 transitivity: x가 y와 R 관계이고, y가 z와 R 관계인데, x가 z와 R 관계라
면 그리고 오직 그 경우에만 R은 이행적 관계이다. 예를 들어, '더 키가
큼' 관계.

일원주의 monism: 가장 유명한 지지자 중에 한 사람은 스피노자. 단 하나의 독립
적인 사물 또는 **실체**가 존재한다는 견해. 최근에 셰퍼가 내놓은 **우선성 일
원주의**에 따르면, 단 하나의 **근본적** 사물만이 존재한다.

자비의 원리 principle of charity: 이 원리에 따른다는 말은 다음과 같은 뜻이다.
어떤 논쟁에서 참여자 각각이 진정으로 자비롭고 각자 자신의 언어로 다
른 쪽의 주장을 옳다고 해석하는 데 실패할 경우에만 그 논쟁은 단지 언어
적일 수 없다.

자연류 natural kind: 과학이나 철학이 사물을 인간의 이해관계나 행동과 무관하
게, 세계의 구조를 반영하여 집단으로 나눌 때, **인공류**가 아닌 **자연류**를
나누고 있는 셈이다.

자연적 필연성 natural necessity : **법칙적**(nomological) 필연성, **물리적** 필연성.
물리법칙이나 자연법칙 덕분에 띠게 되는 필연성.

자연주의 naturalism : 자연과학을 우선시하는 일군의 견해. 자연과학은 우리의
탐구 영역을 모두 망라하며, 자연 현상은 존재하는 모든 것이라고 보는 관
념. 이런 부류의 견해에 속하는 약하거나 강한, 다양한 견해가 있다.

적용조건 application conditions : 하나의 용어가 적절하게 적용될 수 있는 조건

적정토대 well-foundedness : 어떤 순서에서 모든 비근본적 요소가 근본적 요소
에서 완벽하게 근거를 부여받는다면 해당 순서는 적정토대를 갖는다. 적
정토대 개념은 **형이상학적 근본주의**(foundationalism)를 해명할 때 사용
될 수 있다. [*역주 : 수학에서는 '정초'로 번역한다.]

전무주의 noneism : **전부주의와 전무주의** 항목을 보시오.

전부주의와 전무주의 allism and noneism : 과거와 미래 사물, 가능하기만 한 사
물, 보편자, 수 등과 같이 논란의 대상인 실물에 관한 경쟁하는 견해. 전부
주의는 이런 것이 전부 실존한다는 견해인 반면, 전무주의는 이 가운데 어
떤 것도 실존하지 않는다는 견해이다.

접합부 절단 joint-carving : 어떤 술어가 **접합부를 절단**할 때, 이것은 실재의 일
정한 구조에 대응한다고 간주된다. 다시 말해서, **약정**에 의한 구분이 아니
라 진정한 구분을 드러내게 된다. 만일 술어가 실재의 접합부를 **완벽하게**
절단하게 된다면, 근본적인 어떤 것을 골라내게 된다.

정체성의존 identity-dependence : 존재론적 의존의 일종. 어떤 실물 y가 실존하
지 않는다면 다른 실물 x가 제 자신인 실물이 아니었거나, 제 자신이 속한
종류의 실물이 아니었을 것이라는 뜻에서, x가 자신의 **정체성**을 y에 의존
한다.

조성적 사실 constitutive facts : 반사실적 각본에 해당하는 **반사실적 가정**(coun-
terfactual suppositions)에서도 확정된 채로 유지되고 있어서 변경되지
않는 배경 지식이다. 이에 해당하는 그럴듯한 예로는 실물의 **본질**에 관한

형이상학적으로 필연적인 사실을 들 수 있다.

존재론어 Ontologese: 영어나 한국어 같은 일상의 자연언어에 비해서 존재론적 논쟁에 더 적합한 존재론의 특별한 언어.

존재론적 실재론 ontological realism: 이 책에서는, 이 관념이 매우 일반적인 뜻 으로 사용되는데, 존재론적 사실이 객관적, 즉 정신 독립적이라고 보는 견 해를 가리킨다. 하지만 주의가 필요하다. 여러 저작에서 더 정밀한 (그리 고 논란이 큰) 뜻으로 다양하게 사용되기 때문이다.

존재론적 의존 ontological dependence: 실물들 사이에 맺어져 있는 여러 형태의 형이상학적, **비인과적** 의존 관계를 말함. **정체성의존, 본질의존, 실존의 존**은 존재론적 의존의 여러 형태이다.

진리제조, 진리제조자 truthmaking, truthmakers: 진리제조자 이론에 따르면, 어떤 x가 명제 p를 **옳게** 만들 때, x는 p에 대한 **진리제조자**이다. 달리 말 해서, p가 x 덕분에 옳다. 진리제조 관계, p와 같은 **진리담지자**(truth-bearers)뿐 아니라 x와 같은 진리제조자의 본성에 관한 다양한 견해가 제 시되고 있는 실정이다.

창발, 창발적 emergence, emergent: 복잡계나 복잡한 양식이 단순한 상호작용에 서 등장하거나 창발할 수 있다는 생각. 복잡계의 창발적 속성은 해당 체계 의 부분으로 **환원가능**하지 않을 수도 있다.

특별한 합성문제 Special Composition Question (SCQ): '어떤 조건하에서 여 러 대상이 합해져서 그 이상의 다른 대상을 이루는가?' 하는 문제. 밴 인 와겐이 이런 형태로 문제를 도입했는데, 그는 이 문제가 비부분전체론적 용어로 제시되어야 한다고 주장했다. [*역주: 여기서는 "composition"을 그저 '모여서 성립된다'는 뜻으로 "합성"(合成)으로 번역했다. 보통 "syn-thesis"를 "합성"으로 번역할 경우에는 "화학적 합성"의 의미를 갖는다. 화학적 합성은 합성이지만, 화학적 합성만 합성인 것은 아니다. 예를 들 어, 부분전체론적 합성은 화학적 합성이 아니다.]

허무주의 nihilism: 물질적 대상이 모인 것만으로 다른 대상이 결코 합성되지 않
는다는 견해. 합성은 결코 일어나지 않는다고 보는 견해. **특별한 합성 문
제**에 대한 가능한 답 가운데 하나이다.

형이상학적 무한주의 metaphysical infinitism: 실재의 토대, 즉 근본적 수준이
존재하지 않는다고 보는 견해. 따라서 이에 따르면, 이것 이외의 다른 모
든 것이 이것에 의존한다는 생각도 성립하지 않는다. 또한 의존의 연쇄는
무한정 계속될 수 있다. **무한후퇴**도 참고하시오.

형이상학적 실재론 metaphysical realism: 정신 독립적인 외부 세계가 존재한다
는 신조.

형이상학적 토대론 metaphysical foundationalism: 실재의 토대, 즉 근본적 수준
이 존재하며, 이외의 모든 것이 궁극적으로 이에 의존한다고 보는 견해.
이 견해에 의거하면 의존의 사슬은 끝나게 마련이다.

형이상학적 필연성 metaphysical necessity: 실물의 본질 덕분에 띠게 되는 필연
성. '물은 H_2O이다'는 형이상학적 필연성을 표현하는 문장이다.

환원, 환원주의 reduction, reductionism: 하나의 사물 x가 다른 사물 y로 **환원**
될 때, x에 관한 모든 것은 어떤 뜻으로 이미 y에 포함되어 있고, y에 관한
말에서 표현될 수 있다. 두 연구 분야에 적용된 환원주의는 일반적으로 두
분야의 구분을 무효로 만든다. 예를 들어, 의식을 신경생리학적 현상으로
환원하는 경우를 보라.

e-지속이론 endurantism: 두 지속이론, **e-지속 이론**과 **p-지속이론** 항목을 보
시오.

p-지속이론 perdurantism: 두 지속이론, **e-지속 이론**과 **p-지속이론** 항목을
보시오.

참고문헌

Aristotle. 1984. *Metaphysics* (W. D. Ross, trans.; revised by J. Barnes). Princeton University Press.

Armstrong, D. M. 2004. *Truth and Truthmakers*, Cambridge University Press.

Atkinson, D. 2003. 'Experiments and Thought Experiments in Natural Science,' in M. C. Galavotti (ed.), *Observation and Experiment in the Natural and Social Sciences*, Boston Studies in the Philosophy of Science 232. Dordrecht: Kluwer, pp. 209-225.

Audi, P. 2012. 'A Clarification and Defense of the Notion of Grounding,' in F. Correia and B. Schnieder (eds.), *Metaphysical grounding*. Cambridge University Press, pp. 101-121.

Barrow, J. D. 2001. 'Cosmology, Life, and the Anthropic Principle,' *Annals of the New York Academy of Sciences* 950, pp. 139-153.

Bealer, G. 1992. 'The Incoherence of Empiricism,' *Aristotelian Society Supplementary Volume* 66, pp. 99-138.

_____, 1998. 'Intuition and the Autonomy of Philosophy,' in M. DePaul and W. Ramsey (eds.), *Rethinking Intuition: The Psychology of Intuition and Its Role in Philosophical Inquiry*. Lanham, MD: Rowman and Littlefield, pp. 201-240.

_____, 2002. 'Modal Epistemology and the Rationalist Renaissance,' in T. S. Gendler and J. Hawthorne (eds.), *Conceivability and Possibility*. Oxford University Press, pp. 71-125.

_____, 2004. 'The Origins of Modal Error,' *Dialectica* 58.1, 11-42.

Bennett, K. 2009. 'Composition, Colocation and Metaontology,' in D. Chalmers, D. Manley, and R. Wasserman (eds.), *Metametaphysics*. Oxford University Press, pp. 38-76.

_____, 2011. 'By Our Bootstraps,' *Philosophical Perspectives* 25, 27-41.

Benovsky, J. 2013. 'From Experience to Metaphysics: On Experience-based Intuitions and their Role in Metaphysics,' *Noûs*. (online) https://doi. org/10.111/nous.12024

Ben-Yami, H. 2004. *Logic and Natural Language*. Surrey: Ashgate.

_____, 2009. 'Plural Quantification Logic: A Critical Appraisal,' *Review of Symbolic Logic* 2.1, 208-232.

Berto, F. 2011. 'Modal Meinongianism and Fiction: The Best of Three Worlds,' *Philosophical Studies* 152, 313-334.

Berto, F. and M. Plebani. 2015. *Ontology and Metaontology: A Contemporary Guide*. London: Bloomsbury.

Bird, A. 2007. *Nature's Metaphysics*. Oxford University Press.

Bliss, R. L. 2014. 'Viciousness and Circles of Ground,' *Metaphilosophy* 45.2, 245-256.

_____, 2013. 'Viciousness and the Structure of Reality,' *Philosophical Studies* 166.2, 399-418.

Bliss, R. L. and K. Trogdon. 2014. 'Metaphysical Grounding,' in E. N. Zalta (ed.), *The Stanford Encyclopedia of Philosophy* (Winter 2014 edn), see http://plato. stanford.edu/archives/win2014/entries/grounding/

Bohm, D. 1984. *Causality and Chance in Modern Physics*, (Second edn). London: Routledge.

BonJour, L. 1998. *In Defense of Pure Reason*. Cambridge University Press.

Booth, A. R. and D. P. Rowbottom, 2014. (eds.). *Intuitions*. Oxford University Press.

Bricker, P. 2014. 'Ontological Commitment,' in E. N. Zalta (ed.), *The Stanford Encyclopedia of Philosophy* (Winter 2014 edn), see http://plato. stanford.edu/archives/win2014/entries/ontological-commitment/

Callender, C. 2011. 'Philosophy of Science and Metaphysics,' in S. French and J. Saatsi (eds.), *The Continuum Companion to the Philosophy of Science*. London: Continuum, pp. 33-54.

Cameron, R. P. 2008. 'Turtles All the Way Down: Regress, Priority and Fundamentality,' *Philosophical Quarterly* 58, 1-14.

Cappelen, H. 2012. *Philosophy without Intuitions*. Oxford University Press.

Carnap, R. 1931. 'The Elimination of Metaphysics Through Logical Analysis of Language' (A. Pap, trans.), in A. J. Ayer (ed.), *Logical Positivism*. New York: The Free Press, 1959, pp. 60-81; originally published in *Erkenntnis* 2.1 as 'Überwindung der Metaphysik durch logische Analyse der Sprache,' pp. 219-241.

_____, 1950. 'Empiricism, Semantics, and Ontology.' *Revue Internationale de Philosophie* 4; reprinted in his *Meaning and Necessity: A Study in Semantics and Modal Logic*. University of Chicago Press, 1956.

Casullo, A. 2003. *A Priori Justification*. Oxford University Press.

_____, 2013. 'Four Challenges to the *A Priori-A Posteriori* Distinction,' *Synthese*, 192, pp. 2701-2724.

Casullo, A. and J. C. Thurow. 2013. (eds.), *The A Priori in Philosophy*. Oxford University Press.

Chalmers, D. 1996. *The Conscious Mind: In Search of a Fundamental Theory*. Oxford University Press.

_____, 2002. 'Does Conceivability Entail Possibility?', in T. S. Gendler and J. Hawthorne (eds.), *Conceivability and Possibility*. Oxford University Press, pp. 145-200.

_____, 2006. 'The Foundations of Two-Dimensional Semantics,' in M. Garcia-Carpintero and J. Macia (eds.), *Two-Dimensional Semantics: Foundations and Applications*. Oxford University Press, pp. 55-140.

_____, 2009. 'Ontological Anti-Realism,' in D. Chalmers, D. Manley, and R. Wasserman (eds.), *Metametaphysics*. Oxford University Press, pp. 77-129.

_____, 2011. 'Verbal Disputes,' *Philosophical Review* 120.4, 515-566.

_____, 2014. 'Intuitions in Philosophy: A Minimal Defense,' *Philosophical Studies* 171.3, 535-544.

Chalmers, D., D. Manley, and R. Wasserman 2009. (eds.). *Metametaphysics*. Oxford University Press.

Chudnoff, E. 2013. *Intuition*. Oxford University Press.

Cohnitz, D. 2006. 'When are Discussions of Thought Experiments Poor Ones? A Comment on Peijnenburg and Atkinson,' *Journal for General Philosophy of Science* 37.2, 373-392.

Cornell, E. A. and C. E. Wieman. 1998. 'The Bose-Einstein Condensate,' *Scientific American* 278.3, 40-45.

Correia, F. 2008. 'Ontological Dependence,' *Philosophy Compass* 3, 1013–1032.

_____, 2010. 'Grounding and Truth-functions,' *Logique & Analyse* 211, 251–279.

Correia, F. and B. Schnieder. 2012. 'Grounding: An Opinionated Introduction,' in F. Correia and B. Schnieder (eds.), *Metaphysical Grounding*. Cambridge University Press, pp. 1–36.

_____, 2012. (eds.). *Metaphysical Grounding: Understanding the Structure of Reality*. Cambridge University Press.

Crane, T. 2013. *The Objects of Thought*. Oxford University Press.

Creath, R. 'Logical Empiricism,' in E. N. Zalta (ed.), *The Stanford Encyclopedia of Philosophy* (Spring 2014 edn), see http://plato.stanford.edu/archives/spr2014/entries/logical-empiricism/

Daly, C. 2010. *Introduction to Philosophical Methods*. Peterborough, ON: Broadview Press.

_____, 2012. 'Scepticism about Grounding,' in F. Correia and B. Schnieder (eds.), *Metaphysical Grounding*. Cambridge University Press, pp. 81–100.

Daly, C. and D. Liggins. 2014. 'In Defence of Existence Questions,' *Monist* 97.7, 460–478.

Davidson, D. 1987. 'Knowing One's Own Mind,' *Proceedings and Addresses of the American Philosophical Association* 60.3, 441–458.

de Cruz, H. 2015. 'Where Philosophical Intuitions Come From,' *Australasian Journal of Philosophy* 93.2, 233–249.

Dehmelt, H. 1989. 'Triton,... Electron,... Cosmon,... : An Infinite Regression?', *Proceedings of the National Academy of Sciences* 86, 8618–

8619.

Dennett, D. 2013. *Intuition Pumps and Other Tools for Thinking*. New York: W. W. Norton & Co. 노승영 역(2015), 『직관펌프, 생각을 열다』, 동아시아.

deRosset, L. 2013. 'What Is Weak Ground?', *Essays in Philosophy* 14.1, Article 2.

Dixon, S. 2016. 'What Is the Well-Foundedness of Grounding?', *Mind* 125, pp. 439–468.

Dorato, M. and M. Morganti. 2013. 'Grades of Individuality. A Pluralistic View of Identity in Quantum Mechanics and in the Sciences,' *Philosophical Studies* 163, 591–610.

Dorr, C. 2005. 'What We Disagree about When We Disagree about Ontology,' in M. E. Kalderon (ed.), *Fictionalism in Metaphysics*. Oxford University Press, pp. 234–286.

_____, 2010. 'Review of *Every Thing Must Go*,' *Notre Dame Philosophical Reviews*, see https://ndpr.nd.edu/news/24377-every-thing-must-go-metaphysics-naturalized/

Dummett, M. 1981. *Frege: Philosophy of Language*, (Second edn). Cambridge, MA: Harvard University Press.

Eklund, M. 2009. 'Carnap and Ontological Pluralism,' in D. Chalmers, D. Manley, and R. Wasserman (eds.), *Metametaphysics*. Oxford University Press, pp. 130–156.

_____, 2011. 'Review of *Quantifier Variance and Realism: Essays in Metaontology*,' *Notre Dame Philosophical Reviews*, see https://ndpr.nd.edu/news/24764-quantifier-variance-and-realism-essays-in-metaontology/

_____, 2013. 'Carnap's Metaontology,' *Noûs* 47.2, 229–249.

_____, 2014. 'Rayo's Metametaphysics,' *Inquiry: An Interdisciplinary Journal of Philosophy* 57.4, 483–497.

Enderton, H. B. 2012. 'Second-order and Higher-order Logic,' in E. N. Zalta (ed.), *The Stanford Encyclopedia of Philosophy* (Fall 2012 edn), see http://plato.stanford.edu/archives/fall2012/entries/logic-higher-order/

Fine, K. 1994a. 'Essence and Modality,' *Philosophical Perspectives* 8, 1–16.

_____, 1994b. 'Ontological Dependence,' *Proceedings of the Aristotelian Society* 95, 269–290.

_____, 1995. 'Logic of Essence,' *Journal of Philosophical Logic* 24, 241–273.

_____, 2001. 'The Question of Realism,' *Philosophers Imprint* 1, 1–30.

_____, 2009. 'The Question of Ontology,' in D. Chalmers, D. Manley, and R. Wasserman (eds.), *Metametaphysics*. Oxford University Press, pp. 157–177.

_____, 2010. 'Towards a Theory of Part,' *Journal of Philosophy* 107.11, 559–589.

_____, 2012. 'Guide to Ground,' in F. Correia and B. Schnieder (eds.), *Metaphysical Grounding*. Cambridge University Press, pp. 37–80.

_____, 2012. 'What Is Metaphysics?', in T. E. Tahko (ed.), *Contemporary Aristotelian Metaphysics*. Cambridge University Press, pp. 8–25.

Fiocco, M. O. 2007. 'Conceivability, Imagination, and Modal Knowledge,' *Philosophy and Phenomenological Research*, 74.2, 364–380.

Fischer, R. W. and F. Leon (eds.). 2015. *Modal Epistemology After Rationalism*, Synthese Library. Dordrecht: Springer.

French, S. 2011. 'Metaphysical Underdetermination: Why Worry?', *Syn-*

these 180, 205-221.

_____, 2014. *The Structure of the World: Metaphysics and Representation.* Oxford University Press.

Gendler, T. S. and J. Hawthorne (eds.). 2002. *Conceivability and Possibility.* Oxford University Press.

Georgi, H. 1989. 'Effective Quantum Field Theories,' in P. Davies (ed.), *The New Physics.* Cambridge University Press, pp. 446-457.

Gibbard, A. 1975. 'Contingent Identity,' *Journal of Philosophical Logic* 4, 187-221.

Hackett, J. 2007. 'Locality and Translations in Braided Ribbon Networks,' *Classical and Quantum Gravity* 24.23, 5757-5766.

Hale, B. 2013. *Necessary Beings: An Essay on Ontology, Modality, and the Relations Between Them.* Oxford University Press.

Haug, M. C. (ed.). 2014. *Philosophical Methodology: The Armchair or the Laboratory?* Abingdon: Routledge.

Hawley, K. 2006. 'Science as a Guide to Metaphysics?', *Synthese* 149.3, 451-470.

Hawthorne, J. 2008. 'Three-dimensionalism vs. Four-Dimensionalism,' in T. Sider, J. Hawthorne and D. W. Zimmerman (eds.), *Contemporary Debates in Metaphysics.* Oxford: Blackwell Publishing, pp. 263-282.

Heil, J. 2003. *From an Ontological Point of View.* Oxford: Clarendon Press.

_____, 2012. *The Universe As We Find It.* Oxford University Press.

Hirsch, E. 2002. 'Quantifier Variance and Realism,' *Philosophical Issues* 12, 51-73.

_____, 2005. 'Physical-Object Ontology, Verbal Disputes, and Common Sense,' *Philosophy and Phenomenological Research* 70, 67-97.

_____, 2009. 'Ontology and Alternative Languages,' in D. Chalmers, D. Manley, and R. Wasserman (eds.), *Metametaphysics*. Oxford University Press, pp. 231–259.

Hofweber, T. 2009. 'Ambitious, Yet Modest, Metaphysics,' in D. Chalmers, D. Manley, and R. Wasserman (eds.), *Metametaphysics*. Oxford University Press, pp. 260–289.

Horvath, J. and T. Grundmann (eds.). 2012. *Experimental Philosophy and Its Critics*. London: Routledge.

Hüttermann, A and D. Papineau. 2005. 'Physicalism Decomposed,' *Analysis* 65, 33–39.

Jackson, F. 1986. 'What Mary Didn't Know,' *The Journal of Philosophy* 83, 291–295.

_____, 1998. *From Metaphysics to Ethics: A Defence of Conceptual Analysis*. Oxford: Clarendon Press.

Jenkins, C. S. 2010. 'Concepts, Experience and Modal Knowledge,' *Philosophical Perspectives* 24, 255–279.

_____, 2010. 'What Is Ontological Realism?', *Philosophy Compass* 5/10, 880–890.

_____, 2011. 'Is Metaphysical Dependence Irreflexive?', *The Monist* 94.2, 267–276.

_____, 2014. 'Intuition, "Intuition", Concepts and the *A Priori*,' in A R. Booth and D. P. Rowbottom (eds.), *Intuitions*. Oxford University Press, pp. 91–115.

_____, 2014. 'Merely Verbal Disputes,' *Erkenntnis* 79.1, 11–30.

Kim, J. 2010. *Essays in the Metaphysics of Mind*. Oxford University Press.

Koslicki, K. 2005. 'On the Substantive Nature of Disagreements in Ontology,' *Philosophy and Phenomenological Research* 71, 85-105.

_____, 2012. 'Varieties of Ontological Dependence,' in F. Correia and B. Schnieder (eds.), *Metaphysical Grounding*. Cambridge University Press, pp. 186-213.

Kripke, S. 1980. *Naming and Necessity*. Cambridge, MA: Harvard University Press. 김영주, 정대현 역(1986), 『이름과 필연』, 서광사.

_____, 2013. *Reference and Existence*. Oxford University Press.

Ladyman, J. 1998. 'What Is Structural Realism?', *Studies in History and Philosophy of Science Part A* 29, 409-424.

_____, 2012. 'Science, Metaphysics and Method,' *Philosophical Studies* 160.1, 31-51.

Ladyman, J. and D. Ross (with D. Spurrett and J. Collier). 2007. *Every Thing Must Go*. Oxford University Press.

Lange, M. 2008. 'Could the Laws of Nature Change?', *Philosophy of Science* 75.1, 69-92.

Lewis, D. 1990. 'Noneism or Allism?', *Mind* 99.393, 23-31.

Lowe, E. J. 2006. *The Four-Category Ontology: A Metaphysical Foundation for Natural Science*. Oxford: Clarendon Press.

_____, 2008. 'Two Notions of Being: Entity and Essence,' *Royal Institute of Philosophy Supplements* 83.62, 23-48.

_____, 2010. 'Ontological Dependence,' in E. N. Zalta (ed.), *The Stanford Encyclopedia of Philosophy* (Spring 2010 edn), see http://plato.stanford.edu/archives/spr2010/entries/dependence-ontological/

_____, 2011. 'Locke on Real Essence and Water as a Natural Kind: A Qualified Defence,' *Aristotelian Society Supplementary Volume* 85, 16-17.

_____, 2011. 'The Rationality of Metaphysics,' *Synthese* 178.1, 99-109.

_____, 2012. 'What Is the Source of Our Knowledge of Modal Truths?', *Mind* 121, 919-950.

_____, 2014. 'Essence vs. Intuition: An Unequal Contest,' in A. R. Booth and D. P. Rowbottom (eds.), *Intuitions*. Oxford University Press, pp. 256-268.

Lowe, E. J. and S. McCall. 2006. '3D/4D Controversy: A Storm in a Teacup,' *Noûs* 40, 570-578.

Markosian, N. 2005. 'Against Ontological Fundamentalism,' *Facta Philosophica* 7, 69-84.

_____, 2014. 'Time,' in E. N. Zalta (ed.), *The Stanford Encyclopedia of Philosophy* (Spring 2014 edn), see http://plato.stanford.edu/archives/spr2014/entries/time/

Marcus, R.B. 1967. 'Essentialism in Modal Logic,' *Noûs* 1.1, pp. 91-6.

Marsh, G. 2010. 'Is the Hirsch-Sider Dispute Merely Verbal?', *Australasian Journal of Philosophy* 88.3, 459-469.

Maudlin, T. 2007. *The Metaphysics Within Physics*. Oxford University Press.

McDaniel, K. 2013. 'Degrees of Being,' *Philosophers' Imprint* 13.19, 1-18.

_____, 'Ways of Being,' in D. Chalmers, D. Manley, and R. Wasserman (eds.), 2009. *Metametaphysics*. Oxford University Press, pp. 290-319.

McKenzie, K. 2014. 'Priority and Particle Physics: Ontic Structural Realism as a Fundamentality Thesis,' *British Journal for the Philosophy of Science* 65, 353-380.

McTaggart, J. M. E. 1993. 'The Unreality of Time,' *Mind* 17, 1908, 457-473; reprinted in R. Le Poidevin and M. McBeath (eds.), *The Philosophy of Time*. Oxford University Press, pp. 23-34.

Merricks, T. 2001. *Objects and Persons*. Oxford University Press.

Miller, K. 2005. 'The Metaphysical Equivalence of Three and Four Dimen-
sionalism,' *Erkenntnis* 62.1, 91–117.

Morganti, M. 2013. *Combining Science and Metaphysics*. New York: Palgrave
Macmillan.

_____. 2014. 'Metaphysical Infinitism and the Regress of Being,' *Metaphilo-
sophy* 45.2, 232–244.

_____. 2015. 'Dependence, Justification and Explanation: Must Reality Be
Well-Founded?', *Erkenntnis* 60.3, 555–572.

Mulligan, K., P. Simons and B. Smith. 'Truth-Makers,' 1984. *Philosophy
and Phenomenological Research* 44.3, 287–321.

Nelson, M. 'Existence,' in E. N. Zalta (ed.), 2012. *The Stanford Encyclope-
dia of Philosophy* (Winter 2012 edn), see http://plato.stanford.edu/
archives/win2012/entries/existence/

Ney, A. 2014. *Metaphysics: An Introduction*. Abingdon: Routledge.

Nolan, D. 1997. 'Impossible Worlds: A Modest Approach,' *Notre Dame
Journal of Formal Logic* 38.4, 535–572.

_____. 2015. 'The A Posteriori Armchair,' *Australasian Journal of Philoso-
phy* 93.2, 211–231.

O'Conaill, D. 2014. 'Ontic Structural Realism and Concrete Objects,' *The
Philosophical Quarterly* 64.255, 284–300.

Oppenheim, P. and H. Putnam. 1958. 'Unity of Science as a Working Hy-
pothesis,' in H. Feigl *et al.* (eds.), *Concepts, Theories, and the Mind-
Body Problem*, Minnesota Studies in the Philosophy of Science Vol.
II. Minneapolis: University of Minnesota Press, pp. 3–36.

Papineau, D. 2012. *Philosophical Devices: Proofs, Probabilities, Possibilities,
and Sets*. Oxford University Press.

Parsons, T. 1980. *Nonexistent Objects*. New Haven, CO: Yale University Press.

Paul, L. A. 2004. 'The Context of Essence,' *Australasian Journal of Philosophy* 82, 170–184.

_____, 2010. 'Temporal Experience,' *Journal of Philosophy* 107.7, 333–359.

_____, 2012. 'Metaphysics as Modeling: The Handmaiden's Tale,' *Philosophical Studies* 160, 1–29.

Peijnenburg, J. and D. Atkinson. 2003. 'When Are Thought Experiments Poor Ones?', *Journal for General Philosophy of Science* 34.2, 305–322.

Plato. *Phaedrus* (R. Hackforth, trans.). 1972. Cambridge University Press.

Priest, G. 2005. *Towards Non-Being: The Logic and Metaphysics of Intentionality*. Oxford University Press.

_____, 2008. 'The Closing of the Mind: How the Particular Quantifier Became Existentially Loaded Behind Our Backs,' *The Review of Symbolic Logic* 1.1, 42–55.

Pust, J. 2014. 'Intuition,' in E. N. Zalta (ed.), *The Stanford Encyclopedia of Philosophy* (Fall 2014 edn), see http://plato.stanford.edu/archives/fall2014/entries/intuition/

Putnam, H. 1979. 'The Meaning of "Meaning,"' reprinted in his *Mind, Language and Reality: Philosophical Papers, Vol. 2*. Cambridge University Press, pp. 215–271.

_____, 1990. 'Is Water Necessarily H20?', in J. Conant (ed.), *Realism with a Human Face*. Cambridge, MA: Harvard University Press, pp. 54–79.

Pylkkänen, P., B. J. Hiley and I. Pattiniemi. 'Bohm's Approach and Individuality,' in A. Guay and T. Pradeu (eds.) 2015. *Individuals Across the*

Sciences. Oxford University Press, Ch. 12.

Quine, W. V. 1969. 'Existence and Quantification,' in his *Ontological Relativity and Other Essays* New York: Columbia University Press.

_____, 1980. 'On What There Is,' *The Review of Metaphysics* 2, 1948, 21–38 김은정 외 역(2019), 「있는 것에 관하여」, 전기가오리; reprinted in his *From a Logical Point of View*. Cambridge, MA: Harvard University Press, pp. 1–19. 허라금 역(1993), 『논리적 관점에서』, 서광사.

_____, 1986. *Philosophy of Logic*, (Second edn). Cambridge, MA: Harvard University Press.

Raven, M. 2013. 'Is Ground a Strict Partial *Order?* , *American Philosophical Quarterly* 50.2, 191–199.

Rayo, A. 2007. 'Ontological Commitment,' *Philosophy Compass* 2/3, 2013. 428–444.

_____, 2013. *Construction of Logical Space*. Oxford University Press.

Reicher, M. 'Nonexistent Objects,' in E. N. Zalta (ed.), *The Stanford Encyclopedia of Philosophy* (Summer 2014 edn), see http://plato.stanford.edu/archives/sum2014/entries/nonexistent-objects/

Ritchie, J. 2008. *Understanding Naturalism*. Stocksfield: Acumen.

Roca-Royes, S. 2011. 'Conceivability and *De Re* Modal Knowledge,' *Noûs* 45.1, 22–49.

Rodriguez-Pereyra, G. 2005. 'Why Truthmakers?', in H. Beebee and J. Dodd (eds.), *Truthmakers: The Contemporary Debate*. Oxford University Press, 2011, pp. 17–31.

_____, 2015. 'Grounding Is Not a Strict Order,' *Journal of the American Philosophical Association* (online). https://doi.org/10.1017/apa.2014.22

Rose, D. and D. Danks. 2012. 'Causation: Empirical Trends and Future Directions,' *Philosophy Compass* 7.9, 643-653.

Rosen, G. 2010. 'Metaphysical Dependence: Grounding and Reduction,' in B. Hale and A. Hoffman (eds.), *Modality: Metaphysics, Logic, and Epistemology*. Oxford University Press, pp. 109-135.

Routley, R. 'On What There Is Not,' 1982. *Philosophy and Phenomenological Research* 43, 151-178.

Rowbottom, D. P. 2014. 'Intuitions in Science: Thought Experiments as Argument Pumps,' in A. R. Booth and D. P. Rowbottom (eds.), *Intuitions*. Oxford University Press, pp. 119-134.

Rueger, A. and P. McGivern. 2010. 'Hierarchies and Levels of Reality,' *Synthese* 176, 379-397.

Russell, B. 1905. 'On Denoting,' *Mind* 14, 479-493.

Ryckman, T. A. 'Early Philosophical Interpretations of General Relativity,' in E. N. Zalta (ed.), *The Stanford Encyclopedia of Philosophy* (Spring 2014 edn), see http://plato.stanford.edu/archives/spr2014/entries/genrel-early/

Saunders, S., J. Barrett, A. Kent, and D. Wallace (eds.). 2010. *Many Worlds? Everett, Quantum Theory, and Reality*. Oxford University Press.

Schaffer, J. 2003. 'Is There a Fundamental Level?', *Noûs* 37, 498-517.

_____, 2010. 'Monism: The Priority of the Whole,' *Philosophical Review* 119, 31-76.

_____, 'On What Grounds What,' in D. Chalmers, D. Manley, and R. Wasserman (eds.), 2009. *Metametaphysics*. Oxford University Press, pp. 347-383.

_____, 2012. 'Grounding, Transitivity, and Contrastivity,' in F. Correia and

B. Schnieder, *Metaphysical Grounding*. Cambridge University Press, pp. 122-138.

Schnieder, B. 2006. 'Truth-Making Without Truth-Makers,' *Synthese* 152.1, 21-46.

Schrödinger, E. 1935. 'Discussion of Probability Relations Between Separated Systems,' *Proceedings of the Cambridge Philosophical Society* 31, 555-563.

Sidelle, A. 2002. 'On the Metaphysical Contingency of Laws of Nature,' in T. S. Gendler and J. Hawthorne (eds.), *Conceivability and Possibility*. Oxford University Press, pp. 309-336.

_____, 2009. 'Conventionalism and the Contingency of Conventions,' *Noûs* 43.2, 224-441.

_____, 2010. 'Modality and Objects,' *The Philosophical Quarterly* 60.238, 109-125.

Sider, T. Ontological Realism,' in D. Chalmers, D. Manley, and R. Wasserman (eds.), 2009. *Metametaphysics*. Oxford University Press, pp. 384-423.

_____, 2011. *Writing the Book of the World*. Oxford University Press.

_____, 2014. 'Hirsch's Attack on Ontologese,' *Noûs* 48.3, 565-572.

Simons, P. 1987. *Parts: A Study in Ontology*. Oxford: Clarendon Press.

Smith, B. and A. C. Varzi. 1997. 'Fiat and Bona Fide Boundaries,' *Philosophy and Phenomenological Research* 60.2, 401-420.

Smith, B. and K. Mulligan. 1983. 'Framework for Formal Ontology,' *Topoi* 3, 73-85.

Smolin, L. 2006. *The Trouble with Physics*. London: Penguin Books.

Sorensen, R. 1992. *Thought Experiments*. Oxford University Press.

Sosa, E. 2014. 'Intuitions: Their Nature and Probative Value,' in A. R. Booth and D. P. Rowbottom (eds.), *Intuitions*. Oxford University Press, pp. 36-49.

Stoljar, D. 'Physicalism,' in E. N. Zalta (ed.), *The Stanford Encyclopedia of Philosophy* (Spring 2015 edn, see http://plato.stanford.edu/archives/spr2015/entries/physicalism/

Su, G. and M. Suzuki. 1999. 'Towards Bose-Einstein Condensation of Electron Pairs: Role of Schwinger Bosons,' *International Journal of Modern Physics B* 13.8, 925-937.

Szabó, Z. G. 2003. 'Believing in Things,' *Philosophy and Phenomenological Research* 66, 584-611.

Tahko, T. E. 2008. 'A New Definition of *A Priori* Knowledge: In Search of a Modal Basis,' *Metaphysica* 9.2, 57-68.

_____, 2011. '*A Priori* and A Posteriori: A Bootstrapping Relationship,' *Metaphysica* 12.2, 151-164.

_____, 2012. 'Boundaries in Reality,' *Ratio* 25.4, 405-424.

_____, (ed.). 2012. *Contemporary Aristotelian Metaphysics*. Cambridge University Press.

_____, 2012. 'Counterfactuals and Modal Epistemology,' *Grazer Philosophische Studien* 86, 93-115.

_____, 2012. 'In Defence of Aristotelian Metaphysics,' in T. E. Tahko (ed.), *Contemporary Aristotelian Metaphysics*. Cambridge University Press, pp. 26-43.

_____, 2013. 'Truth-Grounding and Transitivity,' *Thought: A Journal of Philosophy* 2.4, 332-340.

_____, 2014. 'Boring Infinite Descent,' *Metaphilosophy* 45.2, 257-269.

_____, 2015. 'Natural Kind Essentialism Revisited,' *Mind* 124.495, 2015, 795-822.

_____, 2015. 'The Modal Status of Laws: In Defence of a Hybrid View,' *The Philosophical Quarterly*, (online) (forthcoming).

_____, 'Empirically-Informed Modal Rationalism,' in R. W. Fischer and F. Leon (eds.), *Modal Epistemology After Rationalism*, Synthese Library. Dordrecht: Springer (forthcoming).

Tahko, T. E. and E. J. Lowe. 'Ontological Dependence,' in E. N. Zalta (ed.), The *Stanford Encyclopedia of Philosophy* (Spring 2015 edn), see http://plato.stanford.edu/entries/dependence-ontological/

Tahko, T. E. and D. O' Conaill. 2015. 'Minimal Truthmakers,' *Pacific Philosophical Quarterly*, (online) (forthcoming).

Tallant, J. 2013. 'Intuitions in Physics,' *Synthese* 190, 2959-2980.

Thomas, C. 2008. 'Speaking of Something: Plato's *Sophist* and Plato's Beard,' *Canadian Journal of Philosophy* 38.4, 631-667.

Thomasson, A. 2007. *Ordinary Objects*. Oxford University Press.

_____, 2009. 'Answerable and Unanswerable Questions,' in D. Chalmers, D. Manley, and R. Wasserman (eds.), *Metametaphysics*. Oxford University Press, 444-471.

_____, 2009. 'The Easy Approach to Ontology,' *Axiomathes* 19, 1-15. 2015. *Ontology Made Easy*. Oxford University Press.

Trogdon, K. 2009. 'Monism and Intrinsicality,' *Australasian Journal of Philosophy* 87, 127-148.

_____, 2013. 'Grounding: Necessary or Contingent?', *Pacific Philosophical Quarterly* 94, 465-485.

_____, 2013. 'An Introduction to Grounding,' in M. Hoeltje, B. Schnieder, and A. Steinberg (eds.), *Varieties of Dependence*. Munich: Philosophia Verlag, pp. 97–122.

Vaidya, A. 2010. 'Understanding and Essence,' *Philosophia* 38, 811–833.

_____, 2012. 'Intuition and Inquiry,' *Essays in Philosophy* 13.1, Article 16.

Van Brakel, J. 2010. 'Chemistry and Physics: No Need for Metaphysical Glue,' *Foundations of Chemistry* 12.2, 123–136.

Van Fraassen, B. C. 2002. *The Empirical Stance*. New Haven: Yale University Press.

Van Inwagen, P. 1990. *Material Beings*. Ithaca, NY: Cornell University Press.

_____, 1998. 'Meta-ontology,' *Erkenntnis* 48, 233–250.

_____, 2009. 'Being, Existence, and Ontological Commitment,' in D. Chalmers, D. Manley, and R. Wasserman (eds.), *Metametaphysics*. Oxford University Press, pp. 472–506.

Varzi, A. C. 2011. 'Boundaries, Conventions, and Realism,' in J. K. Campbell, M. O'Rourke, and M. H. Slater (eds.), *Carving Nature at Its Joints: Natural Kinds in Metaphysics and Science*. Cambridge, MA: MIT Press, pp. 129–153.

Von Solodkoff, T. and R. Woodward. 2013. 'Noneism, Ontology, and Fundamentality,' *Philosophy and Phenomenological Research* 87.3, 558–583.

Williamson, T. 2007. *The Philosophy of Philosophy*. Oxford: Blackwell Publishing.

_____, 2013. 'How Deep is the Distinction Between *A Priori* and *A Posteriori* Knowledge?' in A. Casullo and J. C. Thurow (eds.), *The A Priori in Philosophy*. Oxford University Press, pp. 291–312.

Wilson, J. 2014. 'No Work for a Theory of Grounding,' *Inquiry* 57.5-6, 1-45.

Woodward, R. 2013. 'Towards Being,' *Philosophy and Phenomenological Research* 86.1, 183-193.

Yablo, S. 1993. 'Is Conceivability a Guide to Possibility?', *Philosophy and Phenomenological Research*, 53, 1-42.

_____, 2009. 'Must Existence-Questions have Answers?', in D. Chalmers, D. Manley. and R. Wasserman (eds.), *Metametaphysics*. Oxford University Press.

찾아보기